本卷编委会:

颜晶晶　　孟兆平　　胡晶晶　　张金平　　俞　祺
Yan Jingjing　Meng Zhaoping　Hu Jingjing　Zhang Jinping　Yu Qi

责任编辑:

颜晶晶
Yan Jingjing

北京大学 知识产权学院 互联网法律中心 /主办
Peking University Intellectual Property School
Peking University Institute for Internet Law

网络法律评论
Internet Law Review

主编/张 平
Chief Editor Zhang Ping

图书在版编目(CIP)数据

网络法律评论.第16卷/张平主编.—北京:北京大学出版社,2013.8
ISBN 978-7-301-23031-2

Ⅰ.①网… Ⅱ.①张… Ⅲ.①计算机网络-科学技术管理法规-研究-中国 Ⅳ.①D922.174

中国版本图书馆 CIP 数据核字(2013)第 190829 号

书　　　名：	网络法律评论(第16卷)
著作责任者：	张　平　主编
责 任 编 辑：	孙战营
标 准 书 号：	ISBN 978-7-301-23031-2/D·3398
出 版 发 行：	北京大学出版社
地　　　址：	北京市海淀区成府路 205 号　100871
网　　　址：	http://www.pup.cn
新 浪 微 博：	@北京大学出版社
电 子 信 箱：	law@pup.pku.edu.cn
电　　　话：	邮购部 62752015　发行部 62750672　编辑部 62752027
	出版部 62754962
印 　刷 　者：	北京飞达印刷有限责任公司
经 　销 　者：	新华书店

730 毫米×980 毫米　16 开本　18 印张　362 千字
2013 年 8 月第 1 版　2013 年 8 月第 1 次印刷

定　　　价：36.00 元

未经许可,不得以任何方式复制或抄袭本书之部分或全部内容。
版权所有,侵权必究
举报电话:010-62752024　电子信箱:fd@pup.pku.edu.cn

2004年序

郑成思

当火星车 SPIRIT 与 OPPORTUNITY 发出的信号把火星上的信息清晰地传递给地球时,地球上中国这一隅的人们正在做些什么呢?

时间已经进入了 21 世纪。遥想秦砖汉瓦流传至今仍不失其实用价值;罗马法学代代承接在现世依然光彩耀人。"不了解历史等于失去了一只眼睛;仅了解历史却等于失去了两只眼睛",这句 20 世纪出自"IP World"上的话,我感到很有哲理。"王母桃花千遍红,彭祖巫咸几回死",古人尚知历史不是停滞的,何况今人。

有幸的是,中国始终有一批人是睁着两只眼睛做事的。其结果是中国的载人卫星也冲出了大气层,这虽然离登月及登火星还有差距,但毕竟在缩小着这个差距。同时,中国的互联网终端用户已列世界第二,与 20 世纪 90 年代中、后期相比,我们的差距缩小得更快。

信息技术在中国的快速发展推动了相应的立法与法学研究。不断呈现给读者的《网络法律评论》,正是在这一领域耕耘的人们着眼于现实,着眼于应用,着眼于对策而作出的成果。无论闭上两眼或只睁一眼,均很难在这一领域有像样的成果出来。

早在 20 世纪 90 年代末,以俄国国家名义发表的《俄罗斯信息安全学说》就把"信息财产"作为当代最重要的财产提出,并号召国人更充分地利用(主要指处理及传递)信息财产。但俄罗斯的"学说"只停留在了纸面上,因其并无实际能力充分利用信息财产,故其"学说"的影响并不很大。21 世纪初日本在《知识产权战略大纲》中重提该"学说"中的上述理论,影响则"响"到了全世界都能听到。原因是日本的"大纲"绝非停留在纸面上,它实实在在地正付诸实施,从而必然影响其他国家,尤其是其贸易竞争对手和近邻中国。

作为知识产权保护客体的信息,对其利益的所有(ownership)与持有(hold),对其本身的处理(包括复制、改编、翻译等),是知识产权法早就在规范的。只是在信息技术

（今天主要指信息处理技术与信息传递技术）发展到数字网络时代的今天，早就存在的知识产权不得不"与时俱进"。同时，信息技术（尤其是网络）带来的新的法律问题，已远远不限于知识产权范围。不过由于世界知识产权组织"顽固地"坚持把一大批与知识产权无关或无直接关系的网络法律问题（如电子商务中的 CA 认证之类）纳入它的规则之中；又由于欧盟"奇特地"始终把一大批仅仅与数字网络有关的立法问题（如"合同之债与非合同之债规范指令"等）纳入其"知识产权"立法范围，所以在国际学术界中，知识产权与网络总有难解之缘。北大及其他教研单位的中国学者，将网络法结合知识产权，又不限于知识产权进行研究，与世界知识产权组织及欧盟的做法，似乎是"不谋而合"的。

国际组织（包括欧盟之类地区性国际组织）的网络立法及研究结果对我们的影响，外国（如美国、日本、印度、俄罗斯等）立法及国家学说对我们的影响，我们均应研究。此外，几个外国如果联手，将对我们产生何种影响，我们更应当研究。例如，美日欧国家在技术专利方面"标准化"发展曾给并正给我们的产品出口带来不利，如果美日（或再加上几个其他发达国家）在商业方法专利上如果也向"标准化"发展，会给我国进入国际金融市场带来何种影响，也十分值得研究。对这些方面作出较深入的研究，有助于我们拿出对策，"趋利避害"。

愿《网络法律评论》在这些方面不断作出贡献。

《网络法律评论》一读者

郑成思

二〇〇八年春节

序言节录*

在中国,开网络法律课程,出版网络法方面的系列论文集,有必要,而且有益处。这有助于唤起学术界及立法界对这方面的注意。实际上司法界已早就不得不注意了。如果我国学术界、立法界再不重视起这方面的问题,我们肯定要落后。不仅是必然落在发达国家后面,还可能落在经济实力本来不及我们的发展中国家后面。正如北大的王选教授说过的:我们可能会错过一个时机,但我们不应错过一个时代(大意)。

这第一部《网络法律评论》,肯定会有一些带幼稚、初步特征的缺点。这不奇怪,也不要紧。关键是它在学术界打破了这一领域的相对沉寂。如果将来中国法学界会在这一领域活跃起来,那么就应当说这部集子"功不可没"了。

愿张平和她的研究生们把这个评论越办越好,为中国虚拟世界的规范不断作出新的贡献。

——郑成思

也许是由于历史的原因,也许是由于每个人的精力有限,我们的学科体系划分得实在是太细。这种纯"树"形的结构太过理想化,它没有给交叉学科留下任何空间,更为致命的是各分科之间老死不相往来,隔门如隔山。

我们从事的学科正好是交叉学科,是自然科学与社会科学的跨大学科交叉,要克服学科结构性的障碍又困难重重。研究软件保护最好能了解软件的系统分析与编程,研究电子签章法最好能理解电子签章时的密钥,研究网络传输或链接所涉及的版权问题最好能明白网络传输的基本原理,这种有信息技术背景的法律人才是社会的客观需要。张平老师开设的网络法律问题研究课程就是在为培养这种交叉学科人才所做的一种尝试,《网络法律评论》的出版也是同学们为此交出的一分答案,是优是劣,任世人

---

* 节选自三位教授为《网络法律评论》第一卷所作序言,成文于2001年七、八月间,全文请参见《网络法律评论》第一卷。

评说。但不管结局如何,我始终认为他们的探索是有意义的。

——郑胜利

  法学研究工作者有一个特点,他们一旦开始关心一个问题,开始观察它时,他们就会长时间地关注着,以一个冷静的心态来谈论它。有关网络的法律问题,就属于这类问题。

  在我们社会里,只能是出现媒体的多元化生存和多元化发展。所以,北大课堂上的网络法律评论,虽然在网络媒体上存在,同样,还需要在纸质和铅字的媒体中存在与发展。

  法学家对新问题,对真实问题,对客观存在的问题表现出来的极大兴趣,是法学理论发展的一个标志。参与讨论网络法有关问题的学者们已经不满足对概念问题,对体系问题,对经典渊源的考据问题,对经典法学家个人社会背景和著作的研究了。他们面临大量的新问题,社会等待着他们研究,提供解决方案。参加网络法律讨论的大都是青年学者,他们对于这些新问题的研究过程,也是他们(包括本人在内)认识到新一代法学家自己的使命的过程。

——吴志攀

本卷导读

在北大知识产权学院庆祝建院二十周年之际,《网络法律评论》第 16 卷与读者见面了。本卷的主题是"微博时代的权利保护"。

微博是自媒体的代表。它具有强大的信息传播力量,改变了传统的新闻传播格局,也引发了对相关法律问题的讨论。本卷"专题链接"栏目选择了五篇论文,从公法和私法的不同角度对基于微博产生的法律问题展开学术争鸣。公法方面,中国政法大学赵宏副教授的《微时代下的表达自由及其限制——从微博实名制看国家干预公民权利的正当性及其界限》以宪法视角切入,从目的正当性、手段适度性、形式合宪性三个方面对 2012 年开始实施的"微博实名制"进行了检验。与之相应,《从比例原则看微博言论自由与名誉权的平衡——"微博第一案"两审判决的合比例性分析》一文,在宪法上的"比例原则"框架下,对"微博第一案"的两审判决进行了合比例性分析。《对微时代及其与我国司法审判之关系的新思考》直面"微时代"下司法审判面临的挑战,通过个案剖析加以佐证,呼吁维护正当刑事司法程序、警惕以"微博"进行民意审判。私法方面,《微博博文的著作权侵权问题研究》聚焦上限为 140 字的微博博文的著作权保护,对于微博博文本身是否存在著作权、博文侵害著作权的表现及侵权责任认定、微博服务平台侵权责任认定等问题进行了阐释,建议建立互联网著作权授权契约制度,以解决微博著作权侵权问题。《社交网络平台商标侵权责任与风险防范》则从商标法的角度,对以微博为代表的社交网络平台所面临的两大商标侵权问题展开研究:一、商标被作为用户名注册;二、通过社交平台发布商标侵权产品或服务信息。

"学术 BBS"依旧是探讨互联网法律问题的前沿阵地。界定"相关市场"是反垄断法实施中的核心问题。《论互联网相关市场的界定》一文介绍了互联网相关市场的五项基本特征,阐释了欧盟委员会、德国联邦卡特尔局和德国法院在界定互联网相关市场时应用的理论与方法,提出了如何界定中国互联网相关市场的建议。该文作者留德多年,文中运用了大量第一手德文资料,全文带有浓郁的德国法色彩。互联网审查问题历来备受关注与争议,甚至引发了国家之间的纷争。《互联网审查及其评价标准》网罗多国的互联网审查实践经验,并就"四分法"能否有效评估一国审查互联网的合法性阐述了观点。监狱管理似乎与互联网风牛马不相及,但随着互联网的媒体功能日益凸显,网络舆论的波动可能引起"蝴蝶效应",导致舆情危机,甚至引发群体性事件。《涉监网络舆情的机制语境》对网络舆情三种层级的内在生成机制进行了抽丝剥茧的分析,提出了建构健康网络舆情环境的外在调控机制及一揽子具体举措。目前云计算已经成为互联网技术发展的大势所趋,网盘是技术的全新应用,应有法律的保障为其良性发展奠定基础。《云存储环境下网络存储服务条款问题分析》通过对国内外多家网盘服务公司服务条款的汇总、分析、整理,针对"用户上传内容的归属问题以及服务商使用内容的约定"、"关于著作权条款的约定的设置"、"网盘服务是否应当负有高于避风港原则的注意义务"、"云存储下的信息安全问题"的探讨,试图为云存储的服务条款设置提供一定的总结和建议,希望能够为云存储行业积极健康的发展提供一些法律方面的帮助。在涉及网络证据的专利确权案件中,真实性认定是难点和争议焦点之所在。《专利确权案件中的网络证据真实性认定》一文的作者结合自身担任国家知识产权局专利复审委员会审查员的工作心得,运用实证分析方法,梳理了审查中网络证据真实性的审核认定方法,就我国如何建立适应专利确权案件审查需要的网络证据法律制度提出了设想。互联网深刻地改变并大大扩张了市场,网络市场呈现出比传统市场更为优良的自我调节机制。《网络市场中的商标政策研究》一文提出,网络市场中的商标政策应当"市场为主,政府为辅",充分发挥商标的市场效率调节作用。

"追踪研究"是对往期既有研究的跟进。著作权集体管理是老生常谈的话题,"云模式"则被称为"未来互联网的新商业模式"。一旧一新,这二者的碰撞会产生怎样的火花?不同于寻常的法学研究视野,《云模式下的著作权集体管理》的作者以工程师的视角,结合现今IT领域最具影响力的云服务模式,从著作权集体管理的组织模式入手,提出了基于云的竞争——垄断适当结合的整体组织模式。标准化中的"合理无歧视原则"来源于产业实践,目前尚无清晰的法律地位。《标准化中合理无歧视原则的法律性质初探》对这一原则进行了专利法和反垄断法上的考察,认为其法律性质应当界定为合同性质的义务,特征包括自愿性、不可撤回性、对世性和内容的不确定性。对于商标与域名的冲突,学界已有不少研究,实践中亦已有一定的积累。《论商标和域名权利冲突的非诉讼纠纷解决模式》绕开传统的诉讼解决方式,将目光转向调解、仲裁、域名争议解决机制等非诉讼模式,并从被侵权方和侵权方两个角度对不同纠纷解决机制作了风险—收益分析。

"信息窗口"旨在为读者推开一扇窗,以领略域内外互联网法律立法与研究的新近动向。2012年2月23日,美国白宫颁布了《消费者隐私权利法案》(Consumer Privacy Bill of Rights)。这部法案贯彻并拓展了公平信息利用原则,使之与消费者的实体性权利挂钩,这对于在互联网环境下保护消费者的隐私权、维护网络环境中的信任关系、促进网络经济发展具有重要意义。为了实施法案,美国政府一方面构建了多方利益主体参与机制,制定了执行行为准则,使政策具有灵活性、便捷性和分散性;另一方面突出政府机构在政策执行中的核心作用,通过加强执行来保护消费者权利。《网络环境下消费者数据的隐私保护——在全球数字经济背景下保护隐私和促进创新的政策框架》对此进行了全景展现。《垃圾邮件防止法之探讨》一文是台湾岭东科技大学财经法律研究所所长曾胜珍教授的新近研究成果。该文介绍了美国关于垃圾邮件的立法与法律实务,并结合台湾的立法现状提出立法建议。为了应对信息时代的挑战,英国政府于2009年11月颁布《数字经济法案》,拉开建设"数字英国"的序幕。《英国〈数字经济法案〉综述》一文介绍了法案的形成背景、主要内容和社会各界的评价,并分析了法案对于我国网络传播行为规制的借鉴意义。

"案例收藏夹"依旧关注来自实务一线的经典案例。《论著作权中的默示许可——从"方正诉宝洁"案说起》以"方正诉宝洁倩体字案"二审法官的裁判思路为切入口,对著作权中默示许可的规范依据和法律地位进行界定,梳理了国内外默示许可的立法和司法实践,对默示许可在互联网环境下解决著作权授权困难的作用提出了思考。

目 录

2004 年序
序言节录
本卷导读

专题链接

微时代下的表达自由及其限制
　　——从微博实名制看国家干预公民权利的正当性
　　　及其界限 …………………………………… 赵　宏　003

从比例原则看微博言论自由与名誉权的平衡
　　——"微博第一案"两审判决的
　　　合比例性分析 ……………………………… 陈　燕　014

对微时代及其与我国司法审判之关系的新思考 … 元　轶　031

微博博文的著作权侵权问题研究 ………………… 周剑弘　038

社交网络平台商标侵权责任与
　　风险防范 …………………………… 陈　磊　吴园晨　051

学术 BBS

论互联网相关市场的界定 …………………… 翟　巍　065

互联网审查及其评价标准 …………………… 王孔祥　080

涉监网络舆情的机制语境 …………………… 齐岩军　097

云存储环境下网络存储服务条款
　　问题分析 …………………………… 韩元牧　吴莉娟　114

专利确权案件中的网络证据真实性认定 …… 朱　茜　128

网络市场中的商标政策研究 ………………… 刘　媛　144

追踪研究

云模式下的著作权集体管理 ……………………… 鲁 冰 159

标准化中合理无歧视原则的法律性质初探 ……… 刘晓春 170

论商标和域名权利冲突的非诉讼纠纷解决模式 … 孙 那 177

信息窗口

网络环境下消费者数据的隐私保护
——在全球数字经济背景下保护隐私和促进创新的
政策框架
  周 辉 孟兆平 敖重淼 冯源译
……………………………………………… 程宁校 193

垃圾邮件防止法之探讨 ……………………………… 曾胜珍 219

英国《数字经济法案》综述 ………………………… 张亚菲 232

案例收藏夹

论著作权中的默示许可
——从"方正诉宝洁"案说起 …………………… 吴雨豪 245

编者手记

中国的互联网立法如何走得更远?
——传媒法视野下的思考 ………………………… 颜晶晶 261

Contents

Preface of 2004
Preface
Introduction

Topic Links

The Freedom and Its Limit in the Micro-era: A Study on the Limit of the Government in the Intervening the Fundamental Rights in the Perspective of the Real-name System of the Microblog ·················· by Zhao Hong 003

On the Balancing between the Microblog Freedom of Speech and the Right of Reputation from the Perspective of the Principle of Proportionality: A Proportionality Analysis of Both Judgments on "The First Microblog Case" ············ by Chen Yan 014

A New Reflection of the Micro-era and Its Relationship with Judicial Adjudgement of China ··············· by Yuan Yi 031

Study on Copyright Infringement of Microblog Article ························· by Zhou Jianhong 038

Trademark Infringement Liability of the Social Media Platform and Its Risk Prevention ··· by Chen Lei Wu Yuanchen 051

Academic BBS

The Definition of Relevant Internet Market ······ by Zhai Wei 065

An Analysis on Internet Censorship and Its Standards of Evaluation ························ by Wang Kongxiang 080

The Study on Mechanisms of Internet Public Opinions Concerning Prison ························ by Qi Yanjun 097

Continued Research

Analysis on Issues with Related to the Terms of Service Regarding Web Disk under Cloud Storage Surroundings ················ by Han Yuanmu Wu Lijuan 114

The Authenticity of the Network Evidence in the Patent Right Verification Cases ················ by Zhu Qian 128

On Establishment of Trademarks on the Internet Policy ················ by Liu Yuan 144

Collective Management of Copyright in the Cloud Mode ················ by Lu Bing 159

Initial Observation on RAND Principle in Standardization ················ by Liu Xiaochun 170

Alternative Dispute Resolution to Solve the Conflict between Trademark and Domain Name ················ by Sun Na 177

Documents Windows

Consumer Data Privacy in a Networked World: A Framework for Protecting Privacy and Promoting Innovation in the Global Digital Economy ················ Translated by Zhou Hui MengZhaoping Ao Chongmiao Feng Yuan Proofread by Cheng Ning 193

An Analysis of the Draft of Protection in Spam E-mails and Filters ················ by Tseng Sheng-Chen 219

Review of the UK Digital Economy Act ······ by Zhang Yafei 232

Case Favorite	
	Implied License in Copyright: Commenting on "Founder v. P&G" ··· by Wu Yuhao **245**
Executive Editor's Postscript	
	How could China's Internet Legislation Go Further? —A Media Law Perspective ··············· by Yan Jingjing **261**

专题链接

微时代下的表达自由及其限制
——从微博实名制看国家干预公民权利的正当性及其界限

赵 宏[*]

内容摘要：微博自落户中国后催生了中国自媒体时代的到来，亦带来中国公共生活的巨变，言论自由和公众监督前所未有的开始勃兴。但为解决微博自由同时引发的诸多负面问题，2012年政府经由实名制对微博自由予以强势干预。干预的本质当然是对人们借由微博这个平台所获得的自由进行划线，确定微时代下人们的自由与自由的限度。本文尝试从宪法的角度，从目的正当性、手段适度性、形式合宪性三个方面，对政府的此次干预是否妥适，是否恪守必要限度，进行检验。而本文的写作也旨在促成借由微博实名制对国家和法律作用的限度进行重新思考。

关键词：微时代 微博 微博实名制 基本权利 基本权利的限制 限制的合宪性理由

The Freedom and Its Limit in the Micro-era: A Study on the Limit of the Government in the Intervening the Fundamental Rights in the Perspective of the Real-name System of the Microblog

Abstract: The popularizing of the microblog in China gave birth to the arrival

---

[*] 中国政法大学比较法学研究院中德法学研究所副教授，法学博士。

of the self-media age and also brought great changes in the Chinese public life. The freedom of expression and the public oversight start to flourish unprecedented. But to resolve the negative problems that the microblog brought the same time, the Government tried to intervene the freedom of the field through the real-name system in 2012. The nature of the intervention is to define the limit of the freedom in the world of the microblog. This paper intends to examine the legitimacy of the intervention on the basic of the Constitution und from three aspects: the legitimacy of the purpose, the moderation of the means, and the legality of the forms. Through this study this paper is also intended to rethink the limits of the state and the laws in the intervening the fundamental rights.

Key words: micro-era; micro-blog; the real-name system; the fundamental rights; the limitation of the fundamental rights; the legitimacy of the limitation of the fundamental rights

一、引言

伴随微博、微电影、微小说和微访谈越来越多地占据和充斥人们的生活空间,我们所处的时代已进入由这些微影视和微阅读所主导的"微时代"①。这些微影视和微阅读之所以宣告一个新的资讯时代的到来,并不在于其内容因微型而变得精巧新颖,而仅在于传播和接受上的快捷和轻便。以微博为例,人们通过短短的140个字,发布信息、即时互动,所有人都能轻松地在互联网上描述生活体验,表达个人观点。每个人也借此拥有了自己的发声筒和麦克风,成为无时不刻亲历信息现场的"报料者"。而且,作为全新载体,微博在信息传统方面的快捷和简单几乎让传统媒介望尘莫及。通过微博,一条信息可以在几秒钟内传播开去,信息发布者和接收者之间的距离被无限缩短和拉近。而微博的评论和转发功能,又会让信息的传播参与感和后续影响力被迅速放大和无限扩展。

有人说,在微时代下,人们的生活经验被碎片化的信息和娱乐所覆盖,在分秒必争的同时,人们反而被时间所捆绑,被海量信息下的选择困难所束缚。但在法律的视域下,微时代的来临,尤其是微博从2009年8月落户中国到2011年受到全民追捧,它不仅让每个人都变成了媒体人,并彻底催生了中国自媒体时代的到来,更带来中国公共生活的巨变。但广受追捧的微博在2012年初却遭遇重大挫折,原本自由散漫的空间面临政府的强势干预。这种干预的本质当然是对人们借由微博这个平台所获得的自由进

---

① 在百度百科中,对微时代的定义如下,"微时代即以微博为传播媒介代表,以短小精悍作为文化传播特征的时代",〈http://baike.baidu.com/view/5573191.htm〉,2013年6月1日最后访问。

行划线,确定微时代下人们的自由与自由的限度。但正如任何对自由的限制,都会促成人们对国家和法律作用限度的重新思考,政府此次的强势干预同样引发诸多争议。其中有赞成者,当然也有极力反对者,每个人的立场和角度不同,得出的结论也当然不同。作为一个宪法修习者,笔者更关心的是微博对国家公共生活的影响,以及政府借由微博实名制来干预微博的合宪性与正当性。而本文也更多的是从宪法的角度,对政府干预是否妥适,是否恪守必要限度所进行的检验。

二、微博带来的中国公共生活的巨变

通过点对点的无数链接,微博将处于信息发送和接收终端的每个使用者,都连入一张无形的沟通网络,也因此塑造出一个既虚幻又真实的"公民社会"②,而这个"公民社会"也同样带来了中国公共生活的巨变。微博对中国公共生活的影响,可以大致概括为两个方面:始于微博的言论自由和兴于微博的公众监督。

(一)始于微博的言论自由

微博的产生使中国人终于有了践行言论自由的机会。尽管1982年《宪法》第35条规定,"中华人民共和国公民有言论、出版、集会、结社、游行、示威的自由",但在微博这一平台诞生之前,自由发表言论,对于中国人而言,似乎从未像今天这样畅快淋漓。没有了如出版业一样事先审查的条框束缚③,摆脱了如博客论坛一般事后追究的恐惧忌惮,人们尽情地说,尽情地转,在140字的空间内,可以义正词严,可以嬉皮调侃,甚至可以不用再扮演和谐社会下的"好公民",而畅快地发出与主旋律不一样的声音。而且,在这个空间内,人人都以平等的地位和身份发言,信息的发送和传播无需依赖知识、技术、身份、地位,甚至是对发声渠道的垄断,信息的影响力完全取决于内容本身的冲击力。因此,通过微博,人们获得了前所未有的话语权。正因如此,很多人感慨地说,中国的言论自由始于微博。④

(二)兴于微博的公众监督

而伴随言论自由勃发的同样是公众参与公共事务和监督政府的高度热情。当人们在微博上谈论的话题从日常琐事转向社会事件,微博也逐渐从娱乐八卦的发源地和转播站,发展成个人表达社会关切,主动介入公共事务的新平台,中国民众对政府的监

---

② "2010年中国社会形势分析与预测",载《中国社会科学院2010年社会蓝皮书》,蓝皮书指出,"互联网舆论已令中国社会提前进入公民社会"。

③ 参阅国务院《出版条例》第31条规定:"从事出版物印刷或复制业务的单位,应当向所在地省、自治区、直辖市人民政府出版行政主管部门提出申请,经审核许可,并依照国家有关规定到工商行政管理部门办理相关手续后,方可从事出版物的印刷或者复制。未经许可并办理相关手续的,不得印刷报纸、期刊、图书,不得复制音像制品、电子出版物。"

④ 萧翰:"微博与言论自由",〈http://blog.renren.com/share/230919103/8029971789〉,2013年6月1日最后访问。

督终于生动鲜活并富有成效起来。人人微博使一个容量巨大的公共话语空间平地而起。⑤ 通过迅速的信息传播、观点分享和意见集群,普通人参与公共事务的热情和责任不仅被迅速点燃和不断发酵,而且形成声浪巨大,政府难以抗拒和忽视的网络民意。从"微博打拐"、"黑砖窑事件"、7.23 事件,再到"郭美美"事件,微博充分展现了民众"围观"的力量。微博在监督政府,助推政府积极作为方面所展示的"整合资源、协调行动"⑥的巨大能量,甚至使"围观改变中国"一度成为 2010 年以来报刊杂志对中国公共生活最常援引的评价。如今,在那些传统媒体因为顾虑而缺席或反应迟钝的场域,微博已经成为网民自发爆料和集结舆论的最佳平台。因此,如果真如上文所说,中国的言论自由始于微博,那么公众监督则同样兴于微博。

三、微博实名制——微时代下公民表达自由的首次受限

但这样的自由光景并未持续太久。2012 年 3 月 16 日起,新浪、搜狐、网易、腾讯四大门户网站微博开始对新注册的用户全部强制实行实名制。而老用户同样需要进行实名认证,否则将不能再发言、转发,而只能浏览。⑦ 这项举措的依据是北京市 2011 年 12 月推出的《北京市微博客发展管理若干规定》(以下简称《若干规定》)。在这份由北京市人民政府新闻办公室、市公安局、市通信管理局和市互联网信息办公室共同制定的规范性文件中明确规定,"微博客用户必须进行真实身份信息注册后,才能进行发言"⑧。

实名制在数量众多的网友中引发巨大震荡,有人认为这无疑给刚刚勃兴的言论自由和公众监督画上了休止符,更有人断言,实名制的实施意味着网络自由时代的彻底终结。⑨ 微博在落户中国后遭遇第一次重大挫折。但事态并未就此止步。2012 年 3 月 31 日,新浪、腾讯微博先后发布通告表示,3 月 31 日 8 时至 4 月 3 日 8 时,微博的评论功能将暂停使用。⑩ 而此举和此前微博实名的规定,据说都是政府为了应对和处理

---

⑤ 王本朝:"从博客时代升级到微博时代:中国网民更需承担责任",〈http://www.cnr.cn/gundong/201102/t20110228_507729645.html〉,2013 年 6 月 1 日最后访问。

⑥ "微博:新的社会权力",〈http://news.ifeng.com/society/5/detail_2011_07_18/7760935_0.shtml〉,2013 年 6 月 1 日最后访问。

⑦ "公元 2012 年 3 月 16 日微博实名制真的来了",〈http://epaper.xxcb.cn/xxcba/html/2012-02/08/content_2575161.htm〉,2013 年 6 月 1 日最后访问。

⑧ 《北京市微博客发展管理若干规定》第 9 条:"任何组织或者个人注册微博客账号,制作、复制、发布、传播信息内容的,应当使用真实身份信息,不得以虚假、冒用的居民身份信息、企业注册信息、组织机构代码信息进行注册。"

⑨ 邓玲彤:"微博实名:网络自由时代的彻底终结",〈http://page.renren.com/601057652/note/820566745〉,2013 年 6 月 1 日最后访问。

⑩ "新浪腾讯微博因清理谣言等违法有害信息关停评论功能",〈http://news.ifeng.com/mainland/detail_2012_03/31/13584869_0.shtml〉,2013 年 6 月 1 日最后访问。

"微博世界的乱象重重与泥沙俱下"。作为这种乱象的代表,此前在网络上制造、传播所谓"军车进京,北京出事"谣言的网民据说已经遭到严肃查处,多家涉案网站也被予以关闭。新浪和腾讯微博网站由于集中出现谣言,也受到相关部门的批评和惩处。[11]

的确,作为一个开放的信息平台,人们在微博上的言论具有很大随意性,网友素质的参差不齐以及匿名的特点,决定了海量信息中当然不乏虚假和恶搞,一些不负责任的言论往往因为语出惊人而在短时间内被高频转发,从而形成一股舆论旋风,并产生负面的社会影响。还有人通过注册多个微博账号,用于转、顶广告帖,发展、买卖"僵尸粉丝",刻意造假以牟取私利,更有人利用微博诬陷、诈骗。而这些悉数成为上述北京市《若干规定》的立法理由和正当性说明。

规定出台后,新浪微博和腾讯微博官方也表示:"个人用户更愿接受一个真实的、没有虚假和不健康信息的微博社交媒体平台,机构用户也希望看到体现真实市场价值并稳健发展的微博社交媒体平台。实名制有利于让垃圾账号、僵尸粉等现象难以为继,因此对整个行业长远健康发展有正面意义"。[12] 但上述理由是否的确能够为政府干预网络世界与公民在网络世界的言论自由提供充分的理由说明和正当性支持,却值得我们在法律的视域下认真反思。

四、微博实名制的背后

在微博实名制的背后,或者说在北京市《若干规定》的背后,是政府对网络自由和言论自由的强势干预。这一点不能否认也毋庸置疑。尽管该规定的制定者,针对喧嚣质疑抗辩说,博友的真实身份信息只用于后台注册,前台发言可以继续使用匿名,也就是所谓"后台实名、前台自愿",因此不会影响用户的微博体现。[13] 但无论前台是否自愿,后台的实名绑定已经意味着博友的公开言论自此便处于严密监控下,而那些积极参与公众事务,敢于揭黑幕、并跟政府叫板的"调皮捣蛋"分子更将可能从此面临彻底噤声或被制裁的两难选择。

事实上,微博自由本质仍旧是网友借助微博这个工具所行使的言论自由,换言之,微博只是形式,其实质仍旧是公众在此平台上发表、交换和传播的言论。而人们借助微博发表言论,相对于通过其他传统媒介会更自由,其核心正在于其作者的匿名性与神秘性。匿名为揭黑者和异议者提供保护,使他们能以一种相对安全的方式表达自己的所观所感,而不会面临被跨省的危险。但微博实名制的硬性要求却使这种外在保护

---

[11] "6 网民恶意编造传播所谓'军车进京、北京出事'等谣言被拘 16 家造谣传谣互联网站被依法关闭",〈http://gywb.gyxww.cn/Html/2012-4-1/16899.html〉,2013 年 6 月 1 日最后访问。

[12] "腾讯:信息将由政府保存;新浪:尽力保护用户资料",〈http://www.ithome.com/html/it/12256.htm〉,2013 年 6 月 1 日最后访问。

[13] "后台实名、前台自愿",〈http://whb.news365.com.cn/gnsc/201112/t20111219_87087.html〉,2013 年 6 月 1 日最后访问。

被揭去。如果说在博客论坛时代,政府的监管还只是将那些管不住嘴的用户封停,那么微博的实名则使政府更方便地与那些调皮捣蛋者"约谈喝茶"。因此,如"新媒体实验室"所说,微博实名制"将微博这种快速、链式、高效、匿名的自媒体彻底粉碎,从而转化为戴着镣铐的、受监视的官管自媒体"[14]。经由微博所催生的言论自由的景象在昙花一现后"杯具"落幕。以2.5亿注册者闻名的新浪微博在实名制后被迫转型社交,在四大门户网站的微博上,社会重大敏感事件再也上不了热门话题,众多博友开始重蹈"滔滔"路线,滔滔不绝地诉说自己的小心情,发布自己的小照片。

五、法律干预的限度——政府微博监管的正当性考察

微博实名制构成了对网络自由和言论自由的干预和侵害,但从一个宪法修习者的角度,接下来本文想要考察的,是这种监管措施究竟是否具有宪法上的正当性。

任何自由都不是无限的,基于对公益和他人权益的保护,个体自由权利的行使应该受到一定限制,这个观点为社会连带主义法学所提出,并具体呈现在几乎所有现代国家的宪法秩序下。但任何对基本权利的限制,都应同时伴有对"权利限制的限制"[15],这一点也几乎为所有现代宪法所认同。这就说明:那些目标指向并不确定、内容含混不清的公益追求,并不能为所有政府对公民自由的干预提供一次性的合法性说明和正当性支持,任何一项"具体的干预"都必须经历一次"具体的检验",才能判定其合宪性和正当性。而在这个判断过程中,政府干预是否具有充分正当的理由,是否保持在适度范围内,将尤其受到拷问。换言之,所有的权利都会而且应该受到限制,但这并不意味着,国家公权可以动辄就以此为由对公民权利予以限制,更不意味着,国家公权可以对公民的权利予以无限度的限制,任何权利限制如果没有"正当理由"以及"限制程度的约束",都将最终掏空和排除此项权利[16],并使宪法关于基本权的美好规定功亏一篑。从这个意义上说,对政府通过实名制监管微博进行合宪性考察,无疑正是对诸多政府干预言论自由措施的正当性追问,也是再次为政府干预公民自由划定基本界限。

既然微博自由的本质是宪法所规定的言论自由,那么从宪法角度,对微博自由予以限制的合宪性审查,当然可参照言论自由或者说基本权利的审查机理。在现代宪法原理中,一项对基本权利的合宪干预至少应满足三个方面的要求:(1)理由正当性;(2)手段适度性;(3)形式合宪性。[17]

---

[14] 新媒体实验室,"微博实名制,谁是受益者?",〈http://nmlabs.net/beneficiary-of-weibo-real-name.html〉,2013年6月1日最后访问。

[15] Hartmurt Mauer, *Staatsrecht*, C. H. Beck 1999, S. 287.

[16] 赵宏:"限制的限制:德国基本权限制条款的内在机理",载《法学家》2011年第2期,页157。

[17] 陈慈阳:《基本权核心理论之实证化及其难题》,翰芦图书出版有限公司2007年版,页110。

从规范宪法学的角度而言，任何对基本权利的限制都应具备宪法所明确规定的限制理由，才具有限制的正当性。[18] 但遗憾的是，我国 1982 年《宪法》在从第 33 条至第 50 条详尽列举了公民的各项基本权利后，却未对上述权利做任何区分，就直接用第 51 条对上述所列的所有权利进行了概括性的、一般性的限制，"中华人民共和国公民在行使自由和权利的时候，不得损害国家的、社会的、集体的利益和其他公民的合法的自由与权利"。这一规定几乎使上文所有对基本权利的列举都功亏一篑，因为国家公权力机关完全可以打着为维护"国家的、社会的、集体的利益"这些"公益"旗号，而对所有基本权利施与毫无差异的限制。除了没有"限制理由"的说明和列举，我国现行宪法同样缺乏对国家公权力限制基本权限度的规定，换言之，公权力机关可以基于"公益"的考虑，对公民的基本权利予以限制，但这种限制应在何处止步，在我国宪法文本中并无据可循，这就使公权力机关在限制基本权时更无"限度方面"的忌惮，最终导致宪法基本权极有可能经由"限制"而被彻底掏空和排除。最后，大多数国家的宪法都肯定了法律保留原则对于基本权保障的功效，并将限制公民基本权的权限专门地赋予了更具民主正当性的立法机关，"基本权利"的限制应有法律依据也成为基本权限制"形式合宪性"的基本要求。[19] 而我国宪法在此方面同样缺乏体察和关照，宪法将限制公民基本权的权力普遍地授权给所有的国家公权力机关，在这当中并不区分立法、行政与司法。直至 2000《立法法》出台，规定"对公民政治权利的剥夺，限制公民人身自由的强制措施和处罚"应由法律规定，我国才开始尝试性地引入法律保留原则，但其对基本权利的适用仍旧相当有限。[20] 综上，现行宪法无论是在理由正当性、手段适度性和形式合宪性方面，都没有为我们提供检验国家对基本权的具体限制是否具有合宪性基础的明确指针。于是，对《北京市微博客发展管理若干规定》以及政府强制微博实名的正当性考察，就只能诉诸一般的宪法原理。

（一）理由正当性

根据《若干规定》的理由说明，政府强制微博实名的理由主要基于两点：首先，是经由微博迅速传播的网络谣言和虚假信息；其次，是有人通过多个微博账户转订广告帖，发展买卖"僵尸粉"，以牟取私利。[21] 于是出于净化网络环境的考虑，政府决定对微博实行实名制，实名一方面会使那些散布谣言和虚假信息者再无所遁形，使那些试图散步谣言和虚假信息者心有忌惮；另一方面同样会有效降低"僵尸粉"和网络水军的比例，并遏制恶劣的微博营销活动。但这两项理由是否真能站住脚呢？

---

[18] 林来梵：《宪法学讲义》，法律出版社 2011 年版，页 232。
[19] Bodo Pieroth & Bernhard Schlink, *Grundrechte* Ⅱ, C. F. Mueller Verlag, 2004, S. 62.
[20] 有关我国宪法文本在基本权限制条款方面的缺陷讨论可参阅赵宏："限制的限制：德国基本权限制条款的内在机理"，载《法学家》2011 年第 2 期，页 152—166。
[21] "《北京市微博客发展管理若干规定》有理据"，〈http://star.news.sohu.com/20111219/n329524659.shtml〉，2013 年 6 月 1 日最后访问。

首先,从遏制谣言和虚假信息来看,自从人类有了信息的互动交流,在交流的信息中就必定包含着虚假的和招摇惑众的。即使自有网络传播来看,在论坛和博客时代,网络谣言也未见得就比微博时代更少。因此,实名制真正想要打击的恐怕并非"谣言",而是"谣言"借由"微博"这个平台的快速、链式、高效反应所获得的巨大影响力,以及隐匿在网络背后,迅速积聚的社会力量。再有从内容来看,谣言和虚假信息无非有两类,一类是针对他人的,旨在对他人的名誉进行诋毁;另一类则是针对政府的,旨在揭黑或是抹黑。对于前者,公民早有民事和刑事的救济手段可供使用,政府并无须提早介入,提供过度的保护。让政府真正忌惮的恐怕还是后者。但政府显然并不信赖人民能够自己区分谣言,所以费力地通过实名制来为网民打造一个"真实的、干净的"网络世界。因此,为避免博友说"假话",就要求其在政府的监视下"说话"这样的监管逻辑实在无异于因噎废食。此外,从微博所传播的内容来看,网友更多的是借助这一平台表达某种言论。宪法理论已经告诉我们,言论本身只是一种主观判断,并无关乎真假对错。[22] 而用真假对错去衡量和裁剪言论,无疑是对所有的公民在思想言行方面都实行均质化管理,要求所有人都只能发出"政治正确"的单一声音。

其次,实名制的确能够有效遏制恶劣的微博营销,但与其他媒体一样,营销只是附着于微博核心内容之上的辅助性内容,它所占据和分享的只是博友浏览完正文后的"剩余关注力"[23],没有人是专门为了看营销内容而刷微博,但实名制却在打击微博营销的同时,同样浇灭了博友发布、传播、评论正文的热情。它体现的是政府对于不同言论无差异化的对待,具体而言是对"商业性言论"和"非商业性言论",尤其是政治性言论的无差异化对待[24],因此在倒掉恶劣营销这盆脏水的时候,连澡盆中的孩子也要一并倒掉。

综上,无论是为了遏制谣言,净化网络环境,还是为了打击恶劣的微博营销而言,用这样的理由来说明实名制,都显得相当牵强。事实上,微博用户可能都有这样的感触,自从微博影响力如日中天后,各种针对微博的删帖、覆盖、拦截便接踵而来。但这些传统陈旧的措施对于形式自由的微博,显然并不够用,于是实名制作为政府监管最后的杀手锏,便应运而生。这些事件都让我们不禁联想,微博实名的真实理由恐怕是政府一时之间难以招架公众参与公共事务的热情,以及不断对政府负面行为的揭露和问责。但如果理由真是如此,政府的真实意图就是为了限制那些与主旋律不符的"公共言论",借由微博这个快速、链式、不可控的平台得以发布和传播。但如果我们还愿意把宪法和宪法中"中华人民共和国公民享有言论、出版、集会、结社、游行、示威的自

---

[22] Michael Sachs, *Grundgesetz Kommentar*, C. H. Beck 1996, S. 594.

[23] 陈德武:"微博实名:弊大于利",〈http://www.sootoo.com/content/256616.shtml〉,2013年6月1日最后访问。

[24] 在违宪审查制度最具代表的美国和德国,都根据言论的具体内容而提供不同强度的保护。相对于商业言论,那些关乎公意形成的政治性言论往往受到更高程度的保障。参阅张千帆:《西方宪政体系》(上册),中国政法大学出版社2004年版,页524。

由"当回事,而不只是现存政权的合法性说明的话,这样的理由无疑就是违宪的。但愿这只是我的无端揣测。

(二) 手段适度性

基本权利并非不可限制,但对基本权的限制除应具备合宪事由,还需符合手段的适度性。换言之,只要宪法允许公权力机关可基于公益考虑而对基本权进行限制,就应该同时规定这种限制应保持在适度的范围内,而不能剥夺基本权利的本质部分,这一要求正如卡尔·施密特所言:"就是为了防止与警告民主宪法,与作为其基本精神的基本权利被公权者所破坏和掏空"[25]。正因如此,德国宪法才会有"任何对基本权利的限制都不应涉及该项权利的本质内容"的规定[26],才会有禁止过度和比例原则在判定对基本权的限制是否适度方面的适用。[27] 这种"对权利的限制应受到限制"的思想同样体现在美国宪法及其宪法实践中。

但在限制公民基本权利时手段应适度,不能借由限制彻底取消或淘空公民基本权的思想,却基本未成为我国公权力机关在限制基本权时的思考出发点。也正因如此,原本旨在具体化集会、游行、示威自由的《中华人民共和国集会游行示威法》,在出台后因限制的严苛被公众戏谑地称为"禁止集会游行示威法"[28]。国务院的《出版条例》也将公众通过出版物自由批评政府的道路彻底堵死,而《宗教管理条例》则对宗教信仰自由从内在信仰到外在行为都进行了五花大绑。从这个意义上说,北京市的《若干规定》和政府的微博实名举措可以说又是一例"政府无限度干预公民基本权"的示范。公众或者会因担忧个人信息外泄而放弃使用微博,或者会因忌惮被政府约谈喝茶而彻底噤声,总之,在失去了匿名的保护后,公民也彻底丧失了借由这一平台畅所欲言发表公共言论以针砭时弊的自由。换言之,所谓旨在"促进微博客的建设运用,发挥微博客服务社会功能"的《若干规定》,却彻底淘空和排除了在微博这一形式和平台背后的本质内容——公众的言论自由。如果说政府的出发点真的是为了遏制网络谣言和恶意传销,大可采用其他损害更小的手段,微博实名实在是用"大炮打小鸟"[29]。

手段适度不仅要求公权力机关在干预公民基本权时不能触碰基本权利的实质内容,同样要求公权力在对基本权进行限制时,在权利和权利之间,以及在权利内部都应进行更细致的区分处理,而不能一视同仁予以毫无差异的共同对待。在权利的类型化

---

[25] Vgl. Reinhold Zippelius, *Allgemeine Staatslehre*, 15. Auflage, Verlag C. H. Beck, 2007, S. 257.
[26] 参阅德国《基本法》第19条第2款。
[27] Maunz / Zippelius, *Deutsches Staatsrecht*, C. H. Beck 1998, S. 153.
[28] 林来梵:《宪法学讲义》,法律出版社2011年版,页238。
[29] "大炮打小鸟"是德国法中用来形容比例原则的比喻。所谓比例原则,是指国家采用的限制手段必须与其所欲追求的目的之间相适宜;这些限制方式和手段对于该目的的达成必须是必要的,即国家所采用的手段应当是可实现预期目的的手段中最温和、侵害最小的。参阅 Bodo Pieroth & Bernhard Schlink, *Grundrechte* II, C. F. Müller Verlag 2004, S. 66.

区分方面,西方国家普遍对言论自由和宗教信仰自由予以更高强度的保护,而国家公权力机关在限制这些基本权时的权限也受到更大程度的限缩。[30] 差异性保护的理由并不在于基本权存在本质上的"位阶次序"[31],立宪者参酌的因素更多的是:某些基本权利可能更具有保护少数人的特质,更带有强烈的个体性差异,例如宗教信仰,当然不能随便交由多数人处理[32];某些权利对于民主转型和民主塑造极端重要,例如事关"公共意志形成",表达少数人诉求的言论自由。[33] 而在权利内部,例如言论自由,西方国家普遍区分政治性言论和商业性言论,对于前者,因其目标是确保政治参与的管道与机会,使原居政治少数的一方,同样可透过民主政治的参与充分表达其意见,而有成为多数的可能,因此相比商业性言论会受到更高强度的保障。[34] 而这种差异性保护、公权力机关在限制某些基本权时应受到更高程度的限制的思想,却同样未对我国公权力机关产生影响。

在我国,言论自由,尤其是涉及公共事务的言论似乎从未成为政府特别保护、特别宽容的对象,反而总是政府严加防范的对象。传统的言论传播媒体:电视、报纸书籍和广播,一直处于官方的严密监督下,在这种背景下,唯一得以幸免的网络对于渴望畅所欲言的中国人就显得弥足珍贵。既然电视、报纸书籍和广播都不自由,而论坛、博客等"自媒体"用起来又总是不够简易和顺手,于是当140字的微博出现时,便受到人们的热烈追捧。微博使人们的自我表达前所未有地简单方便,更重要的是,通过不断的转发形成的链式化学反应,它能够产生前所未有的参与感和影响力。因此,微博对于数量众多的中国网友而言,绝非如在其他国家盛行的"脸书"(Facebook)或"推特"(twitter)一样的社交网站,而是自由发声的"公共场域"。但微博实名却使人们在这个弥足珍贵的自由阵地内被捆绑禁足。

而政府对于言论自由的严密监管,一方面表现出它尚未有足够的气度接受和宽容公众的批评和少数人的不同意见,另一方面也表现出政府仍旧没有意识到,言论自由对于公共生活自由和充满活力的形成所包含的宝贵价值。换言之,政府并未意识到,言论自由的本质就是不受抑制地对公共事务予以讨论的自由,就是不用忌惮事后的报复而对政府予以尖锐批评的自由。[35] 如果如《若干规定》所言,微博言论是为了"积极传播社会主义核心价值体系,传播社会主义先进文化,为构建社会主义和谐社会服务"

---

[30] 参阅张千帆:《宪法学导论》,法律出版社 2005 年版,页 512—532。
[31] 李建良:"论基本权利的位阶次序与司法审查标准",载刘孔中、陈新民主编:《宪法解释之理论与实务》(第三辑·上册),中央研究院中山人文社会科学所 2001 年版,页 188。
[32] 许育典:《宗教自由与宗教法》,台湾元照出版社 2005 年版,页 29。
[33] 陈慈阳:《基本权核心理论之实证化及其难题》,翰芦图书出版有限公司 2007 年版,页 105。
[34] 张千帆:《西方宪政体系》(上册),中国政法大学出版社 2004 年版,页 524。
[35] 萧瀚:"微博与言论自由",〈http://blog.renren.com/share/230919103/8029971789〉,2013 年 6 月 1 日最后访问。

的话，这种言论除了装点和谐社会外，对于“公共意志”的真正形成几乎毫无助益。正如《批评官员的尺度》一书中所写：“社会秩序不能单靠惩处违法来维持；禁锢思想、希望和想象力会招致更多危险；恐惧会滋生更多压迫；压迫会引发更多仇恨；仇恨必将危及政府的稳定。保障安全的万全之策，在于保证人们能够自由讨论各种困境及解决方案。”㊱而大量群体性事件的集中爆发也恰恰说明，中国公众在现实中表达个体诉求的管道既不充分，也不顺畅。

除了忽略公民经由微博而自由发表公众言论的价值外，实名制作为干预手段是否稳妥恰当，是否会引发其他危险，政府同样缺乏足够谨慎的判断。尽管《若干规定》明令，各网站在进行实名注册后要“建立健全用户信息安全管理制度，保障用户信息安全，严禁泄露用户信息”，但实名制可能引发的隐私权危机和个人信息泄露却让人不战而栗。而就在2011年7月，韩国发生了史无前例的信息外泄案件。该案件发生后，很多民间组织和专家称“互联网实名制”是使网站遭到黑客攻击的元凶，并主张拔除互联网实名制。因此，在还未想到妥适的防止信息外泄的办法前就贸然采用实名制，必将对未来埋下隐患。

综上，无论是从已涉及公民自由的实质内容，使其自由根本无法实现而言，还是从对所有自由都进行均质化限制而言，《若干规定》和微博实名无疑又一次为政府过度干预公民基本权提供了注脚。

（三）形式合宪性

虽然我国《宪法》没有法律保留的明确规定，但2000年的《立法法》已规定“对公民政治权利的剥夺、限制公民人身自由的强制措施和处罚”应由法律规定。而言论自由，尤其是公众对公共生活的言论属于政治性权利，在宪法学理上毋庸置疑。㊲ 而我国《宪法》第35条也是将“言论自由”与“集会、游行、示威”同列入一条，也正是表明其言论自由所包含的政治价值和政治属性。

但由北京市人民政府新闻办公室、市公安局、市通信管理局和市互联网信息办公室共同制定的《若干规定》，在行政法中充其量属于规章以下的其他规范性文件，并非严格意义上的法律。其制定主体除市公安局、市通信管理局外，北京市人民政府新闻办公室和市互联网信息办公室在行政法上更是连行政主体的资格都不具备。以这样级别的法律规范限制甚至剥夺公民的言论自由，其形式合宪性实在值得商榷。

经由上面的分析，《若干规定》和微博实名无疑对公民网络自由和言论自由进行了限制，限制并非不可，但上述限制既缺乏充分的理由说明，又逾越了适度的界限，它非但没有为人们在微时代下的自由与不自由划定妥适的、令人信服的界限，相反却再次引发人们思考政府干预的限度究竟应止步于何处。

㊱ ［美］安东尼·刘易斯著：《批评官员的尺度》，何帆译，北京大学出版社2011年版，页256。

㊲ 参阅张千帆：《宪法学导论》，法律出版社2005年版，页514。

从比例原则看微博言论自由与名誉权的平衡
——"微博第一案"两审判决的合比例性分析*

陈 燕**

内容摘要：审理微博名誉侵权案件的关键，不在于要不要在微博言论自由与名誉权之间进行平衡，而在于如何科学地进行这一平衡，从而获得一个相对客观正确的平衡结果。科学平衡的关键，在于找到一个客观外在的规范平衡结构。德国宪法学家罗伯特·阿列克西教授在发现这样一个结构方面进行了积极有益的探索，他所阐发的比例原则可以担当科学平衡这一功能。本文在阿列克西阐发的比例原则框架下，对"微博第一案"两审判决进行了合比例性分析，揭示出了比例原则对于进行相对客观正确的平衡的科学价值，以期为以后司法实务提供一种可资参考的操作方案。

关键词：微博第一案 比例原则 衡量公式 言论自由 名誉权

On the Balancing between the Microblog Freedom of Speech and the Right of Reputation from the Perspective of the Principle of Proportionality: A Proportionality Analysis of Both Judgments on "The First Microblog Case"

Abstract: What matters to trying Microblog reputation infringement cases, is

---

* 本文写作受到了北京大学博士研究生短期出国(境)研究项目资助，谨致谢忱。
** 北京大学法学院博士研究生。

not whether to balance the Microblog freedom of speech and the right of reputation or not, but how to conduct this balancing scientifically, so as to attain a relatively objective and correct balancing result. The pivotal of scientific balancing lies in finding a normative balancing structure which is objective and external. The German jurist Professor Robert Alexy has made great progress in finding such a structure, and the principle of proportionality he has expounded can bear the function of scientific balancing well. This essay has carried on a proportionality analysis of both judgments on "The First Microblog Case" within the framework of Alexy's principle of proportionality, and has revealed the scientific value of the principle of proportionality to conduct relatively objective and correct balancing, aiming to provide for a technique program which the future judicial practice might refer to.

Key words: "The First Microblog Case"; the Principle of Proportionality; Weight Formula; the Freedom of Speech; the Right of Reputation

执其两端,用其中于民。

——《中庸》

一、引言

"诸神之争"是人类社会生活常常不得不面临的一种根本性处境。这种处境的悲剧性就在于,与"正邪对立"中是非善恶之间的快意恩仇不同,"诸神之争"中的争斗各方都是善的价值,都有权要求获得实现,但由于受到现实条件和资源约束的限制,谁都无权要求不顾一切时间、地点和条件地获得绝对的实现。在"诸神之争"发生的那些场合,任何一方的实现都是以对方不能获得实现为代价的,实现这一方,就会牺牲那一方,实现那一方,就会牺牲这一方。于是,一个同样具有根本性的权衡命题就摆在了我们面前:实现哪一方?牺牲哪一方?科斯在分析社会成本问题时,就曾一针见血地指出:"我们正在分析的问题具有相互性,即避免对乙的损害将会使甲遭受损害,必须决定的真正问题是:是允许甲损害乙,还是允许乙损害甲?"[1]科斯的这一新制度经济学判断直击要害,充分表达了权衡在人类社会生活中不可避免的必然性。

在一个网络技术"野蛮生长"的时代,价值理念上的"诸神之争"不仅没有消失,而且反倒更加尖锐化、日常化。在被称为我国"微博第一案"的北京金山安全软件有限公

---

[1] 〔美〕罗纳德·哈里·科斯:《论生产的制度结构》,盛洪、陈郁译校,上海三联书店1994年版,页142。

司（以下简称金山安全公司）与周鸿祎侵犯名誉权纠纷一案②中，这一点可谓表现得淋漓尽致。本案中，原告金山安全公司主张被告周鸿祎侵犯了其名誉权，理由有二：（1）不实言论：被告的数十篇微博"未经调查核实，仅凭主观臆断，虚构事实，恶意毁谤，散布大量诋毁原告商业信誉及产品声誉的不实言论，对我公司产生了恶劣的影响"；（2）侮辱语言：有的用词"明显带有侮辱、贬损性语言，使社会公众通过网络及随后的平面媒体报道，对我公司及'金山软件'品牌产生了重大的误解，造成我公司社会评价的降低"。③而被告则针锋相对地援引言论自由进行抗辩，理由是："我方发表的评论内容属实，没有侮辱、诽谤原告人格的内容，主观上也不存在侵权故意，而是履行公民监督、批评指责的正当行为，不构成名誉权的侵害，更未造成任何经济损失。"④面对这一冲突，法院又该如何进行权衡，以决定取舍呢？

值得肯定的是，本案两审法院北京市海淀区人民法院与北京市第一中级人民法院，都坚持以平衡的精神指导案件的审理，力图在言论自由与名誉权之间求得一个中道。有媒体报道称："从一开始，一、二审法官就在寻找言论自由、媒体舆论监督权与名誉权之间的平衡点。"⑤而站在保护言论自由的立场，法院则倾向于将这一平衡点的寻找，理解为对微博言论自由边界的探寻。在接受前述媒体采访时，本案二审法院一名法官称："尽管判决结果不一样，但一审二审的法官都在探索微博言论自由的边界，用法律秩序来维护公民的言论自由权利。"⑥令人费解的是，虽然两审法院都进行了平衡，但平衡的结果却有相当的出入。一审判决包含三项内容：停止侵害、赔礼道歉、赔偿损失，二审判决只维持了第二项，对其余两项均作出了改判：删除微博数量从 20 条减为两条，赔偿损失金额从 8 万元减为 5 万元。⑦改判幅度如此之大，以至于使人有理由怀疑一审法院是否科学地进行了相对客观正确⑧的平衡。反过来，二审法院进行如此之大的改判，又有无充足的依据呢？

---

② 关于本案详情，参见姜姝："揭秘'微博第一案'始末"，载《中国电脑教育报》2010 年 6 月 7 日，第 A01 版；方茜、清惠："'微博第一案'，谁是最后赢家？"，载《人民法院报》2011 年 10 月 31 日，第 003 版；钟河："'微博第一案'：网上言论也有底线"，载《上海企业》2011 年第 11 期，页 106—108；杨清惠、梁小立："国内'微博第一案'终审落槌"，载《中国审判》2011 年第 10 期，页 62—65；杨大民："微博骂人，代价几何？——'微博诉讼第一案'案例综述"，〈http://www.king-capital.com/templates/second/index.aspx?nodeid=44&page=ContentPage&contentid=2159〉，2013 年 4 月 8 日最后访问。

③ 参见（2010）海民初字第 19075 号北京市海淀区人民法院民事判决书。

④ 同上。

⑤ 郭建光："微博言论有了法律尺子"，载《中国青年报》2011 年 9 月 7 日，第 09 版。

⑥ 同上。

⑦ 参见前注③。

⑧ "相对客观正确"这一提法借用自张龑博士，这里用来指法院判决很难具有神意、天意或者公意意义上的绝对客观性与正确性。关于"相对客观正确"这一提法，参见张龑："没有社会的社会契约——从商讨理论对卢梭公意学说的批判性重建"，载《清华法学》2012 年第 6 期，尤其是页 139 以下。

相对客观正确的科学平衡意味着，同一司法体系中针对同一案件出现两个差别明显的判决，这只有在例外情况下才会出现。如何正确地解释本案两审判决之间的巨大差别？正确解释的评价标准又在哪里？一般首先都会想到的一种可能的思路，就是诉诸法官的素质。比如梁治平教授就曾正确地指出：正确地裁判名誉权纠纷"涉及对不同利益的权衡与平衡"，"要求裁判者不仅有正确掌握法律原则的理解力，还要有恰当评判不同利益及其相互关系的洞察力和平衡感"。⑨ 但在本案中，诉诸法官的素质根本无法解释两审判决之间的巨大差别，因为两审法官毫无疑问都是极富平衡感、具备较高素质的法官。因此，真正的问题在于，法官内心的平衡感能否获得某种相对清晰明确的表达？确切地说，能否发现一个客观外在的规范平衡结构，它能够与法官内心的平衡感氤氲感应，保证法官在进行平衡时可以"从心所欲而不逾矩"？在对这样一个结构缺乏明确认知的情况下，常常出现的情况便是——套用卢梭的一个说法——法官们总是愿意进行平衡，但他们并不总是能看清楚平衡。⑩

可见，问题的关键不在于要不要进行平衡，而在于如何科学地进行平衡，而科学平衡的关键首先不在于法官主观内在的平衡感，而在于客观外在的规范平衡结构。在我看来，德国宪法学家罗伯特·阿列克西教授在发现这样一个结构方面进行了积极有益的探索，他所阐发的比例原则可以担当科学平衡这一功能。有鉴于此，本文尝试在阿列克西阐发的比例原则框架下，对"微博第一案"两审判决进行合比例性分析，指出比例原则对于进行相对客观正确的平衡的科学价值，以期为今后司法实务提供一种可资参考的操作方案。在第二部分，本文梳理介绍了阿列克西的比例原则理论，尤其是他所提出的对冲突原则进行定量科学分析的衡量公式，以此作为本文的分析框架；在第三部分，本文分析了本案适用比例原则的理由，指出了对本案两审判决进行合比例性分析所要完成的任务；在第四、五两部分，本文分别对本案两审判决进行了合比例性分析，呈现了它们在科学平衡方面所进行的卓有成效的尝试，同时指出了它们在平衡的科学性方面存在的缺陷。

二、阿列克西的比例原则

从诞生算起到如今普遍适用于公法全域，比例原则在德国走过了两百多年的历

---

⑨ 参见梁治平："名誉权与言论自由：宣科案中的是非与轻重"，载《中国法学》2006年第2期，页159。
⑩ 原话是："人们总是愿意自己幸福，但人们并不总是能看清楚幸福。"参见〔法〕卢梭：《社会契约论》，何兆武译，商务印书馆2003年版，页35。

程。⑪ 起初,比例原则只是一个警察法上的原则,只包含必要性这一层内涵。⑫ 在后来的发展中,比例原则成为一个适用于行政法全域的基本原则,而内容上则扩展成为今天包含三层内涵的完备形态。⑬ 在"二战"之后的基本法时代,比例原则上升为宪法原则,从而适用于公法全域。正是在这一深厚的理论脉络与法治传统中,阿列克西才得以将他的原则理论与比例原则结合起来加以考察,并在对批评者的持续回应中,发展出他那个著名的衡量公式。⑭

(一)原则理论

作为规范理论发展过程中的一个重要里程碑,原则理论自始至终都在致力于将原则与规则区分开来,正是这一区分的可能性及其深度才决定了原则理论的合法性及其程度。美国法学家罗纳德·德沃金率先突破英国法学家哈特的单一规则模式,认识到了原则作为一种不同于规则的法律规范的性质,而阿列克西则在批判德沃金的基础上将原则理论进一步精细化,更加清晰地阐明了原则规范的定义与逻辑结构。⑮ 阿列克西原则理论的核心要点在于原则作为最优化命令这一命题,实现这一最优化命令的权衡法则对应于狭义的比例原则,后文将做介绍,这里集中介绍最优化命令命题。

虽然原则作为法律规范自有其独立的合法性,但原则理论的发展过程确实表明,原则是在与规则的不断对照中逐渐获得清晰阐明的。在阿列克西的原则理论中,原则

---

⑪ 对于比例原则在德国发展历程的一个历史考察,参见徐继强:《宪法权利衡量研究》,苏州大学2009年博士学位论文,页26—46。

⑫ 比如普鲁士一般邦法起草者萨瓦茨1791年在一次演讲中宣称:"公共国家法之第一基本原则,即国家仅在'必要'情形下才有权限制个人的自由,以担保所有人自由之存在,这也是警察法的第一个基本原则。"同上注,页26。

⑬ 比如德国行政法学家毛雷尔就清晰地阐述了比例原则的三层内涵:"(1)妥当性,即所采取的措施可以实现所追求的目的;(2)必要性,即除采取的措施之外,没有其他给关系人或公众造成更小损害的适当措施;(3)相称性,即采取的必要措施与其追求的结果之间并非不成比例(狭义的比例性)。"〔德〕毛雷尔:《行政法学总论》,高家伟译,法律出版社2000年版,页238—239。

⑭ 关于阿列克西对于原则理论与比例原则的一个系统阐述,参见 Robert Alexy, *A Theory of Constitutional Rights*, trans. Julian Rivers (Oxford: Oxford University Press, 2002), 44—110. 关于阿列克西对于这一阐述的进一步展开与补充,参见(1)'Constitutional Rights, Balancing, and Rationality', *Ratio Juris*, 16 (2003), 131—40; (2) 'On Balancing and Subsumption', *Ratio Juris*, 16 (2003), 433—49; (3) 'The Construction of Constitutional Rights', *Law & Ethics of Human Rights*, 4 (2010), 20—32; (4) 'Constitutional Rights and Proportionality'. 在这几篇论文中,阿列克西都不同程度地回应了哈贝马斯、波肯菲尔德等人的批判,并越来越清晰地阐明了他所提出的衡量公式。关于(3)文的一个中译,参见〔德〕罗伯特·阿列克西:"论宪法权利的构造",张龑译,载《法学家》2009年第5期,页28—34;(4)文及其一个中译(〔德〕罗伯特·阿列克西:"宪法权利与合比例性",陈燕译,张龑校),分别载许崇德、韩大元主编:《中国宪法年刊·2010》,法律出版社2011年版,页221—235、209—220。

⑮ 关于德沃金对哈特的批评和阿列克西对德沃金的批评的一个梳理,参见颜厥安:《法与实践理性》,中国政法大学出版社2003年版,页57—60;以及王涛:《基本权利与衡量》,中国政法大学2008年硕士学位论文,页6—17。

与规则的区分要点有二:(1) 规范内涵不同。规则是明确的命令,是一种明确要求某事物的规范。而原则则是最优化命令,它们要求考虑到法律的和事实的可能性,在最大可能的程度上实现某事物。(2) 适用形式不同。规则的适用形式是涵摄。如果一个规则是有效的,并且其适用条件也获得了满足,那么切实按其所规定的去做就是明确被要求的。如果这样做了,规则就得到了遵守;如果没有做到,规则就没有得到遵守。而原则的适用形式则是权衡。原则作为最优化命令部分基于法律的可能性,而法律的可能性本质上是由正相反对的诸原则决定的。对一个原则相对于其他原则之规定获得满足的适当程度加以确定,这只能通过权衡来完成。

(二) 比例原则

阿列克西将原则理论与比例原则结合起来加以考察并不是偶然的,而是基于二者之间的必然联系。在他看来,原则的性质蕴涵着比例原则,反之亦然。原则要求考虑到事实的和法律的可能性,在最大可能的程度上实现某事物。对于事实的可能性的考虑,对应于适当性原则与必要性原则,而对于法律的可能性的考虑,则对应于狭义的比例原则。前者是针对目的手段之间关系的衡量,是一种事实的衡量,而后者则是针对目的之间关系的衡量,本质上是一种价值的衡量,但由于受到实定法这一逻辑前提的限制,表现为针对法律原则之间关系的衡量,是一种规范的衡量。[16]

1. 适当性原则

适当性原则要求所采取的手段可以实现所追求的目的。如果一个手段 M 为了促进原则 P_j 而被采用,但 M 不仅阻碍了另一个原则 P_i 的实现,而且对于促进原则 P_j 这一目的来说并不适当,那么,如果 M 被忽略,对于 P_j 或 P_i 均不会造成任何代价,而如果 M 被采用,则会对 P_i 造成代价。因此,如果 M 被放弃,经合并考虑的 P_j 和 P_i 就可以相对于事实上的可能情况在一个更高的程度上获得实现。合并考虑,即将二者作为某个单一系统的两个要素加以考虑时,P_j 和 P_i 排斥对 M 的使用。

2. 必要性原则

必要性原则要求除采取的手段之外,没有其他造成更小损害的适当手段。如果两个手段 M_1 和 M_2 大体说来都可以同等适当地用来促进原则 P_j,而且都会对另一个原则 P_i 造成代价,但 M_2 造成的代价比 M_1 造成的要小,那么必须选择对于 P_i 造成代价更小的 M_2。如果 M_3 造成的代价比 M_2 造成的还要小,那么必须选择 M_3,以此类推,自不待言。如果存在造成代价更小而适当程度相当的手段,则 P_j 能够在不给 P_i 造成任何代价的条件下获得改善。在这一条件下,合并考虑,P_j 和 P_i 要求采用造成代价更小的手段。

3. 狭义的比例原则

狭义的比例原则要求所采取手段所追求的目的,要与它所造成的损害之间成比

---

[16] 关于规范衡量论及其与利益衡量论和价值衡量论之间区别的一个讨论,参见徐继强,见前注⑪,页105—116。

例。它对应于阿列克西的原则理论中的权衡法则。该法则陈述为[17]:

此一原则未获满足或者遭受损害的程度越大,彼一原则获得满足的重要性必须越大。

阿列克西还将权衡法则进一步阐述为如下衡量公式:

$$W_{i,j} = \frac{I_i}{I_j}$$

这是衡量公式的最简形式,其中 $W_{i,j}$ 表示原则 P_i 在一个具体案例中的分量,即 P_i 相对于冲突原则 P_j 的具体分量,I_i 表示手段 M 的采用使 P_i 未获满足或者遭受损害的程度,也就是 M 对 P_i 的干涉强度。I_j 表示 M 的采用使 P_j 获得满足的重要性,从反面看,也就是忽略或者不采取 M 时 P_j 所可能遭受的损害。不难看出,整个权衡或者衡量过程分为三个步骤进行:(1)确定 P_i 未获满足或遭受损害的程度;(2)确定 P_j 获得满足的重要性,可以转换成确定忽略或者不采取 M 时 P_j 所可能遭受的损害的程度;(3)确定 P_j 获得满足的重要性是否可以正当化对 P_i 的干涉。为了进行定量计算,阿列克西用轻度(l)、中度(m)、重度(s)这一三分尺度来描述 I_i、I_j 的程度,并分别赋值 2^0、2^1 和 2^2。[18] 比如在一个具体案例中,如果 I_i、I_j 分别为轻度(2^0)、中度(2^1),那么 $W_{i,j}$ 则为 $1/2$,对 P_i 的干涉、也就是说 M 的采用可以获得正当化。

以上只考虑了原则 P_i 相对于冲突原则 P_j 的具体分量,还应当将另外两组变量考虑进来。第一组变量是 P_i、P_j 的抽象分量 W_i、W_j,比如生命权就比行动自由的抽象分量要大。[19] 第二组变量是手段 M 将使 P_i 未获满足和将使 P_j 获得满足这一判断所依赖的经验性假设的可靠性程度 R_i、R_j。第一组变量赋值情况与具体分量相同,第二组变量则具有确实可靠(r)、貌似真实(p)、非明显错误(e)三种程度,分别被赋值 2^0、2^{-1}、2^{-2}。插入这两组变量,衡量公式就被完整地阐述为[20]:

$$W_{i,j} = \frac{I_i \cdot W_i \cdot R_i}{I_j \cdot W_j \cdot R_j}$$

---

[17] Robert Alexy, *A Theory of Constitutional Rights*, trans. Julian Rivers (Oxford: Oxford University Press, 2002), 102.

[18] 阿列克西还曾将 $W_{i,j}$ 设定为 I_i 减去 I_j 的差,并对 l、m、s 分别赋值 1、2、3。但他后来将 $W_{i,j}$ 调整为 I_i 除以 I_j 的商,并对 l、m、s 分别赋值 2^0、2^1 和 2^2。他认为,2^0、2^1 和 2^2 这一等比数列更能描绘原则的力量随着干涉强度的增长而超比例地增长这一事实。

[19] 参见 Alexy, 'On Balancing and Subsumption', *Ratio Juris*, 16 (2003), 440.

[20] 这里只涉及两个原则之间的冲突问题,针对多个原则参与进来的情形,阿列克西还发展出了扩展的衡量公式。参见〔德〕罗伯特·阿列克西:《法:作为理性的制度化》,雷磊编译,中国法制出版社2012年版,页 175—177。

三、比例原则对于本案的适用性

（一）适用比例原则的理由

"微博第一案"因其涉及我国《宪法》第 35 条规定的言论自由而广受关注,尤其是两审判决中对于微博特点的描述,反复被作为对言论自由的有力背书而引用转载。[21]的确,本案两审法官也充分注意到了微博与言论自由的相关性。在接受媒体采访时,本案一审法官称:"合议庭在判决之前就考虑到,不能让这个判例成为微博言论自由的阻碍。""微博是一个公民言论自由的新兴平台,但是,微言论自由是有边界的。此案就是要界定微博上言论自由的边界。"而本案二审法官则称:本案判决"旨在树立规则,保护公民的言论自由权利"。[22]

但在此不妨进一步追问,微博言论自由的边界又取决于什么呢？难道仅仅取决于言论自由本身吗？难道不同时取决于与之冲突的名誉权吗？经此一问,微博言论自由的边界问题,自然而然就被还原成为微博言论自由与名誉权之间的平衡问题。换言之,微博言论自由与名誉权在具体案例中相互规定着对方的界限。[23] 有趣的是,就在本案一审判决作出一个星期之后,本案一审法院在其发布的一份案件调研报告[24]中称:"通过调研近年来我院的判决,我们发现越来越多的判决倾向于从私权保护与促进社会进步、维护公共利益的角度综合考虑,力图在言论自由、媒体监督权与名誉权的冲突中寻找平衡的基点和合理的界限。"[25]这表明在司法实务中,平衡已经越来越成为一种自觉的认识和要求。

问题是如何科学地进行相对客观正确的平衡？这自然离不开比例原则这一客观外在的规范平衡结构。从根本上说,平衡决定于权利作为最优化命令的原则这一属性以及权利之间的相互性这一特点,而比例原则则用衡量公式最为清晰明确地表达了这

---

[21] 比如有评论援引这一描述,认为微博是"公民行使言论自由的崭新方式"。参见魏永征:"对网上言论自由法律边界的有益探索——评'微博第一案'两审判决",载《新闻记者》2011 年第 11 期,页 61。

[22] 郭建光,见前注⑤。

[23] 不仅名誉权规定着言论自由的边界,而且反过来,言论自由也规定着名誉权的边界。"在决定是否保护他人的名誉权时,侵权法不会仅仅考虑他人名誉权的重要性,还会考虑行为人的言论自由权、出版自由权的重要性,防止借口对他人名誉权的保护牺牲行为人的言论自由权、出版自由权。这就是名誉侵权法领域的利益平衡理论。"张民安:"名誉侵权的法律救济研究",载张民安主编:《名誉权的法律救济》,中山大学出版社 2011 年版,页 31。

[24] 该案件调研报告是在 2011 年 2 月 26 日的一次法律适用研讨会上发布的,作为课题执笔人,本案一审法官在研讨会上就调研成果做了主题发言。参见"论媒体侵权责任法律适用——回顾与展望:媒体侵权责任法律适用研讨会实录",〈http://www.civillaw.com.cn/article/default.asp? id=52753〉,2013 年 4 月 8 日最后访问。

[25] 宋鱼水等:"海淀区人民法院关于媒体侵权案件的调研报告",载《2011 年媒体侵权责任法律适用研讨会论文集》,2011 年 2 月 26 日,页 51。

一点。要是立法本身已经清晰地划定了权利之间的界限,那么司法就只需用规则来进行涵摄,而不必用比例原则来进行平衡,以"界定边界"或者"树立规则"了。本案一审判决在分析被告微博言论是否构成侵权时,已经隐约意识到了比例原则对本案的适用性。该判决写道㉖:

> 在微博上,当公民言论自由与他人利益发生权利冲突时,考虑微博影响受众不特定性、广泛性的"自媒体"特性,对微博上人们的言论是否受言论自由的保障、是否构成对他人名誉权的不当伤害,也应进行法益衡量,综合考量发言人的具体身份、所发布言论的具体内容、相关语境、受众的具体情况、言论所引发或可能引发的具体后果等加以判断。

这段文字实际上已经包含了比例原则的基本要素:"法益衡量"就是狭义的比例原则,"发言人的具体身份、所发布言论的具体内容、相关语境"是确定一审判决本身对于被告言论自由的干涉强度所要考虑的因素,而"受众的具体情况、言论所引发或可能引发的具体后果"则是确定一审判决本身对于原告名誉权的保护程度所要考虑的因素。

(二)合比例性分析的任务

"微博第一案"是一个可以运用比例原则进行科学平衡的典型案例。本案中,在同一些微博之上,被告的言论自由(P_i)与原告的名誉权(P_j)之间发生了针锋相对的冲突。为了保护原告的名誉权,也就是说,为了使原告的名誉权获得满足(I_j),两审判决均在不同程度上认定被告构成侵权,并判令被告承担相应的侵权责任(M):一审判决认定被告 20 条微博内容构成侵权,并判令被告停止侵权,删除相关微博文章,在各大微博首页发表致歉声明,持续时间为连续七天,赔偿原告经济损失包括公证费等合理费用 8 万元(M_1);二审判决只认定了两条构成侵权的微博内容,并在此基础上作出了改判,将删除微博数量减为两条,将损失赔偿金额减为 5 万元(M_2)。两审判决无疑都对被告的言论自由造成了代价,也就是说,使被告的言论自由未获满足或者遭受了损害(I_i)。

要对本案两审判决进行合比例性分析,也就是要将原告的名誉权(P_j)与被告的言论自由(P_i)合并起来作为一个整体考虑,看两审判决所采取的手段(M)是否使之相对于事实的和法律的可能性,在最大程度上获得了实现:(1)在相对于事实的可能性方面,要看两审判决所采取的手段对于保护原告的名誉权而言是否适当,是否存在同样适当但却对被告的言论自由干涉更小的手段;(2)在相对于法律的可能性方面,要分别确定由于两审判决的作出,被告的言论自由未获满足的程度(I_i)和原告的名誉权获得满足的程度(I_j),看后者能否使两审判决获得正当化,当然抽象分量($W_i、W_j$)与经验性假设的可靠性程度($R_i、R_j$)这两组变量也要考虑进来。这里对(1)先做考察,以便

㉖ 见前注③。

在下文集中考察(2)。

1. 适当性

两审判决的适当性都可以获得认定,二者都可以促进或保护原告的名誉权。

2. 必要性

假定两审判决适当性程度大体接近,那么由于二审判决比一审判决对于被告言论自由的干涉明显要小得多,两相对照,二审判决更符合必要性原则,而一审判决则明显不符合必要性原则。着眼于二审判决的重大改判,有学者呼吁"慎重行使限制言论自由的权力",并援引欧洲人权法院在判例中提出限制言论自由应该有正当的目的评论指出:"本案两审判决对判令删除的微博予以反复考量,固然不能说一审判令删除而二审改判可以保留的那18条微博一定都是正确的,但至少可以理解为并非必须删除。这体现了我国司法对行使限制言论自由的权力的慎重态度。"㉗

前述假定事实上也能够获得证明,理由在于:适当性在于确定两审判决本身对于原告名誉权的促进作用,后者可以转化成不作出两审判决时原告名誉权所遭受的损害,在本案中也就是被告言论自由给原告名誉权所造成的损害。原告的侵权主张有两个支持理由,一个是不实言论理由,一个是侮辱语言理由,一审判决均予以认定,而二审判决则排除了前者,部分认定了后者。可见,二审判决认为原告名誉权所遭受的损害并没有一审判决认定的那么大,一审判决为原告名誉权提供的部分保护已经超过应当填补的损害,从而失去了保护价值,也就无所谓更高程度的适当性了。在事实认定发生改变的情况下,二审判决能够与一审判决同等地为原告名誉权所遭受的损害提供完全的保护。我国民法上关于损失赔偿的填平原则也从侧面印证了这一点。

四、一审判决的合比例性分析

本部分旨在确定一审判决中如下三组、六个变量的值:(1) 被告的言论自由(P_i)未获满足或者遭受损害的程度(I_i)、原告的名誉权(P_j)获得满足的程度(I_j),也就是P_i、P_j在本案中的具体分量;(2) P_i、P_j的抽象分量(W_i、W_j);(3) 判决将使P_i未获满足或者遭受损害、将使P_j获得满足的经验性假设的可靠性程度(R_i、R_j)。

(一) 具体分量

1. $I_i = 2^2$

一审判决并未明确确定它本身对于被告言论自由的干涉程度,但这可以结合它对被告较高注意义务的认定加以确定。在确定被告注意义务时,一审判决考虑了如下因素:(1) 微博特点。"个人微博的特点是分享自我的感性平台而非追求理性公正的官方媒体,因此相比正式场合的言论,微博上的言论随意性更强,主观色彩更加浓厚,相

㉗ 魏永征,见前注㉑,页63。

应对其言论自由的把握尺度也更宽。"(2)被告身份:竞争对手。"同业竞争对手负责人的身份和与任职公司之间的密切利益关系,使得其难以对竞争对手作出非常客观、没有丝毫感情色彩的评价,并难以避免会有将对竞争对手的否定性评价公之于众的内在冲动。而一旦发表对竞争对手的评论性言论时,更常常因个人立场、利益、感情等因素而导致言论存在较大偏颇,周鸿祎在将个人对于竞争对手的负面评价公之于众时,更应三思而行、克制而为。"(3)被告身份:公众人物。"周鸿祎作为现实社会中的重要人物,投射在微博领域也是重要的层级,拥有众多的粉丝,更多的话语权,理应承担更多的责任,对于微博上的个人言行及其后果有更为自觉的认识,注意克服自己对于竞争对手主观臆断、意图恶意打压的内在冲动,更加自觉地对自己的言论予以克制,避免因不实或不公正客观的言论构成对竞争对手的诋毁,进而损害其商誉。"㉘

主要基于被告身份,一审判决认定被告负有高于普通人的注意义务,对被告的微博言论适用了较高的审查标准,全部支持了原告的不实言论与侮辱语言这两项理由。㉙这似乎表明,一审判决不可能认为它对被告言论自由的干涉是重度的(2^2),它顶多是中度的(2^1)。但存在如下理由,可以证明相反结论:(1)微博特点未获足够考虑。它在一审判决中只是虚晃一枪,看不出它对于确定被告言论自由遭受损害程度的实质性作用。尤其是考虑到一审判决本身今后对广大微博用户言论自由可能产生的负面影响,这一点将看得更加清楚。(2)被告竞争对手身份被给予了过多考虑。它不仅没有被放在原被告的竞争关系中加以考察,从而将原告的法人身份以及被告微博言论促进原告用户知情权这一公共利益考虑进来,而且还多处被用来论证被告的公众人物身份。(3)被告公众人物身份被不恰当地用来限制被告言论自由。公众人物身份一般用来限制公众人物的名誉权,使之承担他人言论带给他的社会成本㉚,就言论自由而言,这一身份及其社会职责恰好要求他积极发言,对言论内容的较高注意义务不影响言论自由本身的重要性,也不影响一审判决对于被告言论自由的干涉程度。

2. $I_j = 2^1$

本文在进行必要性分析时已经指出,一审判决对于原告名誉权的促进作用,可以转换成被告言论自由对于原告名誉权造成的损害。一般说来,名誉权遭受的损害主要

㉘ 见前注③。

㉙ 一审判决"采用事实基本或大致属实,未使用侮辱、诽谤言辞,评论大致公正合理,不以恶意损害对方名誉为唯一目的的较高判断标准",认定被告"微点案"相关微博言论"未对微点案中与金山系公司有关的关键细节特别是相关证人法庭证言的具体内容进行详细介绍","金山软件破坏360卫士"相关微博言论"未提供充分有效的证据证明金山软件确实存在意图破坏的情形","葛珂被排挤"相关微博言论"应举证证明葛珂被排挤的事实确实存在",均有失合理公正,认定"至少不会既要当婊子,又要立牌坊"等语言"有较强的暗示、误导性和很强的'企业利益代言人'性质"。参见同上。

㉚ 公众人物一般是用来论证对于名誉权、而不是言论自由的降低保护的。参见张新宝:《名誉权的法律保护》,中国政法大学出版社 1997 年版,页 105—108;以及宋鱼水等,见前注㉕,页 53—54。

包括人格损害、精神损害和财产损失,考虑到原告作为法人的特殊身份,可以排除精神损害。[31] 人格损害的实质是受害人社会评价的降低,看不见、摸不着、举证困难。[32] 学界一般主张采取事实推定的方法解决这一困难。"考虑到名誉权的特殊性质和受害人承担名誉损害事实举证面对难以克服的困难,应当免除受害人对名誉损害事实发生的举证责任,而采取推定的方法确认损害事实的存在。受害人应提供证据证明针对自己的诽谤和侮辱性内容已经为自己以外的第三人所知。在这个基础上,法官根据一般的经验法则推定必然产生损害结果。"[33]司法实务中确实也采用了这一方法。在其发布的一份诉讼研究报告[34]中,北京市朝阳区人民法院引用前述引文称:"在新闻侵权诉讼中,对于损害后果均应采用事实推定的方法确定,而无需原告举证。"[35]

在确定被告言论自由对于原告名誉权造成的损害时,一审判决显然运用了事实推定的方法。原告提出了三项损害主张:(1)原告人格损害。(2)原告所属"金山"品牌人格损害。(3)原告关联企业部分股价损失1200万元。一审判决不仅认定了(1),而且基于原告与"金山"品牌存在法律上的利害关系,认定原告有权主张(2)、(3),并进一步认定了(2),否定了(3),原因是"法院认为难以认定周鸿祎的微博言论与金山软件股价下跌之间存在必然的因果关系"。[36] 一审判决虽然提到在认定侵权时要进行"法益衡量",要考虑到"受众的具体情况、言论所引发或可能引发的具体后果",但实际上并未进行这一评估,就直接认定被告"行为势必会使公众对金山安全公司以及'金山'品牌产生一定误解,造成金山安全公司社会评价的降低"。[37] 这表明,一审判决实际上运用了事实推定的方法。

但损害的存在是一回事,损害的程度又是另一回事。存在如下理由,足以证明损害的程度不可能是重度(2^2)、而顶多是中度(2^1)的。(1)一审判决间接地考虑了受众与后果因素,隐秘地进行了"法益衡量"。一审判决在审查中称,被告"微点案"有关微博言论"使得公众在没有了解全部信息的基础上,难以对周鸿祎的评论或意见作出自

---

[31] 《最高人民法院关于审理名誉权案件若干问题的解答》间接否认了法人可以提出精神损害赔偿。该解答第10条第4项规定:"公民、法人因名誉权受到侵害要求赔偿的,侵权人应赔偿侵权行为造成的经济损失;公民并提出精神损害赔偿要求的,人民法院可根据侵权人的过错程度、侵权行为的具体情节、给受害人造成精神损害的后果等情况酌定。"

[32] 关于人格损害特殊性的一个细致讨论,参见张新宝,见前注[30],页135—139。

[33] 王利明、杨立新主编:《人格权与新闻侵权》,中国方正出版社1995年版,页578—579。转引自张新宝,同上注,页138。

[34] 该诉讼研究报告是与《海淀区人民法院关于媒体侵权案件的调研报告》在同一个研讨会上发布的,参见前注[24]。

[35] 张雯:"新闻侵权诉讼研究报告——以北京市朝阳区人民法院近20年来受理的新闻侵权诉讼为研究样本",载《2011年媒体侵权责任法律适用研讨会论文集》,2011年2月26日,页14。

[36] 参见前注[3]。

[37] 参见同上。

己的独立判断",但在确定损失赔偿额时却称[38]:

> 考虑到有理性的微博网友在观看周鸿祎微博相关内容时也会进行一定思考,从周鸿祎的身份、立场出发分析其微博言论,自己作出可信度的合理判断,而从金山安全公司提供的公证书中相关网友的微博回复和相关媒体将双方之间的争议定位为"口水战"的评价中,也能看到大众对于周鸿祎"微博言论"的认识和反应,故周鸿祎的微博言论影响金山安全公司名誉的范围是有限的。

这在相当程度上削弱了前者的论证效力。一审判决本应先评估损失程度,再通过"法益衡量"确定是否构成侵权,但却先仓促地认定构成侵权,再用损失程度去限定赔偿额度,结果就出现了前述表面矛盾。在比例原则之下,这可以理解为一次隐秘的"法益衡量"。(2)原告的法人身份未获足够重视。一般说来,应当对自然人名誉权与法人商誉权进行区别保护,"以维护社会公共利益尤其是消费者的合法权益"[39]。一审法院前述案件调研报告也称:"从 2000 年以后的判决中我们看到,法院认为对法人商誉权的保护更多要考虑对消费者非理性评价的正确对待,给予了言论自由或者用词不雅、甚至有些偏激的评论更大的宽容。"[40]一审判决对于原告法人身份关注不够,也就无法考虑到消费者权益这一公共利益,无法考虑到消费者这一形成原告社会评价的重要公众群体。

(二) 抽象分量($W_i = 2^2$、$W_j = 2^2$)

言论自由与名誉权都是我国宪法和法律规定的重要权利,而且由于它们之间的必然联系,二者常常被置于相互关系中予以考察。但这并不意味着二者的抽象分量是一成不变的,恰好相反,二者都先后经历了一个从不太重要到重要、从重要到更加重要的发展历程。从比例原则角度看,也就是二者的抽象分量都先后经历了一个从 2^0 到 2^1、从 2^1 到 2^2 的增长过程。1986 年《民法通则》的出台,开启了一个优先保护名誉权的时代,在很长一段时期内,理论研究与司法实务的天平都向名誉权、而非言论自由一端倾斜。也就是说,二者的抽象分量长期呈现出 $2^1:2^0$ 或者 $2^2:2^1$ 这一格局。

近年来,随着我国言论自由逐渐获得与名誉权等量齐观的重要性,二者之间的平衡问题也越来越受到关注。不少裁判案例,比如 1999 年恒升公司诉王洪等侵犯名誉权案、2004 年宣科诉吴学源及《艺术评论》杂志社名誉侵权案等,它们对于言论自由的严重伤害,引起了理论界的持续批判,这一批判同时反作用于司法实务,引起了后者严

---

[38] 同上。
[39] 参见张新宝,见前注㉚,页 112。
[40] 宋鱼水等,见前注㉕,页 54。

肃的反思。㊶ 比如一审法院前述案件调研报告称:"在 2000 年前,法院过于侧重名誉权的保护,而忽略了与公民言论自由、媒体舆论监督权的平衡,广受学者诟病。通过调研近年来我院的判决,我们发现越来越多的判决倾向于从私权保护与促进社会进步、维护公共利益的角度综合考虑,力图在言论自由、媒体监督权与名誉权的冲突中寻找平衡的基点和合理的界限。"㊷ 杨立新教授在回顾我国媒体侵权责任法发展历程时指出,《民法通则》通过后,媒体侵权研究一度突出人格权保护,但进入 21 世纪之后,媒体侵权研究开始突出抗辩事由,而"媒体侵权抗辩事由制度的设立正是为了平衡表达自由与人格权之间的冲突"。㊸ 在比例原则之下,这可以理解为二者的抽象分量呈现为 2^2:2^2 这一格局。

(三)经验性假设的可靠性程度($R_i = 2^0$、$R_j = 2^0$)

一审判决一旦作出,必然会对被告言论自由造成限制,尤其是会对被告以及其他微博用户的正常言论造成"寒蝉效应"㊹。这说明一审判决将损害被告言论自由这一判断所依赖的经验性假设的可靠性程度是"确实可靠",应赋值 2^0。另一方面,虽然原告名誉权的损害是通过事实推定的方法予以确定的,但由于这种推定是一种完全主张事实推定,"是不能以反证的方式推翻的,即使加害人提出受害人没有因为诽谤性事实的传播而受到名誉上的不利影响,也不能证明损害后果之不存在"㊺,因此一审判决一旦作出,也接近于必然会促进原告名誉权。这说明一审判决将促进原告名誉权这一判断所依赖的经验性假设的可靠性程度也是"确实可靠",应赋值 2^0。

五、二审判决的合比例性分析

本部分旨在确定二审判决中前述三组、六个变量的值。由于抽象分量和经验性假设的可靠性程度与一审判决中基本相同,这里只需考察具体分量。

(一)$I_i = 2^2$

二审判决同样没有明确确定它对于原审被告言论自由的干涉程度,并且仍然致力于论证原审被告的较高注意义务。在这个过程中,二审判决也考虑了微博特点和原审被告的公众人物身份这两个因素,但对于原审被告竞争对手身份的考虑已经被压缩到最低限度,只有这样一句话:"不能排除其借助对金山安全公司技术上的指责而获得自

㊶ 关于王洪案的两个评析,参见陈轼:《言论自由与名誉权的冲突和平衡》,苏州大学 2009 年硕士学位论文,页 15、21—22;以及汪庆华:"名誉权、言论自由和宪法抗辩",载《政法论坛》2008 年第 1 期,页 19。关于宣科案的一个评析,参见梁治平,前注⑨。

㊷ 宋鱼水等,见前注㉕。

㊸ 参见杨立新:"我国的媒体侵权责任与媒体权利保护",载《中国法学》2011 年第 6 期,页 182—184。

㊹ 关于"寒蝉效应"的一个分析,参见〔美〕乔纳森·加勒特·欧文:"论名誉侵权法对言论的阻却作用",胡用星译,载张民安主编,见前注㉓,页 53—84。

㊺ 王利明、杨立新主编,见前注㉝。

已利益的可能性。"㊻在某种程度上,这也可以理解为:二审判决已将原审被告的竞争对手身份置于原审原告的竞争关系中予以考察,从而将原审原告的法人身份以及原审被告微博言论促进原审原告用户知情权这一公共利益考虑了进来。这本质上已经进行了一次"法益衡量"。㊼但二审判决同样没有考虑到它本身今后对广大微博用户言论自由可能产生的负面影响,而且对于原审被告较高注意义务的认定,同样不影响言论自由本身的重要性,不影响二审判决对于被告言论自由的干涉程度。

(二) $I_{j1} = 2^0 , I_{j2} = 2^2 , I_{j3} = 2^1/2^0$

在确定原审被告言论自由对于原审原告名誉权造成的损害时,二审判决不仅运用事实推定的方法认定了损害的存在,而且还进一步在"逐一审理"相关微博言论基础上,分别情形确定了损害的程度。原审原告提出了三项损害主张:原告人格损害、原告所属"金山"品牌人格损害、原告关联企业部分股价损失1200万元。一审判决认定了前两项,排除了第三项。二审判决肯定一审判决对第三项的排除,但在区别相关微博言论内容基础上,重新对前两项作出了细致的分析认定:(1)"微点案"相关微博言论。原审原告与之无关,不会因此遭受损害。二审判决的理由是,"微点案"发生在2005年,当时"在一定范围广为网民所知晓涉及的公司是北京金山公司","因此阅读周鸿祎微博的网民不会因该言论直接联想到本案当事人金山安全公司"。㊽这一论证是成问题的,因为阅读周鸿祎微博的网民范围未必就是当年知晓北京金山公司的网民范围,而且后者当年知晓的未必就是公司登记意义上的那个"金山"。一审判决实质上认定公众知晓的是集团品牌意义上的那个"金山",似乎更具说服力。二审判决完全可以认定这部分损害的存在,进而认定其程度轻微(2^0)并将其"衡量"掉。(2)第(7)、(8)两条微博言论。原审原告因此遭受重度(2^2)损害。这一认定从经验常识看来大体可以接受,但并非毫无瑕疵。一则特定语境和原审原告的法人身份降低了"非礼"、"正人君子"之类语言的侮辱性质,二则一审判决认定、但二审判决否认的"既要当啥子,又要立牌坊"这一语言更具侮辱性。(3)其他不实言论或者侮辱语言。原审原告因此遭受中度或者轻度($2^1/2^0$)损害,经过衡量,这些博文"尚未达到构成侵犯名誉权的程度"。

㊻ (2011)一中民终字第09328号北京市第一中级人民法院民事判决书。
㊼ 名誉权诉讼往往是商业竞争的手段之一。"随着互联网软件杀毒行业、视频行业竞争的激烈,名誉权诉讼亦开始成为网络公司之间开展竞争的工具。"宋鱼水等,见前注㉕,页47。本案被告方代理人王亚东称:"金山公司起诉的目的无非就是为了让周鸿祎迫于诉讼的压力'封口',删除批评言论,尽可能使关联企业给'金山系'公司带来的负面影响降到最低。"王亚东、高嵩:"对言论的限制应以构成侵权为前提",〈http://china.caixin.com/2011-09-16/100306045.html〉,2013年4月8日最后访问。在这种情况下,进行"法益衡量"可以确保法院站在一个更加超然的立场,作出客观公正的裁判。
㊽ 参见前注㊻。

六、结语

在价值理念出现"诸神之争"的场合,人类不得不进行权衡,作出如下两难选择:实现哪一方?牺牲哪一方?是允许甲损害乙,还是允许乙损害甲?为了确保科学地进行相对客观正确的权衡或平衡,必须求诸一个客观外在的规范平衡结构。阿列克西阐发的比例原则之所以能够担当科学平衡的重任,是因为在相互冲突的原则之间,它并不偏执一端,而是致力于在二者的相互关系中、将二者作为一个整体加以考察,以求得一个中道。它将两个原则相加之和的最优化实现作为终极目的,手执这一试金石全面拷问目的手段理性,将手段之间、目的之间、手段目的之间的关系一览无遗地呈现了出来。尤其是通过衡量公式,比例原则得以深入每一个技术细节,对具体案件进行精准绵密的考察,从而"将秩序引进了法律思维"。当然,对衡量公式中每个变量进行的赋值,代表的是诸如"对言论自由的干涉是重度的"之类的主张,而这些主张必须通过法律论证加以证立。论证说理越充分,平衡的科学性就越大,以及附带地,作为科学平衡衍生出来的一种反射性效果,对法官自由裁量权的规范也越大。[49]

近年来,随着我国言论自由逐渐获得与名誉权等量齐观的重要性,二者之间的平衡问题也越来越受到关注。"微博第一案"裁判中卓有成效的平衡尝试正是在这一大背景下进行的。本案中,两审法官都对言论自由予以高度关注,都对平衡裁判有着清醒的认识。但本文对两审判决的合比例性分析表明,由于没有明确认识到比例原则的科学平衡价值及其对于本案的适用性,两审判决在平衡的科学性方面都存在或多或少的瑕疵。一审判决着力于论证被告对言论内容的较高注意义务,殊不知这一义务并不影响言论自由本身的重要性,也不影响一审判决对于被告言论自由的干涉程度。它在确定原告名誉权遭受损害的程度之前,就匆忙认定被告构成侵权,以至于在确定损失赔偿额时出现相反方向的论证,而不得不用损害程度去限定赔偿额度,再度进行侵权认定时忽略了的"法益衡量",这也从反面说明了"法益衡量"不可避免的必然性。它为了促进原告中度(2^1)的名誉权,就对被告言论自由进行了重度(2^2)的干涉,明显不符合比例原则。二审判决也疏于确定它本身对于原审被告言论自由的干涉程度,但它

---

[49] 正如科芬法官所言:"通过揭示思考过程的所有步骤,公开的平衡会约束法官,而且最小化私人隐秘的不当偏好;通过回应持不同意见的同事的各项顾虑,最大化实现同事共识的可能性;面对随后的专业评估和公众评价,充分说明作出决定的过程。"参见 Frank M. Coffin, Judicial Balancing: The Protean Scales of Justice, 63 N. Y. U. L. Rev. 16, 25(1988). 转引自〔以〕巴拉克:《民主国家的法官》,毕洪海译,法律出版社2011年版,页173。

通过更加量化㊿地"逐一审理"相关博文,得以更深地进入案件细节,多次隐秘地进行阶段性的"法益衡量",比如排除原审被告竞争对手身份相当于引入原审原告的法人身份以及原审原告用户的权益,尤其是得以区分原审被告微博言论,分别确定原审原告因其遭受损害的程度,最大限度地保证了平衡的相对客观正确性。

㊿ 定量分析的前提是充分的法律论证说理。二审判决虽然进行了更加科学的平衡,但在论证说理上明显不如一审判决。前述朝阳区人民法院诉讼研究报告称:"一方面,抗辩事由具体化、体系化规范的缺失,构成要件的缺陷,使得法官在某种程度上'无奈的'拥有更大的自由裁量权,客观上会影响裁判统一,削弱司法权威。另一方面,在新闻侵权种类不断增多、内容愈发复杂的情况下,法院能否在案件审理中能动的运用司法权,使得司法行为能在利益调节、价值导向上发挥更积极的作用,都是我们在未来的很长一段时间内需要不断探索的问题。"张雯,见前注㉟,页39。事实上,法律论证说理恰好具有规范法官自由裁量权这一附带效果。所谓"附带",是指真正的问题还在于如何进行相对客观正确的科学平衡,能动司法这一考虑也说明了这一点,而通过法律论证说理规范法官自由裁量权,只不过是科学平衡衍生出来的反射性效果。

对微时代及其与我国司法审判之关系的新思考[*]

元 轶[**]

内容摘要：微博远不能代表真正意义上的表达自由,我们离后者其实还很遥远,而对表达自由的保护不能以放弃其他价值,如公正审判为代价。事实上,中国司法审判所面临的挑战更为复杂,实践中出现的所谓微博促进审判公正的案例,本质上都在背离正当刑事司法程序,必须警惕这种"微时代"形式下的民意审判。

关键词：公正审判 微时代 民意审判

A New Reflection of the Micro-era and Its Relationship with Judicial Adjudgement of China

Abstract: Microblog is far from representing the real sense of the freedom of speech, which we actually still have a long way to reach. However we cannot protect the freedom of speech at the expense of giving up other values, for example, judicial adjudgement. In fact, the challenge that China's judicial trial is facing is more complicated. Cases that were so-called promotion of judicial justice appeared in practice are essential departure from criminal justice procedures. We have to keep our weather eye on this public opinion trial under the "form of micro-era".

Key words: judicial adjudgement; freedom of speech; micro-era; public o-

---

[*] 本文系中国政法大学2010校级人文社会科学青年项目阶段性研究成果。
[**] 中国政法大学比较法学研究院副教授,法学博士。

pinion trial

一、微时代并不等于表达自由

微时代下的山西籍打工仔许霆被改判有期徒刑5年;微时代下的浙江民营企业家吴英被最高人民法院不核准死刑,发回浙江高院重审。微时代下的我们亲历亲为,参与司法,惩恶扬善,敢怒敢言,于是有人惊呼,"微时代彰显了正义,更带来了言论的自由!"

那我们就先来看看表达自由和微时代、微博的关系,他们之间难道真的可以画上等号吗?表达自由要求能够"按照自己的意愿在公领域充分地发表观点、主张"。这里首先第一大要素就要求必须"能够充分地"发表"观点",那么,140个字的微博从字的数量上能够真正表达一个观点吗?不能,它注定是片段的、不完整的,没有哪位思想家、文学家每次用140个字表达其政治、宗教,或文化、艺术观点的,而这也正是微博在我们这里泛滥的主要原因之一,究其原因,可以借用胡适先生当年在"多研究些问题,少谈些'主义'"中的两句话:"为什么'发微博'的人那么多?为什么'充分发表自己观点'的人那么少,这都由于一个懒字;'微博'的弱点和危险就在这里,因为世间没有一个抽象名字能把某人某派的具体主张都包括在里面"。① 我们认为,从言论本身的价值层面分析,微博属于低价值言论。因此,微博这种形式相对于表达自由来说,在"质"和"量"两方面都是欠缺的。其次,"发表"的主体有时甚至是虚无的,因为我们知道"你永远不知道坐在计算机后面的是一个人还是一条狗"。再次,微博往往无法"按照自己的意愿"发表观点,往往身不由己,必须自我压制以使自己的观点能够不被其他大多数所打压,在理想国的对话中,在西方的戏剧里,群众总是善于仗着人多势众对不同意见者进行暴虐打压,而微博聚集起来的正是这样一群群众,一群如古斯塔夫·勒庞在《乌合之众》中所描述的"冲动、多变、急躁、偏执、保守且不道德"②的群众。因此,我们认为,微博自由应当保护,但是否值得适用表达自由那样的标准去保护,值得商榷,因为,微博远不能代表真正意义上的表达自由。

而事实上,我们离地球那一端的表达自由还很遥远。我们脚下那一端的国家的公民,只要翻开他们的权利法案,首先跃入眼帘的就是关于"国会不得制定关于剥夺表达自由;剥夺人民和平集会和向政府诉冤请愿权利"的句子。因此他们有关言论问题的司法实践与我们大相径庭。

1960年,美国纽约时报刊发了蒙哥马利市警察暴力对待示威黑人学生的相关内容,后经调查,有关内容失实,于是该市警察局管理官员沙利文以诽谤为由请求法院判

---

① 胡适著,潘光哲主编:《容忍与自由》,法律出版社2011年版,页6—7。
② 〔法〕古斯塔夫·勒庞:《乌合之众》,冯克利译,广西师范大学出版社2007年版,页52。

处《纽约时报》赔偿50万元。③

半个世纪后地球的另一端——福建,2010年4月16日,三名普通百姓,帮助一名母亲拍摄、制作了一段口述视频,这位母亲的女儿在福州市闽清县一家歌厅工作,2008年的一天晚上女儿突然死亡,当地县公安局作出了"系输卵管妊娠破裂致出血性休克死亡"的鉴定结论,这位母亲不服,奔走呼号,四处上访,提出女儿是在歌厅被轮奸致死的,而歌厅是当地县公安机关领导、检察官与当地涉黑头目一起开的。视频上网之后,这位母亲主诉的问题仍然没有得到针对性的调查。

50年前地球的那一端,美国联邦最高法院重审,判定纽约时报胜诉,九位大法官认为"对公共事务的讨论应当不受抑制、充满活力并广泛公开",媒体、公民有权对公众官员进行批评的自由。

而我们这三位微时代下的普通网民(其中一位只是负责在视频上输入了字幕),却被福州马尾警方先后以诽谤罪、诬告陷害罪拘留、逮捕,继而被马尾检方以诬告陷害提起公诉,最终被马尾区法院以诽谤罪处以1—2年有期徒刑。

至此,对于文章开头提到的所谓当前微时代是否已经为我们带来了真正意义上的表达自由的问题,答案无疑是否定的。

二、表达自由和公正审判的冲突与平衡

那么文章开头提到的有关微博彰显"正义"的论断是否正确呢?退一步讲,即便令人们兴奋不已的许霆案和吴英案中"群众"众口一词的微博言论与表达自由可以画上等号;即便这些随意的、即时的微博意见裹挟着所有人的声音所形成的那一股洪流与表达自由有同等价值,我们对它的保护也决不应无所顾忌,就像法国大革命中因对所谓真理的追求而湮没表达自由一样,最终带来的只有血雨腥风。事实上,对任何一种价值的绝对追求,都是一种危险的企图。因此,我们也决不能因对表达自由的保护而放弃其他一些于我们一样弥足珍贵的价值,如公正审判的价值,而人类历史上最大的冤案就是这样产生的。

公元33年,一场无法挽回的人类悲剧:耶稣被门徒犹大出卖,面临极刑,罗马帝国派来总督彼拉多,耶稣在彼拉多面前据理反驳,彼拉多对陷害耶稣的大祭司和众长老说:我查不出耶稣犯了什么罪。根据惯例,每逢逾越节前夕,民众有权要求总督释放任何一名囚犯,当时还有一名叫巴拉巴的强盗,曾经杀过人。彼拉多想释放耶稣,但是众人(就像今天我们人人发出一条不足140字的微博一样)齐声喊道:除掉这个人!释放巴拉巴给我们!民意难违,彼拉多提出对耶稣施以鞭刑后释放的妥协方案,此时,大祭司便转向开始对"群中持不同意见者"的彼拉多进行攻击。如托克维尔所说,由于社会

---

③ 〔美〕安东尼·刘易斯:《批评官员的尺度:〈纽约时报〉诉警察局长沙利文案》,何帆译,北京大学出版社2011年版,页33。

的压力,当一个人表达了一个不受欢迎的意见,他可能要面对其社群的蔑视,或甚至遭受猛烈的反应,这种类型的表达自由的压制比政府的压制更难预防。于是,人群以类似今天我们熟悉的微博转发的方式随着大祭司群起而攻之,高喊:凡以自己为王的,就是背叛恺撒了,你若释放耶稣,就不是罗马帝国皇帝的忠臣。结果,巴拉巴被释放,耶稣则被钉上了十字架。

如果说审判耶稣的那个时代是一个尚未建立公正审判理念的时代,因为缺乏理性对抗的基础而使审判充斥着暴力的色彩,因为没有辩护权的保障而导致审判不具备基本的诉讼构造,所以疯狂的言论轻而易举的就可以冲破司法底线,主导判决的结果,毕竟,在一千九百一十五年后,由联合国大会通过的世界人权宣言才提出,"人人于其权利与义务受判定时及被刑事控告时,有权享受独立无私法庭之绝对平等不偏且公开之听审";在一千九百一十七年后,订于罗马的欧洲人权公约才规定,"任何人有权在合理的时间内受到依法设立的独立与公正的法庭之公平与公开的审讯";在一千九百三十三年后,公民权利及政治权利国际公约才宣布,"任何人受刑事控告或因其权利义务涉讼须予判定时,应有权受独立无私之法定管辖法庭公正公开审问"。那么,在将近两千年后,在那个于1791年就已经通过联邦宪法修正案确立了禁止双重危险原则④和公正审判原则⑤、标榜正当程序、独立审判;认为"拥有各种资源和权力的国家不应被允许因为一个公民一项被指控的犯罪,而反复作出试图使他得到定罪的努力,以致把他置于尴尬、消耗和使其意志遭受痛苦磨难的状态之中,迫使他生活在一种持续的焦灼和不安全状态之中,同时增加即便他无罪,但也会被判定有罪的可能性"⑥;并通过联邦最高法院判例把传统英国普通法上对关于不受双重危险原则只适用于宣告无罪释放或宣告判罪而告终的完整审判程序这一范围扩展到更大的领域——"如果被告人被法庭判决无罪,检察官无权对被告人提起上诉,即使法庭在审判中犯有某种对检察官不利的法律错误或者起诉状存有某种缺陷;如果被法庭判决有罪的被告人提出了上诉,上级法院可对其进行第二次审判,但是如果被告人的有罪裁判在新的审判中得到维护,法官一般不得对被告人判处更重的刑罚;如果一项起诉因证据不足而被法庭在作出最终裁决之前予以驳回(相当于宣告无罪),被告人一般不能受到第二次审判;如果一项针对某一罪行而作出的判决已得到执行,法庭不能对该项罪行实施两次刑事处罚"⑦的国度,其公正审判的价值是否会免受表达自由的威胁呢?公元1991年3月2

---

④ 即国家不得对任何人的同一行为进行再次追诉或惩罚,《美国联邦宪法修正案》第5条明确规定,任何人均不得因同一罪行而两次受到生命或身体上的危险。事实上,该规则适用在所有犯罪中,而不仅适用于被判处死刑或身体刑的犯罪。

⑤ 参见《美国联邦宪法修正案》第6条。

⑥ 这是美国联邦最高法院法官布莱克对禁止双重危险原则的价值理念所作的经典表述。转引自张毅:《刑事诉讼中的禁止双重危险规则论》,中国人民公安大学出版社2004年版,页71。

⑦ 陈瑞华:《刑事审判原理论(第二版)》,北京大学出版社2003年版,页174。

日的深夜，美国洛杉矶的假释犯罗德尼·金酒后在高速公路超速驾车并拒捕，4名白人警察最后使用金属警棍对其进行殴打才制服了这名醉酒的黑人青年，这个过程的后半部分被一名叫霍利得的人拍下，并送往当地方电视台，电视台把送来的81秒的录像剪辑为68秒，删除了其中罗德尼拒捕过程中攻击警察的镜头，之后提供给美国三大电视网及CNN。之后，加州地方检察官以"使用致命武器和不必要的暴力殴打嫌疑人"之罪名起诉至加州地方法院，1992年4月，陪审团根据包括完整的81秒的录像在内的全案事实信息作出鲍威尔警官、孔恩警长等4名警察无罪的判决。而群众此时早已被先前"自由"的媒体宣传所误导，宣判2小时后，作为美国第二大城市的洛杉矶立刻陷入火海，引发了震惊世界的美国黑人大暴乱，近百人死亡，数千人受伤，千余栋建筑损毁，损失高达近10亿美元，于是老布什总统被迫在电视上发表声明，表示将重新起诉4名白人警察，1992年5月，美国联邦地区法院对加州地方法院的上述无罪判决以新的罪名——"侵犯民权"进行了再审，并于次年4月再审改判4名被告人中的2名有罪，不仅如此，美国联邦第9巡回上诉法院还于1995年1月受理了以量刑过轻为由而对本案再审判决提出的上诉。⑧ 而以违反《1964年民权法案》或陪审团组成不当为由对已作出生效判决的案件重新开启对被告人不利的再审的判例近年来在美国远远不止这一起。2005年6月，美国密西西比州法院对1964年埃德加·雷·基伦谋杀案⑨重新遴选陪审团，对其进行了再审，由当年12名当地白人组成的陪审团作出的无罪判决被推翻，并且，原19名被告人中仍然在世的其余7人也将陆续接受再审，类似的再审案例还包括1955年14岁黑人少年蒂尔被害案、1963年黑人民权领袖梅德加·埃文思被害案等等。

对此，美国只能发出这样的慨叹：表达自由，我所欲也，司法公正，亦我所欲也。所以，我们认为，问题不是在这里把表达自由推崇备至了事，而是，例如在司法审判中，对于表达自由权与公正审判权之间的冲突寻找不同价值间的平衡点，寻求表达自由权与公正审判权的冲突达到何种程度时对表达自由权进行限制，才应是关注之焦点。

目前美国，当民意可能危害公正审判，或者当审判管辖地有偏见时，可延期审理和移送管辖，如把开庭地点改到一个不太情绪化的地方；如果合议庭成员或陪审员因媒体报道形成某种预断，有影响公正审判之虞，也应回避之。而在英国，1981年的《禁止藐视法庭法》规定了对诸如透露诉讼期间相关人员姓名等事项的严格限制，而如果民意对审判的干预被认为是不应当出现的影响因子，则会导致判决的无效。

---

⑧ 元轶："比较法视野下的中国刑事再审程序改革——从俄罗斯刑事再审程序谈起"，载《比较法研究》2010年第6期。

⑨ 身为3K党头目的埃德加·雷·基伦于1964年组织谋杀了施威纳、谷德曼、钱尼3名民权工作者，并安排将他们的尸体埋于一座农场大坝15英尺深的泥土之中，1967年以基伦为首的19名被告中有12人被宣告无罪，其中包括策划者基伦。

三、民意审判的本土悖论

分析到此,还不是中国问题的关键症结,因为在那个有着所谓独立司法的国家——美国,所要致力解决的主要就是表达自由对其司法公正的冲击。不过在我们,司法公正所面临的挑战却远远不止表达自由或者说民意这一项,我们的问题远比美国复杂得多,这也许就是那说不清楚的所谓国情吧,文章开始的那组案例——许霆案和吴英案中,无不以微时代下"群众的意志"为转移而实现了朴素善恶观的胜利,似乎,在我们的国情背景下,会出现微博促进公正审判的实践,从这个意义上,我们似乎有理由支持民意对司法的干预,这是否与前文的基本结论形成悖论?

在对这一问题进行分析前,我们有必要再回顾这样一组案例。2011年6月7日,药家鑫被执行死刑,走完了他短促的人生之路。"药家鑫案"是国内首次用微博进行庭审直播的大案,微博本身的现场性、即时性、互动性激发了许多人极大的兴趣。贺卫方后来说,人们在"以群众狂欢的方式处死一个人",笔者要加一个注脚,"在众人热烈的围观下,冲出来稳稳点燃这根狂欢引线的,是我们的西安中院,是我们的司法者"。

看来微博救得了吴英,也杀得了药家鑫,微时代下的群众不一定那么善良、宽容,而微时代下的司法却必然——恣意妄为。除此之外,我们还注意到这样的案例。杨佳,1980年生人,户籍北京,中等专科学历。1999年技校毕业短暂工作后,即待业在家。2007年10月5日,杨佳在上海市旅游时骑着租来的一辆无牌无证自行车,受到巡逻民警盘查。后被带回芷江西路派出所继续接受讯问,并言遭到"七八个警察的殴打"。从此,杨佳多次上访,要求进行赔偿,均无果。2008年7月1日,杨佳携带尖刀等作案工具闯入上海市闸北公安分局机关大楼,持刀行凶,造成6名民警死亡、2名轻伤,同日被刑事拘留。7月7日,杨佳被逮捕,10日,案件侦查终结并移送检察院审查起诉,8月26日,案件开庭审理。一时间,网络再掀波澜,大量网民再次在不了解案件具体事实的情况下,依据事实片断和个人推测,对杨佳案提出质疑,而由于包括法律援助律师的指定程序不当、律师会见权遭受不合理限制、庭审公开受到规避、异地管辖未引起慎重对待以及案件起因、精神病司法鉴定等一系列相关问题的争论[10],网民们很快更加偏激地站在了被告人杨佳一方。然而,6天后,上海市第二中级人民法院就对杨佳案作出了一审判决——死刑。9月9日,杨佳不服一审判决提出上诉,上海市高级人民法院驳回上诉,维持原判,并上报最高人民法院进行死刑核准。2008年11月21日,最高人民法院核准杨佳死刑,7日内执行。11月25日晚7点,杨佳的母亲收到了最高人民法院签发的刑事裁定书,26日,杨佳在上海被执行死刑。

上述这组案例的结果与前面的许霆案、吴英案形成巨大反差,作为2011年十大微

---

[10] 章礼明:"'杨佳袭警案'的程序公正问题透视",载《法学》2009年第1期。

博事件之一的药家鑫案中,微博并未彰显正义;在杨佳案中,更是看到其结果与微博民意毫无关系。其实,不论是吴英案、许霆案,还是药家鑫案,抑或是杨佳案,其"结果"都应当同样的引起我们的深深警惕(而不论我们个人对该判决"结果"的好恶感受如何),因为,它们都偏离了正当的刑事司法程序。我们看到,类似案件中来自于法院庭长、院长、审委会、来自于公安、检察、上级法院、同级人大、同级政府,来自于行政的、人事的、考评的、奖惩的诸多变量因素,都在影响着这些案件的司法审判,我们的法官往往唯"各路""长官意志"是从。其实,就连上述几件案例的最后结果也并非微博的直接作用,而是经过了某种"长官意志"的转化。因此最终是所有上述变量因子的共同作用才最终导致判决的出炉,因此,这样的因子越多,我们离公正审判就越远!在杨佳案中,我们看到,作为上述变量之一的民意,不是每次都能随心所欲;而即便在吴英"成功"免死的案例中,其中微博的参与其实是在实质上进一步增加了这些变量因素的数量,最终导致的是案件判决结果更大的不确定性。因此,我们必须警惕这种"微时代"形式下的民意审判。

微博博文的著作权侵权问题研究

周剑弘*

内容摘要：微博中的博文只要具有独创性，便可能称为我国著作权法保护的作品。博文对著作权的侵害，可能表现为直接复制、作品的数字化、在博文中设置超链接以及博文的转发。在博主知道自己的博文侵权的情况下，博主应当对自己的侵权行为承担法律责任。微博服务提供者的著作权侵权责任，适用"通知"规则和"知道"规则，这里的"知道"包括"应当知道"。而且，"通知"规则和"知道"规则没有先后顺序。为解决博文授权困难的问题，我们可以建立一种互联网的著作权授权契约制度以解决微博中的著作权侵权问题。

关键词："通知"规则 "知道"规则 授权契约

Study on Copyright Infringement of Microblog Article

Abstract: Microblog articles should be protected by Chinese Copyright Law so long as they are original works. The violation of copyright may be means of copying, digitizing, retweeting works, and setting the hyperlinks in microblog. Bloggers need to bear legal liability for their infringement of copyright if knowingly. "Notifying" and "knowing" rules could be applied for microblog service provider's legal liability of infringement of copyright without considering the order. It's better for us to build a kind of Internet copyright license contract system in order to solve the problems of copyright authorization in microblog.

---

* 河北科技师范学院讲师，北京大学法学院访问学者。

Key words: "Notifying" rules; "Knowing" rules; Authorization contract

随着网络的不断普及和互联网技术的不断发展,人们越来越多地感受到了网络带给我们的影响。据统计,截至2012年12月底,中国网民数量达到5.64亿,微博用户规模为3.09亿,较2011年底增长了5873万,网民中的微博用户比例较上年底提升了六个百分点,达到54.7%。这其中,手机微博用户规模达到2.02亿,即高达65.6%的微博用户使用手机终端访问微博①,再加上中低端智能手机的不断推广和手机网民的不断增加,微博已经越来越走进了我们的生活,因而也有人认为我们已经进入一个微时代。② 然而,伴随微博产生的法律问题,却更加值得我们的关注。事实上,微博用户侵害他人名誉、隐私等纠纷已经不断进入了我们的视野,不过,随着一批名人微博著作权被侵权以及名人侵害他人微博著作权案件的出现③,微博博文的著作权侵权问题似乎成为了一个新的焦点④,笔者试从网络技术与法律方法相结合的角度,对此问题进行探究,以期为我国互联网上著作权的保护提供一些立法和司法方面的参考。

一、微博中博文本身是否存在著作权之分析

对于微博,目前争论比较大的一个问题是博文本身是否存在著作权的问题,持否认说的学者认为,博文最多不超过140字,如此短小的篇幅很难形成作品,而且博文大部分内容属于记流水账,也不应当属于作品,这些都制约了博文本身不应当享有著作权。再加上微博本身的即时性与互动性,使得博文在博友之间的传播带有很大的随意性,因而也不应当强调微博的著作权。⑤ 应当说,这些观点有着一定的合理性。从起源上看,微博产生于博客,而博客,又称为网络日志,有些专注在特定的课题上提供评论或新闻,大部分被作为比较个人的日记⑥,当然,这种个人日记往往是比较随性的。而微博作为一种微博客,通常又以140字左右的文字更新信息,实现即时分享。属于一个基于用户关系的信息分享、传播以及获取平台。⑦ 从这个角度来说,权利保护的弱化

---

① 中国互联网络信息中心(CNNIC):"第31次中国互联网络发展状况统计报告",〈http://www.cnnic.cn/hlwfzyj/hlwxzbg/hlwtjbg/201301/P020130122600399530412.pdf〉,2013年2月10日最后访问。
② 李巍:"'微博版权'及加强微博监管评议",载《中国广播》2012年第4期,页7—11。
③ 郑渊洁、李开复以及作家六六被爆微博著作权遭侵害,而著名主持人黄健翔的微博也卷入侵害他人著作权的纠纷,最后以黄健翔关闭微博而告结束。郑渊洁、李开复著作权纠纷见:〈http://china.cnr.cn/ygxw/201108/t20110824_508411159.shtml〉,黄健翔卷入著作权纠纷详情见:〈http://gb.cri.cn/27564/2010/03/23/4945s2793395.htm〉,2013年6月1日最后访问。
④ 博文是微博的内容,不过在生活中,"微博"一词也通常和"博文"一词混用,比如,发微博其实就是发博文,本文在表述时将"博文"和"微博"一词分开,但引文中尽量保持原文中的表述方式。
⑤ 李巍,见前注②。
⑥ 〈http://baike.baidu.com/view/1509.htm〉,2013年6月1日最后访问。
⑦ 〈http://baike.baidu.com/view/1567099.htm〉,2013年6月1日最后访问。

似乎又有着一定的必然性。

不过,判断微博博文是否存在著作权问题,仅以字数的多少或者个人日记的随意性来判断是不合适的。从字数方面看,一首五言绝句也不过20个字,可是谁都无法否认其著作权值得保护,甚至有人认为一个字的一首诗也应当享有著作权。[8] 虽然这一点笔者存在疑虑,不过的确不能以少于140字而否认博文著作权存在的可能性。笔者以为,判断博文是否存在著作权,最根本的是要看博文是否具有独创性。

应该说,微博博文的确带有很大的随意性和个人性,有些人愿意在博文中记点流水账,但也有人却很用心地对待微博中的内容,当然也不排除有些人的博文中包含了上述两个方面的内容。要判断其是否形成了著作权法所保护的作品,就得具体根据每一条博文的内容进行具体分析了。

我国《著作权法实施条例》第2条规定:"著作权法所称作品,是指文学、艺术和科学领域内具有独创性并能以某种有形形式复制的智力成果。"博文能够被复制是毋庸置疑的,那么,只要博文具有独创性便属于我国著作权法所保护的作品。从这一点看,博文的流水账,即便记录的是个人的个性生活,也因为其不具备独创性而不享有著作权,而一些具有独创性的博文,则属于我国著作权法所保护的作品而受到保护。

从表现形式看,博文可能表现为文字作品,就是以文字形式表现的散文、故事、诗歌、小说,或者单纯的一个原创小笑话,以及一些经典的人生感悟。也可能表现为美术作品,比如将个人的书法或绘画作品作为博文的内容。还可表现为文字和图形的组合,比如一段文字配上图画或图片。博文还可以表现为视频作品,比如说微视频,其中包括一些微电影和微课堂等,这些都已经深入走进了我们的生活,尤其是微电影,一个家庭版的DV便可制作,只要具有独创性,便可受到著作权法保护。值得注意的是,这里的微视频还可以配以文字解说或者字幕,而这里的文字解说或者字幕都可以单独成为作品,因而,这个微视频也可能是一个基于其他作品而形成的汇编作品。

二、博文侵害著作权之表现及侵权责任认定

微博博文可能构成著作权法所保护的作品,不过,在博文中对于他人著作权的侵害,却不仅仅涉及博文中对于他人博文的使用。事实上,因为博文是微博持有人(博主)[9]写博的产物,所以博主的不同行为也可能直接导致微博博文对于不同作品的侵害,大体说来,博文中侵害著作权之表现可以体现在以下几个方面:

第一,直接复制。直接复制是针对他人博文而言的,就是在微博当中直接复制他人微博中的作品。这是最常见的微博侵害著作权之行为,郑渊洁、李开复以及作家六

---

[8] 诗人北岛的朦胧诗《生活》,全文只有一个字:网,但是很多人认为这一个字依然享有著作权。
[9] 微博持有人,是指控制微博账户的人,也是微博平台中的微博用户,通常被称为"博主",以下说法同。

六都曾遭遇过原创作品被抄袭的事情。童话大王郑渊洁微博抱怨,其微博作品被博主"方雨007"直接复制,其后创新工场董事长李开复也尝试搜索了自己创作的微博,发现已被195个用户抄袭,几乎都没有标注来源。⑩ 在这种情况下,微博对著作权之侵害,表现为对他人微博中所涉作品的著作权的侵害。

直接复制他人网络上的作品而并不表明复制源的出处,是微博中比较常见的一种情况,在这种情况下,微博持有人知道自己并不是博文的著作权人,也未经他人同意而将他人作品直接复制,容易造成与著作权人的混淆,这显然是侵害了著作权人的著作权。在这种情况下,由于微博持有人知道自己没有著作权而依然复制,所以,不管复制源是否有著作权,微博持有人都应当承担侵权责任。只不过,如果复制源享有著作权,微博持有人的博文就侵害了复制源的著作权;如果复制的是他人侵权的作品,那么微博持有人和复制源属于共同的侵权人。

第二,他人作品的数字化。这是指将他人属于传统意义上的作品通过数字化的方式作为自己博文的内容。这种数字化的过程必须借助于机器来完成,比如电子录入、数字录音、数码摄像、扫描仪扫描等,其实质就是把作品的文字、图形、图像、数值以及声音转换成二进制编码的过程。有人甚至认为,和传统的复制行为相比较,这种行为已经不再是复制,而更应该是一种演绎。不过,也应该看到,这种行为的结果,并没有产生新的作品,只是改变了作品的存在形式。因而,仍然是一种复制行为。1995年9月美国推出的《知识产权与国家信息基础设施》(Intellectual Property and the National Information Infrastructure)白皮书中,就把这种行为定义为复制。通过这种作品的数字化,一些传统的媒介如报纸、杂志上的为作品,都可能被放到微博上。从某种程度来说,这种举手之劳的作品侵权方式,是当今一个重要的著作权侵权行为。其对著作权之侵害,表现为对传统作品的权利侵害。

需要说明的是,虽然作品的数字化也属于复制的一种形式,但是又和直接复制他人数字形式的作品有所区别,因为数字化形式的作品往往存在于网络上或者一定的存储介质中,相对不容易找到真正的权利人,而传统形式的作品,不管是报纸、杂志还是其他出版物,都相对更加容易辨识真正的权利人。从这里看,博文中直接复制他人数字形式的作品和对他人传统形式的作品进行数字化,其对真正权利人的知悉程度是不一样的,因而其过错程度也不一样,在著作权侵权责任认定上也应适用不同的规则。

在侵权责任认定上,数字化他人作品的责任认定甚至比直接复制他人作品的责任认定更容易,因为微博持有人更清楚复制源的著作权,明知自己不享有著作权而把他人作品进行数字化为自己博文内容,在这种情况下通常不必再考虑其他因素便可进行侵权判断,微博持有人也不知道他人享有著作权进行抗辩。

---

⑩ 郑渊洁李开复原创微博被剽窃,微版权"小题"需"大作",〈http://news.163.com/11/0824/15/7C7UA90C00014JB5.html〉,2013年6月1日最后访问。

第三，博文中设置超链接。对于微博而言，还有一种重要的形式，便是在博文中设置超链接，这种超链接指向其他的人的作品，包括文字作品和其他音视频作品，这也可能侵害到他人作品的著作权。比如微博的博主明知他人的博客或者QQ空间发布的是侵权作品，而依然通过微博发布侵权链接。那么，微博设置超链接的行为也可能侵害他人著作权。实践中，很多微博中的视频和音乐功能并非是直接上传作品，而是通过超链接第三方视频或音乐作品。这种超链接第三方作品的行为是完全有可能侵害他人著作权的。事实上，由于微博的社交性和互动性，微博中的超链接能够往往有着比其他网络行为更快的传播方式，这种更快的传播方式也就更容易侵害到他人作品的著作权。

对于博文中设置的超链接，微博访问者并非是直接博文来访问作品，而是通过超链接访问其链接的作品，如果链接的是著作权人作品，微博持有人并不侵权，如果链接的是侵权作品，那么就可以根据《侵权责任法》第36条第2款进行责任认定，当然，如果微博持有人蓄意发布侵权链接，那么微博持有人则可能和侵权链接的管理者成为共同侵权人。

第四，转发。转发是最常用的微博行为之一，从某种程度上说，也是最常见的侵权行为。比如，对于侵权微博的转发，就可能构成侵权。转发不同于直接复制，直接复制之后不显示其复制源，而转发一般能标示其转发的出处。而微博的最大特性是互动性强，转发容易而频繁，并且呈网状结构向外放射。这种常见的网络行为事实上也可能成为最普通的著作权侵权行为。

转发和直接复制他人作品的博文虽然都同样包括了权利人的作品，但是转发的博文中标示有转发作品的来源，而直接复制他人作品则没有标示出处。微博访问者容易把博文当成博主的独创作品，而转发作品则不会产生这种问题，因而在对转发博文和直接复制的博文进行侵权判断的时候也应当适用不同的规则。

转发他人作品，意味着表明了转发作品的出处，这个转发源可能是著作权人的作品，也可能是侵权作品。如果转发的是著作权人的作品，转发行为就属于正常的使用行为，并不侵权；如果转发的是他人的侵权作品，这种情况下就存在侵权的可能性。

以上四种属于博文直接侵害他人著作权的表现，除此之外，还有一种博文间接侵害他人著作权的情况，那就是故意提供反技术措施。这种情况主要是针对一些通过技术措施保护的作品而言，比如，某作品通过技术措施来保护，而他人博文却直接发布反技术措施方法，这虽然不构成对他人作品的直接侵害，但是属于典型的帮助侵权。此外，博文中链接或超链接一些反技术措施的网页，也可能构成对著作权的侵害。

对于故意提供反技术措施的博文，微博持有人承担间接侵权责任，而且，由于微博持有人提供侵权反技术措施，因而只要有人利用此反技术措施侵害了他人著作权，微博持有人都应当承担间接侵权责任。

三、微博服务平台之侵权责任认定

微博服务平台也就是微博服务提供者,是网络服务提供者(ISP)的一种。从广义来说,网络服务应该包括网络内容服务、网络平台服务、网络中间服务等范畴,狭义上说,网络服务所提供的服务包括电子邮件、信息查询、档案传递、论坛服务以及其他的网络服务,事实上,随着互联网技术的不断发展,网络服务提供者所提供的服务也在不断丰富和多样化。

本来微博服务平台并不直接控制微博,也就是说微博服务平台并不直接控制和干预微博持有人的微博行为。不管是博主发博文还是删除博文,微博服务平台一般都不予干涉。但是这并不意味着微博服务平台就不可能涉及微博著作权侵权责任的承担,原因就在于微博服务平台可能是微博内容的最经常使用人。事实上,微博服务平台在提供微博服务的同时,都获得了微博内容的永久、无偿的使用权。新浪微博服务使用协议就明确规定,对于用户通过微博服务公开发布的任何内容,用户同意新浪公司在全世界范围内具有免费的、永久性的、不可撤销的、非独家的和完全再许可的权利和许可,以使用、复制、修改、改编、出版、翻译、据以创作衍生作品、传播、表演和展示此等内容(整体或部分),和/或将此等内容编入当前已知的或以后开发的其他任何形式的作品、媒体或技术中。也就是说,新浪微博服务平台不仅可以免费使用微博中内容,而且可以将这些内容进行商业性使用。[11] 其他的微博服务平台协议也大抵都有类似的规定。那么,微博服务平台的著作权侵权责任就值得进一步分析。

大体说来,微博服务平台的著作权侵权责任可以从两个方面来说,其一是微博服务平台直接使用微博作品,这种情况下,微博服务平台成为了一个微博的使用者或管理者,那么,只要微博博文侵害他人著作权,微博服务平台便应当对著作权人承担侵权责任。这是收益和风险相一致原理的要求。微博服务平台从他人的侵权行为中获得收益,那么也应当承担因此而带来的风险,这种风险应当属于其成本的部分。其二是微博服务平台并不使用博文内容,而仅仅作为一个服务平台提供单纯的信息传输服务,这也是微博服务平台作为网络服务提供者的责任认定问题。这里笔者仅从这一方面来探讨微博服务平台的著作权侵权责任认定。

对于单纯的信息传输者的著作权侵权责任,美国在《数字千年版权法》(DMCA)中提出,如果仅仅基于传输或其他提供接触网上材料而产生的直接侵权责任或因他人的侵权行为产生的替代责任,在符合以下条件时 ISP 不承担侵权责任,即:a. 不是最初把材料上传到网上;b. 不制作、选择、修改材料的内容;c. 不决定材料的接收者;d. 他未从特定的侵权行为中获得利益;e. 他未对材料予以资助、赞同或做宣传;f. 它不知或

---

⑪ 新浪微博使用协议,〈http://weibo.com/signup/v5/protocol〉,2013 年 6 月 1 日最后访问。

没有通知或其他信息使其得知该材料是侵权或为法律所禁止;除非这些禁令所要求的行为在执行时技术上可行而且经济上合理。否则任何人不承担责任。[12] 而在 DMCA 中,规定履行传输功能的 ISP 在符合下列条件时不承担侵权责任:a. 信息的传输是由他人发动的;b. 传输、路由、链接、复制必须是通过自动化的技术过程实现,且信息没有经过 ISP 的选择;c. ISP 不能决定信息的接受者;d. ISP 系统或网络中任何中间或暂时存储所形成的复制件,能被预订的接收者获得外,通常不能被其他任何人获得,且这些复制件保留的时间不能超过合理所需的时间;e. 信息在传输过程中不能有任何内容上的改变。从我国《侵权责任法》的规定来看,网络服务提供者对于网络用户的侵权行为承担侵权责任的情况有两种,一种是接到用户侵权的通知而未采取必要措施的时候需要对扩大的损失承担责任,另一种是明知用户侵权而为采取必需措施,这种情况下承担的是连带责任。除此之外,作为信息传输者的网络服务提供者无需对用户的行为承担侵权责任。不过,在这两款服务提供商可能承担侵权责任的规则中,还存在颇多的争议,笔者也尝试着提出一点看法。

(一) 微博服务平台侵权责任认定之"通知"规则

我国《侵权责任法》第 36 条第 2 款规定,网络用户利用网络服务实施侵权行为的,被侵权人有权通知网络服务提供者采取删除、屏蔽、断开链接等必要措施。网络服务提供者接到通知后未及时采取必要措施的,对损害的扩大部分与该网络用户承担连带责任,这一规则也被学者称为"通知"规则。这一规则应该是借鉴了美国的"避风港"规则。在 1997 年的 Religious Technology Center v. Netcom on-line Communication Service 案件中,被告 Dennis Erlich 是一家在线 BBS 的会员,私自把原告 Religious Technology Center and Bridge Publications, Inc(RTC) 的版权作品上传到 BBS 上,原告要求 Erlich 删除侵权作品遭到拒绝的情况下,转而要求 Klemesrud 和 Netcom 封闭 Erlich 的网络,也遭到了拒绝,因为原告拒绝向被告 Klemesrud 证明其对 Erlich 上传的作品享有版权,而 Netcom 则提出无法筛分 Erlich 的材料。最后,法院判决 Klemesrud 和 Netcom 都不需要承担侵权责任。基本上有了这一规则,不过要求被侵权人在通知服务提供商的同时必须提供相应的版权证明。[13] 1998 年 10 月通过的 DMCA 中,美国对中间服务商的版权侵权责任进行了更多的限制,明确规定了"通知与删除"程序(Notice and Take Down)。[14] 根据这一程序,一旦接受到通知,不管是否符合法定的必须回应的通知,中间服务商都必须作出回答。如果通知符合一定条件,中间服务商就必须采取措施删除

---

[12] U.S. Copyright Office Summary, *The Digital Millennium Copyright Act of 1998*, ⟨http://www.copyright.gov/legislation/dmca.pdf⟩,2013 年 6 月 1 日最后访问。

[13] Religious Technology Center v. Netcom On-Line Communication Services, Inc., 907 F. Supp. 1361 (N. D. Cal. 1995)。

[14] Notice and take down 规则,有译为"通知与删除",也有译为"通知与移除"不过这些都不一定能准确吻合网络服务提供商的行为,因而也未必周延,笔者在文中就暂时采用"通知与删除"的译法,姑且用之。

侵权信息或者禁止该信息被访问。反之,如果异议方不能证明这些信息侵犯了版权,则中间服务商可以不理会该通知。⑮

根据我国《侵权责任法》的"通知"规则,微博服务平台在接到著作权人的侵权通知后,有必要采取必要措施,否则微博服务平台就应当对接到通知以后微博持有人的侵权行为承担责任。

不过,"通知"规则涉及一个重要问题,那就是著作权人需要通过什么样的方式来证明自己的权利,以及其证明程度如何。对此,我国《信息网络传播权保护条例》第14条规定,对提供信息存储空间或者提供搜索、链接服务的网络服务提供者,权利人认为其服务所涉及的作品、表演、录音录像制品,侵犯自己的信息网络传播权或者被删除、改变了自己的权利管理电子信息的,可以向该网络服务提供者提交书面通知,要求网络服务提供者删除该作品、表演、录音录像制品,或者断开与该作品、表演、录音录像制品的链接。通知书应当包含下列内容:(一)权利人的姓名(名称)、联系方式和地址;(二)要求删除或者断开链接的侵权作品、表演、录音录像制品的名称和网络地址;(三)构成侵权的初步证明材料。权利人应当对通知书的真实性负责。这一形式上的要求既能保护著作权人的权利,又能避免一些恶意加重网络服务提供者负担的行为。这一点应该是对美国 DMCA 中的"Notice & Take Down"规则的借鉴。需要说明的是,我国《信息网络传播权保护条例》中规定著作权人只需要提供初步的证明材料而不需要确切的证明材料,而且,对于证明材料的确切性的认定也需要有法院来进行判断,因而规定为一个初步证明具有更多的合理性。

总之,对于著作权人通知之后的责任承担,微博服务平台仅仅在接到通知之后未采取相应措施才承担侵权责任,并且只对通知之后发生的侵权接结果承担责任。

(二)微博服务平台知道微博用户侵害他人著作权时之侵权责任认定

我国《侵权责任法》第36条第3款规定,网络服务提供者知道网络用户利用其网络服务侵害他人民事权益,未采取必要措施的,与该网络用户承担连带责任。这里规定了网络服务提供者知道网络用户侵害他人著作权的情况下的责任承担。根据这一规定,如果微博服务平台知道微博用户侵害他人著作权,那么微博服务平台就应当承担侵权责任,并且是一种连带责任。这也是社会控制理论的要求。社会控制理论比较典型的有控制理论和社会联系理论,雷克利斯的遏制理论认为,个人及社会上存在不同的吸引力,会将人推向及拉向罪案,因此需要人需要自我控制能力及社会控制来遏止个人的犯罪倾向。⑯ 从社会控制来看,当然需要确定最佳的控制者,在微博用户侵害他人著作权的情况下,微博服务平台当然是最佳的控制者,或者说,由微博服务平台进

---

⑮ THE DIGITAL MILLENNIUM COPYRIGHT ACT OF 1998,〈http://www.copyright.gov/legislation/dmca.pdf〉,2013年6月1日最后访问。

⑯ 吴宗宪:《西方犯罪学史》,警官教育出版社1997年版,页702—705。

行控制的成本最低,否则将可能过于加大微博侵权的控制成本而使得这种侵权的控制变得更加困难。不过,对于《侵权责任法》第36条,又有两个问题需要提及:

1. 如何理解第3款中的"知道"

对于《侵权责任法》第36条第3款,有学者将其理解为"明知"规则,认为这里的知道应当理解为"明知"[17],有的学者认为这里的知道应当理解为"已知"更为准确[18],也有学者将其理解为"知道"规则,认为这里的知道应当包括"应当知道"[19],而最高人民法院的奚晓明认为,这里的指导应该理解为"推定知道"。[20] 到底如何理解这里的"知道",笔者以为,可以从以下几个方面进行考虑。

从立法过程来看,《侵权责任法》草案第2稿草案之前对于第36条第3款一直用的是"明知",直到第3稿才改为"知道",从这一点看,这里就不能单纯理解为"明知",因为如果是这么理解,之前的用词更加清晰,在第3稿草案中也就没有必要画蛇添足再改为"知道"了。所以,这里不适合理解为"明知"。

从当前国内外关于网络服务提供者侵权责任的规制看,当前世界对于网络服务提供者侵权责任的立法规制,越来越倾向于适用过错责任,美国从最早的严格责任,到后来对于严格责任的弱化,再到后来确定的过错责任,这是一个逐步演变的过程。德国《多媒体法》也排除了严格责任的适用,而1998年欧盟《电子商务指令》中,也更多地参考了德国《多媒体法》和美国立法演变的过程[20],而我国《信息网络传播权保护条例》中对于网络服务提供者侵权责任的规定中,规定单纯作为信息传输者的网络服务提供者只有在知道或者应当知道用户侵权的情况下才对他人的侵权行为承担责任,这里显然也强调了一种"过错",如果在《侵权责任法》中把"知道"理解为"推定知道",显然又加重了网络服务提供者的责任,因为这一理解就要求网络服务提供者必须时刻审查其平台中的用户是否侵权,否则一旦用户侵权他就被推定知道而必须承担侵权责任。这也使得网络服务提供者承担了网络内容提供者的职责,这会大大加重网络服务提供者的运营成本,这对于互联网产业的发展来说并无益处。所以,这里也不应该理解为"推定知道"。

要确定网络服务提供者的侵权责任,不如首先确定网络服务提供者的义务,一旦其违背这种义务,便应当承担侵权责任。通常,网络服务提供者作为一个单纯的信息传输者时,其没有义务对用户的行为进行审查,所以也没有必要对一般情况下用户侵

---

[17] 王利明:《中华人民共和国侵权责任法释义》,中国法制出版社2010年版,页159。

[18] 杨立新:"侵权责任法规定的网络侵权责任的理解与解释",载《国家检察官学院学报》2010年第2期,页3—10。

[19] 袁雪石、陈怡:"《侵权责任法》第36条第3款研究",载《电子知识产权》2012年02期,页76—79。

[20] 奚晓明:《中华人民共和国侵权责任法条文理解与适用》,人民法院出版社2010年版,页265。

[21] 周剑弘:"P2P系统中的著作权侵权责任探析",载《河北科技师范学院学报》2010年第2期,页40—44。

权行为承担责任。不过,作为一个网络服务提供者,至少应该尽到一个善良管理人应尽的义务,比如说,某一微博服务平台的用户侵害他人著作权,并且这一事件成为一时间的网络焦点,并被其他报刊、电视等媒体所关注,在这种情况下,该微博服务平台即便真的不知道用户侵权,恐怕也没有理由不承担侵权责任,至少,他违背了一个网络服务提供者所应尽的义务,这也是第3款中的"知道"不能仅仅理解为"已知"的一个重要原因,而是要理解为包括"应当知道"。

事实上,"知道规则"在很大程度上借鉴了美国的"红旗标准"。"红旗标准"源自美国国会DMCA,其中把不知道用户侵权和应当知道用户侵权同时被列为网络服务提供者为用户侵权承担责任的条件。根据红旗标准,当网络服务提供者意识到了从中能够明显发现侵权行为的"红旗"之后,如果不采取措施,就会丧失享受责任限制的资格。红旗标准同时具有主观和客观因素。在判断网络服务提供者是否意识到了红旗时,既要考虑到网络服务提供者是否意识到了相关的事实和情况,又要考虑侵权行为对一个在相同或类似情况下的理性人来说是否已经很明显。[22] 红旗标准的确定,其实是为了防止"鸵鸟政策"的实施者逃避法律责任。[23] 虽然也有国内学者强调,我国的规定和DMCA的规则有所出入[24],但是笔者以为至少不能忽略"鸵鸟政策"实施者的法律责任。在这里把"知道"理解为包括"应当知道"显然更具有合理性。

2.《侵权责任法》第36条第2款和第3款的适用关系问题

对于《侵权责任法》第36条第2款和第3款之间适用关系的问题,有学者认为第2款为一般适用条款,而第3款则只是在例外条件下才适用。[25] 也有的学者认为第2款和第3款是并列条款,权利人得选择为之。[26] 笔者以为,讨论这一问题不妨再回到法律关系中来,法律关系的内容无非是权利和义务,而法律责任的承担就是基于法律义务的不履行而产生。第36条第2款和第3款也无非是规定一个善良管理人即网络服务提供者违背法律义务之后的法律责任承担。综合起来,大概有这么几个方面:其一,当接到权利人得侵权通知之后,应当采取适当措施,避免权利人损失的继续扩大;其二,虽然没有接到权利人得通知,但是自己明知他人侵权的时候,也应当采取适当措施;但是作为一个善良管理人,还应当避免无所作为的"鸵鸟政策"实施者。违背这三个方面义务的法律责任便构成了第36条第2款和第3款。

---

[22] Senate Report on the Digital Millennium Copyright Act of 1998, Report 105—190. 105th Congress, 2d Session, p.44.

[23] 参见王迁:"超越'红旗标准'——评首例互联网电视著作权侵权案",〈http://blog.sina.com.cn/s/blog_46a2d1f501011mbx.html〉,2013年1月10日最后访问。

[24] 袁雪石、陈怡,见前注[19]。

[25] 张新宝、任鸿雁:"互联网上的侵权责任:《侵权责任法》第36条解读",载《中国人民大学学报》2010年第4期,页24—25。

[26] 王胜明:《中华人民共和国侵权责任法解读》,中国法制出版社2010年版,页187—188。

(三) 其他微博服务平台的著作权侵权责任

考虑微博服务平台的著作权侵权责任,还应当考虑一种情况,那就是那些与微博内容并无直接服务关系的微博服务平台。他们虽然也属于微博服务平台,但是并非针对本平台用户而言的,比如说张三在新浪、搜狐、网易、腾讯等的任意一家微博服务平台中注册并发表微博,而其他服务平台都在没有得到张三同意的情况下以张三的名字发表其在注册微博中发表的内容。尤其是张三属于名人的时候,这种情况极为常见。这就是其他微博服务平台都希望利用名人微博的影响。虽然他们都属于微博服务平台,但是,只有其中一家经过张三的授权,那么未经授权的便属于其他微博服务平台。

未经授权的微博服务平台以他人名义发表其他注册平台的博文,这是显然违背注册平台微博持有人的意愿的,也侵害了其他微博服务平台的权益。并且为其他平台所冒名的微博持有人大多属于微博名人,拥有强大的粉丝或关注者,他们的微博内容也更多属于著作权法所保护的作品。他们对于微博的使用,不管是否属于直接的商业性使用,都会给其平台带来一定的经济利益。那么其使用就可能侵害微博作品的著作权。从这一点来看,其他微博服务平台只要冒名发表他人微博内容,便应当承担著作权侵权责任。

此外,网络上还存在很多其他的主体,比如BBS服务平台、邮件服务平台以及其他的网络服务平台,他们都可能涉及对博文的转载发行而涉及著作权的侵权,一些传统的媒介如报刊、杂志也可能成为著作权侵权的主体。当他们使用博文时如果未提供出处,也可能成为著作权侵权的主体,应当承担侵权责任。

四、博文著作权授权契约的建立

微博中的著作权需要保护,是不容置疑的,而博文著作权侵权责任的认定,也有了基本的路径。然而,对于博文著作权的保护程度,则是一个难以把握的课题。保护太少,则会影响创作者的积极性,进而影响科技文化艺术的发展;保护太多,则会影响作品的传播,对于一个国家科技文化的发展则未必是好事,甚至于对于互联网本身的发展也可能带来负面的影响,进而制约网络应用本身的发展。根据知识产权的平衡理论,法律便应当在著作权的保护与促进文化科学艺术的发展和促进网络科技的发展与应用之间寻求一种新的平衡。这就需要在对博文著作权进行保护的同时,对著作权侵权责任加以一定的限制。

事实上,资源共享是互联网存在和发展的基础,互联网的产生和发展,也恰恰是为让更多的人更加方便快捷地获得更多的共享资源,这种特性也决定了互联网本身的开放性,使得互联网上的一切信息都默认为向一切公众开放。当然,由于每个人对于自己信息的权利期望值各不相同,因而,也应该允许每个信息的拥有者可以自定义信息的开放程度。根据日本学者北川善太郎提出契约理论,认为互联网上存在一种以信息为交易对象的契约。㉗ 国内学者甚至提出,应当建立一种互联网上的著作权授权契约,这个契约的授权范围应该以著作权人的行为所明示或暗示的范围为准。每一个互联网用户对于他人作品的利用不能改变著作权人对作品的使用方式,也不能违背著作权人的作品使用目的。㉘ 据此,我们再来审视微博,作为一种社交性的信息分享和传播平台,其产生就是为了满足一种社交与互动的需要,因此,正常的博文信息共享和流动是不应当受到限制的,只要不违背作者本身依据其微博行为可推定的授权范围,当然,这一点并不能否认作者著作人身权的保护,否则就可能否定了作者的著作权。根据微博博文的著作权授权契约制度,我们可以对不同主体的行为有着更明确的规制。

对于微博持有人来说,他是博文的直接控制者,最清楚其内容是否为其原创。如果是来自于网络上的作品,属于他人已经发表并且未加限制的作品,则微博上完全可以转载而不必征得作者的同意。当然,在转载的同时务必标明出处。如果属于他人已经发表的作品并且加以一定限制或赋予一定使用条件的,微博持有人就不能改变他人作品的这种保护属性而擅自加以转载。如果是他人通过传统媒介发表的作品,如果作者没有授权在网络上发行,则不能擅自把他人作品上传网上,并通过微博发布侵权链接。

对于微博服务平台来说,根据微博注册使用协议使用任意博主的原创作品,包括商业性使用和非商业性使用,这一点依合同约定不必再议。如果是非原创作品,则可能存在侵权的风险,这与收益——风险相一致的理论是一致的。具体责任的认定可以依据《侵权责任法》第 36 条实行。值得一提的是,微博服务平台在适用"通知"规则的时候还享有一定范围内的抗辩权,比如《信息网络传播权保护条例》第 14 条规定的,著作权人在通知的时候要求提供其著作权的初步证明,否则,微博服务平台就可以拒绝删除相关内容或断开相应链接。

还有,根据《信息网络传播权保护条例》第 16 条规定,服务对象接到网络服务提供者转送的通知书后,认为其提供的作品、表演、录音录像制品未侵犯他人权利的,可以向网络服务提供者提交书面说明,要求恢复被删除的作品、表演、录音录像制品,或者恢复与被断开的作品、表演、录音录像制品的链接。也就是说,微博服务平台在适用"通知"规则的时候,还可以应微博用户的要求,不删除相关微博内容,或者恢复被断开的链接。当然,微博用户也需要提供自己享有权利的初步证明。

对于其他微博服务平台的著作权侵权责任认定,不能违背微博持有人对于作品的授权范围。从微博用户来说,每个微博用户都可以跨平台转载他人博文,只要有明确的出处。但是对于微博服务平台,则应当尊重微博持有人的选择。因此,微博服务平

㉗ 〔日〕北川善太郎:"网上信息、著作权与契约",渠涛译,载《外国法评议》1998 年第 3 期,页 39。

㉘ 周剑弘、杨晓林:"互联网上的著作权授权契约与合理使用制度初探",载《科技与法律》2007 年第 3 期,页 60—63。

台对于在其他服务平台注册用户的作品的使用,必须征得作者的同意,那种注册平台享有的限制不能为未注册平台所拥有。此外,其他BBS平台、邮件平台等对于微博博文的使用,往往都以平台用户为主体,那么,这些平台的用户对于作品的使用,应该可以随意转载,这也是互联网的著作权授权契约所允许的,只要能标明出处而不致侵害著作人身权。不过如果其他平台用户侵害微博作品的著作权,那么BBS平台或者邮件平台则应当依据"通知与删除"规则承担侵权责任,这是对其他平台主体的责任认定,也是对其著作权侵权责任的限制。

结语

当今世界,互联网络已经深入到了我们每个人的学习、工作与生活,促进科学、艺术文化作品的传播和保护著作权人的利益是我们同时必须面对的两个问题。很显然,这本身是一对矛盾,而我们也很难做一个非此即彼的选择。因为互联网的不断发展,对确使得科学、文化、艺术作品的传播变得更加方便与快捷,这种全新的传播方式使得全世界的人们能够在最短的时间内分享到科学、文化和艺术领域内的最新作品,而著作权的权利内容和权利行使方式也得到了极大的丰富。但是另一方面,著作权人的权利也越来越容易受到侵害。如何平衡与协调科学、文化、艺术作品的传播与著作权人权利的保护就是我们当今要解决的问题。并且,这种问题的解决不能根本上损害互联网的存在以及网络技术的不断发展。博文中的著作权保护也是这种矛盾中的一个重要体现。

博文著作权侵权问题似乎是一个微作品的权利保护问题,不过这个权利却不能作为一个微权利而忽视,为了促进科技文化作品的传播和网络技术的应用与发展,也为了保护创作者的积极性,我们有必要在关注微博带给我们文化享受的同时,也给予博文的著作权以适当的保护。

社交网络平台商标侵权责任与风险防范

陈 磊 吴园晨[*]

内容摘要：社交平台用户身份的不确定性与平台内容的多样性使得社交网络平台的日常运营存在巨大的商标侵权风险。将商标作为用户名进行注册，以及通过社交平台发布商标侵权产品或服务的信息是目前社交平台上导致商标权人利益受损的主要情形。对将他人商标注册为用户名的侵权分析可以借鉴域名与商标争议的解决方法，考察是否导致了混淆以及行为人是否具有恶意目的。社交网络平台未直接参与侵权商品或服务交易，其仅在明知或应知侵权行为的情形下承担间接侵权责任。除积极实施法律救济手段外，完善社交网络平台认证政策亦能起到保护商标权与维护网络用户合法权益的作用。

关键词：社交网络平台 商标侵权 抢注 间接侵权 认证机制

Trademark Infringement Liability of the Social Media Platform and Its Risk Prevention

Abstract: There are enormous risks of trademark infringement in the daily operation of social media platform because of the uncertainty of users' identities and the diversity of the content on the platform. Trademark infringements on the platform often manifest as squatting other's trademark on a username and releasing information on the infringement products and services. The infringement analysis concerning the squatting on a username could draw lessons from the solutions on

---

[*] 陈磊，北京大学法学院2011级博士研究生；吴园晨，安徽省合肥市蜀山区人民检察院。

the dispute between domain name and trademark which focus on existence of the confusion and the bad faith of the squatter. The social media platforms do not involve directly in these deals and can only be held contributorially liable for trademark infringement when they know or should know the existence of the trademark infringement. In addition to legal reliefs, the perfection of the verification mechanism can also protect the trademark rights of the enterprises and the legitimate rights and interests of Internet users.

Key words: social media platform; trademark infringement; squatting; indirect infringement; verification mechanism

一、社交网络面临的商标侵权问题

Web 2.0 时代的到来拉动了网络产业的升级,一场以"交互"为核心的互联网创新浪潮扑面而来。在新技术时代的多种传播手段中,以用户信息制造为中心的社交网络发展迅猛,现有传播观念、传播模式受到了巨大冲击。① 社交网络利用用户、内容、社会网络和工具构建的新型网络结构,将获取信息、文化娱乐、真实社会交往及建构自我与群体身份认同等多种网络功能进行整合,并通过挖掘个体内容创造的潜力来凝聚广泛的大众力量和社会资源。② 以微博社交网络平台为例,根据中国互联网信息中心(CNNIC)的数据统计,截至 2012 年 12 月底,我国微博用户规模为 3.09 亿,较 2011 年底增长了近 6 千万③;美国互联网流量监测机构 ComScore 的数据亦显示,美国著名社交网络 Twitter 2011 年 4 月的用户注册数就突破 2 亿,并以每天 50 万的速度递增。④

考虑到社交网络能够以传统渠道无法实现的方式满足公众交流需求,越来越多的企业开始通过社交平台发布产品服务动态、促销活动与业内资讯,来引起"粉丝"或"听众"的关注,从而达到品牌曝光与产品服务宣传的目的。CNNIC 发布的报告表明,44.8%的社交网站用户会关注品牌货商家的主页;37.2%的用户会在社交网站上和好友分享品牌、产品和商家。⑤ 利用社交网络进行品牌宣传能够快速获得庞大的关注度,加强企业与受众之间的沟通交流,已经成为了网络时代品牌传播的主要途径,社交网络服务平台已经成为了商品广告信息的重要发布平台。⑥

由于平台用户身份的不确定性与平台发布内容的开放性,社交网络的日常运营存

---

① 参见黄鹏等:"Web2.0 时代的网络传播",载《河北大学学报》(哲学社会科学版)总第 127 期,页 46。
② 参见袁梦倩:"论 SNS 新型社交网络的传播模式与功能",载《今传媒》2009 年第 4 期,页 79。
③ 参见中国互联网络信息中心:"第 31 次中国互联网发展状况统计报告",2013 年 1 月。
④ 参见谢耘耕:"微博的历史、现状与发展趋势",载《现代传播》2011 年第 4 期,第 75 页。
⑤ 参见中国互联网络信息中心:"2012 年中国网民社交网站应用研究报告",2013 年 2 月。
⑥ 张晞:"微博营销",载《企业管理》2010 年第 11 期,页 84。

在巨大的商标侵权风险。用户可以编写或转发个性化讯息,这为侵犯他人商标权的产品或服务在社交网络上传播埋下了隐患。⑦ 在美国发生的 *OneOK v. Twitter* 案即为例证。OneOK 公司是能源领域的全球 500 强企业,也是"ONEOK"商标的权利人。在 Twitter 网站上,一位不知名的用户注册了"ONEOK"用户名,并多次发布与 ONEOK 公司相关的信息,这些信息包含"ONEOK"商标,并且看似 ONEOK 公司发布的官方产品信息,导致了许多不明真相受众的误认。⑧

上述情形涉及非商标权人未经授权使用他人商标:社交网络用户注册带有商标内容的用户名,或发布可能构成商标侵权的产品或服务信息。这些信息通过社交网络服务平台,在短时间内得到大范围传播。放任侵权信息的传播将对商标权人的正常经营产生重大负面影响,而不适当的法律应对措施不仅会影响社交网络产业的发展,也会对公民的言论自由构成侵害。为此,有必要对其中的法律关系进行研究,并找到符合利益平衡精神的应对措施。下文将主要对将带有商标内容的信息注册为用户名是否构成商标侵权、商标侵权信息在传播过程中社交网络服务平台的责任承担,以及社交网络平台自身政策对商标权人的影响等问题进行讨论。

二、将商标作用用户名使用的侵权分析

抢注或不当使用他人商标用作用户名会对商标权人的合法权益造成重大损害。这种行为与将商标抢注为域名的行为性质相类似,不仅将导致权利人无法在社交平台上进行产品及服务推广,还将贬损商标权人为创造商誉所付出的多年努力,更可能造成权利人丧失对商誉的控制。⑨ 但是从另一个角度看,商标仅仅是对特定文字、短语或符号的有限产权。社交网络平台是网络用户日常交流的重要工具,公众有权以批评、讽刺等方式对商标进行合理使用。因此,不能一概认为带有商标内容的用户名均会导致混淆可能性的产生,进而构成商标侵权。

互联网发展初期,将商标作为域名进行抢注已经给商标权人的网络推广造成了极大的影响。每个域名在互联网上都具有唯一性,不允许有两个以上相同域名的存在。加之域名注册服务遵循"先申请先注册"原则⑩,这就导致了通过域名反映的商标对于权利人而言属于稀缺资源,具有重要价值。为此,许多国家出台了法律法规为权利人

---

⑦ 例如,以社交网络平台"新浪微博"为对象,输入"阿迪达斯、高仿"关键词,可以获得多达 17 页的搜索结果。许多微博内容明确说明:"虽不是正品但质量有保证"等。

⑧ See OneOK, Inc. v. Twitter, Inc., Case. No. 4:09-cv-00597. 网络地址:〈http://dockets.justia.com/docket/oklahoma/okndce/4:2009cv00597/28579〉,2013 年 2 月 11 日最后访问。

⑨ See Thomas J. Curtin, The Name Game: Cybersquatting and Trademark Infringement on Social Media Websites, 19 J. L. & POL'Y 353, 372 (2010).

⑩ 《中国互联网络域名管理办法》第 24 条规定:"域名注册服务遵循'先申请先注册'原则。"

提供法律救济。⑪ 但大部分法律仅仅规制网络顶级域名的注册。立法者们无法也不可能预见到，Web2.0 时代互联网传播方式的变化使得他人能够以其他方式运用商标并使信息在网上传播。虽然同域名相比，社交网络平台用户名的组成要素更为丰富，但两者均能够成为引导其他网络用户搜寻产品或服务信息的指路牌。⑫ 因此，可以借鉴在将他人商标抢注为自己域名情形下法律对商标权人的救济方法，并运用现有商标法原理，来规制抢注或不当使用他人商标用作用户名的行为。根据最高人民法院于 2001 年颁布的《关于审理涉及计算机网络域名民事纠纷案件适用法律若干问题的解释》，认定将他人商标注册并使用为域名的行为构成侵权或不正当竞争的关键在于：首先，被告的域名或主要部分足以造成相关公众的误认；其次，被告对域名或其主要部分不享有权益，其注册或使用具有恶意，且没有正当理由。⑬ 社交网络上抢注或不当使用他人商标用作用户名是否构成商标侵权，仍然必须从是否足以构成误认，以及使用是否具有恶意两方面进行分析。

（一）注册或使用是否足以构成误认

商标的主要功能在于指示产品或服务的来源。如果非权利人将商标作为域名或其主要部分进行注册或使用，就破坏了商标与产品或服务提供者之间一一对应的联系。相似地，将他人商标作为社交网络上的用户名或标签页进行注册或使用亦会造成相同后果。由于网络用户对社交网络平台上商品销售信息的信任度较高，一旦商标侵权事件或假冒事件发生，不但会使商标权人商誉受到损毁，更会潜在地破坏权利人通过该渠道进行网络营销的可能性。⑭ 有些信息仅仅为介绍产品或服务，有些则指向第

---

⑪ 例如，美国国会通过了《反域名抢注消费者保护法》(Anticybersquatting Consumer Protection Act，文中简称"ACPA")来解决域名与商标之间的冲突。互联网络名称和数码分配公司（ICANN）也制定了《统一域名争议解决政策》(Uniform Domain Name Dispute Resolution Policy，文中简称为"UDRP")及《统一域名争议解决政策程序规则》作为解决域名争议的根本制度规章文件。我国最高人民法院也于 2001 年颁布了《最高人民法院关于审理涉及计算机网络域名民事纠纷案件适用法律若干问题的解释》。

⑫ 根据我国《信息产业部关于调整中国互联网络域名体系的公告》的规定："我国互联网络域名体系中各级域名可以由字母（A—Z，a—z）、数字（0—9）、连接符（—）或汉字组成。"而社交网络平台的用户名通常既可以由字母、数字构成，还可以由各种文字与符号组成。

⑬ 最高人民法院《关于审理涉及计算机网络域名民事纠纷案件适用法律若干问题的解释》第 4 条规定："人民法院审理域名纠纷案件，对符合以下各项条件的，应当认定被告注册、使用域名等行为构成侵权或者不正当竞争：（一）原告请求保护的民事权益合法有效；（二）被告域名或其主要部分构成对原告驰名商标的复制、模仿、翻译或音译；或者与原告的注册商标、域名等相同或近似，足以造成相关公众的误认；（三）被告对该域名或其主要部分不享有权益，也无注册、使用该域名的正当理由；（四）被告对该域名的注册、使用具有恶意。"

⑭ 例如，由缔元信公司发布的《微博媒体特征及用户使用状况研究报告》指出，用户对微博上传播信息（包括商业信息）信任度较高，37% 的用户认为微博信息基本可信，81% 的用户表示相信微博上商品或服务促销打折信息。网络地址：〈http://www.dratio.com/report/2010-08-16/1281949804d419086.shtml〉，2013 年 3 月 6 日最后访问。

三方网站,对产品或服务进行直接销售或推广,这导致许多虚假的社交网络主页已经成为了商标侵权的场所。例如,美国发生的 Nine West Development Corporation v. Does 案中,一名用户在 Facebook 网站上注册了 Nine West 鞋界面,有数百名用户关注了该页面并向该页面发送个人信息资料。⑮

从功能上看,用户名或标签页起到了同域名相类似的作用,故分析将他人商标作为社交网络上的用户名或标签页进行注册或使用是否导致相关消费者的误认,可以采用类似的分析方法。根据 ACPA 与 UDRP 关于域名诉讼中被告承担责任或域名投诉成立的条件,争议域名与投诉人享有权利的商品商标或服务商标必须相同或混淆性相似。⑯ 最高人民法院《关于审理涉及计算机网络域名民事纠纷案件适用法律若干问题的解释》也规定,被告域名或其主要部分构成对原告驰名商标的复制、模仿、翻译或音译,或者与原告的注册商标、域名等相同或近似,足以造成相关公众的误认是支持原告商标侵权诉讼请求的必要条件。这些方法可以在认定社交网络平台上的用户名是否导致误认的分许中予以采用。

(二)注册或使用是否具有恶意

根据最高人民法院的司法解释,可以认定被告具有"恶意目的"的情形主要包括:为商业目的注册他人驰名商标注册、注册使用导致混淆或误认、注册用于出售、以及阻止他人使用等。⑰ CNNIC 制定的《域名争议解决办法》对上述司法解释进行了补充,并突出了"商业目的"和"获取不正当利益"对判断被告是否具有"恶意"的重要性。⑱ 换句话说,如果行为人以营利为目的,为获得非法利益或不应获得利益而将他人商标注册为域名,则法院通常会认定行为人具有主观恶意。

---

⑮ See Nine West Dev. Corp. v. Does 1—10, No. 07-cv-7533,网络地址:〈http://www.counterfeitchic.com/Cases/cic/3/ninewest.pdf〉,2013 年 2 月 11 日最后访问。

⑯ See ACPA § 3002 [d](1)(A);See also UDRP §4(a)。

⑰ 最高人民法院《关于审理涉及计算机网络域名民事纠纷案件适用法律若干问题的解释》第 5 条规定:"被告的行为被证明具有下列情形之一的,人民法院应当认定其具有恶意:(一)为商业目的将他人驰名商标注册为域名的;(二)为商业目的注册、使用与原告的注册商标、域名等相同或近似的域名,故意造成与原告提供的产品、服务或者原告网站的混淆,误导网络用户访问其网站或其他在线站点的;(三)曾要约高价出售、出租或者以其他方式转让该域名获取不正当利益的;(四)注册域名后自己并不使用也未准备使用,而有意阻止权利人注册该域名的;(五)具有其他恶意情形的。"

与我国法律规定相比,ACPA 所列举的 9 项因素对"恶意目的"的判断标准更为详细,但两规定所考虑的情形大致相当。See ACPA § 3002 (a)[d](1)(B)。

⑱ 参见《中国互联网络信息中心域名争议解决办法》(2012)第 9 条:"被投诉的域名持有人具有下列情形之一的,其行为构成恶意注册或者使用域名:注册或受让域名的目的是为了向作为民事权益所有人的投诉人或其竞争对手出售、出租或者以其他方式转让该域名,以获取不正当利益;(二)多次将他人享有合法权益的名称或者标志注册为自己的域名,以阻止他人以域名的形式在互联网上使用其享有合法权益的名称或者标志;(三)注册或者受让域名是为了损害投诉人的声誉,破坏投诉人正常的业务活动,或者混淆与投诉人之间的区别,误导公众;(四)其他恶意的情形。"

虽然域名与社交网络平台上的用户名或标签都能够对潜在消费者进行指引,但后者除能够起引导作用之外,还可以描述、评论等功能。因此,不能简单地依据用户名或标签含有商标内容,其创建该用户名、主页或标签是为了实现商业目的就认定行为人主观上具有恶意,还必须根据社交网络平台的性质、传播的内容、对商标的使用方式等因素作出综合判断。以"匡威"商标为例:在"新浪微博"搜索框中输入"匡威",可以得到数百个结果,其中大多用户名为"某某匡威专卖"。因此,通常无法根据单个因素来判断他人对商标的使用是否构成侵权,许多用户名或标签页均构成对商标的描述性使用,具有合理理由。

三、产品服务信息传播中的商标侵权责任

社交网络平台是网络用户发布信息以及获取各类与贸易相关的服务的网络虚拟平台。根据社交网络平台服务商与用户签订的使用协议,网络用户在同意注册后就能拥有能够上传图片、视频,进行评论,发布个性化信息的自由空间。用户可以在社交网站上直接发布产品信息,或提供另外的链接,将其他用户指向这些广告所链接的网站。社交网络服务商并不作为购买者或销售者,或产品或服务经营者的身份参与上述买卖或宣传。网络用户通过社交网络平台向公众提供了侵犯他人商标权的产品或服务,理应承担相应的商标侵权责任。但是在此过程中,社交网络平台服务商是否应当承担商标侵权责任,以及在何种情形下应当承担何种责任,目前尚无深入讨论。在知识产权侵权问题已经成为困扰其他电子商务平台发展的背景下,考虑到社交网络平台逐步为业界所发掘的营销潜力,有必要对社交网络平台服务商在侵权商标信息传播过程中应承担的责任予以法律分析,以保护社交网络产业的正常发展。

(一)社交网络服务中的直接侵权与间接侵权

商标权人依法享有商标专用权。任何人在未经其许可,也没有合理理由的情形下,实施了受专用权控制的行为,就构成商标直接侵权。因此,一般意义上的商标直接侵权就是指他人未经注册商标所有人的许可,使用了与该注册商标相同或者近似的标志,并且有可能造成消费者在商品或者服务来源上的混淆。[19] 必须注意的是,主观过错并非构成直接侵权的必要条件,而只影响责任的承担。在知识产权法理论中,如果行为人没有实施受知识产权"专有权利"控制的行为(即没有实施知识产权直接侵权行为),但故意引诱他人实施直接侵权,或者明知或者应知他人即将或者正在实施直接侵权时为其提供实质性帮助,以及在特定情况下直接侵权的准备和扩大其侵权后果的行为。[20] 根据上述概念,可以总结出商标间接侵权行为的特征:首先,构成商标间接侵权的行为均不受"专有权利"直接控制;其次,商标间接侵权以主观过错为构成要件;第

---

[19] 李明德:《知识产权法》,法律出版社 2008 年版,页 243。
[20] 参见王迁、王凌红:《知识产权间接侵权研究》,中国人民大学出版社 2008 年版,页 3。

三,商标间接侵权以直接侵权的存在或者即将实施为前提。

由于社交平台服务商为网络用户所提供的服务并不涉及买卖行为或宣传行为本身,其行为通常不构成商标直接侵权,但该行为客观上为网络用户的商标直接侵权行为提供实质帮助。因此,社交网络服务提供商在用户发布侵权商标信息的情形下,于主观上存在过错时需对第三方侵权行为承担相应责任。

(二)社交网络平台服务商的主观过错

《侵权责任法》第 36 条第 2、3 款对他人侵权行为承担间接责任规定了"通知与删除"规则与"知道"规则。[21] 根据"通知与删除"规则,只要网络服务提供者在接到投诉后采取及时和必要的措施,就能避免承担责任。根据"知道"规则,网络服务提供者知道网络用户利用其网络服务侵害他人民事权益,未采取必要措施的,与该网络用户承担连带责任。这两项规则为判断电子商务领域的网络侵权责任提供了原则性指导。[22] 过错是可谴责的心理状态,行为人自己不予承认或者陈述,第三人很难知悉行为人主观上的状态。因此,对于过错的判定一般采用客观过错标准,即通过对行为人的客观外部行为进行考察来认定主观是否存在过错。[23]《侵权责任法》出台后,我国对过错的判定逐步认同以下的客观标准:第一,行为人是否违反了法律、行政法规明确规定的义务。例如法律对某一特定领域规定了行为标准,行为人若违反了这些标准就具有过错。第二,行为人是否违反了注意义务。[24]

司法实践中,法院对以何种义务作为判定网络服务商主观存在过错的标准曾有争议。分歧主要存在于网络服务商应承担事前审查义务,还是合理注意义务上。如果认为网络服务商应当承担事前审查义务,那么一旦发生商标直接侵权行为,就可以推定网络服务商主观上存在过错,应该承担间接侵权的责任。如果认为网络服务提供商不具有监控商标侵权行为的事前审查义务,而仅仅应承担合理的注意义务,则在网络服务商对商标侵权行为应尽合理的注意义务的范围内,判断其是否需承担间接责任。

考虑到用户信息的多元性以及数量的巨大,社交网络平台服务提供商通常不承担对商标侵权行为的事前审查义务。社交网络平台服务提供商的注意义务的范围是有限的,如果要求其对每一项发布的与商业信息相关的内容都进行审查,无异于让社交网络平台服务提供商对商标侵权行为进行逐一监控,这种做法在经济上不可行,也不

---

[21] 《侵权责任法》第 36 条规定:"……网络用户利用网络服务实施侵权行为的,被侵权人有权通知网络服务提供者采取删除、屏蔽、断开链接等必要措施.网络服务提供者接到通知后未及时采取必要措施的,对损害的扩大部分与该网络用户承担连带责任。网络服务提供者知道网络用户利用其网络服务侵害他人民事权益,未采取必要措施的,与该网络用户承担连带责任。"

[22] 参见司晓、费兰芳:"电子商务平台服务提供者的商标间接侵权责任探析",载《知识产权》2012 年第 3 期,页 36。

[23] 参见王俊:"侵权责任法中确立注意义务的原因探究",载《学术论坛》2010 年第 7 期,页 173。

[24] 王胜明主编:《中华人民共和国侵权责任法解读》,中国法制出版社 2010 年版,页 26。

合理。社交网络平台服务提供商不承担对商标侵权行为的事前审查义务同样也是为国外立法所承认的主流观点。例如,《欧盟电子商务指令》第15条规定:"成员国不应当要求服务提供者承担监督其传输和存储的信息的一般性义务,也不应当要求服务提供者承担主动收集表明违法活动的事实或情况的一般性义务。"[25]在 Lockheed Martin v. Network Solutions 案中,美国法院认为:只有在对工具进行直接控制或管理的情形下,提供服务的第三方才应承担责任。[26] 显然,社交网络服务平台无法对平台上出现的商标侵权信息进行直接控制与管理。因此,同其他电子商务平台类似,社交网络平台不承担事先的审查义务,仅需要在有限的注意范围内承担合理注意义务,并对其存在过错时的第三方侵权责任承担间接责任。根据《侵权责任法》的规定,社交网络平台服务商的过错存在于如下两种情形,即第36条第2款规定的接到通知未处理,以及第3款规定的虽未接到通知但"知道"侵权行为的特定情形。

  目前,国内司法实践已经采纳了上述观点。例如,北京市高级人民法院《关于审理电子商务侵害知识产权纠纷案件若干问题的解答》指出:"电子商务平台经营者知道网络卖家利用其网络服务侵害他人知识产权,但未及时采取必要措施的,应当对知道之后产生的损害与网络卖家承担连带赔偿责任。知道包括明知和应知。明知指电子商务平台经营者实际知道侵权行为存在;应知是指按照利益平衡原则和合理预防原则的要求,电子商务平台经营者在某些情况下应当注意到侵权行为存在。"[27]上述规则虽然针对的是电子商务平台经营者,却也能够适用于社交网络平台服务商。此外,亦不能因为社交网络平台会对用户发表的言论进行审查、过滤就当然认为平台服务商知道商标侵权事实的存在。社交网络平台的言论审查通常虽然包含机器识别与人工过滤两阶段过程,但平台工作人员仅在机器识别的带有反动、暴力、色情等"敏感词"的信息范围内进行筛选或删除。[28] 商标侵权信息通常不会位于首页或其他显著位置,平台工作人员也不会对除"敏感词"以外的信息进行编辑、选择或推荐,故社交平台服务商其没有机会通过上述途径知道商标侵权信息在平台上进行传播。《关于审理电子商务侵害知识产权纠纷案件若干问题的解答》还指出:"电子商务平台经营者对利用其网络服务公开传播的交易信息一般没有主动监控义务。不能仅因电子商务平台经营者按照相关管理要求进行交易信息合法性的事前监控……就当然认定电子商务平台经营者知道

---

[25] 参见《欧盟电子商务指令》第15条第1款。
[26] See Lockheed Martin v. Network Solutions, 194 F.3d 980, 983 (9th Cir. 1999).
[27] 参见北京市高级人民法院《关于审理电子商务侵害知识产权纠纷案件若干问题的解答》。
[28] 以新浪微博为例,相关"敏感词"包括危害国家统一、宣扬淫秽、赌博、暴力或教唆犯罪等,但无论是"用户行为规范"、"微博社区管理规定"或"微博社区公约"都没有将可能构成商标侵权的信息直接列入"不得发布含有以下内容的信息"(也即"敏感词")的范围内。参见"新浪微博社区公约",网络地址:〈http://service.account.weibo.com/roles/gongyue〉,2013年2月11日最后访问。

侵权行为存在。"[29]这一观点同样能够适用于社交网络平台服务商。因此,判断社交网络平台服务商主观过错,关键在于辨别其是否对商标侵权事实"明知"或"应知"。

(三)社交网络平台服务商的"明知"与"应知"

在网络著作权与商标侵权案件中,法院大量运用了"通知与移除"规则来判断网络交易平台提供商主观过错的规则,也即注册商标权利人通知相关网络交易平台提供商相关侵权事实后,网络服务商并没有义务必须删除、屏蔽侵权内容,但是如果"直接侵权"事实随后得到了确认,且网络服务商没有删除、屏蔽侵权内容,法院就认为网络服务商应该知道侵权事实,继续帮助侵权的"间接侵权"的行为就必须承担侵权责任。笔者认为,社交网络服务提供商所提供的服务性质与其他网络服务提供商所提供的服务在性质上有类似之处,在判断其主观过错时,可以运用"通知与移除"规则。因此,如果注册商标权利人通知服务提供商相关侵权事实后,如果"直接侵权"事实随后得到了确认,且服务商没有删除、屏蔽侵权内容,法院就可以认为社交网络网络服务商应该知道侵权事实,继续帮助侵权的"间接侵权"的行为就必须承担侵权责任。

国外相关判例原则同样能够支持上述观点。在确立了商标间接侵权基本原则的 Inwood Laboratories, Inc. v. Ives Laboratories, Inc. 案中,美国最高法院指出:在两类情形下,服务提供者需要对他人的商标侵权行为承担共同侵权责任。第一,服务提供者故意引诱他人实施商标侵权;第二,服务提供者持续性地向他人的商标侵权行为提供帮助,并且其知道或有理由知道商标侵权行为的存在。[30] 在涉及电子商务平台商标间接侵权责任认定的 Tiffany v. eBay 案中,美国第二巡回上诉法院指出,只有在服务提供商不仅是概括性知晓、或有理由知道其所提供的服务被用来销售假冒产品时,其行为才构成共同侵权。法院指出,知晓特定商品已经构成侵权,或者在将来会构成侵权,是认定共同侵权的必要条件。[31] 根据该案所确立的标准,如果社交网络平台服务商并不知晓特定商标侵权行为的存在,那么其无需对网络用户实施的商标侵权行为承担责任。在知晓他人通过社交平台实施侵权行为之后,只要服务商采取合理措施,就不会被认定承担共同侵权责任。另外,考虑到社交网络服务平台不同于其他电子商务平台的性质,权利人在对服务提供商进行通知时,必须指明商标侵权的具体地址,而不能概括性地向服务商进行权利主张。

关于著作权间接侵权理论中的"红旗标准"对于社交网络平台服务商的主观过错认定是否有借鉴意义,笔者认为,对该问题必须进一步深入研究。在著作权间接侵权案件中,"红旗"必须飘扬到一定的高度,即侵权事实必须明显到一定程度,才能够推定

---

[29] 同前注[27]。

[30] See Inwood Laboratories, Inc. v. Ives Laboratories, Inc., 456 U.S. 844, 854(1982).

[31] See Tiffany v. eBay, 600 F.3d 93,108 (2d Cir. N.Y. 2010).

网络服务提供商应知著作权侵权事实的存在。[32] 社交网络平台服务提供商仅需要对用户发布信息中的广告上出现的商品、商标、字号等进行理性人的判断。而在商标侵权案件中,是否存在高高飘扬的"红旗",是值得讨论的。首先,通过网络推销的商品种类繁多,社交网络服务提供商不可能对其真假虚实予以一一辨别。商品的销售还存在转售二手货等多种情形,情况更加复杂。其次,社交网站并非专业的网络交易平台,其发布的内容以朋友之间的评论、交流为主。在很多情形下,用户发布的信息可能涉及对商品的推荐与评论,社交网络服务商也不可能从浩瀚的评论中辨别哪些属于明显的商标侵权行为。若权利人曾经向提供商投诉过其用户的侵权行为,或者有证据证明用户确实实施过商标侵权行为,但社交网络平台提供商对此视若不见或者置之不理,那么才能够据此认定网络交易平台服务商的主观过错。

四、社交网络平台政策与商标权的保护

电子商务与社交网络的快速发展为商标权人提供了全新的机遇,同时也提出了强大挑战。如果不在社交网络平台上主动行使商标权利,那么商标权人甚至可能面临商标退化或污损的危险。[33] 因此,除上文提及的解决商标侵权争议的法律手段外,还应当加强社交网站自身的网站管理与建设,通过用户使用协议相关条款与网站政策的合理安排,维护商标权人合法权益,将陷入商标侵权诉讼的风险降至最小。在所有社交媒体的网络政策中,认证程序为商标权人提供了一种相当高效的权利救济方式。通过扩展认证程序的适用范围并更加严格地实施该程序,商标权人完全可以方便快捷地获得权利救济。[34]

(一)社交网络平台认证政策及其不足

目前,大多数国内外社交网站、社交平台的用户许可协议规定了各自知识产权政策。[35] 但在具体的商业认证条款上有不同。例如,社交网站 Facebook 为商标权人保留

---

[32] 参见王迁:"超越'红旗标准'——评首例互联网电视著作权侵权案",载《中国版权》2011 年第 6 期,页 36。

[33] See Jonathan J. Darrow, The Search Engine Advertising Market: Lucrative Space or Trademark Liability?, 17 TEX. INTELL. PROP. L. J. 223, 244—45 (2009).

[34] See Thomas J. Curtin, The Name Game: Cybersquatting and Trademark Infringement on Social Media Websites, 19 J. L. & POL'Y 353, 391 (2010).

[35] 例如,Twitter 的使用条款规定:"使用公司名称或商业名称、标识或其他受商标法保护的内容,可能误导他人或导致他人混淆,或使用以获得金钱利益的,将可能被认为是对本网站商标政策的违反,(Twitter 有权予以处理)。"参见 Twitter 用户使用协议。网络地址:〈http://twitter.com/tos〉, 2013 年 2 月 11 日最后访问。

MySpace 网站的用户条款规定:"MySpace 尊重他人的知识产权,并同样要求其用户尊重他人知识产权。用户请勿上传、嵌入、发布、电邮、传输或以其他方式提供侵犯他人版权、商标权、专利权、商业秘密或其他财产权的材料。MySpace 将在适当的情形下终止反复侵权者的用户资格。"网络地址:〈http://www.myspace.com/index.cfm?fuseaction=misc.terms〉,2013 年 2 月 11 日最后访问。

了注册用户名,普通用户只有在用户多于 1000 名后才能够申请商业认证,而抢注者通常很难在短时间内获得 1000 名用户关注,且相同用户不能不能注册多个 Facebook 账户来规避上述政策。此外,普通用户只有通过电话申请的方式才能够注册企业账户。[36] 社交网站 Twitter 对通过官方认证的用户使用认证标签,并借此来预防公众对网络用户的身份产生混淆。[37] 但 Twitter 的认证政策曾仅仅适用于"公职官员、公共机构、知名演员、运动员及其他易被仿冒的知名人士",并未向所有用户开放,普通企业亦无法通过认证程序向公众主张商标权利。[38] 企业可以向 Twitter 举报商标被抢注,但 Twitter 采取救济措施的条件为被举报账户必须是活跃账户,且该账户所有者试图销售该账户或通过该账户向权利人索要钱款。[39]

上述社交网络服务提供商的认证政策体现出诸多不足:首先,在许多社交网络平台上,通过认证程序行使商标权的主体范围有限,并非所有商主体均能够受益于认证程序。商标的权利主体虽然是唯一的,但是销售标有该商标产品或服务的主体却是众多的。将认证程序的适用范围扩展至所有商主体不仅有利于保护商标权人的合法利益,更能够避免消费者对商品或服务的来源产生混淆。其次,许多社交网站对将商标抢注为用户名进行认证救济的实施条件过于严苛。商标权人有时必须等到侵权行为已经实际发生,才能够通过社交网络平台所提供的救济措施来弥补损失。

(二)社交平台网络政策的改善与对商标权人的救济

针对上述缺陷,社交网络平台有必要进一步完善相关网络政策,充分保障商标权人的合法利益。国内社交网络服务提供商的用户协议也就类似条款。第一,拓展社交网络服务平台实名认证的适用范围,简化认证流程与,提高认证效率。例如,在防止虚假注册企业账户以发布信息方面,只要企业能够提供商标/标识或品牌 Logo、完成有效年检的《企业法人营业执照》/《个体工商户营业执照》等资料、营业执照副本以及自有品牌、代理品牌、加盟品牌、企业网站备案信息等真实资料材料,就能认证公司账号、分支机构账号、产品账号、客服账号等。社交网络平台服务提供商还应当公布所有会对消费者购买决策产生影响的注册资料,避免混淆可能性的产生,并积极借鉴国内外指明网站的成熟经验,对个人或企业认证环节的工作进一步细

---

[36] 参见 Facebook 关于用户名预留的说明,网络地址:〈http://blog.facebook.com/blog.php?post=90316352130〉,2013 年 2 月 11 日最后访问。

[37] 参见 Twitter 认证说明,网络地址:〈http://twitter.zendesk.com/76487-can-iverify-my-business-account〉,最后访问时间:2013 年 2 月 11 日。

[38] See Emma Barnett, Twitter Launches Verification Service to Protect Celebrities,〈http://www.telegraph.co.uk/technology/twitter/5475445/Twitter-launches-verification-service-toprotect-celebrities.html〉,2013 年 2 月 11 日最后访问。

[39] 参见 Twitter 对账户抢注的说明,〈http://support.twitter.com/articles/18370-name-squatting-policy〉,2013 年 2 月 11 日最后访问。

化,从网站经营管理层面上杜绝商标侵权行为的发生。其次,应当完善商标与其他知识产权侵权的投诉机制,主动为商标权人维权提供必要协助。社交网络平台在收到商标侵权通知后,积极和权利人被控侵权人取得联系,切实保障商标权人利益并维护网络用户的合法权益。

学术 BBS

论互联网相关市场的界定

翟 巍[*]

内容摘要：界定相关市场是反垄断法实施中的核心问题。此文主要侧重于互联网相关市场的界定。文章第一部分描述了互联网相关市场的五项基本特征。第二部分介绍中国关于界定互联网相关市场的反垄断立法和有关案件的情形。第三部分推介和阐释了欧盟委员会、德国联邦卡特尔局和德国法院在界定互联网相关市场中应用的理论与方法。文章最后部分提出了关于如何界定中国互联网相关市场的若干建议。

关键词：互联网相关市场　产品相关市场　地域相关市场

The Definition of Relevant Internet Market

Abstract: Defining relevant markets is the key issue in enforcing antimonopoly law. This paper focuses primarily on the definition of the relevant internet market. The first part describes 5 basic characteristics of the relevant internet market. The second part introduces the situation of China's antimonopoly legislation about the definition of the relevant internet market and the relevant China's antimonopoly cases. The third part introduces and explains theories and methods used by the European Commission, German Federal Cartel Office and German courts to define a relevant internet market. Finally, it offers suggestions about how to define the relevant internet market in China.

Key words: the relevant internet market; the relevant product market; the

---

[*] 华东政法大学师资博士后，德国美因茨大学法学博士。

relevant geographic market

相关市场是反垄断法领域的基础性概念,相关市场的界定是反垄断法适用与执行的必要前提条件,它构成反垄断各项主要制度的前提与基础①,例如反垄断法规制市场上的垄断行为的基础在于相关经济市场的界定。这一相关经济市场一般划分为产品相关市场与地域相关市场。② 例外情形下,该相关经济市场还包括时间相关市场。

互联网不仅是重要的交际工具,而且能够构成虚拟市场空间③,它的出现既改变了传统产品与服务相关市场的模式与内容,又自身独立构成了具有反垄断规范意义的相关市场。在互联网发展的冲击下,传统上产品相关市场、地域相关市场以及所谓的时间相关市场的界定划分已呈现模糊化趋势,传统的相关市场界定的参考标准与分析方法亦应在互联网环境下得以革新发展。

本文目的是通过在反垄断法框架下分析互联网环境下相关市场界定的基本特征,总结中国互联网环境下相关市场界定的理论与现实困境,并且对于欧盟和德国互联网环境下相关市场界定的法律实践经验进行了比较分析,进而对中国互联网相关市场界定模式构建提出建议,使中国互联网环境下相关市场的界定既能有机融入传统的相关市场界定模式,又能体现自身的独特需求。

一、互联网环境下相关市场界定基本特征

互联网相关市场既是传统模式下相关市场的新表现形式,其本身亦影响革新了经典意义上的相关市场界定制度。

互联网环境下相关市场的界定主要有五大基本特征:

(一) 市场界限具有不确定性与动态化趋势

相关市场是通过供给与需求的影响区域(Einflussbereich von Angebot und Nachfrage)予以确定的。④ 相关市场不具有稳定的界限,它的涵盖范围始终处于变动之中。⑤ 相关市场这一特征在互联网领域相关市场表现得更为鲜明突出。

---

① 王先林:"论反垄断法实施中的相关市场界定",〈http://www.iolaw.org.cn/showNews.asp?id=19051〉,2013年6月1日最后访问。
② Lars Harden/Jan Blume/Gabriele Siegert/Tobias Gostomzyk, Die marktlichen Auswirkungen des Telemedienangebots (Bestand) des Deutschlandradios, Hannover/Zürich, 2009, S. 61.
③ Andreas Freitag, Wettbewerbsrechtliche Probleme im Internet, in: Detlef Kröger/Marc Andre Gimmy, Handbuch zum Internetrecht, Berlin, 2002.
④ Lothar Wildmann, Einführung in die Volkswirtschaftslehre, Mikroökonomie und Wettbewerbspolitik, 2. Auflage, München, 2010, S. 179.
⑤ Wildmann, 2010, S. 180.

互联网领域存在互相竞争的各种产品与服务。⑥ 在互联网领域,技术的革新与商业模式的改变从速度、力度和深度方面考察都是史无前例的。由此,互联网领域竞争极其激烈,重大商业模式的革新或新型网络服务类型的出现常常可以在极短时间内深度改变市场格局,并使重新界定互联网相关市场变得迫在眉睫。⑦ 一个简单例子是,在电子商务领域界定相关市场并非易事,其重要原因在于,用于界定产品相关市场与地域相关市场的相关背景条件常常处于剧烈变动中。⑧

(二)互联网传统市场与互联网新兴市场二元界分

互联网市场的一项重要服务内容是:互联网使用者通过网络接入服务供应商的技术支持自由访问互联网的服务。此类服务均是基于TCP/IP协议(网络通讯协议)予以提供的。⑨ 这类服务包括万维网(WWW)服务,E-Mail 服务(传输协议是POP、SMTP或IMAP协议)和基于FTP协议(文件传输协议)或gopher协议(分布型的文件搜集获取网络协议)的其他服务。⑩ 万维网(WWW)服务是基于HTTP协议(超文本传输协议)使HTML文档的传输成为可能。⑪

在上述技术协议基础上,互联网领域产品与服务存在两种类型,成二元界分状态。一部分产品与服务是互联网领域特有的,另一部分产品与服务是在互联网出现前已存在的传统产品与服务,只是以互联网媒介取代了电话或传真等传统媒介。⑫

将互联网作为新媒介的传统产品与服务市场又可分为广告市场与使用者市场。⑬ 需要特别注意的是,如果一个相关市场形式上体现为在传统产品与服务领域的使用者市场,但以互联网为媒介的产品与服务在该市场具有"以其他媒介为载体的产品与服务"所无法比拟的优势,则该以互联网为媒介的产品与服务市场一般应界定为独立的互联网特有相关市场。⑭

(三)可替代性与可互换性界定标准呈模糊化趋势

反垄断法框架下相关市场划分为地域、产品与作为例外存在的时间相关市场三大种类。⑮

---

⑥ Armin Trafkowski, Die sachliche Abgrenzung der Märkte im Internet, MMR 1999, 630, 631.

⑦ 参见叶高芬:"互联网时代反垄断实施的前沿问题",〈http://www.cssn.cn/news/545157.htm〉,2013年6月1日最后访问。

⑧ Georgios Gounalakis/Sebastian Lochen, Elektronische Marktplätze und Kartellrecht, ZHR 167 (2003), 632, 638.

⑨ Armin Trafkowski, Die sachliche Abgrenzung der Märkte im Internet, MMR 1999, 630, 631.

⑩ Trafkowski, MMR 1999, 630, 631.

⑪ Trafkowski, MMR 1999, 630, 631.

⑫ Trafkowski, MMR 1999, 630, 631.

⑬ Trafkowski, MMR 1999, 630, 636.

⑭ Trafkowski, MMR 1999, 630, 636.

⑮ Wikipedia, Relevanter Markt, Stand: 22.09.2012.

采取需求性市场理念,产品相关市场可以分为供给市场(企业作为供给者)与需求市场(企业作为需求者)。[16] 采取需求性市场理念,地域相关市场的界定应基于从产品服务接受者角度确定的产品服务空间上的可互换性。[17] 时间相关市场的界定只有在极其特殊情形下才有实际意义。只有当企业在特定时间区间获得特有市场地位时,时间相关市场的概念才可能得以应用。[18]

界定划分互联网环境下的相关市场,首要考虑的问题是:"每个单一的互联网服务领域是否能形成相互独立的相关市场抑或此类服务与传统的通信交际工具具有可互换性?"[19]在通信交际工具领域,电话、纸质邮件与互联网是否具有可互换性,颇值得探讨,其界定标准呈现模糊化趋势。对此问题的解答起决定性影响的应是具有通信交际需求的客户的看法。[20]

互联网平台的出现强力促成了以互联网电子交易发展为宗旨的IT服务市场,该市场亦可称作互联网平台市场(Markt für Internet-Plattformen)。[21] 至目前为止,各种互联网平台市场之间是否具有可替代性与可互换性,其界定标准亦不甚明晰。

由于不同的互联网平台对于使用者来说具有广义上的可互换性,所以这些平台形式上构成了一个统一的市场。[22] 因为由所有互联网平台构成的统一市场过于广阔并具有不确定性,所以在法律实践中仍需将此统一市场按照由不同技术标准确定的狭义可互换性分割成各个独立的相关市场。[23] 值得关注的是,如果两个互联网平台之间的转换对于使用者来说具有无法解决的技术转换难题,则两平台之间应被认定为不具有可替换性。[24]

(四)相关市场界定中的地域与时间因素呈弱化趋势

从纯粹理论层面考虑分析,由于互联网进入门槛的自由性,互联网平台市场(Markt für Internet-Plattformen)在世界范围内具有效用,因而它们可以形成地域范围扩展至全世界的市场。[25] 但在事实层面,因为经由互联网交易的一部分产品与服务本身具有空间地域上的限制,并且远距离运输成本高昂,所以互联网平台市场迄今不能实

---

[16] Thomas Stöckl, Wirtschaftspolitik: Wettbewerbspolitik (LV-Nr. 1157), Einheit 3: Der relevante Markt, S. 3.
[17] Stöckl, Einheit 3: Der relevante Markt, S. 7.
[18] Stöckl, Einheit 3: Der relevante Markt, S. 8.
[19] Trafkowski, MMR 1999, 630, 632.
[20] Trafkowski, MMR 1999, 630, 632.
[21] Georgios Gounalakis/Sebastian Lochen, Elektronische Marktplätze und Kartellrecht, ZHR 167 (2003), 632, 639.
[22] Gounalakis/Lochen, ZHR 167 (2003), 632, 639.
[23] Vgl. Gounalakis/Lochen, ZHR 167 (2003), 632, 640.
[24] Gounalakis/Lochen, ZHR 167 (2003), 632, 640.
[25] Gounalakis/Lochen, ZHR 167 (2003), 632, 643.

际构建全球性相关市场。㉖

但企业通过使用互联网电子商务平台可获得不同于以往的顾客群,此类顾客群并不局限于特定的或某一地理区域的顾客群体,而是具有普遍意义与广泛意义的顾客群体。这一变化就要求在反垄断法框架下对原有的启用互联网电子商务平台之前界定的相关市场予以重新界定划分。㉗

(五)市场参与者角色呈现多元化趋势

在互联网环境下企业作为市场参与者,可以同时扮演不同角色。例如,德国的Deutschlandradio通过互联网向潜在的最终使用者提供"独自以及与ARD(德国广播电视联合会)成员合作制作的"、"由第三方委托制作的"以及"由ARD成员制作并免费提供的"信息内容与服务。㉘

在主服务市场上,Deutschlandradio是供给者(Anbieter);主服务市场指的是在线服务的最终使用者市场(Endnutzermarkt der Online-Angebote)。㉙ 但在前置服务市场上,Deutschlandradio又是互联网平台传输服务的需求者(Nachfrager)。㉚

二、中国互联网环境下相关市场界定的理论与实务困境

中国关于互联网相关市场界定的立法与执法以及司法实践现状不容乐观,存在诸种问题与困难,主要表现在以下四个方面上:

(一)现有法律缺乏针对性规制条款

中国《反垄断法》第12条第2款规定:"本法所称相关市场,是指经营者在一定时期内就特定商品或者服务(以下统称商品)进行竞争的商品范围和地域范围。"由此可见,中国《反垄断法》所指称相关市场包括产品相关市场与地域相关市场。依据中国《反垄断法》第15条第2款、第17条第2款、第18条、第19条、第27条的规定,相关市场界定是规制"垄断协议,滥用市场统治地位与经营者集中"三大反垄断法调整对象的前提与基础。

2009年5月24日,《国务院反垄断委员会关于相关市场界定的指南》(以下简称《指南》)得到颁布。

依据该《指南》第2条的规定,界定相关市场就是明确经营者竞争的市场范围,这一界定一般意义上是对于竞争行为进行分析的起点,是反垄断执法工作的重要步骤。

依据该《指南》第3条第1款规定,相关市场是指经营者在一定时期内就特定商品

㉖ Gounalakis/Lochen, ZHR 167 (2003), 632, 643.
㉗ Vgl. Gounalakis/Lochen, ZHR 167 (2003), 632, 635.
㉘ Harden/Blume/Siegert/Gostomzyk, 2009, S. 73.
㉙ Harden/Blume/Siegert/Gostomzyk, 2009, S. 73.
㉚ Harden/Blume/Siegert/Gostomzyk, 2009, S. 73.

或者服务(以下统称商品)进行竞争的商品范围和地域范围。依据该《指南》第3条第2款规定,相关商品市场,是根据商品的特性、用途及价格等因素,由需求者认为具有较为紧密替代关系的一组或一类商品所构成的市场。依据该《指南》第3条第3款规定,相关地域市场,是指需求者获取具有较为紧密替代关系的商品的地理区域。

然而,中国《反垄断法》与《指南》均缺乏针对互联网环境下相关市场界定的具体条款,没有包括关于互联网相关市场界定的主要参考因素的明晰化规定以及指导性建议。

互联网领域诸多市场区间具有两层级(双边)属性。中国反垄断法律条款只是简单移植了世界各国传统的相关市场概念的内涵,缺乏对互联网市场两层级属性和互联网新旧市场二元界分的必要关注与解析。

由于互联网市场诸多产品与服务采取的是免费提供模式,以市场价格分析为基准的中国《反垄断法》现有的传统相关市场界定模式处于实际无法适用的尴尬境地。

(二)司法部门仍未确立互联网相关市场界定的系统化与明晰化标准

中国反垄断法的执法能力与执法资源均处于严重不足状态。[31] 当前中国司法部门仍未确立互联网相关市场界定的系统化与明晰化标准。

在有限的几个与互联网相关市场界定相关联的法院判决中,法院对互联网相关市场界定的分析阐释均属于浅尝辄止状态,既未能构建专业有效的经济学模式深度剖析构建互联网相关市场界定的具体标准,也没有明确确立在互联网相关市场界定中是否应当从严适用"可替代性"与"可互换性"标准。

在2009年"唐山人人信息服务有限公司诉北京百度网讯科技有限公司"一案中,北京市第一中级人民法院对互联网领域相关市场的认定作出了探索。[32] 在此案中,法院首先基于网络用户角度肯定了搜索引擎具有其他类型互联网服务无法取代的功能,因此"搜索服务引擎市场"应被划分界定为一个独立的相关市场。[33] 在界定"搜索服务引擎市场"时,法院还基于广告厂商角度否定了被告"以服务是否需要付费作为衡量相关市场是否存在标准"的主张。[34]

在"唐山人人信息服务有限公司诉北京百度网讯科技有限公司"一案中,法院虽然得出了关于案中互联网相关市场界定的结论性判断,但缺乏系统明晰的分析过程,它在判决中刻意避免了对于"搜索服务引擎"相关市场的具体经济分析,没有确立明晰化的界定标准。[35]

在2010年11月3日,腾讯公司在《致广大QQ用户的一封信》中要求用户或者退

---

[31] 叶高芬,见前注⑦。

[32] 李剑:"双边市场下的反垄断法相关市场界定",〈http://article.chinalawinfo.com/article_print.asp?articleid=66962〉,2013年6月1日最后访问。

[33] 同上。

[34] 同上。

[35] 同上。

出 QQ 软件或者删除 360 软件。奇虎公司据此事实起诉腾讯公司滥用在国内即时通讯软件及服务市场中的支配地位。㊱

在法院庭审中,原被告双方对于互联网环境下反垄断法相关市场的具体界定产生争论。㊲ 法院在本案中并未对互联网相关市场界定作出深度阐析。

对此,学者叶高芬认为,360 与腾讯之间发生反垄断纠纷的根本原因是争夺互联网平台用户。该学者主张在互联网平台基础上界定相关产品市场,不应过分收缩限制市场界限,应充分考虑对构建互联网平台有利的所有业务及应用。㊳

笔者对于"不应过分限制互联网相关市场界限"的主张持肯定态度。理由在于,互联网领域经营者竞争虽然表面上是产品与服务的竞争,但从实际层面考察,此类竞争在相当程度上是经营者之间以互联网平台为载体展开的关于"整合不同产品与提供多元化服务能力"的竞争。在互联网平台基础上产生的相关产品市场空间中,原先在传统市场上不具有需求可替换性的诸种产品与服务可能基于互联网平台整合需求供给的特性而衍生出相互间的可替换性以及需求上的较高交叉弹性。有基于此,在互联网平台基础上不应过分收缩限制相关市场的界限。

值得注意的是,自 2012 年 6 月 1 日起施行的《最高人民法院关于审理因垄断行为引发的民事纠纷案件应用法律若干问题的规定》在互联网相关市场界定领域作出了重要创新与突破。

该《司法解释》第 10 条规定:"原告可以以被告对外发布的信息作为证明其具有市场支配地位的证据。被告对外发布的信息能够证明其在相关市场内具有支配地位的,人民法院可以据此作出认定,但有相反证据足以推翻的除外。"

在该《司法解释》施行之前的互联网反垄断案件中,尽管反垄断民事案件原告提供证据中均涵盖被告对外发布的信息(如被告财务报表中所列相关市场份额数据),但此类信息均未被法院采信为证据。㊴ 其主要原因为,《关于民事诉讼证据的若干规定》中确立的"自认"需发生在诉讼过程中;被告对外发布的信息虽类似于证据类型中的"自认",但由于它未发生在诉讼过程中,所以该信息无法被"自认"外延所涵盖。㊵

作为对之前系列案件实践的反思与总结,《最高人民法院关于审理因垄断行为引发的民事纠纷案件应用法律若干问题的规定》第 10 条规定作出了重要突破;由其规定可知,市场经营者对外发布的关于其所在相关市场规模与界限的信息以及其所占相关

㊱ 孔博,叶前等:"'3Q'反垄断之争凸现互联网规则之困",〈http://www.gd.xinhuanet.com/news-center/2012-04/19/content_25091362.htm〉,2013 年 6 月 1 日最后访问。
㊲ 同上。
㊳ 叶高芬,见前注⑦。
㊴ 赵占领:"反垄断司法解释对 360 诉腾讯垄断案有何影响?",〈http://www.yuewe.cn/portal.php?mod=view&aid=154145〉,2013 年 6 月 1 日最后访问。
㊵ 同上。

市场份额等此类相关信息,只要能够证明该经营者在相关市场内具有支配地位,法院就可以采信为证据。该条规定的施行,在很大程度上减轻了反垄断民事案件中原告对于证明被告(经营者)在相关市场领域内具有支配地位的举证责任;它同时亦明确确认了被告(经营者)对外发布的信息是用以认定被告在相关市场内具有支配地位的可为法院采信的具有法律效力的证据之一。只有在存在明确相反证据的例外情形下,经由被告(经营者)所发布的对外信息才不得作为认定被告(经营者)涉及垄断行为的证据。

有基于此,在最高院此司法解释出台施行后,互联网领域相关市场的界定标准具有简明化的趋向,经营者对外发布的所自认的关于相关市场界定的看法可能在反垄断民事诉讼中自动获得法院认可确认,而不再需要法院或原告对被告所处相关市场的界限通过传统划分标准作出系统详细的分析界定。

(三) 假定垄断者测试方法无法有效界定互联网相关市场

依据《指南》第 10 条规定,相关市场界定中出现不确定性时,可以依据假定垄断者测试方法(SSINP)来界定相关市场。依据《指南》第 11 条规定:"原则上,在使用假定垄断者测试界定相关市场时,选取的基准价格应为充分竞争的当前市场价格。"但在界定互联网相关市场时,假定垄断者测试方法具有很大局限性。

中国反垄断立法者希图利用假定垄断者测试方法界定相关市场,但从假定垄断者测试方法的历史发展脉络来看,它自始至终是为界定同一层级(单边)的相关市场而创立发展的,而互联网领域市场却具有双层级(双边)特征。

从 1982 年以来,假定垄断者测试方法已逐渐成为美国、欧盟、英国、法国与德国反垄断机构界定相关市场的主要分析思路与参考方法。[41] 假定垄断者测试方法作为相关市场界定的测试方法是不适合具有两层级(双边)特征的市场的。[42] 互联网在线平台是以两层级平台的形式出现的。[43] 譬如,以计算机软件市场与信用卡支付服务市场为代表的免费赠值服务软件市场具有两层级市场(双边市场)属性。[44]

具体而言,互联网在线平台市场分为接受者市场与广告市场,二者之间存在间接的网络影响效应;在接受者市场上潜在的价格上涨能同时对广告市场上的竞争产生影响。[45] 互联网平台经营者可以在这两个市场上通过操纵价格或商品供应额度使利润最

---

[41] Thilo Klein, SSNIP-Test oder Bedarfsmarktkonzept? In: WuW vom 05. 02. 2010, Heft 2, S. 169—177, 〈http://www.wuw-online.de〉, Stand: 28. 09. 2012.

[42] Ralf Dewenter/Justus Haucap, Marktauswirkungen und gesellschaftlicher Nutzenöffentlich-rechtlicher Online-Angebote, S. 4.

[43] Dewenter/Haucap, S. 5.

[44] 杨东:"互联网信息服务市场支配地位的认定及法律调整",〈http://www.110.com/ziliao/article-279377.html〉,2013 年 6 月 1 日最后访问。

[45] Vgl. Dewenter/Haucap, S. 7.

大化。[46] 需注意的是,互联网平台经营者为了利用两层级的市场之间的内在网络关联效应,可能采取在一个层级市场上提供免费产品与服务(如免费电视与广播)绑定特定顾客群,从而在与这一层级紧密关联的另一层级市场(如广告市场)上通过同一顾客群获取最大利益。在这种情形下,假定垄断者测试方法无法充分发挥界定相关市场效用。[47]

(四)尚未明晰反垄断法优先适用价值基准

在反垄断法领域存在各种相互之间具有潜在矛盾冲突的价值基准。两种基本价值基准是"维护竞争机制"与"维护消费者利益"。互联网相关市场界定是互联网领域反垄断法适用的前提。有基于此,中国反垄断法律应确认在互联网相关市场界定中以何种价值基准作为优先适用基准。

但到目前为止,中国反垄断法律对于互联网相关市场界定乃至所有市场领域的相关市场界定都没有确立明晰的优先适用基准。

三、关于欧盟和德国互联网相关市场界定法律实践经验之分析

鉴于互联网环境下相关市场界定的重要意义与所面临的问题,本文试图从欧盟委员会、德国联邦卡特尔局和德国法院法律实践比较方面总结出欧洲该相关市场界定的特征与经验,为在反垄断法框架下我国互联网相关市场界定模式的确立完善提出合理建议。

在欧盟反垄断法框架下存在诸多与"市场"有关的术语名词,它们包括"共同市场"、"内部市场"、"市场分割"、"市场统治地位"、"市场力量"、"市场份额"、"市场进入"、"采购与销售市场"与"市场相对方"等[48],界定相关市场概念是使上述这些概念得以适用的前提条件。

在欧盟反垄断法的框架下,传统上一直依据两项基本标准对于相关市场予以界定,即产品市场与地域市场。[49] 欧盟反垄断法框架下的地域市场一般是指欧盟内部市场或欧盟内部市场的关键组成部分。[50]

欧盟委员会对于地域相关市场概念定义为:"地域相关市场涵盖以下区域,在此区域中参与的诸企业提供相关的产品或服务,在此区域中竞争条件具有充分的同质性,

---

[46] Dewenter/Haucap, S. 5.
[47] Vgl. Dewenter/Haucap, S. 5.
[48] Vgl. Rittner/Dreher, Europäisches und deutsches Wirtschaftsrecht, 3. Auflage, Heidelberg, 2008, S. 398 f.
[49] Rittner/Dreher, 2008, S. 515.
[50] Rittner/Dreher, 2008, S. 515.

此区域与相邻诸区域通过明显不同的竞争条件予以区分。"[51]欧盟委员会对于产品相关市场概念定义为:"产品相关市场包括从消费者角度看来,由于特质、价格与预定使用目标而可互换或可替代的全部产品和(或)服务。"[52]

欧盟和德国反垄断法执法和司法部门关于界定互联网相关市场的实践具有四大特征,表现为:

(一)原则上从严界定互联网地域相关市场

产品服务的输送条件与成本在界定地域相关市场中是关键参考因素。[53]欧盟委员会在界定互联网地域相关市场的法律实践中,长期持谨慎态度,既肯定互联网地域相关市场有与世界市场重合的技术可能性,又在实践中明确指出各种限制互联网地域市场成为世界市场的客观障碍,从而在一般意义上从严界定互联网地域相关市场,认为当前互联网地域相关市场一般应是以国界分割的互联网相关市场。

典型例子是,欧盟委员会在若干决定中对于将来世界范围在线市场的确认表露出相对肯定的态度,尽管它仍旧未对这一问题给出最终答案。[54] 具体而言,纯粹的互联网在线产品市场,是指在这市场上此类产品是以数字化形式存在或具有数字化可能的产品,譬如软件、网络音乐与网络电影[55];此类互联网在线产品由于极低网络传输成本具有在世界范围内输送的可能性;但欧盟委员会在执法实践中亦注意到,由于版权许可限制,可以数字化的在线音乐产品市场实际上在当前世界范围内应被按国界严格区分为不同相关市场。[56] 此外,需要明确的是,具有数字化可能的互联网产品尽管具有在世界范围内的传输技术与能力,但由于法律原因、语言差异障碍和顾客偏好而受到极大限制。[57]

(二)确认关于在线产品与离线产品之间"可互换性"与"可替代性"的细化标准

在反垄断法中,相关市场界定对于确定"卡特尔或企业兼并限制竞争的影响"与"企业是否具有市场垄断地位"具有重要意义。[58] 不同类型的产品服务之间是否具有互换性与替代性,是互联网相关市场界定的主要依据之一。一系列障碍与成本的存在

---

[51] Bekanntmachung der Kommission über die Definition des relevanten Marktes im Sinne des Wettbewerbsrechts der Gemeinschaft, Amtsblatt Nr. C 372 vom 09/12/1997, Rn. 8.

[52] Bekanntmachung der Kommission, Amtsblatt Nr. C 372 vom 09/12/1997, Rn. 7.

[53] Beckmann/Müller, in: Hoeren/Sieber, Multimedia-Recht, 31. Ergänzungslieferung, 2012, Teil 10 Kartellrecht, Rn. 89.

[54] Kommission, E. V. 11. 10. 2000-COMP/M. 1845, Tz. 27-AOL/Time Warner; Kommission, E. v. 20. 07. 2000-COMP/JV. 48, Tz. 33-Vodafone/Vivendi/Canal Plus; Vgl. Beckmann/Müller, in: Hoeren/Sieber, Teil 10 Kartellrecht, Rn. 90.

[55] Beckmann/Müller, Teil 10 Kartellrecht, Rn. 89.

[56] Vgl. Beckmann/Müller, Teil 10 Kartellrecht, Rn. 91.

[57] Beckmann/Müller, Teil 10 Kartellrecht, Rn. 90.

[58] Wikipedia, Relevanter Markt, Stand: 22. 09. 2012.

可能促使欧盟委员会作出将看起来属于可替代的两种产品不归属于同一产品市场的决定。(59)

譬如,在 AOL/Time Warner 与 Sony/BMG 案中,欧盟委员会既从需求者角度又从供给者角度分析了在线音乐与离线音乐的实质区别,将在线产品市场与离线产品市场分割为不同的相关市场(60),从而确认了关于在线产品与离线产品之间“可互换性”与“可替代性”的细化标准。依据欧盟委员会的观点,两大市场之间存在实质区别;从需求者角度考察,顾客如果在网络 iTunes 购买在线音乐比实体购物更加便利;并且,网上购买在线音乐一般可以只选择单首歌曲,而离线音乐的购买常须购买整个专辑;从供给者角度考察,在线音乐与离线音乐的销售需要完全不同的结构条件。(61)

（三）确认传统相关市场与互联网相关市场的内在关联

德国反垄断法执法机构与司法机构在界定相关市场规制反垄断行为的过程中,注重分析传统相关市场与互联网相关市场的内在关联性,力图避免企业将其市场优势地位与力量隐性地在传统相关市场与互联网相关市场传递,以防止市场竞争机制被破坏。

譬如,德国媒体 RTL Deutschland 和 ProSiebenSat. 1 准备共同创建一家企业(所谓的“Amazonas”)用于构建运行一种在线视频平台(Online-Video-Plattform)。(62) 2011 年 3 月,德国联邦卡特尔局对 RTL Deutschland 和 ProSiebenSat. 1 的此合作意向作出禁止,其原因之一是这一新在线视频平台的建立可能强化两家组建公司在电视广告市场上的双寡头垄断地位。(63) 另一重要原因是,这一视频平台的创建可能基于 RTL Deutschland 和 ProSiebenSat. 1 的预期目标,将电视广播市场上的现存关系(譬如双寡头垄断)传递至在线视频领域的视频广告部分。(64)

在 2012 年 8 月 8 日,德国杜塞尔多夫州高等法院确认肯定了德国联邦卡特尔局的这一禁令。(65)

根据德国联邦卡特尔局观点,互联网在线视频平台只有在作为开放的与纯粹的技术平台前提下,其通过扩大视频点播服务范围与简化视频内容导航产生的促进竞争的

(59) Bekanntmachung der Kommission, Amtsblatt Nr. C 372 vom 09/12/1997, Rn. 42.

(60) Beckmann/Müller, Teil 10 Kartellrecht, Rn. 85.

(61) Beckmann/Müller, Teil 10 Kartellrecht, Rn. 85.

(62) Pressemeldung des Bundeskartellamtes, Oberlandesgericht Düsseldorf bestätigt Untersagung der Online-Video-Plattform von RTL und ProSiebenSat. 1, Bonn, 8. August, 2012.

(63) Pressemeldung des Bundeskartellamtes, 2012.

(64) Vgl. Pressemeldung des Bundeskartellamtes, 2012.

(65) OLG Düsseldorf, Entscheidung vom 08. 08. 2012, Quelle: beck-aktuell.

优点才能与同时产生的限制竞争因素相抵消。⑥⑥ 在这一情形下,互联网在线视频平台的构建才可能得到豁免。

(四)将互联网媒介特征作为互联网相关市场界定的关键参考指标

互联网特有市场包括互联网通信市场与专有的网上服务市场。在互联网特有市场上参与竞争的企业包括网络接入服务提供商与网络在线服务商。⑥⑦ 此外,T-online(有线电视业务)与 AOL 以前的 CompuServe 商业性网络服务等服务类型原则上并不被看做互联网专有服务,而只是被归类于特定服务供应商的专有服务。其原因在于,此类服务一般是经过有别于互联网 TCP/IP 协议传输的特殊传输模式运行,获取此类服务需要特殊访问软件;并且此类服务的服务对象通常局限于特定顾客群。⑥⑧

互联网媒介的自身特征在互联网环境下相关市场扮演重要角色。例如,互联网电子商务平台是虚拟的商务平台,其发展宗旨在于促进供给不同种类产品与服务的企业与消费者之间更好地互动交易。⑥⑨ 根据此宗旨,互联网电子商务平台基于互联网媒介的作用具有明显的效率优势,它可以极大节省场所、时间、人力等交易成本,同时它排除了一般商务平台所具有的地域限制与营业时间时差限制,使市场准入门槛变得更低⑦⓪;互联网电子商务平台的此类优势获得德国联邦卡特尔局、德国联邦经济技术部学术顾问委员会以及欧盟委员会的认可。⑦① 在此层面上,互联网媒介特征已成为欧盟和德国互联网相关市场界定的关键参考指标。

互联网产品与服务市场同样应在反垄断法框架下分割为若干相关市场。⑦② 从形式上分析,与互联网电子市场领域相关联的相关市场具有两种类型,一种是互联网平台市场(Markt für Internet-Plattformen);另一种是"依托互联网平台提供服务与产品"的市场(Markt für die auf der Plattform angebotenen Dienstleistungen und Produkte),此市场可简称为互联网产品与服务市场。⑦③ 互联网市场平台一般包括网上商店(B2B、B2C)、互联网主干服务、操作系统、银行卡组织、购物中心与门户网站。⑦④

依据德国联邦卡特尔局的执法实践,当上述依托互联网交易的传统产品与服务因为互联网媒介而具有自身显著特征时,该产品与服务市场本身可构成独立的相关市

---

⑥⑥ Vgl. Medienrecht, Wettbewerbliche Bedenken gegenüber Online-Video-Plattform von RTL und ProSieben-Sat.1,⟨http://www.fmp-recht.de⟩, Stand: 26. 09. 2012.
⑥⑦ Trafkowski, MMR 1999, 630, 633.
⑥⑧ Trafkowski, MMR 1999, 630, 631.
⑥⑨ Gounalakis/Lochen, ZHR 167 (2003), 632, 633.
⑦⓪ Gounalakis/Lochen, ZHR 167 (2003), 632, 634.
⑦① Gounalakis/Lochen, ZHR 167 (2003), 632, 635.
⑦② Gounalakis/Lochen, ZHR 167 (2003), 632, 642.
⑦③ Gounalakis/Lochen, ZHR 167 (2003), 632, 641.
⑦④ 李剑,见前注㉜。

场。⑦⑤ 上述的自身显著特征包括产品可以虚拟测试以及特有的互联网服务咨询功能。⑦⑥

此外,在互联网电子商务领域相关市场的划分问题上,根植于互联网媒介的市场区间贸易维度是重要参考因素。⑦⑦ 对于垂直指向的市场区间,例如 Covisint,cc-chemplorer 或 MyAircraft.com,从需求方角度来说它们均是一个特定的产业部门同一价值链上的企业,因此它们可共同构成一个按部门予以分割界定的相关市场。⑦⑧

四、中国互联网相关市场界定之制度设计与相关建议

在总结欧盟与德国关于互联网相关市场界定经验的基础上,根据中国反垄断法领域现有互联网相关市场界定模式在理论与实务层面的不足,本文拟对中国互联网相关市场界定模式的重新构建与完善提出以下建议:

(一)注重框架性制度设计

中国反垄断法中关于互联网相关市场界定的规定基本处于空白状态,法学理论界与实务界对于互联网相关市场界定的长期探讨并未产生实质性最终结果。当前,中国反垄断法法律实务界对于互联网相关市场的界定还未形成统一的观点与标准,互联网相关市场界定模式内容简单粗糙,尚未得到明确化与系统化。

由于互联网技术类别与服务类型处于持续剧烈变动中,互联网环境下相关市场的内容与背景条件亦不可避免地呈现持续动态化趋势。因此,过于具体化与精细化的法律条款并不适合于构建互联网相关市场界定模式。

有基于此,中国反垄断法立法部门应通过制定新的法律规章,注重以法律条款形式在宏观上明晰互联网相关市场界定的框架范围,并明确承认传统相关市场与互联网相关市场的内在关联,使互联网媒介特征作为互联网相关市场界定的关键参考指标。

与之相适应,中国反垄断法实务部门亦应注重互联网环境下相关市场界定的框架性制度设计,提出具有普遍意义的具有指导性与原则性的建议;但应避免将互联网环境下相关市场界定模式进行固定化与精细化。

具体而言,中国互联网相关市场界定模式的构建与完善应从两个层面进行。一方面,应突出法院在相关市场界定模式构建过程中的建设性作用,法院可经由行使司法自由裁量权,在司法实践中确立一系列具有指标意义的法院判决,从而为充实完善互联网相关市场界定模式提供新的思路与助益。另一方面,相关市场界定模式的构建应充分借鉴现代经济学中的相关概念与理论模式,以便提高"可互换性"与"可替代性"

---

⑦⑤ Gounalakis/Lochen, ZHR 167 (2003), 632, 642.
⑦⑥ Gounalakis/Lochen, ZHR 167 (2003), 632, 642.
⑦⑦ Gounalakis/Lochen, ZHR 167 (2003), 632, 637.
⑦⑧ Vgl. Gounalakis/Lochen, ZHR 167 (2003), 632, 637.

标准在实践运用中的可操作性。

（二）将"消费者利益诉求"确立为重要界定标准

中国反垄断法理论与实务界均未明确在反垄断法适用尤其是互联网相关市场界定中应以何种价值基准作为优先适用基准。

将"维护消费者利益"作为与"维护竞争机制"处于同一位阶甚至更高位阶的反垄断法适用价值基准，是世界范围内反垄断法发展趋势，这一趋势亦应在中国互联网领域反垄断法适用过程中予以体现。[79]

此外，互联网相关市场界定中，消费者的需求取向与个人偏好对于界定相关市场范围至关重要；与此同时，互联网市场经营者诸多行为具有二元性特征，即同时可能具有促进与限制竞争的作用，其对维护竞争的效用实际上难以界定；基于这两种原因，亦应将"维护消费者利益"作为位阶高于"维护竞争机制"的关于互联网相关市场界定的优先适用价值基准。

（三）确立新的互联网相关市场测试方法

如前所述，传统反垄断法相关市场界定模式必须有效应对与适应互联网环境下出现的新问题与新挑战，以保证反垄断法在互联网市场环境下仍能得到充分有效适用与执行。

中国反垄断法律确立的假定垄断者测试方法无法有效应用于互联网相关市场界定分析。《国务院反垄断委员会关于相关市场界定的指南》第 7 条规定："界定相关市场的方法不是唯一的。在反垄断执法实践中，根据实际情况，可能使用不同的方法。"

有基于此，在界定互联网相关市场过程中，应否弃假定垄断者测试的分析思路，必须在充分考虑互联网环境下相关市场基本特征的基础上，采取传统意义上的需求替代分析与供给替代分析方法。

在从需求替代角度界定互联网相关产品市场时，既应考虑互联网相关市场界定中的"可替代性"与"可互换性"标准呈模糊化趋势，又应充分考虑互联网相关市场具有两层级市场（双边市场）属性。

在从需求替代角度界定互联网相关地域市场时，应借鉴欧盟等国外反垄断法实践经验，在承认"互联网市场在线产品与服务具有即时在全世界范围内进行输送的技术可能"的前提下，充分考虑到国家地域间的法律差异、关税、语言差异与特定区域需求者偏好，进而从严格角度解释与界定互联网相关地域市场。

在从供给角度界定互联网相关地域市场时，应将互联网环境下"产品服务供给者角色呈现多元化趋势"作为重要参考因素。

（四）以"互联网媒介显著特征"作为界定互联网传统相关市场的主要参考因素

如前所述，互联网传统相关市场，是指以互联网媒介作为新的承载形式的在互联

---

[79] 孔博等，见前注[36]。

网出现前已存在的产品与服务构成的市场。由于这些类型的产品与服务的交易在当前仍有依托非互联网的传统媒介(如电话和传真)交易的情形,所以是否应以交易媒介形式的差异而将此类产品与服务市场分割为不同的相关市场,颇值得探讨。

笔者认为,在分析此类案件时,不能使用"一刀切"的方法,而应从需求分析的角度,借鉴德国反垄断法实践经验,将"互联网媒介显著特征"作为重要参考指标。

具体而言,在传统产品与服务领域的使用者市场,如果以互联网为媒介的产品与服务在该市场与"以传统媒介为载体的产品与服务"相比具有根基于互联网之上的明显竞争优势,则该以互联网为媒介的传统产品与服务市场应被界定分割为独立的互联网传统相关市场。反之,以互联网媒介和传统媒介交易的同一类型的传统产品与服务市场应被界定为统一的相关市场。

综述,互联网相关市场具有迥异于其他相关市场的基本特征。中国反垄断法关于界定互联网相关市场的现有模式无法应对实务中出现的问题与挑战,有基于此,中国反垄断法理论界与实务界应在借鉴欧盟、德国等国外理论界与执法、司法实务界相关经验的基础上,构建与完善新的互联网相关市场的界定模式。

互联网审查及其评价标准

王孔祥*

内容摘要：网络空间虽是一个虚拟空间，但互联网自由不是绝对的。互联网审查的现实必要性在于政治、社会、安全和控制互联网等多重因素；其多样性表现为各国往往通过法律、行政、技术和行业自律等手段开展互联网内容的过滤、屏蔽。尽管对互联网进行管理、开展互联网审查的依据是国家主权原则等国际法或国内法的主张，但互联网审查存在危及隐私权和言论自由等人权的可能性；而由于缺乏评判各国互联网审查的统一标准，有些国家的审查措施反映良好，而另一些国家的网络审查则遭到非议和批评；肆意地对别国的互联网审查状况进行评头论足，往往会引发有关国家间的对抗，而无益于其改进。有学者提出公开、透明、准确、有效等参考标准，来衡量各国开展互联网审查的合法性或合理性，但这些标准存在实施困难等问题、而难以推广。

关键词：互联网审查　互联网自由　网络主权　网络屏蔽　网络过滤

An Analysis on Internet Censorship and Its Standards of Evaluation

Abstract: Although the network space is a virtual space, but the freedom of Internet is not absolute. Governments carried out Internet content filtering and blocking through legislative mandate, administration, technology and self-regulato-

---

* 东南大学法学院副教授，法学博士。本文为国家社科基金课题"互联网治理中的国际法问题研究"（11CFX067）的阶段性成果。

ry, and other means in the considerations of politics, society, safety and control of the Internet. Filtering looks easy and cheap, and calls to blockaccess to material that is almost universally condemned-such as child pornography, extreme violence, or incitements to terrorism-are hard to resist. Although the network space is also applicable for the principle of national sovereignty, national jurisdiction can be extended to the network space, internet censorship is the internal affairs of all countries, but some examination measures earned praise in some countries, but some others raised criticism. The concern is that as filtering is increasingly adopted in Western democracies, censorship that blocks access to material rather than legal measures that punish access after the fact will become increasingly seen as normal rather than problematic. Censorship can be an effective tool, but it is a dangerous one. Although there is no unified standards to judge Internet censorship in these countries, the indexes of openness, transparency, narrowness, accountability can be used as the reference.

Key words: Internet Censorship; Internet Freedom; Network Sovereignty; Internet Blocking; Internet Filter

互联网具有虚拟性、开放性、匿名性、交互性、无国界性等特点。在短短的二三十年间，其用户从数十人增到超过20亿，对世界的经济、政治、文化、军事等产生革命性的影响！互联网早期无政府主义式的自由发展，虽然为技术革新提供了广阔的空间，但也导致网络犯罪和利用网络攻击实施危害国家安全的行为日益猖獗。在饱受网络黑客、网络诈骗、虚假信息、病毒、垃圾邮件等之害后，为了确保互联网运行得安全、稳定和效率，许多国家都不约而同地介入互联网的管理、对互联网开展审查。如何评价各国的互联网审查？或互联网审查有没有可以共同遵循的原则、标准？这是本文试图探讨的问题。

一、互联网审查的现状

尽管美国高唱维护"互联网自由"的调门,将不受审查的网络言论自由作为其指责和攻击别国的武器,但互联网早已不是从前无政府状态的虚拟空间了;事实上,互联网的无限制自由从来都是不存在的:因为包括美国在内,很多国家都对互联网实行着或多或少的监管和控制,都在以不同方式进行网络过滤、屏蔽等互联网审查活动——无论是美国的多元化控制,还是法国的直接屏蔽网站,或是新加坡的"煽动法"——都证明这一点。

（一）互联网审查的必要性

尽管黑客组织"匿名"（Anonymous）之流的团体自称代表了所谓"互联网一代"的

呼声,要求更加合理的版权政策、更多透明度,并减少审查,反对政府对互联网的任何干预①;但是现在,猖獗的网络犯罪②、肆无忌惮的黑客大肆窃取私人隐私和商业秘密、乃至国家秘密、恶意的网络攻击对各国的网络安全构成严重威胁、病毒和垃圾邮件横行世界等,使得越来越多的国家认识到,单纯依靠市场的力量和民众的自律是远远不够的,不足以充分保护互联网的安全。无论是从政治上来说,还是从社会民生、网络健康发展本身来说,加强网络监管,规范网络行为,都是非常必要的。

(二)互联网审查的普遍性

互联网审查现象在世界各国普遍存在。许多国家都在以不同方式进行网上过滤、屏蔽等互联网审查活动。多伦多大学政治学教授 Ronald Deibert 称,全球有超过40个国家的政府过滤互联网内容。③"开放网络倡议"(OpenNet Intiative,以下简称 OpenNet)④发现,"互联网审查和监视是正在增长的全球现象。OpenNet 的任务是对互联网过滤和监视进行定性并建立档案,引起更多公众的关注、并促进对此类作法的对话。"根据 OpenNet 于2006年夏针对世界上开展互联网审查的40个国家所做的研究,其中26国被确认为采取技术手段过滤互联网信息,还有一些国家被怀疑过滤了互联网信息。包括以前还曾反对网络监管的一些西方国家,也都转向对互联网进行控制、审查,使得互联网审查成为普遍存在的国际现象。

(三)互联网审查的多样性

为开展互联网审查,不同的国家往往运用了一种或多种手段:

1. 法律手段

许多国家都通过制定立法来全面地规范互联网,使互联网管理有章可循、有法可依。各国互联网立法的重点在于解决两个问题:一是对网络言论和行为进行界定,明确保护什么、禁止什么;二是明确政府、互联网服务供应商(Internet Service Providers,以下简称 ISPs)、网民等互联网主体参与者的权利和义务。

澳大利亚是世界上最早制定互联网管理法规的国家之一。有关互联网管理的法规主要有《广播服务法》、《广播与网上业务法》、《反垃圾邮件法》、《互动赌博法》、《互

---

① 唐岚:"黑客组织'匿名'的是是非非",载《世界知识》2012年第5期,页58—59。
② 网络犯罪分子每年从全世界窃取了难以计算的财富,2004年网络犯罪所得首次超过非法毒品销售的利润。柯江宁:"美网络司令部拟成立网络'猎人队'"(一周国际防务),〈http://www.stdaily.com〉,2013年6月1日最后访问。
③ "让 ITU 接管互联网? 网络空间迎来立宪时刻",〈http://tech.ifeng.com/telecom/detail_2012_11/28/19601479_0.shtml〉,2013年6月1日最后访问。
④ 开放网络促进会,由四所研究中心联合组建:the Citizen Lab at the Munk Centre for International Studies, University of Toronto; Berkman Centre for Internet & Society at Harvard University; the Advanced Network Research Group at the Cambridge Security, University of Cambridge; and the Oxford Internet Institute, Oxford University. 研究对象为后来外审查和过滤现象。

联网内容法规》和《电子营销行业规定》等。澳大利亚《联邦政府互联网审查法》等授权本国调查机关,必要时可对互联网信息进行公开或秘密的监控。[5]

美国顺应互联网发展的新情况,也颁布了一系列互联网审查的立法,且是世界上拥有互联网法律最多的国家。自1978年始,先后出台了130多项涉及互联网管理的法律,如《通信内容端正法》、《公民网络隐私权保护暂行条例》、《儿童在线保护法》和《儿童互联网保护法》等。联邦政府和各州地方政府通过立法,从战略层面、策略层面、技术层面和管理层面,对网络实施着有效地监管。美国的互联网审查制度将审查由网络终端移至网络中层;对互联网进行规范的范畴已经涵盖到其基础资源管理、国家安全、电子商务、网络犯罪、未成年人上网保护、个人隐私、知识产权保护、垃圾邮件等几乎各个互联网领域。

英国通过立法打击非法下载,以整顿国内网络市场环境。《调查权法案》等授权本国调查机关必要时可对互联网信息进行公开或秘密的监控等。[6] 在打击网络犯罪方面,2001年英国开始实施《反恐怖主义法案》,将严重干扰或中断电子系统运行的行为纳入恐怖主义范畴,将计算机黑客行为定性为恐怖主义。该法案明显地增加了警方在追查计算机犯罪方面的特权:如果某个组织发起向首相发送电子邮件请愿活动,而这一活动又干扰了某个电子邮件系统的运作,就会被视为恐怖主义活动。[7] 英国政府近年还在酝酿对公民的短信、邮件进行监视,以打击网络犯罪行为。[8]

2006年,法国即通过了《信息社会法案》,旨在加强对互联网的"共同调控",在给人们提供自由空间的同时,充分保护网民的隐私权、著作权以及国家和个人的安全。法国还制定了《菲勒修正案》,从法律的角度对互联网进行了规范,约束网络运营商自律。2009年4月,为整顿国内网络市场环境,国民议会与参院又通过了被认为是"世界上最为严厉的"打击网络非法下载行为的法案,并据此成立了"网络著作传播与权利保护高级公署",维护公共秩序,保护著作权人的合法权益,打击侵权盗版活动。

此外,德国、加拿大、日本、韩国、印度、新加坡等国也都制定了相应的互联网法律。

2. 行政措施

有一些国家设立了专门的互联网管理或审查机构,如美国的"联邦通讯委员会"、英国的互联网监察基金会、德国的内政部及其下属的联邦刑警局、韩国的"信息安全署"(简称KISA)、新加坡的媒体发展局、澳大利亚联邦政府的传播和媒体管理局(以下

---

[5] "西方国家立法规范互联网管理",〈http://www.scio.gov.cn/ztk/hlwxx/03/4/201008/t729047.htm〉,2013年6月1日最后访问。

[6] 同上。

[7] "英国:互联网监管疏而不漏",〈http://www.scio.gov.cn/ztk/hlwxx/03/3/201008/t728920.htm〉,2013年6月1日最后访问。

[8] 葛元芬:"谷歌创始人:好莱坞、中国、'脸谱'是互联网的敌人",载《环球时报》2012年4月17日,第3版。

简称 ACMA),等等。

社交网络近年来在全球发展迅速,在"阿拉伯之春"、"占领华尔街"等事件中发挥了巨大作用,引起美国相关部门的重视。美国国土安全部已开始起草监控在西亚北非地区的动乱中起到了很大作用的推特(Twitter)和脸谱(Facebook)等知名社交网站的政策。据美国媒体报道,从 2010 年 6 月起,国土安全部在各地的指挥中心已开始执行"社交网络/媒体能力"项目,对网上公共论坛、博客和留言板等进行监控,"推特"和"脸谱"等也在监控名单之列。

政府当局可以直接向私人公司发出非正式的"请求"(Informal requests)。这种请求大都是在 ISPs 被怀疑威胁到"国家安全"或"文化敏感性"时,通过向其在线托管服务下达删除抨击性的帖子或信息而实现。有些国家甚至走得更远:为了防止其服务为活动家们和反对派团体所利用而使之失效,而向 ISPs 和移动通信运营商等管理基础设施的公司施压。

韩国政府还在 2007 年开始实施网络实名制,以加强对互联网的控制,并取得一定效果。但由于个人信息大量外泄,而被迫在 2011 年底取消该举措。

3. 技术手段

运用技术手段实施的互联网审查通常表现为网络过滤和网络屏蔽,不少国家综合运用了这两种审查措施。过滤的动机可能是出于"保护知识产权"、"保护版权"、"保护国家安全"、"保护文化和宗教价值观"和"保护儿童免受色情剥削"。各国审查互联网的方式、手段按照过滤发生的位置分为两种:第一种是在连入国际互联网的网络主干道处过滤;在连接国际网的国家网络主干道处过滤属于集中式控制过滤体制,它要求所有互联网信息从同样的过滤器中通过,从而导致所有在国内的用户都接收一样的被屏蔽过的信息。第二种是将该权力赋予 ISPs。大多数则采取两者并行的方式。如果过滤的权力下放到 ISPs 而分散化,各个 ISPs 使用的过滤手段和审查标准可能有所差异。能否登录某网站取决于个别 ISPs 的选择。例如,在缅甸,两个 ISPs 中,一个主要过滤色情内容,一个特别偏重于政治性网站;而在阿联酋,自由贸易区的 ISPs 并不过滤互联网,其他地区则不然。⑨

有些国家通过为渗透到不知情用户的计算机而设计的"社交恶意软件"(social-malware attacks)来针对敌对网络实施过滤。CyberPatrol 是美国过滤软件的代表,分为家庭版和教育版。对 CyberLISTS 进行更新,用户可以对自己的名单进行添加或删除。对不良信息的过滤,政府通常制订一个封堵用户访问的"互联网网址清单",对网络信息进行过滤和筛选。对隐私权的保护也有专门的软件,在用户进入网站之前,保护隐私的技术软件会自动提醒用户哪些信息将要被收集,然后由用户决定是否继续浏览该

---

⑨ Ron Deibert, John Palfrey, Rafal Rohozinski, Jonathan Zittrain, Access Denied 16—17 (Cambridge MIT Press 2008).

网站,或者让用户在软件中先行设定只允许收集的特定信息,除外的信息则不能收集。微软为不同的国家和地区开发的"必应"(Bing)系统,使用41种语言提供服务,并在好几个国家提供关键词层级的内容过滤系统。根据OpenNet的希勒·米诺曼的测试研究,位于阿拉伯国家的用户无法以阿拉伯语和英语进行有关性别和其他文化规范的互联网搜索。微软对于为什么有些对关键词的搜索很少或没有得到回应的解释是,"有时,根据当地的实践、法律或法规的决定,有些网站在结果页面刻意地删除不适当的内容。"但不清楚的是,"必应"在阿拉伯世界的关键词过滤,是否是微软的一项倡议、是否某些或全部阿拉伯国家都要求微软遵守当地的审查实践和法律?[10]

绝大多数被过滤的话题都可被归入三类:安全、社会和政治。维护国家安全是互联网审查的重要目的。色情、暴力、危害国家安全等被公认的有害信息基本在各个国家都予以不同程度的屏蔽。以PICS为发展核心的RSAC研发例如RSACi(RSAC on the Internet)分级系统,主要以网页呈现内容中的性(Sex)、暴力(Violence)、不雅言论(Language)或裸体(Nudity)表现程度等四个项目作为依据进行分级。SafeSurf也是美国一个著名的分级服务商,建设让孩童及网络使用者免受成人与色情等网络内容伤害的自我分级(self-rating)系统。对政治内容进行大力审查的国家有:利比亚、伊朗、巴基斯坦、越南等。社会内容过滤则主要集中于那些违反现有社会规范与公德的话题,如色情、同性恋和赌博。仇恨言论和政治讽刺在有些国家也被列为互联网过滤的对象。

随着技术的发展,还有一种过滤动机正日渐凸显:维护现存的经济利益。譬如对费用低廉的互联网电话(VoIP)进行屏蔽,避免电话费营业额下降和客户流失。Skype作为一种世界流行、费用低廉的互联网电话服务,就曾被缅甸和阿联酋屏蔽。其他一些网络电话公司的网站也被叙利亚和越南等国家屏蔽。[11]

屏蔽的对象主要包括:网址或者IP、搜索词以及网页快照。[12] 屏蔽境外网页是限制网络接入的最普遍作法,具体包括官方监管现存的网络连接点和/或禁止境内ISPs链接任何官方禁止的网页。有的国家通过对搜索引擎之类的媒介采取部分的措施来审查,其代表如法国和德国;搜索引擎(Search Engine)是指根据一定的策略、运用特定的计算机程序搜集互联网上的信息,在对信息进行组织和处理后,将处理后的信息显示给用户,是为用户提供检索服务的系统。[13] 意大利早在2006年就采用了微软互联网儿童色情屏蔽系统(CETS),也是欧洲第一个采用这一系统的国家。

根据澳大利亚相关法规,ACMA对服务器位于本国境内的所有网站内容拥有审查

---

[10] See〈http://opennet.net/sex-social-mores-and-keyword-filtering-microsoft-bing-arabian-countries〉,2013年6月1日最后访问。

[11] Ron Deibert, John Palfrey, Rafal Rohozinski, Jonathan Zittrain, Access Denied 12 (Cambridge MIT Press 2008).

[12] 陈怡、袁雪石著:《网络侵权与新闻侵权》,中国法制出版社2010年版,页13。

[13] 同上注,页17。

控制权,该局与各 ISPs 签订协议,向其提供过滤软件,要求其不得传播危害国家安全的信息、垃圾邮件、色情暴力内容以及有害儿童身心健康的信息等。出现传播违法内容情况时,ACMA 可根据协议,要求 ISPs 关闭相应的服务器。当违规内容来自国外服务器时,ACMA 会将相关网站列入"黑名单",并通知国内 ISPs 予以屏蔽。截至 2009 年底,共有 2395 个网站被澳大利亚政府列入禁止访问的名单。[14]

"记者无国界"(the Reporters Without Borders/Reporters Sans Frontiers)的报告显示,在越南,被视为政治性和道德上危险的网址遭到屏蔽,个人邮件受到审查;"人权观察"(HRW)在 1999 年的一份报告显示,在巴林、伊朗、沙特阿拉伯和阿联酋,ISPs 出于政府的命令或压力,而基于其内容来对相关网址加以屏蔽,这种屏蔽扩展至文化和/或政治的内容。还有许多国家屏蔽互联网中某些帮助用户浏览敏感信息的工具,或互联网应用软件,包括一些文件共享工具、翻译网站、电子邮件、博客服务和允许用户绕开屏蔽的网站(如翻墙软件)。例如 Blogspot 作为博客服务的提供者就被至少 8 个国家所屏蔽;14 个国家阻止用户登录匿名和避开审查的网站,如苏丹和沙特阿拉伯使用的 SmartFilter、也门使用的 Websense,均设置了"匿名网站"和"代理规避"两项过滤项目,用于屏蔽这些网站。[15]

此外,在选举或公众示威的敏感期间或关键时刻,通过"及时阻止"(Just-in-time blocking)禁用或攻击关键性信息资产,可能是在网络空间用来影响政治成果的最有效工具。比如,在 2009 年的伊朗"绿色运动"(the Green Movement)中,抗议人士经常在手机上使用推特和脸谱上传警察的暴行、发送支持的短信和最新示威信息。在此期间,伊朗政府就屏蔽了推特和脸谱。

4. 行业自律

有的政府将该网络审查的权力赋予 ISPs,要求 ISPs 自觉地对儿童色情和种族仇恨等网络内容进行过滤、屏蔽。通过 ISPs 和政府之间的(公共——私人)"志愿性"协议、而不是通过对施加非正式的压力来实施互联网审查的,如英国、加拿大、新西兰等国。以行业自律为主,以行政管理协调,加强技术管理,并辅之以必要的法制管理,是英国互联网监管的成功所在。《R3 安全网络协议》,就是由多个政府部门、网络业界和行业组织共同参与准备的。又如网络内容分类标准的建立,是互联网监察基金会在充分的市场调查基础上完成的。

二、互联网审查的依据和 NGO 对互联网审查的评价

网络主权是一种新的国家主权形式,任何国家都具有监管互联网信息是否符合国

---

[14] 陈小方:"澳大利亚多管齐下规范网络信息",载《光明日报》2012 年 4 月 24 日,第 8 版。

[15] Ron Deibert, John Palfrey, Rafal Rohozinski, Jonathan Zittrain, Access Denied 12 (Cambridge MIT Press 2008)。

家安全利益、并不与其国家政治制度与意识形态相悖的权力。⑯ 网络主权无论是在国内法上、还是在国际法上都有着充分的依据。尽管被视为"虚拟空间",但互联网的基础设施和行为主体却是置身于现实的各个主权国家境内,要接受各国的属地或属人等管辖形式,因此,各国有权通过立法、行政等手段对其进行管理。国际电联(ITU)《组织法》第34条授权各成员国根据其国家法律,对于可能危及其国家安全或违反国家法律、妨碍公共秩序或有伤风化的任何私务电信予以截断。网络主权的提出,有助于保障国家法律法规在网域空间的可行性和合法性;有助于强化国家在网络时代的国际法地位;有助于为建设国家信息关防提供法理依据,对输出和输入的信息进行审查。⑰

由于各国国情不同,风俗殊异,互联网上被过滤的社会内容也各不相同。因此,各国对于互联网审查的政策和态度存在不同,应该是可以彼此相容的,即"和而不同"。比如,在德国,鼓吹法西斯主义为法律所禁止,谷歌过滤了宣扬纳粹、否认大屠杀的网络链接;在法国和德国,有关种族屠杀和纳粹主义的网站被屏蔽;此类网站在美国却不受限制。来自电视节目"辛普森"的图片 Bart 和 Lisa Simpson 在美国可能不会被当作儿童色情;但在澳大利亚却被当做儿童色情。类似地,澳大利亚和美国都禁止收藏未满16周岁者的裸体照片;但在日本却不会被禁止。沙特阿拉伯非常注意审查社会内容,政治内容虽然也有所涉及,但审查力度相对较弱;而在泰国,讲述泰国国王生活不雅细节的网站受到严厉审查。

但是,一些国家和机构却无视这种现实,硬要将自己的标准强加于别国,并对他国的互联网审查评头论足、说三道四。比如,OpenNet 依据四个内容类别(政治、社会、网络工具和冲突/安全),总结了最近的全球互联网过滤数据,对74个国家的互联网审查的广度和深度进行了评级、分类:

(一)互联网审查最为严重(Pervasive)的国家:缅甸、古巴、埃及、伊朗、朝鲜、叙利亚、突尼斯、土库曼、乌兹别克、越南、中国;

(二)互联网审查较为严重(Substantial)的国家:巴林、韩国、沙特阿拉伯、阿联酋、也门、澳大利亚;

(三)间接开展(Norminal, Indirect)互联网审查或监视(Watch list)互联网的国家(地区):比利时、巴西、加拿大、智利、捷克、丹麦、斐济、芬兰、法国、德国、加纳、中国香港、爱尔兰、印度、以色列、意大利、日本、约旦、中国澳门、马来西亚、墨西哥、摩洛哥、荷兰、挪威、巴基斯坦、俄罗斯、新加坡、瑞典、中国台湾地区、泰国、土耳其、英国、美国。⑱

---

⑯ 余丽:"如何认识与维护互联网主权",〈http://news.ifeng.com/mainland/detail_2012_02/02/12238750_0.shtml〉,2013年6月1日最后访问。

⑰ 汪重纶:"倡导网络主权极其重要",〈http://www.npopss-cn.gov.cn/GB/219470/17770349.html〉,2013年6月1日最后访问。

⑱ 〈http://opennet.net/sites/opennet.net/files/ON!Datareadme_Nov%202011.pdf〉,2013年6月1日最后访问。

2009年,"记者无国界"将上述第(一)类国家和沙特阿拉伯、白俄罗斯等13国列为"互联网的敌人";还专门批评实行互联网审查的澳大利亚、巴林、厄立特利亚、马来西亚、韩国、俄罗斯、斯里兰卡、泰国、土耳其、阿联酋等国家。[19] "人权观察"在2005年发布的另一份报告显示,当他们试图镇压批评意见和人权卫士时,中东和北非国家的政府经常拘留、监禁网络记者、博客主人和网站管理员。

　　OpenNet等非政府组织(以下简称NGO)还以脸谱、YouTube等社交媒体在各国的开放或被屏蔽情况为依据,进行跟踪分析;并将之与各国的言论自由、表达自由、新闻自由、互联网自由等相联系,进而评判各国的民主、自由程度。其结论往往是将所谓的"专制"、"极权"国家作为攻击、批评的对象,许多西方政客也乐意附和。他们津津乐道的常常是一些"反面典型",比如:在缅甸,只有数百位经过挑选的个人——政府官员、高级军官和出口公司的头目们——获准能够完全自由地上网;在白俄罗斯,国家垄断了互联网,而有助于政府对它的审查。于是国际社会就出现"防火墙长城"(the Great Firewall)、"互联网的敌人"等政治化的互联网名词。这种贴标签、扣帽子的做法更加剧了网络空间的对立、甚至"冷战"。

　　但这些NGO有意或无意地忽视了西方国家也在实施互联网审查、多次地屏蔽脸谱、YouTube等社交媒体、要求谷歌等搜索引擎巨头配合政府收集个人信息、甚至全球主要过滤和屏蔽的技术、设施都基本出自西方的事实。[20] 这就不能不引人深思、并怀疑其背后的目的与动机了。

三、互联网自由——矛与盾的结合

　　一些西方政治家认为,互联网审查侵犯了《世界人权宣言》第19条、《公民权利与政治权利国际化》第19条、《欧洲人权公约》第10条和《美洲人权公约》第13条等国际人权文件所规定的言论自由,将不受审查的网络言论自由作为其指责和攻击别国的武器;甚至将互联网视为"解放的科技"(technologies of liberation)[21]、"自由、民主的工具",并在"阿拉伯之春"等事件中将之付诸实施。2010年1月21日和2011年2月15日,美国国务卿希拉里先后发表题为"互联网自由与全球言论自由的未来"和"互联网的是与非:网络世界的选择与挑战"的讲话[22],将"互联网自由"与罗斯福总统在二战后

---

[19] www.rwb.org, 2013年6月1日最后访问。

[20] 当前实行互联网审查的国家所使用的过滤和屏蔽技术、设施绝大部分都出自西方、尤其是美国。美国是世界上最主要的过滤软件生产国,世界各国封堵信息使用的过滤软件,大多数由美国公司生产。如思科公司的防火墙帮助一些政府监视电子邮件,微软公司的代理服务器可阻塞网页,诺特尔公司的软件帮助若干政府跟踪其公民的上网习惯,网景公司(Websense)则贡献了先进的深度过滤和监控技术。

[21] Larry Diamond, Liberation Technology, Journal of Democracy, vol. 21, No. 3, July 2010, pp. 70—84.

[22] U.S. State Department, Internet Freedom in the 21st Century: Intergrating New Technologies into Diplomacy and Development, 〈http://www.state.gov/r/pa/sc-p/fs/2010/136702.htm〉, 2013年6月1日最后访问。

期提出的"四大自由"相提并论,希望将此嵌入美国的外交战略,在全球推动互联网自由。

但美国对互联网的信息流动绝不像其所标榜的那样毫无管控、任凭信息自由流动,而是非常严密地管理着互联网。㉓ 例如,美国的立法规定,ISPs 必须通过设置于本土的服务器提供服务;为联邦政府提供"云计算"服务的公司必须将服务器设置于美国本土大陆,即使夏威夷都无法避免风险。㉔《爱国者法》实行比其他国家更为严格的网络审查制度和互联网监控,政府和相关机构可以随意查阅任何人的电子邮件,并有权控制和屏蔽任何可能"危及国家安全"的互联网信息。㉕《国土安全法》增加了有关监控互联网和惩治黑客的条款,对互联网的监控更为严密——当局无需事先征得法院同意,即可监视电子邮件和互联网上的其他相关信息。二者还授权政府或执法机构监控和屏蔽任何"危及国家安全"的互联网内容,要求 ISPs 在调查机关提出要求时,有义务向美国政府提供用户的有关信息和背景。有了这两部法案,ISPs 的信誉和网络用户的隐私与机密只能让位于国家安全。可见,美国对内严格限制互联网,对外鼓吹"互联网自由"不过是美国进行外交施压和谋求霸权的一个说辞。㉖

全球计算机的硬件、软件生产基本为美国企业所垄断。其中,硬件来自希捷、操作系统来自微软、CPU 来自英特尔、交换机来自思科。㉗ 人们日常使用的谷歌、雅虎、亚马逊、推特等网络服务,都是美国公司提供的。这些美国公司革命性地改变了人们在网络上收集、传播信息及互相沟通的方式,制造和开发的"云计算"等网络服务以及平板电脑等工具,为顾客和企业带来了极大的便利。在各自领域里建立起全球垄断或主导地位,使得全世界网民对他们提供的服务形成了严重依赖。因此,有人就建议西方国家限制这些技术、设施的出口。谷歌公司的高级政策顾问甚至建议,"将网络审查视为一种贸易壁垒,并载入自由贸易协定。"2006 年,美国众议院议员克里斯·史密斯《全球在线自由法案》,明确要求网络公司禁止向限制互联网的国家出口用于网络审查的路由器、软件产品。㉘ 这一法案的中心内容是:"促进互联网上的言论自由,保护美国的企业,使之不致强制性地被迫参与外国政府的迫害行为以及为其他目的服务。"㉙

㉓ "世界各国如何加强网络监管 有害信息明确界定限制",〈http://www.scio.gov.cn/ztk/hlwxx/03/4/201008/t729491.htm〉,2013 年 6 月 1 日最后访问。

㉔ 新华网:"日本学者呼吁警惕美国'网络帝国主义'",〈http://www.scio.gov.cn/ztk/hlwxx/03/4/201008/t729438.htm〉,2013 年 6 月 1 日最后访问。

㉕ 余丽:"美国互联网战略及其对中国政治文化安全的影响",载《国际论坛》2012 年第 2 期,页 10。

㉖ 新华网:"国新办发表 2011 年美国人权纪录 指美严格限制互联网",〈http://news.ifeng.com/mainland/detail_2012_05/25/14817261_0.shtml〉,2013 年 6 月 1 日最后访问。

㉗ 东鸟:《中国输不起的网络战争》,湖南人民出版社 2010 年版,页 21。

㉘ Chris Smith, The Global Online Freedom Act,〈http://www.gov/fdsys/pkg/BILLS-112hr-3605ih/pdf/BILLS-112hr33605ih.pdf〉,2013 年 6 月 1 日最后访问。

㉙ 东鸟,见前注㉗,页 101—102。

尽管美国力图建立自己的互联网帝国,但很多国家都不甘心臣服在其霸权之下,而竭力地捍卫自己的网络主权。比如,在维护网络秩序方面,尤其是涉及国家政治和安全利益时,印度政府就绝不手软。2003年,雅虎印度公司旗下一网站由于涉嫌与一个分离主义团体链接,讨论"不恰当"的议题,遭到印度电信局的无情封杀,整个雅虎网络被封堵约两周。2007年,印度著名的雷迪夫新闻网因在报道苏格兰"格拉斯哥机场袭击案"中引用了不利于印度政府的言论,而被勒令停止所有相关新闻报道。印度总理发言人称:"我们拥有新闻自由,也欢迎来自媒体的批评意见,但是一旦涉及煽动破坏社会稳定,我们必须采取坚定的措施。"㉚

而面对西方主导、控制互联网的现状,伊朗一直认为美国等西方国家的价值观念、文化和影响力是对其国家利益的重大威胁,互联网则是西方传播其价值观和文化的重要手段,将文化渗透视为"软战争"。伊朗计划开发"清真网络"断开与国际互联网的接口,同时研究新系统取代微软的 Windows 操作系统。㉛ 部分意义上作为对希拉里讲话的回应,伊朗升级了它的过滤系统,并加强网络审查。目前,伊朗正在过渡到国内网的过程中,旨在未来的某个时候完全与全球互联网断绝。如果各国效法伊朗,那么全球互联网将不复存在,取而代之的将是各国相互隔绝的内部网。

四、"四分法"是解决分歧的办法吗?

上述介绍和分析可归结为一点:问题不在于是否应当实施互联网审查(答案基本上是肯定的),而在于如何实施互联网审查。换而言之,要想让互联网审查被多方所认同,首先需要建立起一套完善的制度:该制度需要明确互联网审查的标准,确定负责机构,规定违反该制度的法律责任,和互联网上内容被错误屏蔽时的救济措施。

2009年,美国学者 Derek E. Bambauer 提出一种"四分法",来评估一国审查互联网的合法性:合法的过滤应是公开、透明、准确、有效的。㉜"四分法"对一国过滤的评估是基于它是否开放(该国是否承认实施着审查?为什么审查?)、透明(该国是否公布了它要屏蔽的内容及其分类的标准?)、准确(过滤是否有效地将非法内容屏蔽、而未涉及合法内容?)和有效(该国对用户有关过滤的选择是否作出回应?立法者是否就错误的选择而承担责任?)

(一)公开性(publicity)

公开性或称为开放性(openness),它要求开展互联网审查的国家主动承认、并公开

㉚ 张智勇:"印度全面强化网络监管",载《光明日报》2012 年 09 月 16 日,第 8 版。
㉛ 小艺:"伊朗计划开发国内局域网取代国际互联网",〈http://news.163.com/11/0530/15/75AGM03L00014JB5.html〉,2013 年 6 月 1 日最后访问。
㉜ Derek E. Bambauer, Filtering in OZ: Australia's Foray Into Internet Censorship, University of Pennsylvania Journal of International Law, Winter 2009 [vol.31:2] pp.493—530。

地向公众宣布正在实施互联网审查,并公布其审查的理由、目的、内容和方式等,而不是秘而不宣地进行互联网审查;并为此建立救济机制,当用户遭遇错误审查时得以向法院起诉。一般而言,公开性意味着合法性;反之亦然。

但是,由于顾虑到公众可能会对隐私权和言论自由等人权的高度敏感,网络空间的监管往往是在暗处存在、基于私人行为者来作出决策,而不是作为一个公众讨论的结果。大多数国家都对此含糊其辞、甚至予以否认。在实践中,只有少数国家公开承认开展了互联网审查,如澳大利亚等国。澳大利亚非常公开地表达了其过滤互联网的想法,工党等主要政党在国家论坛上提出一项审查互联网内容的计划;其内容类似于其先前在2006年3月的计划。通信部部长公开发表声明,以回应在国会上提出的质询,并提供介绍下届政府意图的立场文件。㉝ 目前,澳大利亚政府正在推行互联网强制过滤计划,防范网络不良信息对国家安全、个人隐私和经济利益的威胁;并通过立法对合法拦截制度在拦截适用范围、条件限制、资料使用、拦截期限、被拦截人权利等方面都制定了严格的规范。

不过,完全禁止某一个话题的做法往往适得其反,它比有选择地进行媒体封杀更能引起人们的不信任感,因为这将激发人们更强烈的好奇心。对某些网站的强制性屏蔽可能限制言论自由。虽然世界各国保护言论自由的标准不同,但如果通过法定程序对互联网进行审查,使公众得知有大量网站被屏蔽掉,则该审查制度本身就很难获得支持。

公开互联网审查在法律上也可能存在一定的风险。比如,欧盟最高法院欧洲法院(European Court of Justice)曾裁定,社交网络的所有者不能被强制要求安装过滤系统,可能会让它冒侵犯用户数据保护权的风险;并防止受版权保护的内容被非法下载。㉞

(二) 透明度(Transparency)

透明度是指过滤目标是否公开,审查标准是否明确,执行过程是否受到广大互联网用户的监督。只有达到一定的透明度,互联网审查才能摆脱行政机关的全权控制、甚至暗箱操作的局面。该国就其将什么内容作为屏蔽对象公之于众,使公众能够评估被屏蔽的内容是否范围合适、被列入过滤范围的网址是否符合言犹未尽的审查理由。隐秘过滤更能有效防止民众接触被政府认为是不适宜的信息,而依照正规法定程序实行透明度较高的审查,则很可能会适得其反,使被过滤的内容受到更高关注。

㉝ See, e.g., STEPHEN CONROY, LABOR'S PLAN FOR CYBER-SAFETY 5 (2007), available at ⟨http://www.alp.org.au/download/now/labors_plan_for_cyber_safety.pdf⟩ (stating "Labor's ISPs policy will prevent Australian children from accessing any content that has been identified as prohibited by [the Australian Communications and Media Authority], including sites such as those containing child pornography and X-rated material"), last accessed: September 25, 2010.

㉞ 万学:"欧盟最高法院:社交网络不能被强制要求过滤内容",⟨http://www.stdaily.com⟩,2013年6月1日最后访问。

透明度衡量一国政府是如何清楚地表达它准备屏蔽什么内容、并解释为什么该内容与之背道而驰,可以使用户明白何时发生了网络审查、审查的标准是什么。一国为防止伤害儿童而过滤网络,可能针对色情、极端暴力或非法毒品的网址——或全部三个。据说,透明度的一个重要表现是,它经得起考验:诸如"记者无国界"和 OpenNet 之类的 NGO 能够通过检查被屏蔽的网站来挑战该政府的命令。如果该国命令只屏蔽对孩子有害的内容,却在未能将色情内容过滤掉的同时、审查政治性的反对意见,它就不能被视为透明。㉟

土耳其采取了较为透明的互联网过滤体制。目前为止,土耳其已经屏蔽过 YouTube、WordPress 和 Google Groups。2007 年 5 月,土耳其颁布网络犯罪法,允许谷歌等 ISPs 在征得法庭同意的前提下,屏蔽含有侮辱其国父穆斯塔法·凯末尔·阿塔土克(Kamal Ataturk)、倡导自杀、吸毒、卖淫或色情内容的视频或网站。当土耳其发现在 YouTube 上有嘲讽凯末尔的短片时,它依靠法庭禁令屏蔽了整个 YouTube,直到该短片被删除。签发禁令的法院和案号现在都可以查到。但是,由于依赖正规法定程序,行政和司法代价过高,该过滤系统反应并不灵敏。㊱

当搜索结果是经过了过滤时,Google 会提醒用户:"根据当地法律法规和政策,部分搜索结果未予以显示。"有些国家甚至对屏蔽原因作出说明,虽然说明鲜少精确。这些回应在一定程度上增强了互联网审查的透明度。但是,它们仍然没有向用户反映出审查过程,以及其中的协商与谈判。例如对搜索引擎而言,被从搜索结果中删除的网站的名录并不公开,而由于从搜索结果中消失,这些网站相对于绝大多数用户而言就不存在了。对这些网站的审查和监管并没有让公众知晓,决定过程也不透明。广大互联网用户并不知道是怎样的讨论与协商导致了实际情况下的过滤决定。

(三)准确性(Narrowness)

准确性,是指当用户试图链接的网站被屏蔽时,能否得到准确回应;除过滤目标外,是否有其他不该被屏蔽的内容也遭到屏蔽。

互联网审查的准确性在很大程度上依赖于技术的支撑。比如,配置智能过滤器来屏蔽被计算机安全公司归类为色情的 URLs。㊲ 诸如网盾等 ISPs 已经基于可靠性和行

㉟ Vietnam, for example, claims to censor only pornography. However, the country blocks zero pornographic sites, but does block a host of political ones. See OPENNET INITIATIVE: VIETNAM, May 9, 2007, 〈http://opennet.net/research/profiles/vietnam〉, last accessed: September 25, 2010.

㊱ Robert Fairs, etc., "Censorship 2.0", pp. 15—16, 〈http://www.mitpressjournals.org/doi/abs/10.1162/itgg.2008.3.2.165〉, last accessed: September 25, 2010.

㊲ See MCAFEE: TRUSTEDSOURCE WEB DATABASE REFERENCE GUIDE 59 (2009), available at 〈http://www.securecomputing.com/techpubs_download.cfm?id=2066〉 (describing pornography category and giving sample URLs), last accessed: September 25 2010.

为收益而作出这种选择⑧,可拟定其自己的非法 URL 清单,并配置智能过滤器来屏蔽它们。㉟ 依赖一个供应商的过滤数据库、或分类,对于一般国家而言是更容易的,因为政府或 ISPs 无须对屏蔽名单作人工地更新。但其缺点是:将判定什么内容构成"色情"或其他违禁内容的决定权,赋予过滤供应商或其他第三方的供应商屏蔽名单。如果该国决定配置过滤产品只是屏蔽黑名单所确定的 URLs,当在全国范围实施审查时,就将大大地提高该指标。当前的过滤产品应该屏蔽特定的 URLs,并只是那些高度精确的 URL。(禁止不存在技术性的问题。)⑩

如果政府要求 ISPs 只是屏蔽被黑名单归入禁止之列的网站,那么屏蔽过多和屏蔽不充分的现象就都会消失:供应商们能够轻易地配置其网络,来阻止获得某个专门清单上的非法 URLs 的企图。如果过滤使用供应商提供的屏蔽名单,或允许 ISPs 选择使用哪种产品来实施(只要它能相当有效地审查黑名单上的网址),那么该国的控制就会不可避免地要么过宽、要么会不充分,对于获得合法信息、透明度和可靠性是不具消极意义的。为避免获取非法内容,过滤必须不可避免地朝向过度屏蔽。对于能够逃避过滤的网站,比如匿名者、代理服务器、甚至语言翻译网站,这是尤为正确的。⑪

实施过滤的政府必须在允许一定(相当低)水平的链接、或将屏蔽扩大到包括被列为非法、却能逃避审查的网站之间作出选择。类似地,有必要屏蔽某些端口和互联网

---

⑧ See Fran Foo, Net Porn Filter Plan Needs Facelift, AUSTRALIAN IT, Jan. 8, 2008, 〈http://www.australianit. news. com. au/story/0, 24897, 23021650-16123, 00. html〉(noting opposition by Telstra BigPond, Australia's largest ISPs. discussing ISPs and Webshield's activities), last accessed: Nov. 12, 2009.

㉟ See SECURE COMPUTING, SECURE WEB FILTER: PRODUCT OVERVIEW 1 (2008), available at 〈http://www.securecomputing.com/pdf/WEBW-URLfltr-PO.pdf〉("Add your own entries to any one of Secure Web Filter's categories or create and populate your own user-defined categories."), last accessed: September 25, 2010.

⑩ See Fran Foo, ISPs Filtering Gathers Pace, AUSTRALIAN IT, Feb. 12, 2009, at 〈http://www.australianit. news. com. au/story/0,24897,25043812-15306,00. html〉(noting ISPs were beginning to install their testing equipment), last accessed: September 25, 2010.

⑪ See generally Nart Villeneuve, Choosing Circumvention: Technical Ways To Get Round Censorship, in REPORTERS WITHOUT BORDERS, HANDBOOK FOR BLOGGERS AND CYBER-DISSIDENTS 63 (2005), 〈http://www.rsf.org/IMG/pdf/handbook_bloggers_cyberdissidents-GB.pdf〉(providing insight into the various forms of "circumvention technologies" that allow people to avoid online censorship and surveillance efforts. discussing the problems these websites create), last accessed: September 25, 2010.

证书(IP),比如 SOCKS[42]、或名义上合法的私人网络[43],来防止用户使用其他规避审查的技术。

为了最有效地防止登陆非法网站,实施过滤的国家必须普遍地接受屏蔽过多的现象;能够更为有效地防止非法内容的方法在其过滤器中也会拦截更多的无辜网址。在屏蔽最低不充分的非法网址方面,成功率最高的被测试产品,在屏蔽合法网站方面有着次等糟糕的成绩。[44] 尽管在无意识过滤方面为最低水平的测试方法所错过的非法网站也最多。[45]

非法信息不可避免地会通过过滤器而泄露出去;被屏蔽的内容也良莠不齐。选择过滤的有限性是强、还是弱,取决于其使用的产品。国家和其 ISPs 所选择的权衡、以及屏蔽过多和屏蔽不充分之间的结果平衡,将很能说明政府的价值选择。

（四）可靠性(Accountability)

可靠性,是指过滤目标是否全部被屏蔽,遗漏现象是否严重。过滤本身将大权赋予那些实施者(如 ISPs)和技术上的设计者(如软件供应商),并使后者通过降低屏蔽额外内容的成本、而轻易地扩大了审查范围。

可靠性包含大量的方法,使公民们可以参与过滤决定。这既可以直接发生,如沙特阿拉伯的用户可要求某个网站是否被屏蔽[46];也可以间接发生,即公民们通过投票选举政客来实施他们的偏好。互联网审查所使用的技术将大权赋予实施过滤的实体(如ISPs)、和没有设计它的实体(如软件供应商 Websence 和计算机安全公司)。[47]

---

[42] See, e.g., Contempt by Paul Dwerryhouse, How to Bypass Australia's Forthcoming Internet Filter, 〈http://weblog.leapster.org/archives/122-How-to-bypass-Australias-forthcoming-internet-filter.html〉(describing use of SSH as a SOCKS proxy to a remote server. stating explicitly the weaknesses in the proposed filtering system), last accessed: Nov. 13, 2008.

[43] See Andrew Hendry & Darren Pauli, "Appalled" Opposition Hits Back at Conroy's Internet Censorship, COMPUTERWORLD, Oct. 24, 2008, 〈http://www.computerworld.com.au/index.php/id;879301684;fp;4194304;fpid;1〉(quoting "shadow broadband minister" Senator Nick Minchin who observed that "Labor went to the election and won on the basis of this, frankly, very heavy-handed one-size-fits-all ISPs based content filter". giving an example of how a private network was used for a circumvention technique), last accessed: September 25, 2010.

[44] AUSTRALIAN COMMUNICATIONS AND MEDIA AUTHORITY, CLOSED ENVIRONMENT TESTING OF ISPs-LEVEL INTERNET CONTENT FILTERING 41, 62—68（June 2008）, available at〈http://www.acma.gov.au/webwr/_assets/main/lib310554/ISPs-level_internet_content_filtering_trial-report.pdf〉, last accessed: September 25, 2010.

[45] Id.

[46] Robin Miller, Meet Saudi Arabia's Most Famous Computer Expert, NEWSFORGE, Jan. 14, 2004, 〈http://www.linux.com/archive/articles/33695〉. See generally ABDULAZIZ HAMAD AL-ZOMAN, THE INTERNET IN SAUDI ARABIA (TECHNICAL VIEW) (2001), 〈http://www.isu.net.sa/library/CETEM2001-Zoman.pdf〉(presenting data on the internet in Saudi Arabia), last accesed: September 25, 2010.

[47] See McAfee SmartFilter, 〈http://www.securecomputing.com/index.cfm?skey=85〉(describing the benefits and features of McAfee SmartFilter), last accessed: Dec. 4, 2009.

如果一国的 ISPs 使用了这些产品的供应商所拟定的屏蔽清单,就将把对内容分类和过滤的重大规范性决定权从可以依赖的政府转让给了不可依赖的私人实体——其注册或地址可能在一国之外。

（五）小结

"四分法"产生了一定的影响。2011 年,八国集团(G8)在法国的多维尔举行峰会,提出了包括开放、自由、透明在内的网络监管原则;同年 9 月 12 日,中、俄等国向联大提出的《信息安全国际行为准则》也主张,建立多边、透明和民主的互联网国际管理机制。[48]

但互联网的技术特征造成互联网审查的公开性、透明度、准确性和可靠性相互制约,往往顾此失彼,难以尽如人意:如果没有某种程度的透明度,则很难建立一个公正的体系,让大众评价某网站是否应被屏蔽;透明度高的互联网审查往往可靠性差,有效的审查往往又产生过度屏蔽的问题,并且准确性低。互联网本身的结构使审查很难有效进行:由于互联网具有开放、控制分散、信息包交换和分层级等结构特点,有些内容难以被彻底屏蔽,而另一些不该屏蔽的内容又可能受到牵连。

从各国的实践经验看来,同时满足互联网审查的公开、透明、准确和可靠四个要求几乎不可能。首先,缺乏透明度的过度审查会不适当地压抑言论,使人们无从得知言论自由被保护的界限,以及在何种情况下言论自由受到了不法侵害、而不是合理限制;其次,片面追求审查效率还有可能打击人们民主参与的热情,不利于人民对国家建设建言献策,对政策的制定和执行予以监督;再次,过度审查会影响人们利用互联网进行技术创新,违反终端到终端原则和网络中立原则,可能会改变整个互联网的发展模式。

在这些标准中,特别值得关注的是互联网审查的透明度与可靠性。有些国家尽管互联网审查现象突出,但由于透明度高,审查仍被认为是有效的。因为透明度高的互联网审查便于民众监督管理:只要明确哪些内容被过滤了、过滤的标准又是什么,网络用户就能对审查制度本身是否合理及其执行是否到位予以评价。有些国家虽然法治完善,仍然存在可观的互联网审查,只是该审查多半被认为比在那些法治不发达国家执行的审查具有更小的负面影响。

结语

网络空间充斥着形形色色的过度监管,通常缺乏透明度和公众问责制。由于网络空间的制高点和关键性基础设施掌握在西方、尤其是美国之手,他们不会放弃争夺网络问题国际主导权的既定政策,仍将内外并举,在"扎紧自家篱笆"的同时,继续把网络

---

[48] 中华人民共和国外交部军控司:"信息安全国际行为准则",〈http://www.fmprc.gov.cn/chn/pds/wjb/zzjg/jks/fywj/t858317.htm〉,2013 年 6 月 1 日最后访问。

自由和网络安全作为对外战略的两只重拳,力图维护其在网络时代的全面优势地位。[49]这导致了批评某国不当实施互联网审查、或为本国审查有理进行辩护,往往成为国际政治、外交的一个新兴焦点话题。

但问题不在于是否应当规范网络、而在于如何规范——以何种机制、哪些主体参加,以及依据许多相互竞争的价值中的哪一种。"四分法"尽管有着一定的意义和合理性、各国政府在制定和修改本国互联网政策时可以之作为参考标准;但是,它存在着过于模糊、不能量化和统一、容易被主观臆断等缺陷。更重要的是,只有美国等西方国家和 OpenNet 等 NGO 在实践中率先接受、采纳之,才是引导各国将之纳入本国互联网审查标准体系的风向标,才能保证全球互联网的统一、开放和安全,才能让互联网更好地推动世界政治、经济和文化的全球化。

---

[49] 郭济:"西方国家缘何转向 高度重视网络管控",〈http://epaper.gmw.cn/gmrb/html/2012-05/09/nw.D110000gmrb_20120509_1-08.htm?div=-1〉,2013 年 6 月 1 日最后访问。

涉监网络舆情的机制语境

齐岩军*

内容摘要：涉监网络舆情的波动与序变，闪烁着理性吊诡的缩影与片段。工具理性的横肆与价值理性的斑驳，交织而成了现代社会的生动图景。理性的渗入可赋予机制以鲜明的人文精神与型塑的想象空间。本文以机制作为把握规律、驾驭命题的核心范畴，通过对网络舆情的三种层级的内在生成机制的抽丝剥茧，进而上呼下应，驻足于中国监狱的向度，提出了建构健康网络舆情环境的三个层次的外在调控机制及一揽子的具体举措，期冀对创新我国监狱管理有所裨益。

关键词：监狱 网络 舆情 机制 理性

The Study on Mechanisms of Internet Public Opinions Concerning Prison

Abstract: Fluctuations and variations of internet public opinions concerning prison always reflect the miniature or fragment of rational paradox. The flourishing instrumental rationality and variegated value rationality have been interwoven into a vivid picture of modern society. The permeating of ration may confer mechanism with a distinctive humanistic spirit and mouldable imaginary space. Based on the mechanism as a core category to grasp the law and control the proposition, this article makes a searching analysis of the three levels of inherent mechanisms of internet public opinions, and then, aimed at China's prison, three levels of external

---

* 上海市犯罪改造研究所研究人员。

regulation mechanisms and a package of concrete measures are brought forth correspondingly to construct a healthy network public opinion environment, hoped to benefit the innovation of management of China's prison.

Key words: Prison; Internet; Opinions; Mechanism; Rationality

互联互动、即时传播、共享共用的特征,使得互联网的媒体功能日益凸显。互联网本体的技术特质所折射的乃是一种显见的工具理性,这意味着价值无涉乃其题中应有之义;而互联网所承载的信息流、业务流、意见流则由其纷繁的社会生活内容所决定而很难做到价值无涉,从而纳入了价值理性规制的范畴。如此,价值无涉与价值有涉、工具理性与价值理性,构成了林林总总互联网源代码序列背后所透射的基本博弈范畴,亦为笔者以"机制"为进路对涉监网络舆情展开探讨提供了哲学根基。现代社会最根本的问题即所谓"理性的吊诡",亦即理性的自我否定。工具理性的发达、强悍与价值理性的多元、善变所形成的张力牵动了弥久的纷争,"理性(指工具理性)发展的结果,竟然使人类的生活处境变得更不理性(指价值理性)"。[①] 涉监网络舆情的波动与序变,可以说闪烁着理性吊诡的缩影与片段。

一、范畴之交错:涉监网络舆情的机制渊源

网络舆情是网民对所关心、所关涉的诸般事务所进行的个体认识与群体聚分复杂作用之产物,"具有自由性与可控性、互动性与即时性、丰富性与多元性、隐匿性与外显性、情绪化与非理性、个性化与群体极化性等特点"[②],既包括要素、过程、情节等事实判断,又蕴涵态度、意见、情绪等价值判断,乃是事实判断、价值判断二元双层机制盘根交错之总和。网络舆情与现实舆论,既相互映射,又相互簇生,"一旦在网络上形成一种声势浩大的舆情,就很容易导致舆情危机的发生,甚至会引发互联网外的一些群体性突发事件。"[③]信息技术的强势发展所催生的微博、博客等网络传媒新载体,正在或业已使得社会公众的舆论观念和舆情反应悄然发生改变,而一些敏感领域、特定行业更是容易沦为网络舆情的聚焦点和热源地。监狱,既是惩罚场所,亦是规训机构,从来不曾成为真正意义上的远遁于尘世的孤岛,而是亦理应是"与其他社会机构形成一个监狱连续统一体。"[④]监狱所根植于内的这种深沉的社会意蕴,毋宁说这种兀自存在而又人所不经的"监狱——社会"共生博弈机制,遭遇时下方兴未艾、影响日隆的"网

[①] 张德胜、金耀基、陈海文、陈健民、杨中芳、赵志裕、伊沙白:"论中庸理性:工具理性、价值理性和沟通理性之外",载《社会学研究》2001年第2期,页33—34。

[②] 刘毅:《网络舆情研究概论》,天津人民出版社2007年版,页74。

[③] 王来华:"论舆情研究的两个需要",载《天津社会科学》2010年第4期,页71。

[④] 孙运梁:"福柯监狱思想研究——监狱的权力分析",载陈兴良主编:《刑事法评论》(第24卷),北京大学出版社2010年版,页260。

舆——社论"共振互易机制,机制运行的激荡与企衡既诠释了监狱何以每每被推上网络舆情的风口浪尖为社会公众所格外关切,亦决定了我们何以务须掠过纷繁的表象而清醒地将"机制"作为把握规律、驾驭命题的核心范畴。现代监狱体系与现代警务机制的相遇,与其视为一场行政邂逅,毋宁作为一种理论自觉。申言之,狱务——警务,在当下中国的监狱语境,非但是既存伴生的实务形态,亦应是契合融通的理论生态;系统——机制,既为由自然科学视角探索社会科学提供了明晰的研究范式,也为由警务原理视野催化改造规律 提供了重要的整合路径。易言之,机制,既是解构失范涉监网络舆情的有力分析工具,亦是建构健康监狱舆论环境的得力操作手段。

二、轨迹之反拨:网络舆情的内在生成机制

(一)"匿名发言——社群置评"对证机制

"匿名发言——社群置评"对证机制,亦可简称"匿名对证制",在网络舆情的内在生成机制体系中,很大程度上居于基础地位,构成了其他机制赖以生发繁衍的模式框架。故而,以至于国内某些学者赋予其"社会化网络时代舆情变动的基本机制"[5]的显赫位阶,虽显偏颇,然而舍去纯然技术层面的作用机理而专注于舆论传播的本体样态,亦无不可。应该讲,"匿名发言——社群置评"对证机制是一种客观自在而非主观定在,自然肇始于网络技术长期发展实践,广泛认可于网络社会传统发言模式。

"匿名发言——社群置评"对证机制可层分为"匿名发言"机制和"社群置评"机制两个子机制。前者的玄机在于,虽并不能保证却最可能保障讲真话,发言之人因为匿名而获得安全感;后者的玄妙在于,不特定多数人因获得了保障讲真话的可能安全语境而搁置顾虑直言不讳,议题事物所呈面目在屡经置评、饱受争执后趋于真相,虽然这种朴实的良善愿望依然可能因客观的时空交错、因主观的恶意搅局而止步于或然。质言之,"匿名发言"机制并非"社群置评"机制的存在前提,但却为"社群置评"机制的热度和效度发挥提供了可资依托的温床。"社群置评"机制支配下网民受基本价值观驱使对事物真相的主张辩驳,一方面凸显了"匿名发言"机制的设计机巧,另一方面也暴露了"匿名发言"机制的成本代价,谩骂的口水时常斑驳了正义的网页。"对证"二字,既表明了"匿名发言"的朴素初衷,亦道出了"社群置评"的核心要义。相比于司法部、司法部监狱管理局、各省监狱管理局及其下属监狱门户网站如中国监狱网、监狱警察论坛、雨夜荷塘等"官方网络舆论场",以天涯社区、猫扑社区、强国论坛等网络社区为代表的"民间网络舆论场",通过"草根网民"自下而上"发帖、灌水、加精、置顶",在爆料监狱执法腐败、求证监狱执法弊案、搜索监狱执法症候等方面往往可以激荡更强的原动力、产生更大的影响力,究其根本,我认为由"匿名发言"机制的更彻底贯彻所衍生

---

⑤ 李遵白:"社会化网络时代舆情变动的基本机制与科学管理研究",载《前沿》2010年第21期,页164。

的"社群置评"机制的更灵活互动乃关键之所在。"匿名对证制的存在,从根本上决定了互联网的本质是辟谣的利器而不是造谣的工具。"⑥

在笔者看来,"匿名发言"机制更多地透射出了技术机巧与言论自由的理性熹光,乃是努力将工具理性与价值理性沟通圆融的结构范式,并不应因其难以剔除的负面因素而求全责备、因噎废食,事实上这种消极影响虽不可彻底规避,却可以积极规制。刚性的实名强制所被赋予的显著阻遏网络暴力、网络诽谤的感性期待事实上却是流于臆测,难以获得有力的实证支持;网络实名制恰恰由其包藏着公民信息泄露、言论自由受限、舆论监督梗阻等一系列潜在威胁与现实诟病而饱受疑虑,并非网络管理的理想选项。正基于此,环顾世界,美国、英国、德国等西方发达国家的网络管理立法例更多尊重了民间自律,并未径直推行网上实名制;而韩国在成为第一个推行网络实名制国家后,也迅速成为世界上首个叫停网络实名制的国家。⑦ 目前而言,我国、俄罗斯等国是网络实名制的积极实施国,但推行的法律效果与社会效应还有待后续观察和实证量度。质言之,网络管理的模式与尺度并无定格,端赖于各国在充分尊重技术性规律、准确把握地方性知识前提之下法益权衡、价值排序的结果。

(二)"结构耗散——动力推演"序变机制

"到目前为止的历史总是像一种自然过程一样地进行,而且实质上也是服从于同一运动规律的。"⑧可见,如若我们掠去僵硬的思维表相,社会进程与自然过程往往隐隐然可透视出某种同质性。社会机制与物理机制的同构性,是社会力学得以存在的根据,而社会力学的研究范式之于舆论学则具有强烈的方法论意义,并直接催生了舆论动力学这一交叉学科。⑨"舆论作为社会力的发散,由人的智力集合而成,它是万有的、显能的、交错的和直矢的,并在社会碰撞中归于同一个作用力。"⑩在网络舆情语境

---

⑥ 同上注,页 165。2008 年,Anti-cnn 网站利用人肉搜索反击西方媒体在西藏骚乱问题上混淆视听的指责和煽动,并最终迫使相关媒体道歉,让中国赢得了世界的尊重,这也成为了匿名对证制的典型实践案例。

⑦ 2010 年 4 月,首尔大学一位教授发表《对互联网实名制的实证研究》称,该制度实施后诽谤跟帖数量从 13.9% 减少到 12.2%,仅仅降低了 1.7 个百分点。2011 年 7 月,韩国实名制社交网站"赛我网"和 NATE 网被黑客攻击,3500 万用户个人真实详尽信息(亦即 95% 的韩国网民、70% 的韩国公民的身份资料)已被泄露,举国哗然。2012 年 8 月 23 日,韩国宪法法院正式宣布废除 2007 年生效的网络实名制法案。8 位法官一致裁决认为,没有证据证明网络实名制的实施达到了增进公益、减少诽谤的初衷目的,并承认强制推行网络实名制破坏了民众的言论自由。法院判决书中表示:"匿名或化名表达意见允许人民就多数意见发表批评,而无需屈服于外部压力。即便网络匿名制存在副作用,也应该因为其宪法价值而受到严格保护。"

⑧ 《马克思恩格斯选集》(第 4 卷),人民出版社 1995 年版,页 697。

⑨ "舆论动力学"(dynamics of public opinion)这一概念由美国学者芬克豪泽(G. Ray Funkhouser)提出,是指公众舆论与媒介内容以及现实生活之间的互动关系。1939 年,美国政治学教授奥德伽(Peter H. Odegard)首先将社会动力学概念用于舆论研究,开了舆论动力研究的先河。(转引自纪忠慧,"舆论动力学视野中的美国权力引擎",载《现代传播》2009 年第 6 期,页 49。)国内学者中,清华大学刘建明教授较早地运用社会力学理论,提出了舆论场、舆论波和舆论惯性等概念。

⑩ 刘建明:《穿越舆论隧道——社会力学的若干定律》,中共中央党校出版社 2000 年版,页 1、45。

中,社会舆论所遵循的力学原理穿越时空的隧道而依然普适,这是现实社会之于虚拟世界的浸淫,舆论静力学、舆论动力学之于网络舆情亦不过是作用场域的切换。"结构耗散——动力推演"序变机制是笔者提出的一个机制范畴,以网络舆情的自组织为研究本位,以网络舆情的自变动为研究本体,旨在窥见舆情系统动静规律。

由普利高津的热力学耗散理论入手,网络舆情的自组织当可视为一个结构开放、物能耗散的抽象实体。谓之"抽象",乃着眼于思维方式;谓之"实体",乃瞩目于存在样态。在舆论力学的视野,在权力、价值、利益、欲望等热力源的驱策下,网络舆情的这种透析性结构在不断地进行以物质、信息、能量为流体的系统间耗散,系统内的舆情波无干涉的自然蔓生往往呈现一种混然无序的生态乱象,恶性耗散流的内部激荡和外部冲击都可能导致"无序"的急剧裂变而遽然"有序",动能阈值骤临的结果往往是舆情危机的突至。涉监舆情的消极隔断和刻意隐瞒多年来几乎是困扰我国监狱危机管理的顽症,案件频仍、多有佐证⑪,譬如 2006 年宁夏监狱 4 民警受贿私放罪犯案⑫、2008 年湖北广华监狱罪犯家属强行验尸案、2009 年广东高明监狱罪犯猝死案⑬、2010 年安徽女警封堵蜀山监狱案⑭、2010 年呼和浩特第二监狱 4 名罪犯重大脱逃案⑮、2010 年哈尔滨黎明监狱罪犯脱逃案⑯、2011 年河北深州监狱罪犯脱逃案⑰、2011 年河南豫北监狱罪犯脱逃案等等⑱。舆情透析自我遮蔽的直接后果即是形色网民的疑窦丛生、谣言四起,进而监狱执法形象严重受损、公众执法参与严重受阻,恶性耗散流的内外交加促动舆情危机的迅速簇生,甚至直接转化为冲监、闹监等现实性危机。舆情危机的规避之道和化解之妙在乎良性耗散流的常态性引导和危机性引擎。温和的过程性引导可使得网络舆情混然的无序舒缓地走向井然的有序,强势的逆转性引擎可使得网络舆情畸形的有序嬗变地归于健康的有序。

---

⑪ 案件繁多、案情繁缛,请恕笔者权且提供查询索引难以铺陈,愿闻其详者请按图索骥。

⑫ 参见周健伟、陈晓虎:"宁夏 4 名监狱警官因'受贿私放毒犯'一审领刑",〈http://old.chinacourt.org/public/detail.php? id =206091〉,2013 年 6 月 1 日最后访问。

⑬ 参见刘志文、姚建国、周瑞琴:"广东高明服刑男子监狱中猝死,生前被控制喂饭",〈http://news.ifeng.com/society/2/200904/0410_344_1100511.shtml〉,2013 年 6 月 1 日最后访问。

⑭ 参见唐娜:"网曝女警房屋遭强拆后堵门打砸领导家门",〈http://news.163.com/10/0818/14/6ECIJRG600011229.html〉,2013 年 6 月 1 日最后访问。

⑮ 参见高瑞锋:"呼市第二监狱原监狱长获刑 3 年",〈http://news.cn.yahoo.com/ypen/20110106/157389.html〉,2013 年 6 月 1 日最后访问。

⑯ 参见崔木杨:"哈尔滨黎明监狱两抢劫犯越狱,疑系扫雪时逃离",〈http://news.qq.com/a/20100225/000067.htm〉,2013 年 6 月 1 日最后访问。

⑰ 参见崔东:"河北深州监狱脱逃罪犯情况披露,狱方悬赏 10 万",〈http://society.people.com.cn/GB/15660976.html〉,2013 年 6 月 1 日最后访问。

⑱ 参见李贵刚:"河南豫北监狱发生一重刑犯越狱,警方正全力追捕",〈http://legal.people.com.cn/GB/188502/16042213.html〉,2013 年 6 月 1 日最后访问。

在笔者看来,"结构耗散——动力推演"序变机制在"舆论场"[19]的作用视阈居于基础性地位。基于这一框架性机制,网络舆情波动轨迹在不同的视点还可呈现出涨落、冲突、衰变等机制规律,囿于篇幅另文探讨。[20]

(三)"节点植入——嵌套生长"传播机制

2010年被称为中国微博元年,微博以迅雷不及掩耳之势传播。[21]"微博客在我国快速发展、迅速普及,在反映社情民意、丰富信息服务、进行舆论监督等方面发挥了作用,但也带来了一些新问题新挑战。"[22]尽管作为互联网Web 2.0的新生儿,微博还处于亟待完善的成长期,但却正在悄然带来现代社会传播模式的一场根本性变革,可以说"必将成为最具影响力的互联网产品"[23],也会在更深层面上影响着特定时空中的社会关系、结构与文化。如此,微博的传播机制及其价值本质即成为我们绕不开的重要话题,笔者命名为"节点植入——嵌套生长"传播机制。

节点,作为一个技术词汇,本义乃指任何连在网络上且能与其他网络设备通信的设备。在双向传播的数字媒介语境,人本主义和技术主义得到了双重贯彻,节点亦被赋予了二重性,人成为了传播主体,可以说已直击网络传播的本质。节点"既用来指称参与信息互动的用户,还用来指称与用户捆绑在一起的一体化的信息"[24],是微博传播的核心概念。在网状结构的媒介平台,数字用户既可视为节点外的独立实体,主观而能动地以创造性思维激活节点,又可作为节点内的独立元素,客观而被动地以表征性信息建构节点。作为独立实体,人是信息的生产者、传播者和受传者;作为独立元素,人是信息的神经元、组织元和介质元。节点既是人的对象,植入节点的是人的思维;节

---

[19] "场域"是法国社会学家布迪厄使用的一个重要概念,"我们可以把'场域'设想为一个空间,在这个空间里,'场域'的效果得以发挥,并且,由于这种效果的存在,对任何与这个空间有所关联的对象,都不能仅凭研究对象的内在性质予以解释。'场域'的界限位于'场域'效果停止作用的地方。"参见〔法〕皮埃尔·布迪厄等:《实践与反思——反思社会学导引》,李猛等译,中央编译出版社1998年版,页138。考夫卡发展了德国心理学家勒温的社会场论,提出"环境场"、"行为场"的概念。我国学者基于此提出了"舆论场"的概念进而指出,用"场"的范式研究社会舆论,能认识"舆论"产生的环境机制,"场"不仅是舆论形成的条件、空间,而且是推动舆论发展的契机,甚至制约着舆论的正负方向。参见刘建明:《社会舆论原理》,华夏出版社2002年版,页35—36。

[20] 我国学者对此进行了有益的探索,可参见刘毅:"简析舆情变动规律",载《天津社会科学》2007年第4期,页63—65。

[21] 仅截至2011年7月,我国微博的注册用户已超过6000万,访问用户规模已突破了1.2亿。同时,论坛在曝光方面的功能明显弱化,网民曝光首选媒体更多是微博。早在2010年,上海交通大学对国内20个重大事件进行分析,由微博曝光事件就有11起,已成为了网络爆料第一选择。参见谢耘耕:"微博的挑战与传统媒体的机遇",载《新闻前哨》2011年第7期,页8。

[22] 编者按:"发展健康网络文化,推动微博客服务社会",〈http://news.xinhuanet.com/politics/2011-11/28/c_122342865.htm〉,2013年6月1日最后访问。

[23] 喻国明:"微博:影响力的产生机制与作用空间",载《中关村》2010年第4期,页91。

[24] 喻国明:"嵌套性:一种关于微博价值本质的探讨(上)",载《新闻与写作》2011年第8期,页65。

点又是人的载体,植入节点的是人的本身。

嵌套,作为一个技术词汇,意指嵌入套上,吻合适配则联结稳固。在"节点植入——嵌套生长"机制中,嵌套可从三个层面加以理解㉕:其一,产品功能的嵌套式开发。微博网站通过提供基础性功能、开放API㉖,吸引第三方软件主动嵌套,功能性软件急剧扩容;通过开展宽幅度合作、兼容新产品,吸引更多方数媒互相嵌套,潜在性用户急剧扩张。其二,节点信息的嵌套式传播。微博主所发过往信息被次第嵌套入个人页面,微博主转发他人信息被依次嵌套出活水源头。微博客所搭建的嵌套式全息结构,所开发的嵌套式聚合功能,可便于每一位身为节点的用户、潜用户对微博信息做全景审视,对微博内容做全面解读。其三,社会网络的嵌套式拓展。微博平台上每一用户均有自己本位的社会网络圈,都会因主动索取信息而程度不同地嵌入他人本位的社会网络圈,并因受人关注而被嵌入另外的社会网络圈。关注他人并且受人关注,主动嵌入抑或被动嵌入,构成了社会网络圈圈嵌套的惯常生态。在嵌套勾连中,产品功能得到成长,节点信息得到增长,社会网络得到滋长,而微博舆情亦借助"节点植入——嵌套生长"传播机制,话语上得到扩充,范围上得到扩散,因为微博语境的网络舆情,内容是微博的承载信源,内核是微博的节点本身。

据本果网络舆情监测系统采集到的信息显示,网易转载的一篇《济南女狱警殴打修车老人被开除》报道,于2011年8月18日18:34发布以来截至当月22日17:30,才不到四天时间就引起了74869位网友参与讨论。8月17日17:17事发后,截至22日17:30,五天时间该舆情事件在各微博网站被网友点点互动、圈圈嵌套,围观谈论达68552次,事态与反响随机变换、急遽扩散。作为节点的,既有"济南公安",也有寻常百姓,恰恰没有涉事监狱。济南公安的主动迅捷赢来一片赞声,女子监狱的被动迟缓招致几度诘难。

三、监狱之向度:网络舆情的外在调控机制

(一)"全景监狱——共景监狱"代偿机制

"全景监狱——共景监狱"代偿机制的提出,是笔者基于网络舆情的内在生成机制、针对中国监狱的总体舆情环境而作出的基础性努力,易言之,这是一种统领性、总括式、框架型机制,对于涉监网络舆情的其他外在调控机制而言则具有高屋建瓴的元机制地位,亦为其他基本机制、具体机制的探索和建构提出了战略导向和政策边界。

㉕ 关于"嵌套"的基本思想,还可参见上引,页61—65。
㉖ API,缩略语,指应用编程接口,全称Application Programming Interface。

"全景监狱"发轫于边沁"计算如何使最多的人得到最大的幸福"的功利主义努力[27]，然而监狱是权力的物质化，由圆形监狱所生发的全景敞视主义却早已超越了监狱的樊篱而散射到弧圈之外的社会机构，全景监狱成为了传统社会利用信息不对称优势以实现规训控制的一个缩影，敞视主义亦成为封闭社会利用权力不对称优势来达致监管治理的一种技术。必须正视的是，监狱作为原始策源地，全景敞视主义的传统惯性影响在这个系统依然强势，我国监狱亦概莫能外。

　　然而，现代传播技术正在历经革命性演进，整个社会结构亦已正在经历由"全景监狱"向"共景监狱"的深刻转型，"共景监狱"时代正在加速到来已成为我们务须直面的一个最为重要的社会事实。"共景监狱"乃是一种围观结构，信息垄断的日渐式微、信息分配的渐趋对称，敦使管理者亟须重新考量在社会管理中的自身定位，曾处于视界高端的管理者渐次融入公共视野，曾处于权力终端的布政者正在承受集体凝视，社会公众日益参与社会议程的设置，社会话语日益推动社会热点的聚焦，共景凝视主义已从"共景监狱"的躯壳之中破茧而出升华为整个信息时代普适共用的社会法则。

　　由"全景监狱"走向"共景监狱"，由"全景敞视主义"走向"共景凝视主义"，是笔者之所谓"全景监狱——共景监狱"代偿机制的核心要义，也是中国监狱驾驭社会舆情的必然选择，警务机制竞合社会规律的必然顺应。基于这种机制精神，申言之，我们可以阐发出两层基本要旨：

　　其一，必须要有开明睿智、大气谦和的立场格局。值得谨慎乐观的是，我国监狱的总体舆情环境仍属较好，业已采取的一些方法举措是积极乐见的；但作为备受关注的公权力机构，在"共景监狱"社会信息场域之下，应该以更加开明睿智、大气谦和的坦荡胸怀，面向社会公众开门纳谏、从善如流，并充分尊重"匿名发言——社群置评"对证机制的基本规律地位。一则因为，如上所论，网络实名制的行政推行难以构成网络舆情生成机制的根本否定；二则在于，如下例证，网络实名制的实际推广也难以形成舆情网站发布渠道的全面覆盖。[28] "我们看到，媒体对监狱生活的实质性介入是鲜见的，即使是经过严格控制的来监新闻采写亦不多见，这反映了长期的意识形态化的监狱行刑与

---

[27]　英国功利主义思想家杰里米·边沁和弟弟萨缪埃尔共同构想了一种圆形监视设施，成功分割了"看——被看"的组合关系。被关押在圆环形建筑物内部的囚犯可完全被监视者看到，而其却绝对无法看到监视者；与此相对，监视者在中心塔楼内能够看见一切，却绝对不会被囚犯所看到。参见孙运梁，见前注④，页262—263。犯人之间也缺少传输信息的渠道。如此，则无论管理者到位与否囚犯们都不得不假定其存在，接受控制，自我规训。

[28]　韩国仅有4800万人口却已拥有超过3600万的网民，且其互联网速度世界排名靠前，互联网早已成为了韩国人日常生活中不可或缺的一部分。即便作为世界上网络最为发达的地区之一，韩国在2007年7月正式开始实施网络实名制之后，也仅仅要求近150家日访问量超过10万人次的网站必须要求用户提交身份信息才能发表评论，而在实际推行中，网民往往仍可能通过购买、盗取、编造虚假身份信息等手段规避实名制。在互联网市场容量迅疾发展而管理水准尚欠发达的我国推行网络实名制，难度与实效可以想见。

社会公众的疏离与设防、对新闻媒介的疑虑与戒惧,亦反映了我国大多监狱对自身刑事执法状态的积敛已久的深度不自信。"㉙包括网络媒体在内的各种"媒体的适度、合理介入对监狱行刑而言无论是有效贯彻社会主义法治理念、抑或是有效诠释'首要标准',使监狱建设步入法制化、文明化、社会化的科学发展坦途都是不容回避、不容拒斥的,任何一个睿智清醒的监狱决策者都应机敏地认识到这一点并自觉地有所作为抢得先机。"㉚2012 年 8 月,上海市监狱管理局成功举行"天湖一号"地空一体多警种跨部门高科技防暴演习,决策者专门邀请主流网媒、纸媒、视媒全程参与、实时报道,社会舆论积极热烈,相当程度提升了监狱执法的正能量。对于开门纳谏的负面效应亦应处变不惊、理性审视,如 2010 年的广东监狱系统举办"监狱开放日"事件㉛,在毁誉参半的身后其实恰恰蕴含着甄别梳理、对症下药的改革良机。

其二,必须要有创新创业、谋事干事的胆魄作为。从更深层次看,"很多热点舆情首先是地方政府或行业部门的治理危机,然后才是舆论危机"㉜,而现在的很多涉监舆情问题,涉监缠访、闹访问题,究其根本乃是依法治监问题。比如大连监狱监狱长谢红军案㉝、宁夏监狱 4 民警受贿私放罪犯案㉞、安庆九成监狱民警贪污案㉟、四川原川西监狱监狱长巫邦志受贿案㊱、福建武夷山监狱监狱长曾某辉受贿案㊲、浙江监狱系统管理层窝串案㊳、原郑州监狱政委曹振岐受贿并玩忽职守案㊴、广东茂名监狱高层集体受贿

㉙ 齐岩军:"人权反思与民意追问:科学发展观视野下'首要标准'之刑事政策维度",载《论上海监狱工作》(第五卷),学林出版社 2011 年版,页 166。

㉚ 同上。

㉛ 参见沈仰佑:"监狱开放日:如此'观摩'究竟收获了什么",〈http://star.news.sohu.com/20100613/n272770000.shtml〉,2013 年 6 月 1 日最后访问。

㉜ 祝华新:"北京微博发布厅不允许存在不出声微博",〈http://news.sina.com.cn/c/2011-11-22/031423502516.shtml〉,2013 年 6 月 1 日最后访问。

㉝ 参见王辉:"大连黑老大的监狱生活:设套间嫖妓玩弄女狱警",〈http://news.sohu.com/44/02/news215240244.shtml〉,2013 年 6 月 1 日最后访问。

㉞ 参见周健伟、陈晓虎:"宁夏 4 名监狱警官因'受贿私放毒犯'一审领刑",〈http://old.chinacourt.org/public/detail.php?id=206091〉,2013 年 6 月 1 日最后访问。

㉟ 参见程士明:"涉嫌贪污,安庆九成监狱干部获刑 5 年",〈http://news.sohu.com/20060809/n244702950.shtml〉,2013 年 6 月 1 日最后访问。

㊱ 参见任ους:"四川原川西监狱监狱长受贿 187 万被判 15 年",〈http://news.sina.com.cn/c/l/2006-10-14/181210234797s.shtml〉,2013 年 6 月 1 日最后访问。

㊲ 参见阮友直、王姗姗:"福建武夷山监狱原监狱长受贿三十多万被判七年",〈http://news.sohu.com/20070928/n252397423.shtml〉,2013 年 6 月 1 日最后访问。

㊳ 参见黄深钢:"浙江省监狱管理系统窝串案,又一正处级贪官被诉",〈http://news.163.com/09/0402/19/55TSTIMU0001124J.html〉,2013 年 6 月 1 日最后访问。

㊴ 参见张定有、卢国伟、邓勇:"原郑州监狱政委曹振岐受贿并玩忽职守获刑 12 年",〈http://news.sina.com.cn/c/2009-06-16/070715797841s.shtml〉,2013 年 6 月 1 日最后访问。

案⑩、湖南监狱系统管理层腐败窝案㊶、上海青浦监狱原政委翁黎明职务犯罪案㊷等重大涉监贪腐案件和前述重大涉监脱逃案件触发了一系列的舆情危机、形象危机、公信危机,但问题解决的根本仍在于法治监狱的锐意贯彻,监管举措的锐意落实,改造方案的锐意适配。在"全景监狱——共景监狱"政策性、理念性代偿机制指引下,"舆情应对不是简单地强化新闻舆论管制,而是要借助舆情监测修正决策,解决民众利益诉求"㊸,直击舆情热点问题;而是要立足中国监狱行业特点、工作实际来践行创新社会管理、化解社会矛盾、公正廉洁执法,改进执行方式、提高改造效能;而是要加快推进信息化、网络化建设,努力在进网用网上有突破,在育网管网上见成效,做敢用善用网络的先行者、耕耘者。

(二)"权力引擎——舆论管理"软控机制

基于"全景监狱——共景监狱"代偿机制所定格的政策理念视野,"权力引擎——舆论管理"软控机制的功能效用在舆情调控机制体系中具有厚重的基本性意义,可定位至错落于元机制位阶的基本性机制,从而在某种程度上亦与"结构耗散——动力推演"序变机制这一"舆论场"作用视阈的基础性机制形成了呼应。

鉴于对网络舆情的热力耗散机制的深刻理解,由充斥着向量耗散的舆情系统的天然无序所呼唤,作为矢量的外力的适度介入对于理性疏浚网络舆情恶性耗散流的内部激荡和外部冲击是极为必要的,对于温和引导网络舆情混然的无序舒缓地走向井然的有序、强势逆转网络舆情畸形的有序嬗变地归于健康的有序是极富意义的。值此,权力的角色是难以替代的。权力本身是中性无色、价值无涉的,权力的伦理合法性在乎主体的适可、目的的适当和对象的适格、干预的适度。如此,围绕权力的政策把握和制度安排即成为必需,舆论管理的范畴映入了我们的眼帘。反观美国,舆论作为影响政治生活和政府决策的重要变量,始终是参与式民主理论、公共决策理论的重要范畴,"舆论管理是美国社会历史机缘与现实需求共同作用的结果。舆论管理研究的终极目标,在于探寻舆论与管理之间的契合点和作用方式,以增进对于人自身及社会力学的

---

⑩ 参见刘志明:"广东茂名监狱多名高层落马:每年集体受贿千万",〈http://news.sina.com.cn/c/sd/2009-08-24/144318500060.shtml〉,2013 年 6 月 1 日最后访问。

㊶ 参见叶铁桥:"湖南监狱管理局原局长落马牵出 130 名干部",〈http://news.163.com/10/0122/06/5TK633Q60001124J.html〉,2013 年 6 月 1 日最后访问;胡淋伟、王力夫:"湖南监狱管理局原局长受贿被判无期",〈http://news.163.com/11/1213/18/7L62VGR30001124J.html〉,2013 年 6 月 1 日最后访问。

㊷ 参见杨金志:"上海青浦监狱原政委翁黎明职务犯罪案一审开庭",〈http://news.163.com/10/0206/06/5UQN1Q8R000120GU.html〉,2013 年 6 月 1 日最后访问。

㊸ 祝华新:"北京微博发布厅不允许存在不出声微博",〈http://news.sina.com.cn/c/2011-11-22/031423502516.shtml〉,2013 年 6 月 1 日最后访问。

理解。"㊹因此，舆论管理本身又是一个蕴含着复杂的技术或逻辑问题的社会互动机制。㊺

反思中国监狱舆情系统，我们须清醒地认识到，对舆情流、耗散流的不检视轻率放任与无差别粗暴封堵都是既不可取、亦不可能的。事实上笔者注意到，政治家借助舆论的权力引擎，娴熟驾驭舆论策略和传媒工具，在国家生活中时常能够赢得广泛的意见一致。㊻即便在自诩言论自由、舆论民主为世界典范的美国，"权力精英通过定义和解释外部事件、制造新闻和舆论修辞等策略，实现了权力对舆论中的个体因素和外部因素的双重潜在支配。"㊼至今，舆论管理作为"决策层面的宣传技术"，主宰了西方的公共领域，并成为诊断美国政治的一个关键现象。㊽由舆情系统的耗散规律，到舆情社会的西方实践，自然主义与经验主义的分析历程昭示着权力引擎的舆论管理具有相当程度的实质合理性，对于中国监狱所涉网络舆情治理具有重大启示意义。

回溯对"权力引擎——舆论管理"软控机制的本质追问，我们至少可读取出三项基本要求：

其一，务须高度重视涉监网络舆情主流阵地的锻造。中国监狱的涉监网络舆情总体可控，尚未发生难以应对的重大舆情危机，但仍须以审慎的激情着力锻造网络舆情的主流阵地，不动摇、不懈怠、不折腾，大力弘扬健康向上的民警执法文化、罪犯监禁文化。唯有最大限度地保持主流舆论的健康、稳定与繁荣，方可不断吸收支流舆论的有益成分，祛除有害杂音，这是舆论和谐的基础和前提；唯有最大限度地允许支流舆论的存在、生长与活跃，才能不断增强主流舆论的免疫能力，消解群体极化，这是舆论和谐的表征与动力。㊾截至2011年5月，司法部和各省（区、市）司法厅（局）、各级监狱管理局普遍开通了门户网站，而所属各监狱开通独立门户网站的则占比较低。涉监门户网站的内容设定一般也较集中于狱务公开、政策备查、权威解读等"惰性"板块，形式乏味、特色乏陈，更新迟缓、互动迟滞，不堪胜任主流阵地的应然预期。转换视角，如中国第一警察网、监狱警察论坛、沙洲的博客、南国狱警、耕者等非官方网站、论坛、博客和

㊹ 纪忠慧："美国舆论管理的理论动向"，载《南京社会科学》2010年第8期，页99。

㊺ 舆论与管理的悖论某种程度上具有自由主义思潮在舆论场中折射的影子，亦恰似经济发展与政府管理的百年悖论，由"最好政府，最少管理"到"最好政府，最多服务"的理念嬗变个中历程何啻百年？而即便延宕至今，管理的尺度、服务的方寸在波谲云诡、情势变幻的世界范围内仍然几近无解。

㊻ 关于这一基本事实，正如德国思想家哈贝马斯所指出的，"在操纵的公共领域里，随时准备欢呼的情绪，一种舆论氛围取代了公众舆论。受到操纵的主要是社会心理学上计算好的提议，这些提议诉诸潜意识倾向，唤起预定的反应，同时又没有以某种方式使赢得民众赞同的人承担任何义务"。参见〔德〕哈贝马斯：《公共领域的结构转型》，曹卫东等译，学林出版社1996年版，页251。

㊼ 纪忠慧，同前注⑨，页49。

㊽ 纪忠慧，同前注㊹，页95。

㊾ 关于主流舆论、支流舆论的一般关系之辩，亦可参见纪忠慧："全球化背景下的公众舆论——论非传统安全与软力量的舆论支点"，载《清华大学学报（哲学社会科学版）》2010第6期，页144。

个人网页,虽则题材稍微灵活、体裁稍显灵便,但情绪性萦绕、影响面狭窄,很大程度上遮蔽了主流价值的正面传播。值得提及的是,不少监狱都以局域网为载体开通了多种形式的监狱 BBS,如浙江省十里坪监狱于 2007 年开设的"镜湖论坛"BBS 基础之上发展出了"镜湖之声"网络舆情收集引导机制[50],但监狱 BBS 多为本监民警职工的精神家园、思政工作的拓展平台,尚且难属沟通社会、曲通公众的舆情阵地。凡此种种,中国监狱亟须有的放矢,在媒介形式、内容风格、体裁身段、呼应节奏、技术支持、网军滋养等诸多方位循序渐进、多头并举。

其二,务须高超把握涉监网络舆情规则管理的策略。在舆情工作中,中国监狱应深刻理解、坚决贯彻"积极利用、科学发展、依法管理、确保安全"的舆情方针,尊重舆情运行规律,尊重舆情生成机制,理智而洞见地将对涉监网络舆情的管理由内容本位转向规则本位。作为政府的重要职能部门,我们对涉监网络舆情的管理视点不在于无用功地统一口径、封杀路径,而在于如何理性地运用政策方针、科学地出台制度框架,把思维的触角放在如何充分调动社会成员的力量、公共领域的智慧,使之更好地为中国监狱的科学发展建言献策、为中国监狱的公正执法监察督导,从而亦使得社会公众在自觉自为中实现社会生活的自我关照、自我治理。我们要努力成为涉监舆情传播规则的制定者、公共平台的构建者和社会对话的组织者。时至今日,"反腐倡廉教育基地",已成为我国相当一部分监狱的重要衍生机能之一,富有远见卓识的监狱决策者完全可以此为抓手,以网络为媒介,谋划搭建跨越"监狱群岛"壁垒鸿沟的舆论平台,矫正的方案、改造的成果、资源的诉求可借此明示与坦陈,民声的期冀、社会的援助、专家的意见可借此表达与传导,从而可以策动极易陷入呆板、死寂的监狱外宣一潭春水。须知,炮制"神秘"、困守"神秘"、醉心"神秘",可以说是中国监狱恒久以来冥顽不化的陈年痼疾,然则这种虚妄泛滥的无谓"神秘",既掣肘了监狱文明的建构理性固步而自封,又诱发了社会媒体的猎奇情结惑众而自损,实不足取。再以 2009 年度网络热炒的湖北省沙洋县熊望台监狱罪兄"捐肾"事件为例[51],罪兄马启征自愿捐肾救弟马启长,足见人性之可嘉、亲情之可贵,面对狱方的三缄其口、三拒其请,这段人间正剧、法治美谈得以促成网络传媒功不可没。事毕返思,穿行始末,狱方对刑事法治的教条化理解、对网络民意的被动性因应、对罪犯权利的官僚式漠视令人印象深刻。试想,如若监狱决策者能够敏锐机变,迅速下情上达、阐理释义,架设网络窗口,疏浚社会管道,借此作为创新监狱管理的宝贵契机、推动刑事法治的典型范例,舆情反应、社会效应又将如何?

其三,务须高明驾驭涉监网络舆情内容管理的技巧。对网络舆情的管理,无论常态监测抑或危机干预,不关涉内容生态是难以想象的。出于舆情安全的防范,出于舆

---

[50] 参见浙江省监狱管理局:"省十里坪监狱建立'镜湖之声'网络舆情收集引导机制",〈http://www.zjsft.gov.cn/art/2010/12/20/art_45_25604.html〉,2013 年 6 月 1 日最后访问。

[51] 事件详情请参见杨耕身:"罪凶能不能捐肾救弟",载《政府法制》2009 年第 19 期,页 32—33。

情意见的吸纳、内容管理均成为必须;然而这种管理本身又务须以遵循网络运行机制为前提,是一种限度管理、节制管理,充满着繁复的技术难题和逻辑悖论,介入的时机、干预的场域、操控的尺度等经验法则亦同样在考量着我们舆情管理者的智慧。良性耗散流的常态性引导、恶性耗散流的危机性干预,是舆情和谐的滋养之方和回寰之要,是舆情危机的规避之道和化解之妙。中国监狱亟须因地、因时、因事制宜探索出具体的机制性举措。2012年1月,江苏省监狱管理局以竞争性谈判方式,通过向信息科技公司采购互联网舆情监测系统,对涉监网络舆情借助"技术性——信息性"二元机制实施更为便捷、严密、客观的内容性管理,实用功效值得观察,探索路径值得嘉许。2011年12月,内蒙古包头监狱运用购进的信息传输设备作为罪犯与家属狱内外沟通信息平台,创新帮教模式,拓宽帮教渠道,开展"祝福进高墙,亲情在身边"主题教育活动,对于促使服刑人员认罪悔罪、自律改造收效可观。㊵ 值得注意的是,包头监狱做到了将此内容积极、方式独到的创新性做法迅速、及时地网络发布,从而引擎了舆情先机,好评热议纷至沓来。2012年2月,四川锦江监狱委派民警专程到服刑人员家中看望卧床母亲,邀请央视节目组随访采播,网络媒体即行转发,"男囚犯央视忏悔收获真爱"㊶,舆情效应、社会效果令人侧目。包头、锦江两所监狱依托电视报道、借助网媒传播帮教范例的成功做法,推动了修复性行刑的理念贯彻和实践创新。

(三)"极点挖掘——节点策源"联动机制

由"全景监狱——共景监狱"代偿机制的元机制,途经"权力引擎——舆论管理"软控机制的基本机制,涉监网络舆情的具体调控机制开始进入了我们的研究视野。这一发散式研究进路亦体现了笔者研究触角从主义本位的宏大叙事向问题本位的微观解构、从体系性思考向问题性思考的切换轨迹。㊷

"舆情汇集——信息分析"研判机制、"极点挖掘——节点策源"联动机制,是笔者基于网络舆情管理视角的不同关照而提出的两个重要的具体机制形态,前者着重的是工作流程的制度建构,后者着力的则是调控环节的技术操作。

建立社会舆情汇集、分析机制,畅通社情民意表达、反映渠道,体现了鲜明的国家

㊵ 参见陈存宝:"包头监狱在罪犯中开展感恩短信征集大赛",〈http://fangtan.cinic.org.cn/dfcz/2011/1219/3638.html〉,2013年6月1日最后访问。

㊶ 参见华声在线:"男囚犯央视忏悔收获真爱,元芳哭了!",〈http://bbs.news.163.com/bbs/jueqi/273529647.html〉,2013年6月1日最后访问。

㊷ 在所谓"机制场"的范畴提出"元机制——基本机制——具体机制"的研究范式,渊源于笔者对刑事政策学的长期浸淫。在"国家——社会"双本位刑事政策模式视野中,"社会治安综合治理"政策是我国的元刑事政策;而我国的基本刑事政策则经历了一个由新民主主义革命时期的"镇压与宽大相结合"政策,到社会主义建设时期的"惩办与宽大相结合"政策,再到"宽严相济"的刑事政策的时代变迁;"严打"政策、死刑政策,以及刑罚执行领域的"惩罚与教育相结合,劳动与改造相结合"政策等,是基本刑事政策在不同刑事领域的投射与体现,是为具体刑事政策。

意志、彰显了开明的执政方略。由此,为数不少的舆情研究者、工作者关于各种形式社会舆情的汇集、加工、分析、报送、反馈、保障和激励等诸多工作流程的机制性论述、行业性分析即纷至沓来[55],文幅的限囿、赘述的无趣使得笔者决意更多地以技术的层面对这一机制进行考察,"极点挖掘——节点策源"联动机制,究其实质,是"舆情汇集——信息分析"研判机制一体两面的技术身影。

"极点挖掘——节点策源"联动机制,是笔者基于对涉监网络舆情技术与话语双层次意义的考量而提出的一种"点——点"二元本位机制。技术层面而言,极点、节点都有相对确切、明朗的技术含义;话语层面而言,极点、节点则是相对凝练、抽象的话语表征。极点挖掘机制的着眼点在于借助各种网络挖掘技术检索、擢选出话语极聚点,进而加以分析、反馈,以为决策之需;节点策源机制的着力点在于采取多种网络策源技术培植、嵌套话语节制点,进而加以传播、扩散,以为整合之用。极点挖掘——节点策源,内外有致、左右有序,互相勾连、彼此呼应,基本牵动了网络舆情的几乎所有工作流程。我们可以置身于涉监微博舆情的语境加以考察。极点挖掘——节点策源,是实施微博客引导工作的技术方略,是善待中国监狱舆情环境、推动中国监狱管理创新的微博实现。

通过上文对"节点植入——嵌套生长"传播机制的机理分析,我们有理由相信,微博影响力的产生机制,其实即在于信息资源的凝聚力和整合力,而依靠用户信息源,微博亦将"逐渐成为互联网生态链内信息传入与输出的核心信源。"[56]由此可见,"信源"业已成为微博客影响力产生机制的核心词汇,而笔者之所谓"极点挖掘——节点策源"联动机制将目光锁定的两个"着力点",实质即是"信源"的不同表征。

"极点",是"信源"的极聚点,亦是"群体极化"的淤积点,是微博用户群体基于对中国监狱舆论场中所浮现出的敏感问题、热点话题的"围观"评论,激荡、分化、汇集、凝结而成的混有鲜明价值倾向和复杂情绪色彩的问题点。对涉监网络舆情极点的迅速察觉、及时妥处是极其重要的,它可以促使我们应时而动、相机行事,或纠正工作偏差,或采取网络措施,或启动实体预案,可以有效地受益舆论监督、规避舆情危机。"极点"及其趋势的洞察了然往往并非简单的经验感觉,事实上在海量信息的微博时代这是一项技术密集的专业工作,"挖掘"是形象的浓缩表达,其实涵盖了舆情信息的监测、汇集、加工、分析、研判、报送、反馈、保障等诸般环节,既代表过程,亦追求结果。文本挖掘、数据挖掘、主题跟踪等是"极点挖掘"的技术常态,Web 挖掘技术的日益发展为"极点挖掘"不断拓展了想象空间。目前 Web 挖掘往往需要综合运用统计分析、关联分

---

[55] 天津社会科学院舆情研究所、中国人民大学舆情研究所、中国人民公安大学情报学系等一批科研院所,成为近年来我国研究社会舆情信息的重要阵地,王来华、谢晓专等不少学者对关于社会舆情汇集和分析的具体工作机制进行了较多论述。

[56] 喻国明,同前注[23]。

析、序列分析、分类分析、聚类分析等系列性的技术措施。㊼极点挖掘的信息结果为涉监网络舆情的集群决策提供了原始根据,或察形辨势、静观其变,或因势利导、节点策源。

"节点",是"信源"的节制点,亦是"群体极化"的消解点,是我们基于对中国监狱网络舆情场中所呈现出的极点问题、极点趋势的理性挖掘和精心研判,因应权变、区别对待从而把握全局、掌控舆情的驱策点,既是消弭舆情隐患、阻断舆情危机的制动点,亦是宣传监狱工作、弘扬警营文化的制高点。立论如此,在特定的语境"策源"即被笔者赋予了双重含义,具有了技术层面的二重性:一则是对恶性耗散流的源头策反与逆转;一则是对良性耗散流的源头策动与嵌套。节点策源机制的效能发挥,既依赖于网络技术的娴熟运用,又端赖于舆论政策的正确适用。技术性与政策性,胶着并冲突着,对节点策源机制而言,可谓一以贯之的二重性。针对自然衍生的舆情危机的化解,可以视情采用解决合理诉求、延办特定事件、澄清问题真相、暗引舆情走向等方略;针对蓄意谋划的舆情攻击的阻断,则可适时采取警告煽动主体、删除不当网贴、屏蔽谣言网站、禁止 IP 地址、切断网络接驳等非常措施。在微博时代,涉监网络舆情危机一旦发生,影响与危害往往既广且深、弥难挽回,中国监狱未雨绸缪、足应为戒,良性网络舆情氛围的日常营造就显得弥足珍贵。有感于斯笔者认为,如下两项重要举措应提上日程,是节点策动、源头滋养中国监狱网络舆情生态的切实之举:一则是网络舆论领袖的建制培养;一则是中国监狱微博的开博上线。㊽某种程度上讲,后者所凸显的意义也许更为重大。

2012 年 6 月 8 日,四川省监狱管理局在新浪网正式开通官方政务微博,也是全国第一个监狱官方微博,开博首日粉丝量即达 22899 人。监狱微博熔改造视频、民意投票、工作展示、狱情介绍、政务公开等内容定位于一炉,从而向逐步形成一个具有整合

㊼ 关于挖掘技术的系统解读,据笔者初步检索所涉资料,黄晓斌:《网络信息挖掘》,电子工业出版社 2005 年版;吴绍忠:"WEB 信息挖掘与公安情报",载《中国人民公安大学学报(自然科学版)》2006 年第 4 期;梅中玲:"基于 WEB 信息挖掘与的网络舆情分析技术",载《中国人民公安大学学报(自然科学版)》2007 年第 4 期;柯飞:"基于数据挖掘技术的情报信息系统",载《公安情报理论与实践》,中国人民公安大学出版社 2006 年版等文献进行了较为深入的展开。

㊽ 2011 年 11 月 17 日,"北京微博发布厅"在新浪网上线运行,首批 20 个北京市政府部门的政务微博加入这一发布平台,成为全国各省区市开通的首个省级政务微博发布群体。11 天后,上海市政府新闻办公室实名认证的"上海发布"微博平台也开始"发声"。实际上,政府部门开通微博并非京沪两家首创。在被称为"微博元年"的 2010 年,以全国公安系统为代表的政府部门就已开始大规模运用微博,而政务微博的"井喷"现象则出现在 2011 年 4 至 10 月间。"今年 4 月以前,全国政务微博的数量大约有 6000 个,而随着各级各地政府部门对微博认识的深入,4 月至 10 月的半年间,政务微博数量增长到之前的 3 倍,达到约 1.9 万个。"全国已没有政务微博为零的省份。政务微博目前正在向基层各级政府和部门迅速"铺开"。前些年,政务公开的一个重要标志是普遍建立新闻发言人制度;而今政务微博的纷纷开通则是另一个"里程碑"。参见霍小光、华春雨、杨金志、万一:"政务微博:在'围观'与期待中力行'织博为民'",〈http://news.xinhuanet.com/politics/2011-12/08/c_111228494.htm〉,2013 年 6 月 1 日最后访问。

社会资源、创新社会管理机能的便捷高效狱社互动平台迈出了可贵的步伐。(59) 需要指出的是,作为网状结构的媒介平台,官方微博节点嵌入的机制意义虽未可等闲视之,但是作为数字用户的人之制度性安排仍将居于机制要冲。人既是节点外的独立实体,植入节点的是人的思维;又是节点内的独立元素,植入节点的是人的本身。南京市集中整治"新闻不发言人"怪象的典型做法或许可以赋予我们建构健康监狱微博某种启示。(60) 新闻发言人制度平台之搭建应属舆情引擎切实之举,但若沦为沉默终年、形同虚设的"新闻不发言人"或遭遇急难、被迫致辞的"新闻被动发言人",则舆情掌控终将因人之主体性缺损而机制意义大为遮蔽。山东省女子监狱女狱警林某身着警服因修车与人纠纷,遂呼丈夫当街殴击他人,招致 500 余人围观,执法民警继而遭遇围攻,网络鼎沸。(61) 济南公安官方微博审时度势,极点挖掘,"网上获取信息,网下查证落实";开诚布公,节点策源,"第一时间公开,微博权威发布",一场舆情危机迅速遁于无形,成为消弭激点、化解极点的成功典范。无独有偶,在内蒙古呼二监"2009. 10. 17"暴动越狱案中(62),监狱决策者临阵慌乱、报警迁延、追捕无状,尤为重要的是,在舆情发布"黄金四小时"竟管道梗阻、信息锁闭,终致 4 名越狱犯继而实施抢劫、绑架人质多起严重暴力犯罪,公众自危、网络哗然,政府危机几近酿成、行政能力饱受拷问。值此节点,内蒙古警方机敏策动网媒、纸媒、视媒,发布案情、澄清事实,征集线索、汲取民力,逃犯悉数落网,机制尽显威力,内蒙古公安机关向媒体三表谢忱。(63) 狱方警方,两厢对照,落差如斯!如吾辈监狱学人,足应省思;监狱各方,足应省鉴。

耐人寻味的是,由福柯的全景监狱隐喻出发,美国哲学家波斯特属意于媒介时代的权力技术,发展出了超级全景监狱的学术理路。诚如福柯的思维范式,话语并非主体的纯净表达,乃对主体的文化型构。权力渗透的话语体系亦是规训弥漫的监视网络,从全景监狱到超级全景监狱,既是一种话语跨越,也是一种模式断裂。全景监狱模

(59) 参见时凡:"四川省监狱管理局开通官方微博,首日粉丝量超两万人",〈http://scnews.newssc.org/system/2012/06/09/013544411.shtml〉,2013 年 6 月 1 日最后访问。2011 年 10 月间本文初稿草就提出开通监狱微博建议之时,全国尚无监狱官方政务微博上线开博的先例,值得欣慰的是,截至目前全国 681 所监狱之中已有个别监狱微博开始次第发声,然而监狱管理局层面的官方微博就笔者目光所及仍限四川、重庆两家,部局层面的监狱微博则尚付之阙如。

(60) 参见姚培硕:"媒体称应对舆情从整治'新闻不发言人'开始",〈http://www.chinanews.com/gn/2012/10-28/4282105.shtml〉,2013 年 6 月 1 日最后访问。

(61) 参见八十多分:"济南女狱警打人事件,舆情引导成功的典范",〈http://bbs.2500sz.com/bbs/forum.php?mod=viewthread&tid=4030177&page=1&authorid=570580〉,2013 年 6 月 1 日最后访问。人民网舆情监测室:"2011 年第三季度地方应对网络舆情能力推荐榜",〈http://yuqing.people.com.cn/GB/212786/15926285.html〉,2013 年 6 月 1 日最后访问。

(62) 参见高瑞锋:"呼市第二监狱原监狱长获刑 3 年",〈http://news.cn.yahoo.com/ypen/20110106/157389.html〉,2013 年 6 月 1 日最后访问。

(63) 参见傅达林:"越狱案也是一场公共舆情危机",〈http://news.xinhuanet.com/comments/2011-09/15/c_122035896.htm〉,2013 年 6 月 1 日最后访问。

式是一种将权力的触角扩张至全景社会的枝丫脉络的权力完善技术、权力统御机制,权力的单向规训与定势生长而构筑的监狱群岛并不能突破时空的围城而自存。超级全景监狱模式维护了权力的弥散性,但颠覆了权力的中心性;迁延了权力的规训性,但僭越了权力的公共性,时空的界域区隔借助传播技术得以消弭,公私的领域两分借助身份重构竟然瓦解,信息技术与传播机制的深刻变革使其超脱了全景监狱的思想限囿,"今天的'传播环路'以及它们产生的数据库,构成了一座超级全景监狱(Superpanopticon),一套没有围墙、窗子、塔楼和狱卒的监督系统"㊽,"数据库的信息瞬息之间就可以流过全球范围的赛博空间,对人们实施监控。数据库无须任何狱卒的眼睛就能'审查'我们,而且它们的审查比任何人都更加准确、更加彻底"㊾,作为虚拟空间的信息载体的数据库,早已突破了其原本意义的技术机制而孕育、衍生出一种新型的权力机制。监视的触角往往无时不刻、如影随形,监视的对象往往无知无觉、心甘情愿,监视的过程往往无声无息、散在隐秘,超级全景监狱实现了权力机制的概念超越。如此,反观上文,笔者针对中国监狱的总体舆情环境,作为统领性、总括式、框架型机制推出了"全景监狱——共景监狱"代偿机制,则共景监狱与超级全景监狱如何相恰相和即成为一个意味深长的命题。在笔者看来,主体的多元性、监视的常态性、权力的规训性,是为款款曲通之处;然而即便如此,两者迥迥相异仍属颇多:言及空间地位,共景监狱具有一定的外显性,超级全景监狱具有更强的隐蔽性;言及系统属性,前者承继了全景监狱的权力中心性话语前提,后者则已倾覆了全景监狱的权力中心性立论基本;言及组织结构,前者透视出的是一种"点——面"策动的围观结构,后者映射出的则是一种"点——点"勾连的弥散结构;言及运行机制,前者仍属主体化运行机制,被监视者对处于被监视状态常常纯然自知,后者已为客体化运行机制,被监视者对陷于被监视状态往往浑然不知。在"全媒体时代",究其实质,超级全景监狱与共景监狱并不构成理论的根本悖反,两种话语体系的迥迥相异最深层的缘起恰恰即在于立论格局的广狭有别,易言之,两者并非处于同一层次的研究语境。超级全景监狱以数据库为描摹时空,为共景监狱的权力范式勾勒了宏阔的栖身寓所,共景监狱则专注于权力视点及其辐射周遭做微观的标本解构,并将其中深蕴的共景凝视主义原理放诸社会管理乃至国家治理的权力运行图式加以诠释解读;超级全景监狱更多志在权力监视规训机制的宏大一般叙事,共景监狱更多旨在权力监视规训机制的关系一般刻画。因而,两种话语体系均能立足自身基点而自洽,着眼彼此视域而相容。至于个别学者所谓"超级共景监狱"㊿一语,据笔者考究,与"共景监狱"并未见实质区分,自不赘述。

㊽ 〔美〕马克·波斯特:《信息方式》,范静哗译,商务印书馆2000年版,页127。
㊾ 〔美〕马克·波斯特:《第二媒介时代》,范静哗译,南京大学出版社2001年版,页98。
㊿ 吕怡然:"'超级共景监狱':无人能置身其外",载《青年记者》2010年第25期,页16。

云存储环境下网络存储服务条款问题分析

韩元牧　吴莉娟[*]

内容摘要：网络技术以及 SaaS 行业的发展给网络存储模式注入了新的力量，网盘公司雨后春笋般地发展速度表明云存储大大促进了网盘服务的发展。不过，在行业发展的同时，法律服务也应当与时俱进，成为行业发展的有力保障，否则，混乱的市场竞争环境下，一方面是抢夺客户的需求，一方面是用户无奈地抉择，这将严重阻碍行业的进步。无论对服务提供者而言，还是普通用户而言，合法、清洁、安全、稳定的环境是行业能够稳定发展的基础，法律服务的保障也应当成为行业发展的开路先锋。本文通过对国内外多家网盘服务公司服务条款的汇总、分析、整理，针对"用户上传内容的归属问题以及服务商使用内容的约定"、"关于著作权条款的约定的设置"、"网盘服是否务应当负有高于避风港原则的注意义务"、"云存储下的信息安全问题"的探讨，试图为云存储的服务条款设置提供一定的总结和建议，希望能够为云存储行业积极健康的发展提供一些法律方面的帮助。

关键词：云存储　网盘　SaaS　服务条款

Analysis on Issues with Related to the Terms of Service Regarding Web Disk under Cloud Storage Surroundings

Abstract: The development of internet technology and the industry of Saas have brought new energy to the mode of web storage. The rapid development of various web disk companies has demonstrated that the web disk service has been

---

[*] 韩元牧，北京务实知识产权发展中心研究员；吴莉娟，北京务实知识产权发展中心研究员。

greatly promoted by the cloud storage. However, it is well worth noting that while the industry is developing greatly, the relevant law issues should also be taken in to account, providing legal guarantee to the industry. Otherwise, under a chaotic market competition environment, both the requirement of struggling for users and the choice without alternation will at last severely hinder the progress of the industry. A legitimate, clean, safe and stable environment is the preliminary base for the sustainable development of the industry both from the aspect of the service providers and the aspect of the common users. The legal protection shall be serving as the pioneer in the meantime. This essay tries to summarize the provisions of terms of services with related to cloud storage by collecting, analyzing and summarizing the terms of services provided by several web disk companies both domestically and internationally, and conduct discussion on issue including the ownership of the contents uploaded by the users and provisions concerning the use by the ISPs, the provision of the copyright-related terms, whether the web disk providers shall be burdened with due diligence with a degree higher than when applying safe harbor principles, and issues related to safety in cloud storage. Some advice has been provided in order to promote the active and healthy development of the industry of cloud storage.

Key words: Cloud Storage; Web disk; Saas; Terms of Service

目前IT产业已经迎来移动互联网、大数据、云计算为代表的第三次革新浪潮。为了把握这一机遇，作为SaaS服务商一般所采取的策略为面向大型企业发展"私有云"平台解决方案，而面向小微企业，则发展"公有云"平台。通过云平台建设区别于以往软件销售的模式可以迅速推广并个性化、针对性发展客户。随着SaaS商业模式的发展，服务商的规模和用户的数量都达到了显著提升。以用友软件云平台为例，截至目前为止，用友公有云平台的总用户数已超过40万家，预计今年年底达到240万家、2015年超过1000万家。在传统的软件销售模式前提下，"以传统方式去实现这一目标不太可能"①，应用云计算、大数据、移动互联网等新技术，采取"平台化发展、产业链共赢"的新模式，才使这一目标的实现成为可能。用友软件股份有限公司高级副总裁郑雨林接受《第一财经日报》记者采访时预测，"三年后我们云业务的收入超过软件包的收入"，这更体现了SaaS模式所带来的商机。平台化的新模式，可以转变从软件开发、咨询服务到协助实施"一肩挑"的传统软件开发销售模式，通过SaaS模式可以使得研发

---

① "用友郑雨林：云业务三年后超软件"，〈http://finance.sina.com.cn/roll/20130502/013815323742.shtml〉，2013年5月2日最后访问。

团队聚焦于产品开发和行业解决方案以及后期业务的升级更新,并直接面向客户的终端需求,而将销售外包,从而简化了管理流程,提高了服务质量,增强了用户体验和最终收益。

笔者在 2008 年撰写的《SaaS 法律问题研究》一文中指出,SaaS 的类型一般包括系统型 SaaS、工具型 SaaS、管理型 SaaS。② 时至今日,随着网络技术的不断发展服务类型的不断创新,当时所指称的系统型 SaaS 时至今日已经难以发挥其创建时所要实现的目的,无论是从电脑、手机、平板电脑来看,操作系统仍然是以微软的 Windows、Linux、Unix、苹果的 ios 等为主,Andriod 等系统实际上仍然是 Linux 系统在手持设备上的版本,从某种意义上来说,并未出现系统型 SaaS 的用武之地。应当说,正如用友软件副总裁所表达的,区别于传统软件的销售和部署,管理型 SaaS 拥有太多的进步和优势,随着网络技术的不断发展,管理型 SaaS 不断的发展,在线 CRM、ERP 等 SaaS 软件模式必将取代传统的软件模式。

当然,这种类型的 SaaS 与普通用户之间的关系较为疏远,更主要被应用于企业的商业化使用当中。对于普通用户而言,在 IT 产业第三次革新浪潮中,最紧密相关又有突破性进展的 SaaS 服务模式应当说是在随着网络技术和大规模存储衍生出的网络存储模式(网盘),在 SaaS 模式下,即"云存储"。

一、网盘和云存储

网盘,又称网络 U 盘、网络硬盘,是由网络公司推出的在线存储服务。向用户提供文件的存储、访问、备份、共享等文件管理等功能,用户可以把网盘看成一个放在网络上的硬盘或 U 盘,不管你是在家中、单位或其他任何地方,只要你连接到因特网,你就可以管理、编辑网盘里的文件。不需要随身携带,更不怕丢失。网盘的原理其实就是网络公司将其服务器的硬盘或硬盘阵列中的一部分容量分给注册用户使用,因此网盘一般来说投资都比较大,所以免费网盘一般容量比较小,一般为 300M 到 10G 左右;另外为了防止用户滥用网盘还往往附加单个文件最大限制,一般 100M 到 1G 左右,因此免费网盘一般只用于存储较小的文件。而收费网盘则具有速度快、安全性能好、容量高、允许大文件存储等优点,适合有较高要求的用户。随着网盘市场竞争的日益激烈和存储技术的不断发展,传统的网盘技术已经显得力不从心,传输速度慢、容灾备份及恢复能力低、安全性差、营运成本高等瓶颈一直困扰着网盘企业。③

目前,我国常见的网盘有:百度云盘、酷盘、新浪微盘、360 云盘、盛大网盘(Ever-Box)、金山快盘、115 网盘、华为网盘、坚果云、搜狐企业网盘、千军万马网盘、迅载网盘、

---

② 韩元牧、吴莉娟:"SaaS 法律问题研究",载张平主编:《网络法律评论》(第 10 卷),北京大学出版社 2009 年版,页 109—111。

③ 百度百科:"网盘",〈http://baike.baidu.com/view/71279.htm〉,2013 年 5 月 2 日最后访问。

PocketDisk 启明网盘、163 网易网盘、126 网盘、139 邮箱网盘、网盘卡卡网盘、永硕 E 盘、纳米盘、TOM 网盘、uc 网盘、51 网盘、99 盘、凯备份、一木禾网盘，119 网盘等，有些是完全免费的，有些是收费兼免费的，用户可根据需要选用。部分网盘还提供了下载收益的功能，如千军万马网盘等。

国外及其他地区比较流行的网盘有：google drive 微软 skydrive、megaupload（已关闭）、box、opendrive、dropbox、diino、miroko（台湾地区）等。

从严格意义上讲，豆丁免费文档存储分享空间、爱问共享资料新浪提供的免费文件空间、百度文库等均应当视为网盘的一种，虽然他们主要是提供.txt、.ppt、.xls、.doc、.pdf 等文档格式文件的上传、存储与共享，只是文件格式和文件大小的限制，其技术形式仍然是可供分享文档的网络存储模式。

最新应用的云计算储存技术，为网盘行业带来了新的革命，传统的网盘将逐步被云存储取代。云存储是构建在高速分布式存储网络上的数据中心，它将网络中大量不同类型的存储设备通过应用软件集合起来协同工作，形成一个安全的数据存储和访问的系统，适用于各大中小型企业与个人用户的数据资料存储、备份、归档等一系列需求。云存储最大优势在于将单一的存储产品转换为数据存储与服务。在当前云存储环境下，对于网络视频，网盘还往往同时提供了云播放的服务。

从技术的角度来说，网络上有很多文章针对当前不同网盘提供的服务进行了全面的对比，一般来说，对比的要素集中于是否收费、存储空间大小、单个文件大小限制、存储文件类型、存储时间、传输速度、同时上传文件数量、是否允许外链、文件展示方式、搜索功能、文件权限设置、文件管理方式等。当然这些判断均是基于网络技术本身的技术划分作出的，并不涉及法律及信息安全的层面。

从笔者 2008 年撰写《SaaS 法律问题研究》一文时至今日，SaaS 已经发生了日新月异的变化，各种服务不断更新层出不穷。在这些广泛的变化之中笔者十分关注上述网盘到云存储的变化，尽管在 SaaS 之前网盘技术已经出现。但是，真正使网盘所代表的网络存储产生划时代意义的，是云存储的产生，进而在真正意义上促使便携存储从软盘、光盘、移动硬盘、U 盘（存储卡）等物理介质的存储模式，到网络存储模式的转变。而在这一过程中，最终网络存储代替 U 盘的意义，无异于 U 盘最终取代软盘，使无数软盘驱动器、软盘扔进了废纸篓。

网盘模式作为一种新型的产业模式的出现是和网络技术发展以及 SaaS 的发展分不开的。仅从服务形式上来看，早期 C/S 模式下的邮件服务及 FTP 等文件服务所实现的网络存储功能，从本质上讲与今天 SaaS 下的云存储是一致的，不过今天的云存储，从网页模式（或本地软件安装）、上传到云、到本地同步等与当年的服务模式的确有了长足的进步。

不过，从本文主要讨论的内容，即数据的使用、共享文件模式、信息安全等几个方面来看,传统的 C/S 模式与 SaaS 下的云存储存在较大的区别。

如,在传统的 C/S 模式下,主要由客户对信息的安全负担主要责任,当然服务端的一般性安全由服务提供商负责,由于 FTP 相对固定的网络地址与主机,因此其信息所上传到的位置基本由客户负责。这其中其实包涵了服务提供商的升级、更新、变更服务等内容,在这时候其实往往并不强调数据本身的安全性以及可复制性等,因为在这个阶段使用此类服务的客户主要为网络管理人员,其一般以一种技术服务本身的提供为前提,并不强调其中的法律保护。

在传统的邮箱模式下,通过邮件保存及共享文件的方法非常适合普通网民,因此其具有广泛的用户,在此种模式下主要由客户端通过密码的保密方式对邮箱中的内容负责。而网络服务提供商对服务器的升级、变更、调整等,基本上无须通过客户的同意,对内容的负责也主要是由服务提供商自行完成,客户本身对其并不负有管理的权利。

在目前的网盘模式下,实际上是给予了客户更多的选择。这种区别主要体现在如下几个方面:(1) 网盘模式取代的是 U 盘的模式,其覆盖了一种大众可以选择的移动数据存储方式;(2) 网盘模式区别于传统的邮箱方式,给予了用户更多的类型选择,例如,客户可以选择将部分文件共享,部分保密,部分用于办公环境等;(3) 网盘模式建立的基础在于云服务,客户将文件上传于云,而非固定的服务器,这与 FTP 模式存在较大的区别;(4) 文件本地同步及服务器间的共享传播。对于网盘模式的一大先进之处在于,用户通过公开文件地址的信息共享,这也大大促进了信息社会的发展。同时,本地文件可以上传或同步于本地,当然这和 DREAMWAVER 下的 FTP 文件同步,形式上是一致的,但是一般来说网盘除了首先本地上传以外,还可以选择网络直接向本地同步,这其中网盘的存储具有明显的优势。

在云存储环境下,仅就法律问题而言,数据的使用、著作权侵权的防范、信息安全等几个方面问题凸显出来。

二、用户上传内容的归属问题以及服务商使用内容的约定

关于用户上传内容的归属问题,作为谷歌公司提供的云存储服务,GoogleDrive 的服务协议条款从一开始便引起了国际社会的很大争议。由于谷歌公司在协议中直接规定了"当您上传内容或通过其他方式向我们的服务提交内容时,您授予 Google(以及我们的合作伙伴)一项全球性的许可,允许 Google 使用、持有、存储、复制、修改、创建衍生作品(例如,我们为了使您的内容更好地与我们的服务配合使用而进行翻译、改编或其他更改,由此所产生的作品)、传送、出版、公开演示、公开展示和分发此类内容。"此规定引起了国际社会各界的非议和广泛批评。迫于国际社会的巨大压力,谷歌公司在维持上述规定不变的前提下在协议条款中增加了关于内容知识产权归属的一些补充条款,即"我们的某些服务允许您提交内容。您保留对该内容持有的任何知识产权的所有权。简言之,属于您的依然还是您的。"

类似的情况是,微软公司在其 Skydrive 网盘服务条款中也存在类似的规定,即关于"我放入服务的内容归谁所有"的问题,微软在协议中声明"内容包括您上载到服务、存储在服务中,或通过服务传送的任何信息,如数据、文档、照片、视频、音乐、电子邮件和即时消息(下称'内容')。除了我方准许您并入您自己内容的材料之外(如剪贴画),我方不索求您在服务上提供的内容的所有权。您的内容仍是您的内容,您自行对其负责。此外,我方也不会控制、验证、担保您及他人在服务上提供的内容,或者为这些内容支付费用或对其承担任何责任。"

纵观世界各国的主要网盘,基本在其协议中都声明对于用户上传的内容由作者享有其著作权。但是这种规定与网盘服务商使用用户内容相关约定条款之间存在一定的矛盾之处,部分规定是否违反了《伯尔尼公约》及《著作权法》的一般性规定,值得商榷。

例如,上述谷歌公司在其协议中规定的,"当您上传内容或通过其他方式向我们的服务提交内容时,您授予 Google(以及我们的合作伙伴)一项全球性的许可,允许 Google 使用、持有、存储、复制、修改、创建衍生作品(例如,我们为了使您的内容更好地与我们的服务配合使用而进行翻译、改编或其他更改,由此所产生的作品)、传播、出版、公开演示、公开展示和分发此类内容。您在此许可中授予的权限,仅能用于运营、宣传和改进我们的服务,以及开发新的服务。该项许可在您停止使用我们的服务后依然有效(例如,您已添加到 Google 地图的商家信息)。某些服务可能会向您提供一些方法,用于访问和删除您提供给该服务的内容。此外,我们某些服务中的条款或设置还会收窄我们对提交至相关服务的内容的使用范围。对于您提交至我们服务的任何内容,请确保您拥有向我们授予此许可的必要权利。"

又比如,微软公司的服务协议中表明,"关于 Microsoft 如何处理我的内容?在您将内容上载到服务时,您同意我方可以适当地使用、修改、改编、保存、复制、分发和显示这些内容,其适当程度应是为了保护您以及提供、保护和改进 Microsoft 产品和服务而必需的程度。例如,我们有时可能会使用自动化的方法从电子邮件、聊天或照片中隔离信息,以帮助检测和防范垃圾邮件和恶意软件或者通过可使服务更易于使用的新功能改善服务。在处理您的内容时,Microsoft 将会采取相应的措施保护您的隐私。"

可以理解的是,作为网络服务商,对于存储于服务器终端用户内容,"持有"、"存储"、"复制"、"保存"、"分发"、"显示"等行为如果是基于对于相关信息的管理是可以理解的。例如对于存储于某一服务器中的用户信息,如果需要变更服务器,或者干脆机房所在地区或国家都发生了变化,正常情况来说,取得用户这种意义的许可是必须的,如果这是不允许的,则作为网络存储的正常业务都将无法开展。

此外,有条件的"使用"、"修改"、"改编"从理论上来说也应当是被允许的,例如微软公司所规定的"例如,我们有时可能会使用自动化的方法从电子邮件、聊天或照片中隔离信息,以帮助检测和防范垃圾邮件和恶意软件或者通过可使服务更易于使用的新功能改善服务。在处理您的内容时,微软将会采取相应的措施保护您的隐私。"包括文章格式、显示方式的调整、改编等也应当是普通用户在享受上述服务同时应当承担的必要的义务。如果没有这种默认的许可方式,SaaS 服务本身是无法实现的。

不过 Google 服务条款中所要求的"使用"、"修改"、"创建衍生作品"、"传播、出版、公开演示、公开展示和分发此类内容",应该说是基于 Google 服务的一些特定的需求,如 Google 为了使内容更好地与谷歌公司的服务配合使用而进行翻译、改编或其他更改,由此所产生的作品等原因。但是,这种规定的内容过于广泛,规定本身的合法性与合理性都值得商榷。这种规定给予了服务提供商过于宽泛的权利范围。如果服务商一旦突破了一般意义上对信息的管理,必然会侵犯到用户合法的权益。Google 服务条款还进一步规定,"该项许可在您停止使用我们的服务后依然有效(例如,您已添加到 Google 地图的商家信息)"。对于上述例如中的信息,由于本身具备商业使用的目的,对于经营者而言,该规定似乎并未侵犯到其利益。而相反,如果该信息作为保密的私人信息,则是否也可以作为其收集信息后使用的依据,应当引起重视。虽然从一般意义上讲,如在服务条款中规定了相对较为宽泛的用户许可,则对公司业务的开展来说是便利的,不过这种过分宽泛的约定也必然会造成普通用户的极力反对,这也是在 Google 服务条款出台后受到世界各界用户广泛质疑的原因。

例如,依据 google 服务条款的约定,"当您上传内容或通过其他方式向我们的服务提交内容时,您授予 Google(以及我们的合作伙伴)一项全球性的许可,允许 Google 使用、持有、存储、复制、修改、创建衍生作品(例如,我们为了使您的内容更好地与我们的服务配合使用而进行翻译、改编或其他更改,由此所产生的作品)、传播、出版、公开演示、公开展示和分发此类内容。"如果认为 Google 有权"使用"用户上传到 GoogleDrive 中的数据,则不仅可能会侵犯到作者的知识产权,还很可能侵犯到用户的隐私。如上传的作品中有作者拍摄的摄影作品、视听作品,撰写的文字作品等,Google 的使用行为很可能侵犯到了作者的著作权。如果上传的摄影作品、视听作品、文字作品中存在包涵了涉及作者隐私的内容,则这种使用将直接侵犯了作者的隐私权,而这种豁免却首先规定在了服务条款之中。如果用户不同意上述条款,其选择只能是终止服务。

从上述约定的内容来看,对于网盘模式下著作权默认的许可条款的设置是该行业赖以生存的基础,对于此类服务应当通过相关的法律、行政法规等规定加以明确,对具体的使用行为予以规范能够更加符合行业发展以及保护著作权人及普通用户的需要。如果仅由双方协议在霸王条款前提下进行极为笼统的规定,往往会直接侵害到处于劣势的作为普通用户的著作权人的利益。

从跨国公司的全球性规定来看,微软公司 skydrive 的服务协议相对是比较折中的,虽然其规定内容的本质与 GoogleDrive 没有本质区别,但其措辞和形式相对较容易被普通用户所接受,而 Google 的服务条款约定相对比较过分,将服务商的权利范围扩充地过于广泛,因此引起用户的强烈反对也是可想而知的。

相比之下,dropbox 网盘的服务条款设置相对合理,值得借鉴。在其服务条款的"你的资料和你的隐私"一节中规定,"使用我们的服务表示你已将你提交给 Dropbox 的信息、文件和文件夹(统称'你的资料')提供给了我们。对于你的资料,你保留全部所有权。我们不会向你索要任何资料的所有权。本条款不授予我们对你的资料或知识产权的任何权利,运行服务所需的受限权利除外,如下:我们可能需要你的信息以进行你委托我们利用你的资料去完成的事项,例如,托管你的文件,或者根据你的指令分享这些文件。这包括对你可视的产品功能,如缩略图或文件预览。还包括我们为从技术方面管理我们的服务而所做的设计选择,例如,我们如何对数据进行冗余备份以保证数据的安全。你仅给予我们为提供服务而进行的某些事项所需的许可。该许可还涵盖我们为提供服务而与之合作的受信任的第三方,如,为 Dropbox 提供存储空间的 Amazon(同样,仅限于提供服务之目的)。"

三、关于著作权条款的约定

从我国台湾地区及国外其他几家主要网盘公司的服务条款来看,网盘公司并未约定服务商对用户数据合法拥有"使用、复制、发行、存储、持有"等权利,而知识产权相关的条款设置集中于对用户上传数据不得侵犯第三方著作权的约定上,这与此类网盘公司对于侵犯著作权作品的免责声明是直接相关的。例如,关于第三人享有著作权的作品,台湾的 miroko"云端硬盘"有着明确的规定"您明瞭如未經他人合法授權或轉授權第三人使用、修改、重製、公開傳輸、公開播送、改作、散布、發行、公開發表他人之著作内容,您無任何權利擅自將該著作内容上載、傳送、輸入或提供至本服務上"。即普通用户无权上传他人享有著作权的作品,当然,这首先是服务提供者为自己免责的声明。再比如,从网盘的规定上来看,dropbox 公司的服务协议与台湾的 miroko"云端硬盘"是一致的。也是偏重于防范上传用户对第三方著作权的侵权行为。

从大陆的网盘公司来看,也存在类似的条款设置。比如,金山公司网络存储服务条款中约定,"用户所存储、发布内容均系其合法享有著作权的作品或依法取得著作权人授权的作品(及享有相关权益及第三方授权的其他内容);用户就该内容依法享有的著作权或使用授权能完全满足本网站规则对该内容加以使用";"您经由本服务存储、发布数字作品,完全是您而非金山的责任。金山无法控制经由本服务存储、发布数字作品,因此不保证存储、发布数字作品之正确性、合法性、安全性、完整性或品质",而并非强调对用户存储信息拥有使用、复制、发布、存储的权利。

对于知识产权及知识产权侵权的约定，华为网盘的条款是比较典型的大陆企业的条款设置方式，相对也较为全面。关于华为网盘自身涉及的知识产权："您和华为网盘双方理解并同意华为网盘为向您提供服务而开发或从第三方合法获得的技术成果或方案的全部知识产权，包括但不限于，商标、商号、原有的 DBank 网盘品牌以及华为网盘的平台、版面设计均归华为网盘或该第三方所有。未经华为网盘许可，您不得以任何形式对前述知识产权或其任何部分进行使用、修改等。您同意并保证遵守华为网盘的《法律声明》。"

关于用户上传内容的知识产权约定："除第 8.1 条规定外，您在华为网盘网中储存的任何作品，包括但不限于，图片、音乐、视频的知识产权归用户所有（'用户作品'）或第三方所有（'第三方作品'）。您保证对前述作品享有完全知识产权；如系第三方作品，您应当获得第三方的许可或未获得第三方许可但有权合法使用第三方作品。""除法律法规另有规定外，未获得第三方作品所有人的事先许可，您不得以任何方式使用第三方作品。如果华为网盘收到任何第三方作品所有人或其合法代表发给华为网盘的合理通知后，华为网盘有权移除相应侵权作品；您也有权对前述侵权指控提出反通知。通知与反通知的要求及模板请参考《通知与反通知》。"

关于造成的知识产权侵权问题："您在此保证，您在华为网盘网中储存的作品或第三方作品不侵犯任何第三方知识产权，包括但不限于商标权、版权和商业秘密。""若您在华为网盘网中储存的作品或第三方作品导致第三方主张前述作品侵犯其知识产权，您应当负责处理前述第三方的权利主张，承担由此招致的全部费用，包括但不限于律师费和侵权赔偿，并保证华为网盘不会因此而遭受任何损失。您同意，若发生上述侵权行为，华为网盘有权移除上述侵权作品。"

从国内的其他几大网盘服务公司的服务条款来看，除表达方式的区别基本约定与其相同。主要在于通过约定，排除自身的侵权责任。当然，微软公司的服务条款与谷歌公司的服务条款均是在其广泛服务下的笼统性约束，相比较而言，单纯提供网络存储服务的公司的条款则更倾向于对第三方著作权侵权时的免责约定。

不过对于这些网盘公司，由于他们并未规定享有对用户上传内容的"持有、保存、复制、修改"等约定，这从某种意义上避免了自己对著作权侵权承担相应的责任。对于 GoogleDrive 和 Skydrive 来说，如果他们有权对用户上传的内容复制、发行、修改、使用等权利，而用户上传的文件本身即是侵犯他人著作权的作品时，则作为服务提供者则同样应当承担侵权的风险。当然，为了避免这一风险，微软公司在 Skydrive 服务条款中同时规定"如果您使用或共享服务上的内容时，侵犯了他人的版权、商标、其他知识产权或隐私权，则视作您违反本协议。您表示并保证在本协议的有效期内，您拥有（并将一直拥有）您上载到服务或在服务上共享的内容的所有必要权利，并且对这些内容的使用（如本段落所详列）不会违反任何法律。"当然 GoogleDrive 中并未存在类似的规定,所面临的上述法律风险还是存在的。从服务条款的设置而言,明确用户上传数据内容涉嫌侵犯第三方权益的约定是必需的,否则服务商将面临共同侵权的风险。在明确上述约定的前提下,对于网盘服务商而言只需依据避风港原则承担通知删除义务即可。不过在实践中,由相同或不同侵权人多次对同一作品的重复侵权,是否应当由网盘服务商负担更高的义务,或者基于原有的权利人通知,可以认为,某类作品明显存在侵权的情况下,是否应当由网盘服务商负担更高的注意义务则值得关注。

四、网盘服务是否应当负有高于避风港原则的注意义务

这一问题的产生源于百度文库案的判决结果,不过这种约定本身除了避风港原则的适用外,是否降低了网盘服务商的注意义务也是一个值得关注的问题。

2011年消费者权益保护日上,慕容雪村、刘心武等五十位著名作家联名《3·15中国作家讨百度书》,指控百度文库未经授权收录相关作家的全部作品并免费对用户开放。2012年9月17日,作家维权联盟告百度文库案最终经北京市海淀区人民法院一审尘埃落定。此次诉讼共涉及14个案件,其中7起被驳回,另7起案件中,法院将百度文库的行为定性为"消极等待权利人提供正版作品或通知"而非侵权行为,共判令百度向版权方补偿损失14.5万元,韩寒获赔8.38万元。而作家维权联盟此前提出"关闭百度文库"诉求被驳回。④

该案是国内影响力最大的一宗涉及互联网的著作权侵权纠纷案,其对于网盘服务提供商是否适用避风港原则以及负有何种程度的注意义务在一定程度上作出了回复。其一,百度文库适用"避风港原则"。所谓"避风港原则",即在发生著作权侵权案件时,当ISP(网络服务提供商)只提供空间服务但并不提供作品内容,如果ISP被告知服务内存在侵权,只要及时删除相应侵权内容,ISP就无需承担侵权责任。其二,对于知名度高的作品,百度文库负有更高的注意义务,亦即"红旗原则"的适用。这也正是百度公司在本案中需要承担法律责任的依据所在。法院认为,百度公司在人工审核此前有过侵权纠纷的作品时,应负有比一般文档更高的注意义务,应有合理的理由知道该文档侵权,因此存在主观过错。

在百度文库案的审理过程中,原告方始终坚持百度公司的行为明显不应适用"避风港原则",并指出,在作家联名声讨百度之后,李彦宏表示将在3天内删除未授权的文学类作品。此后,百度文库删除了约280万份侵权文学作品。但所称的1700多万份文档里,仍有大量非文学类的侵权图书,数量远远超过文学类图书的品种。市场上绝大部分非文学类图书仍然处于被侵权状态。同时,他们还主张援用"红旗原则",即,如果侵权的事实显而易见,就像是红旗一样飘扬,服务商就不能以不知道来推脱责任。

---

④ "作家维权联盟诉百度文库案宣判:获赔14.5万元",〈http://tech.163.com/12/0917/14/8BK22QE2000915BF.html〉,2013年5月4日最后访问。

在这样的情况下,不移除链接的话,就算权利人没有发出过通知,也应该认定这个设链者知道第三方是侵权的。而我国的《信息网络传播权保护条例》和《侵权责任法》均有相关规定,即网络服务商必须"不知道也没有合理的理由应当知道"盗版的存在,才能获得"避风港原则"的庇护;反之,网络服务提供者知道网络用户利用其网络服务侵害他人民事权益,未采取必要措施的,与该网络用户承担连带责任。⑤

笔者认为,百度文库案是法院在权衡互联网服务提供商、版权方和社会公众利益的后的结果,对于网盘服务提供者也具有借鉴意义。云存储环境下的网络服务是互联网产业发展的一个趋势,仅仅从著作权角度出发,对网盘服务商或类似百度文库之类的网络服务提供商施以严格的义务,完全排除"避风港原则"的适用并不现实,也不利于互联网产业的发展。但与此同时,我们还应考虑著作权人的利益,避免互联网服务提供商以"避风港"之名,行"盗版"之实,进而导致"避风港原则"成为"盗版的避风港"。毕竟,《著作权法》的第一个立法宗旨是"保护文学、艺术和科学作品作者的著作权,以及与著作权有权的权益"。在此,我们认为,至少对于三类上传到网盘或文库的作品,相关服务提供者应当负有更高的注意义务,即:知名作品,已经经过通知—删除程序删除后又再次出现的盗版作品,以及在接到通知后,未能全部删除或采取措施避免相关章节再次上传的作品。

此外,Megaupload 网站被关闭的案件中控方的主要观点也显示出网盘服是否务应当负有高于避风港原则的注意义务。Megaupload 是美国著名在线网络硬盘服务商,总部设于中国香港,最高能支持上传 1GB 大文件,保存时间为 3 个月,是欧美使用人群最多的网站。2012 年 1 月 19 日,美国司法部以拥有大量的侵犯著作权文件为由,强制关闭网站。而新西兰警方更拘捕网站的 37 岁德国创办人。

在起诉书中,控方表示,"Megaupload 网站使用一种全面的移除方法来辨认儿童色情内容,但没有把这种方法应用在移除侵权的内容上。侵权的用户的账户并没有被封禁,而且被告没有做显著的努力来辨认那些用 Mega 系列网站来侵犯版权的用户,或是防止用户上传侵权内容,抑或是辨认受版权保护的内容的侵权副本。"从上述控方的主要观点可以看出,对于可能存在的明显侵权行为,网盘服务商应当提供一定的辨识与防范侵权措施,而这种措施实际上是可以实现的。"没有做显著的努力来辨认那些用 Mega 系列网站来侵犯版权的用户,或是防止用户上传侵权内容,抑或是辨认受版权保护的内容的侵权副本。"这种行为更倾向于判断为侵犯著作权的行为,而不是更倾向于仅承担避风港原则中的通知删除义务。

当然,个别网盘的约定又矫枉过正,如果按照约定执行实际上很可能已经侵犯了用户的合法权益。例如,金山快盘服务条款中约定"金山对于您使用本服务所存储、发

---

⑤ "百度文库侵权案个人意见",〈http://wenku.baidu.com/view/6f83cb641ed9ad51f01df2bd.html〉,2013 年 5 月 4 日最后访问。

布的数字作品不承担任何审查或保证责任,您承诺您使用本服务完全合法且不侵犯任何第三方的合法权益,如您使用本服务违反法律规定或侵害到其他人合法权益导致任何第三人提出索赔的,均由您独立承担全部法律责任。金山接受您提交内容之行为均不得视为金山对该内容的认可。""如若金山有理由认为您使用本服务之行为违反法律规定或有任何第三方告知金山您使用本服务之行为侵犯其合法权益的,金山有权在不预先通知您的情况下立即屏蔽或者删除相应内容,并暂停或终止您使用本服务的全部或部分,即便您使用本服务发布之内容有可能最终未被有管辖权的司法机构认定为非法或侵犯任何第三方的合法权益。"

五、云存储下的信息安全问题

实际上,从网络服务创建之处,信息安全问题就伴随而生。随着邮件服务、文件服务等 C/S 模式服务的建立,越来越多的普通公众参与到网络活动中来,账号、信息的安全问题日益凸显。这种倾向从网盘服务创建之处便应运而生,不过由于初期的网盘,无论从存储空间的大小、文件数量、传输方式等与今天 SaaS 模式下的云存储都不能同日而语。

伴随着现在的云存储服务,越来越多的个人信息,如文档、数据、照片、视频等均可以通过网络方式存储,而且方便地为朋友提供共享。而在原有的邮件服务、FTP 服务、主机服务等环境下,并不需要对普通用户的文件存储承担更重的责任。大部分文件的传递、拷贝、存储等还是通过物理介质为前提下的 U 盘、光盘、硬盘等实现的。这时的信息安全首先是由用户对物理介质本身的安全保存为前提的,传统的存储模式下,网络服务商并不介入其中。而网络存储模式的便捷化最终会取代以物理介质为前提的传统存储模式,而这种突破性进步的同时,首先面临的就是个人信息的安全性问题,其所涉及的个人信息越来越多,这就为存储信息的使用和安全提出了更高的要求。

云存储下的网盘模式与传统的存储模式的最大区别在于,网盘可以不依托于物理载体,只要有接入终端(如电脑、手机、平板电脑等)输入用户名密码即可。缺点是,通过网络接入即存在如下三种风险:

(1)密码丢失的风险;

(2)服务器端、云端存储的风险(这其中一般包含两个层面的风险:a. 服务器被黑客攻击的风险;b. 云端管理员泄密的风险);

(3)网络传输过程的风险。

这三个方面构成了云存储下信息安全的主要风险。从信息安全的角度来看,这也是网络存储所面临的主要问题。

从各网盘的服务协议来看,对于因密码安全性造成的数据安全问题,实际上均是由用户自己负担。如酷盘的服务条款中规定,"您通过创设密码保护您的账号,您应当对密码的保密负责。如果您在网吧或其他公共领域使用账号,您应当在退出时确保您的信息不被后来使用者获取。酷盘会努力采取合理的防范措施保护您的信息、账号等,但酷盘无法保证前述信息的安全性。未授权的登陆或使用、硬件或软件的故障、以及其他因素均可能在任何时候危及您的信息的安全性。"同时,对于除对自己的责任,协议中还规定"请妥善保管您的账号及密码,本人或他人利用其账号和密码进行的一切行为,若因您未妥善保管账号及密码而给酷盘及第三方造成损失的,您应当全权承担因此而给酷盘或第三方造成的损失,并消除影响。"

又比如,百度云盘的条款中规定,"基于以下原因而造成的利润、商业信誉、资料损失或其他有形或无形损失,百度云服务不承担任何直接、间接的赔偿:用户资料遭到未授权的使用或修改;及其他与百度云服务相关的事宜。由于用户授权第三方(包括第三方应用)访问/使用其百度云服务空间的内容所导致的纠纷或损失,应由用户自行负责,与百度无关。"从上述这些约定可以看出,网盘服务商不仅通过协议条款的设置免除了因自己原因造成的数据安全责任,而且对用户负有的数据安全义务给予了过高的要求。

更有甚者,金山快盘的相关条款的设置则更为极端"您经由本服务存储、发布数字作品,完全是您而非金山的责任。金山无法控制经由本服务存储、发布数字作品,因此不保证存储、发布数字作品之正确性、合法性、安全性、完整性或品质。"如果网络存储完全不保证安全性,用户是否还能选择这种存储方式,对于行业的发展来说,过分降低服务商的责任的约定本身实际上也不利于整个行业的发展。

对于网络存储可能面临的三方面风险来说,纵观主要网盘中对于安全性的约定,除部分约定中明确涉及"密码丢失的风险"外,当然这种丢失风险结果的承担者还是被现定于用户。对于云端存储的风险及网络传输过程的风险,服务器被黑客攻击的风险往往是作为免责条款,网络接入过程的风险往往被作为用户接入过程中产生的,而服务实际上是从服务端接入后开始的,而不是从用户的终端开始。对于云端管理中存在的风险一般是只字未提。就目前的服务条款约定而言,服务安全性的要求实际上是非常之低,以至于基本由用户完全负责,而服务商除了帮助提供安全稳定的平台环境的义务外,对数据安全完全不负责任。这种方式在服务创建的初期尚可以理解,不过随着云存储服务的规模化和常态化,将对服务本身的性能提出越来越高的要求,对于服务商来说,如果不能够提升数据安全管理方面的服务,必然无法逃脱被淘汰的命运,毕竟云存储是作为 SaaS 服务的一种形式,服务应是其提供的第一要务。由此,在服务范围的界定、云端管理规范、用户安全保障、黑客攻击防范等方面,服务条款中也应当给予明确的规定。

总之,网盘公司雨后春笋般地发展速度表明云存储给网盘服务带来了巨大的商机,大大促进了网络存储服务的发展。而这些发展的背后,除了技术的不断创新之外,法律服务的保障也应当成为行业发展的开路先锋。无论对服务提供者而言,还是普通用户而言,合法、清洁、安全、稳定的环境是行业能够稳定发展的基础,而随着云服务产业的发展,对这些的要求也日益深化。本文所选取的法律服务条款是目前较为关注的几个领域,当然诸如服务协议版本升级的约定、管辖选择条款的设置等问题也是实践中较为重要的法律问题,限于文章的篇幅,笔者将在以后的文章中继续探讨。

专利确权案件中的网络证据真实性认定

朱 茜*

内容摘要：在涉及网络证据的专利确权案件中，真实性认定是难点和争议焦点。目前《专利法》及其《实施细则》和《审查指南》均没有对网络证据的审核认定作出特别规定，专利复审委员会在实践中一般是从网络证据的特点出发，结合双方当事人的证据提交情况和相关经验法则，综合判断作出认定。本文在对网络证据特点进行分析和比较法研究的基础上，运用实证分析的方法，对目前的审查实践中网络证据真实性的审核认定方法进行梳理并给出法理分析，旨在为建立适应我国专利确权案件审查需要的网络证据法律制度提供参考。

关键词：专利确权 网络证据 真实性

The Authenticity of the Network Evidence in the Patent Right Verification Cases

Abstract: In the patent right verification cases which relate to the network evidence, the identification of the evidence's authenticity is the focus and difficulty. But at present there aren't special provisions about this question in the Patent Law or the relevant rules or the Guidelines for Examination. In practice, the objective and impartial verification stems from the understanding of the characteristics of that kind of the evidences, the submitting of the evidence, and the rule of thumb. And in the future we should build the legal system of the network evidence applicable to

---

* 国家知识产权局专利复审委员会审查员。

needs on the basis of both learning foreign instance of legislation and summing up the examination experience step by step.

Key words：patent right verification；network evidence；authenticity

前言

随着互联网技术的蓬勃发展,互联网承载的技术信息也呈爆炸式增长,在专利确权案件中,网络信息作为现有技术证据已成必然,并发挥举足轻重的作用。

《专利审查指南》(下称《审查指南》)在现有技术部分规定了存在于互联网或其他在线数据库中的资料可作为专利法意义上的公开出版物①,2012年8月31日修改的《民事诉讼法》在第63条中将"电子数据"作为一种新的法定证据形式加入,电子数据即电子证据,其可归结为以电子、电磁、光学等形式或类似形式储存在计算机中的信息作为证明案件事实的证据资料②,网络证据是电子证据重要的组成之一。

然而对于此类证据的具体审核认定标准,目前我国并未以成文法的形式明确,即使仅从专利确权案件的角度考察,《专利法》及其《实施细则》以及《审查指南》也没有对此问题给出明确的规定和指引。本文旨在为建立适应我国专利确权案件审查需要的网络证据法律制度提供参考,文章第一部分对专利确权案件中网络证据的特殊性予以归纳;第二部分为比较法研究,对相关专利大国网络证据审核认定的立法实践及其利弊得失进行对比分析,为建立我国网络证据法律制度立法模式提供经验借鉴;第三部分利用实证分析方法,围绕网络证据特殊性,通过三则案例展现目前专利复审委员会对专利确权案件网络证据真实性审核认定的方法和标准;第四部分结合第三部分的审查实践展开有针对性的法理分析,以期为建立专利确权案件网络证据法律制度提供理论依据;最后一部分总结全文,提出我国专利确权案件网络证据法律制度的立法设想。

一、专利确权案件网络证据之特殊性分析

在谈及特殊性之前须明确的是,网络证据作为法定证据形式之一,其证明责任分配和证明标准以及证明方法等问题当然应遵循传统证据规则的规定;而作为信息技术发展的产物,由于与传统证据在产生、获取、保存、再现等方面存在差异,网络证据又必然具有其特殊性。

---

① 参见《专利审查指南2010》,知识产权出版社2010年版,页154。
② 在本次《民事诉讼法》修改之前,电子证据在法律上如何定位存在争论,主要的观点有视听资料说、书证说、物证说、混合证据说曁独立证据说等,鉴于电子证据在表现形式、真实性判断和证明力等认定上存在诸多不同于传统证据形式之处,因此本次《民事诉讼法》将其作为独立的证据形式。参见奚晓明主编、最高人民法院民事诉讼法修改研究小组编著:《〈中华人民共和国民事诉讼法〉修改条文理解与适用》,人民法院出版社2012年版,页131。

（一）从专利确权案件的特点着眼，真实性是案件争议焦点

专利确权案件中，一方面《专利法》要求现有技术或现有设计在申请日以前在国内外为公众所知③，基于公开的要求，一般不会出现窃取等非法取得方式，通常不会出现证据的合法性问题；另一方面，请求人通常经过检索找到与本专利相同或最接近的现有技术用于比对，因此在专利行政确权案件中鲜有以不具备关联性为理由对证据进行排除的情况发生。

由此可见，专利确权案件中证据的真实性④是证据认定过程中的审查重点。同时，由于网络证据（电子证据）所依赖的计算机系统或其他系统容易受到攻击、篡改且不易被发觉，电子证据本身容易遭受修改且不易留痕，所以对于网络证据（电子证据）来说，证据是否具备真实性的问题最显特殊。⑤因此真实性问题的研究对于网络证据（电子证据）亦具有特别意义。⑥

可见无论从专利确权案件特点出发，还是从网络证据的证据资格的角度，此类证据真实性均是不容忽视的重要问题。所以无论是理论上还是实践中，均是争议焦点和难点。

（二）从网络证据本身的网络属性着眼，应以"两分法"看待其真实性

有学者认为，网络证据的根本特点在于，数字性所导致的修改不留痕迹，当人为因素或技术故障因素介入时，构成网络证据的二进制代码序列可以被修改和删除，由于网络证据在计算机系统中使用电、光、磁等介质作为信息载体，修改和删除这些载体上的信息时不会留下任何痕迹。故如果没有有效的管理手段和技术手段，一般人很难发现对网络证据是否经过修改或删除。⑦

也有学者认为，确实有些电子证据（这里当然包括网络证据）容易被篡改或删除，更多的电子证据则难以被篡改或删除（或者说对其任何的篡改、删除痕迹都能够被轻松地通过技术手段捕捉到）。⑧由于案件中出现的网络证据往往与其初始的物理载体相分离，并且在形成的过程中会留下其他的痕迹，如被网络爬虫的时间快照、为网站服

---

③ 参见《中华人民共和国专利法》第 22 条第 5 款和第 23 条第 4 款。
④ 网络证据另一个审查重点是公开时间，对于互联网信息的公开时间，根据审查指南的规定，公众能够浏览互联网信息的最早时间为该互联网信息的公开时间，一般以互联网信息的发布时间为准。参见《专利审查指南》(2010)第四部分第八章第 5.1 节，知识产权出版社 2010 年版，页 421。通常情况下，互联网信息的发布时间会显示在该网页上，因此如果一份网络证据没有载明或不能明确其公开时间，会被决绝作为证据使用；而网页载明发布时间的，如果能够确定网页全部内容均为真实可靠，则其公开时间同时也能得到确认，本文正是针对这种情况展开讨论。
⑤ 参见刘品新：《中国电子证据立法研究》，中国人民大学出版社 2005 年版，页 192。
⑥ 参见何家弘：《电子证据法研究》，法律出版社 2007 年版，页 115。
⑦ 参见张鹏："无效程序和司法程序中如何认定网络证据的真实性"，载《中国知识产权杂志》2010 年第 10 期，页 62。
⑧ 参见何家弘、刘品新：《证据法学》，法律出版社 2011 年版，页 188。

务器的日志文件记录等,这就使得网络证据的客观性增加。⑨

可见,网络证据既具有由于易被修改且不易察觉所导致的脆弱性,同时也具备相当的安全和稳定性,在对网络证据真实性进行分析判断时,这两点都是不可忽视的。

二、专利确权案件网络证据真实性认定之比较法研究

由于互联网技术在全世界范围的迅猛发展,各国的专利审查机构均已接受互联网信息作为现有技术(现有设计)证据的法律资格,并在审查实践中摸索、确定出各具特色的网络证据审核认定原则和标准。

(一)日本和韩国关于网络证据真实性认定之实体法规范

日本和韩国均在其专利法中对网络证据的法律地位进行确认,特别是韩国,还以行政法规的方式对于具体的审核认定标准进行了列举式的规定。

日本早在1999年即在《特许法》中认可了网络证据作为现有证据的法律地位,《特许法》第29条第1款第3项规定:发明在专利申请提交前在日本国内或其他地方散发的出版物中描述的,或者在这些地方的一般公众通过电信线路可以得知该发明,不能授予专利权。⑩日本特许厅颁布了相关操作指南(《将互联网公开的技术信息作为现有技术的操作指南》)对网络技术信息作为现有技术进行引用的具体条件进行了规定,对能提供可信度较高("极少怀疑成分")的网站进行了非穷尽式的列举,例如已长期发表出版物的出版商的网页、学术机构、国际组织或者公共组织的网页等。⑪

韩国在其《发明特许法》中网络证据的法律地位给予了确认,《发明特许法》第29条第一款第2项规定大统领令⑫中规定的网站("电气通信回线")发布的内容可以作为现有技术⑬,《特许法施行令》从运营主体的角度明确了上述网站的范围,列举了各级政府或国际机构、国立或公立学校、研究机关或者经特许厅长指定并公告的以提供专利信息为目的的法人等主体运营的网站。⑭ 韩国特许厅、韩国特许审判院以及韩国特许法院均是遵循上述法律规定对网络证据的真实性和公开时间进行认定。

---

⑨ 参见冯树杰、崔国振:"依据网络证据认定网络公开问题探析——以一则专利无效宣告案件为例",载《知识产权》2011年第5期,页71。

⑩ 〈http://www.wipo.int/wipolex/en/text.jsp?file_id=187386#LinkTarget_1941〉,2013年3月11日最后访问。

⑪ 〈http://www.jpo.go.jp/tetuzuki_e/t_tokkyo_e/Guidelines/2_5.pdf〉,2013年3月11日最后访问。

⑫ 韩国最高行政部门制定颁布的法令,相当于我国的行政法规,后文提到的《特许实施法令》即属此列。

⑬ 〈http://www.kipo.go.kr/upload/en/download/PatentAct.pdf〉,2013年3月11日最后访问。

⑭ 〈http://www.kipo.go.kr/upload/en/download/PatentAct_Decree.pdf〉,2013年3月11日最后访问。

(二) 欧洲专利局关于网络证据真实性认定的规定

欧洲专利局并没有对互联网信息作为现有技术的法律地位给予明确规定,但也从未在欧洲专利公约和EPO审查指南中对其进行过排除,实际上,欧专局一直允许审查机构和当事人引用互联网证据作为现有技术。2009年第8—9期的官方公报发布了《关于引用互联网文献的通知》,该通知客观、详尽地从多个角度对网络证据的审核认定进行了指导,从而进一步表明欧专局对网络证据作为现有技术的肯定和重视态度。

在该通知中,对于互联网公开的现有技术的公开时间、证据规则、举证责任以及互联网信息真实性的判断等问题均进行了说明,指引性和操作性极强。例如,通知指出,对每一份证据都要根据其在具体个案中所评估的证明力来对其给予合适的评价;在许多情况下,互联网公开物包含明确的公开日期,通常认为该日期是可靠的。通知还认为,尽管互联网公开物的公开日期和内容的证明力得到无条件的承认,但其可靠性程度也必然会有所不同,并对时下主要互联网公开形式的可靠程度进行了概括,例如对于审查员而言,科技类出版商发行的在线技术性期刊的可靠性高,此外其他与"印刷等同"的出版物,例如报纸或期刊的出版人、电视台或无线广播电台、学术机构、国际组织、公共组织和标准化组织等一般能够提供可靠的公开日期;并指出当事人在异议程序中所提交的互联网公开物的公开日期的评估原则与审查过程中使用的原则相同,并尤其要对网络证据的提交时间和提交该证据的当事人的利害关系加以考虑。[15] 该通知体现了欧专局在专利授权和确权阶段对网络证据完全接受的态度,并观点鲜明地提出了对于网络证据的认定须根据个案具体情形加以考虑。

(三) 美国专利商标局关于网络证据真实性认定的规定

美国并未在专利法中对互联网证据进行任何特别的规定,美国专利商标局在《专利审查程序手册》(MPEP)中明确了包括在线数据库或者互联网公开,如果可为相关文献所属领域的人员获得,则可以认为属于公开出版物,即在法律地位上将互联网证据作为出版物公开的一种形式,借用出版物公开的判定标准来判断互联网证据,同时考虑互联网证据特有的其他因素。[16] 但是该意见仅从网络证据的公开时间的角度进行了简单的引导,并未在其他细节内容上给出统一规范。此外,美国专利商标局还发布了《互联网使用政策》,对互联网检索操作步骤、检索策略以及文献的引用等内容给出了指导性的意见。[17]

从上述资料可以看出,各主要专利大国对于网络证据在立法模式和具体规范方面存在一定差异。

首先,各国对于网络证据进行规定主要是授权阶段的互联网检索和文献引用的角

---

[15] 〈http://archive.epo.org/epo/pubs/oj009/08_09_09/08_4569.pdf〉,2013年6月1日最后访问。

[16] 〈http://www.uspto.gov/web/offices/pac/mpep/s2128.html〉,2013年3月11日最后访问。

[17] 〈http://www.uspto.gov/web/offices/com/sol/notices/fr990621.htm〉,2013年3月11日最后访问。

度出发,除了欧专局通知在其最后一段明确了当事人在异议程序中提交证据的评估原则与审查过程中使用的原则相同外,对专利确权程序当事人提交的证据的认定均没有提出特别规定。这一方面是由专利授权案件和确权案件的数量比例决定的,同时也体现了授权和确权程序在网络证据认定问题上没有原则性差别。

其次,实体规定方面,多数国家选择从互联网信息内容的可信度或可靠性角度对网络证据审核认定进行规定和指导,指出何种互联网信息可被认为是可靠的,而区分可靠性的最基本标准则为信息提供者的性质,或者说发布相关信息的网站运营主体的情况。

最后,从立法形式上讲,目前主要存在两种形式,一种是在上位法,如专利法或其实施细则中勾兑网络证据认定规则进行规定,这以日本和韩国为代表,另一种是欧洲和美国为代表的,在专利行政机关的审查指南或其他规范性法律文件中对网络证据的审核认定规则作出具体规定。

在效力层级较高的行政法规中对网络证据法律地位予以明确的做法对案件的裁判者和当事人有更为明确的指引,能够更好地引导当事人正确搜集和提交证据,也有利于裁判者的审核认定,同时,对于专利行政机关和法院之间的判断标准一致性更有促进作用。但同时,由于互联网信息内容繁杂、形式多样,上位法难以做到面面俱到,因此在使用过程中难免陷入法律规定或缺失或僵化的困境,特别是在仅从网站性质或运营主体角度进行区分和列举的情况下,互联网的纷繁芜杂导致许多网站的性质难以界定,因此实践中此类规定很难不遭到突破。

相对而言,在审查指南或者专利审查机构的其他规范性文件中对互联网证据的使用进行解释规定的做法显得更为灵活,由于各国专利局发布的此类规范性文件一般均处于开放和动态环境中,修订程序灵活,可根据现实情况和需要进行修正,因此其内容针对性更强,同时也则赋予了审查人员更高的灵活性。在这方面,欧专局"通知"的发布是较好的范例,其发布后很大程度提高了引用互联网证据的操作性,在给予专利审查人员一定程度自由裁量权的同时,也促进了专利授权和确权程序审查标准的一致性,并节约了程序。而其不利之处在于,由于上述对网络证据作出规定的法律文件效力层级和适用范围的限制,法院对行政机关发布的此类规范性文件并不适用,这也为行政机关和法院之间意见不一致埋下伏笔。

三、我国关于网络证据真实性认定的审查实践

(一)相关背景

在专利确权案件审查审理中,网络证据通常以如下形式出现:无效宣告请求人为证明某技术或设计的内容已经于涉案专利的申请日之前在互联网上公开,会将刊载该现有技术或现有设计的网页打印件提交专利复审委员,并通过对获取该网页的操作过程进行公证保全的方式证明其真实性。

对于此证据,专利复审委员会的态度经历了一个转变的过程。网络证据作为新生事物出现伊始,出于对这一新证据形式的审慎态度,在这一时期,即使经过公证保全的网络证据,专利复审委员会通常也会认为公证书仅能证明公证当时网页上的情况,由于网页极易修改且修改不留痕迹的特性,在没有其他佐证的情况下,并不能证明公证日之前乃至申请日之前网页的情况。而作为后续司法审查机关的人民法院,也持基本相同的意见,即对单一的网页打印件,认为其内容的真实性不能确认,通常不予采信。[18]

但是,随着互联网的普及与信息刊载量的剧增,无效宣告案件中网络证据所占比例不断增加,网络证据在专利确权案件的现有技术证据中占有越来越重要的地位;同时理论和实务界对于包括网络证据在内的电子证据的研究如火如荼地展开,并取得了丰富的研究成果,特别网络证据真实性"两分法"的观点逐渐被各方所认可和接收,以往对网络证据真实性"一概不认"的处理方式不再适应理论研究的进展和审查实践的需要,专利复审委员会和人民法院对网络证据逐渐转向更加开放的态度。

由于《专利法》及其《实施细则》以及《审查指南》均未对网络证据审核认定作出明确规定,在实体法缺位的现实情形下,专利复审委员会在审查实践中,通常是根据个案证据提交情况并结合经验法则和相关因素作出综合判断。

(二)从三则案例看网络证据真实性争议焦点

鉴于网络证据的虚拟性以及容易修改且不易留痕的特点,实践中,在无效宣告请求人提交了网络证据证明现有技术或现有设计时,专利权人一方通常会以该网络证据不具备真实性进行抗辩,甚至提交反证来证明网页由请求人伪造或者内容经过修改以支持其主张。

1. 案例一

在某外观设计专利无效宣告请求案中,请求人提交公证书在本专利的申请日之前,分别在"网易论坛"等三家网站上公开了与本专利外观设计相同或相近似的外观设计,因此本专利不符合《专利法》第 23 条的规定。公证书记录了公证员使用公证处电脑登录互联网、检索并保存、打印相关网页的过程,并附相关网页。专利权人认为,请求人提交的公证书只能证明在公证当时存在上述网页,并不能证明在本专利的申请日之前存在上述网页,请求人提交的用于证明先公开的公证书记录不详,对保全步骤记录不连续,而且网页打印件的页面下端任务栏显示在保全过程中还打开了其他网页,但却没有记录该网页打开的情况,因此主张敢在现有设计的页面早已打开或存在,并认为请求人可能并未点击真实网页而是点击进入其自己制作的网页;此外专利权人还提交反证试图证明可通过一系列操作伪造出同样的网页并进入,从而对网络证据真

---

[18] 例如专利复审委员会第 6596 号、第 7810 号、第 7811 号无效宣告审查决定,(2005)一中行初字第 395 号、(2006)高行终字第 245、504、505 号判决书。

实性提出异议(以下称案例一)。[19]

2. 案例二

在另一则无效宣告请求案中,请求人提交的公证书,其公证内容是对互联网上有关网页进行证据保全,包括:网址为中关村在线的相关网页,其刊载的文章对某款机箱进行了介绍,并附照片,显示时间为"08年05月29日",作者为"中关村在线 范会文",同时还显示针对该文有15条评论,其最晚一条评论时间为"06—02 00:19";以及新浪网相关页面,有一篇与前述中关村在线页面文章标题及内容均相同的文章,显示时间为"2008年05月29日06:07",作者为"中关村在线 范会文",并在口头审理过程中进行了当庭演示。请求人认为,该公证书记载了公证员登录中关村在线、新浪科技时代网站等搜索到与本专利外观设计基本相同的电脑机箱面板的事实,所述网站中相关信息上传日期均在本专利申请日之前,可证明与本专利产品相同、基本相同的产品已于本专利申请日之前公开,因此本专利属于现有设计,不符合《专利法》第23条的规定。专利权人认为,口头审理现场演示显示的公开时间年份为"2008",而公证书中相应显示为"08",并且目前显示增加了"06:07"时间,而公证书中无该时间显示,同时公开时间与作者和责任编辑等文字内容的前后顺序发生了改变,由此可证明证据1网页内容可以编辑,不具真实性;对于证据1中新浪网刊载的有关文章,其与中关村在线文章之间的转载关系不清楚,存在形式上矛盾,因此对该网络证据的真实性不予认可(以下称案例二)。[20]

3. 案例三

在另一则无效宣告请求案中,请求人提交了经公证的网络证据,其中记载了登陆中国义乌小商品团购网的网站,相关网页上显示某图片的发布日期为2007年7月11日,该日期在本专利申请日之前。专利权人认为对该网络证据的真实性不予认可,认为公证书仅能说明在进行公证时网页上存在显示产品图片,并不能证明申请日之前已有网页存在,而且结合提交的反证能够证明该网站上信息发布日期任何人都可以修改,尤其是该网页的会员和有计算机技能的人均可以修改,因此不能说明该网站网页上的发布日期就是该产品的实际公开日期,反证显示,进入同一网站,对专利权人发布的信息的发布日期进行了修改,重新登录后,该网页上图片发布日期即发生了改变,以此证明该网页的发布日期任何人均可修改(以下称案例三)。[21]

可见,在涉及网络证据的专利确权案件中,即网络证据是否为伪造、其内容是否经过修改等有关网络证据真实性的问题,是案件当事人双方的主要争议焦点,由此对网络证据真实性的审核认定成为定案的关键因素。

---

[19] 参见专利复审委员第17978号无效宣告审查决定。
[20] 参见专利复审委员会第17103号无效宣告请求审查决定。
[21] 参见专利复审委员会第15568号无效宣告请求审查决定。

（三）证据认定

案例一中，专利复审委员会认为，反证只能证明采用其所记载的步骤可以通过自制网页获得与公证网页完全相同的结果，但不能证明请求人在公证过程中执行了与反证记载的步骤相同的操作，专利权人对网页为伪造仅是猜测，并未提供确实的证据；公证书在其"现场情况记录"部分中载明操作员只是在搜索之后进行了点击和浏览的操作，而没有执行反证中相关的操作，因此在专利权人没有提出足以推翻该公证书内容真实性的相反证据的情况下，认可该公证文书的真实性。[22] 在后续的司法审查过程中，法院与专利复审委员会持相同的意见。[23]

案例二中，专利复审委员会认为，请求人提交的网页经过公证，且口审当庭已进行了演示，证明该网页真实存在；请求人提交的网页分别出自国内知名网站"中关村在线"和"新浪网"，作为国内知名网站，其网站管理、数据操作的规范性应予认可，在无相反证据证明的情况下，应认定其网页内容未被任意修改，具有真实性。虽然专利权人指出时间格式和文字顺序的细微差别，但这只是显示格式问题，并可得到证明，从而对其真实性予以确认。[24]

案例三中，专利复审委员会认为，该中国义乌小商品团购网属于商业网站，知名度也不足以认定为信誉高的网站，且有证据证明商家或信息提供者能够自行修改商品信息，因此该网站提供的信息发布日期具有一定程度的不确定性，从而无法确信相关网页的发布时间是真实可靠未经修改的。[25]

四、网络证据真实性认定之法理分析

在我国，证据真实性可从两方面进行考虑，首先，为形式真实性，其作为证据资格之一，要求用于证明案件事实的证据必须在形式上是真实的，若完全虚假或者伪造则不得被采纳，也即证据的客观性标准；其次，为实质真实性，指证据在实质上的真实程度，即可靠性大小，属于判断其证明力的标准。[26] 在大陆法系，证据资格问题属于单纯的法律问题，应由法律作出较为严格的限制和规范，而证明力问题，一般交由法官、陪审员等依据经验、理性和良心加以自由评判，证据法一般不做限制性的规定。[27]

对于电子证据，作为证据资格的真实性标准亦指形式上的真实性，即用于证明案件事实的电子证据必选在形式上或表面上是真实的，若弯曲虚假或者伪造则不得被采纳。证据的证明力大小取决于确实性与充分性，其中确实性标准也称可靠性标准，是

---

[22] 参见专利复审委员第17978号无效宣告审查决定。
[23] 参见北京市第一中级人民法院（2012）一中知行初字第2288号行政判决书。
[24] 参见专利复审委员会第17103号无效宣告请求审查决定。
[25] 参见专利复审委员会第15568号无效宣告请求审查决定。
[26] 参见何家弘、刘品新：《证据法学》，法律出版社2011年版，页117。
[27] 参见陈瑞华：《刑事证据法学》，北京大学出版社2012年版，页77。

指证据的实际可靠程度,即一种实质上真实性标准,同时判断电子证据证明力的难题,此外,由于电子证据运作的特殊性,他往往还会涉及是否完整的情况,即若某一电子证据在形成后遭受过增加、删减、亦会影响其证明力。[28] 网络证据作为电子证据的一项重要组成部分,也具有上述电子证据的特点。

笔者认为,对于网络证据真实性的审核认定,亦可从两个层次进行理解和分析,首先形式上的真实性强调该网页是客观存在的,并非当事人为了行政确权或诉讼目的所伪造;而实质上的真实性,即证明力的高低,强调的则是该客观存在的网页上所刊载的所有信息是否真实可靠,是否经过变造或者修改。

(一)形式真实性的认定

1. 判断方法

形式真实性,即一份网络证据是否客观存在、是否为伪造这一层面真实性,实践中专利复审委员会通常是通过合法有效、记载了该网络证据的保全步骤和过程的公证文书进行确认。[29]

通常认为,合法、有效的公证文书通常被认为是比其他证据效力更高的证据。目前,对于网络证据保全公证文书,审查时主要关注该公证书是否对保全过程全面完整记录,是否体现该网络证据来源并载明相关时间等,而瑕疵往往出现在进行保全的计算机是否处于公证人员控制之下、计算机硬盘的清洁度、保全操作主体、以及公证书是否对登录网址、网页下载以及打印的全过程进行详细的记录等方面。

2. 法理分析

《民事诉讼法》第69条规定,经过法定程序公证证明的法理事实和文书,人民法院应当作为认定事实的根据,但有相反证据足以推翻公证证明的除外。《审查指南》规定,一方当事人将公证文书作为证据提交时,有效公证文书所证明的事实,应当作为认定案件事实的依据,但有相反证据足以推翻公证证明的除外。[30]

根据上述规定,当一方当事人提交了经过公证保全的网络证据打印件,除非另一方当事人能够提交充分的证据证明该经保全的网页为伪造,否则该网络证据的形式真实性应得到确认。

但是,鉴于网络的虚拟性特点,同样的网页可能通过不同的路径生成和再现,甚至可以将事先伪造的网页保存于本地硬盘或链接到其他网址,因此,并非经过公证保全的网页的形式真实性都能直接确认。例如,如果公证书记录的保全过程是在公证处以

---

[28] 参见刘品新:《中国电子证据立法研究》,中国人民大学出版社2005年版,页196—201。

[29] 实践中也有通过现场演示的方式进行证明的情况,但公证保全是目前最主要、使用最多的方式。

[30] 《审查指南》在其第四部分第八章关于无效宣告程序的证据问题相关章节中规定,无效宣告程序中有关证据的各种问题,适用本指南的规定,本指南没有规定的,可参照人民法院民事诉讼法中的相关规定。参见《专利审查指南(2010)》,知识产权出版社2010年版,页416。实践中,专利复审委员在处理无效宣告请求案件时在证据的审查认定过程中多是参考民事诉讼法以及相关证据规则进行操作。

外的地点进行,或者公证人员在进行保全操作之前没有对电脑是否连接到互联网、电脑硬盘是否清洁进行检查,抑或进行保全操作的人并非公证处的公证人员而是利益相关者,再或者公证书没有对保全操作过程——特别是其中的关键步骤——进行完整连贯的记录,都可能导致公证书存在一定程度的瑕疵,而对方当事人往往也会依据上述理由提出该网页并非真实存在于互联网、存在伪造嫌疑的抗辩。

但是,考虑到网络证据的公证保全在我国仍处于普及阶段,鉴于相关人员对于网络证据的特点以及公证程序的了解程度以及代理水平的限制,在保全过程中不周全的情况难以完全避免,因此对于有瑕疵的公证文书也不宜采取一概拒绝的态度,需要具体分析。

3. 案例回顾

在上文提到的案例一中,专利权人对网络证据真实性的质疑在于形式真实性层面,笔者认为,专利复审委员会主要基于两方面原因没有支持专利权人的主张,首先,虽然请求人提交的公证书存在瑕疵,网页下方显示还打开了其他窗口,但是公证书对于现场情况和操作步骤的记录翔实完整,操作步骤之间连贯衔接没有明显遗漏;其次,专利权人的证据并不能证明请求人在公证过程中执行了与反证中的操作。可见,保全步骤及其记录的规范、完整对于网络证据形式真实性的确认具有重要的意义,同时对于公证书中存在的瑕疵,也需要结合案件情况具体分析。

(二)实质真实性的认定

网络证据的形式真实性得到确认后,接踵而至需要考虑的是,由于网络证据具有易被修改且不易察觉的特性,因此严格来说,保全公证之前乃至申请日之前网页的情况、以及网页是否遭到过修改等实质真实性层面的问题,公证书是无法涵盖的。下文对于网络证据实质真实性的认定进行分析。

1. 判断方法

网络证据的实质真实性,即网络证据的可靠程度,是判断证据证明力的难题。网络证据在形成后是否遭到过修改——例如网页上显示的发布时间经过修改、或者网页中的文字或图片曾被替换等——直接影响其证明力。如果能够证明一份网络证据遭到修改的可能性极低,则该网络证据的证明力强,反之如果有理由认为或证据证明网络证据遭到修改的可能性非常高,该网络证据的证明力则会大打折扣。

专利复审委员会在认定网络证据的实质真实性时,通常首先考虑的是双方当事人提交证据的情况。在无效宣告请求人以公证书的形式证明了网站上记载的产品信息或技术信息在涉案专利申请日之前发布的情况下,一般认为请求人已完成了初步的举证责任。如果专利权人认为该网络证据是伪造的或经过篡改的,则应由专利权人承担证明该网络证据是伪造或经过篡改的证据,即专利权人的举证责任在于,证明请求人具备对作为网络证据载体的网页进行修改的动机和技术可行性。[31] 在证明标准方面，我国的民事案件适用优势证明标准[32]，在解决网络证据是否经过修改的问题时，也应采用优势证明标准形成心证。[33]

2. 法理分析

（1）证明责任和证明标准的适用。

第一，需要明确的是，网络证据作为一种法定的证据形式，其作用在于证明案件事实（主要事实或要件事实），而并非案件事实本身。[34] 讨论网络证据内容是否真实可靠，是否经过修改变造，目的在于确定该证据的证明力。

第二，证明力是指证据能够证明案件事实的证明程度，主要通过经验、逻辑等自由心证确认，但同时也存在需通过某些事实来加以证明的情况。

第三，从理论上来讲，用于证明证据能力或证据力的事实是辅助事实。虽然间接事实和辅助事实也存在着真伪不明的问题，但是对间接事实和辅助事实不适用证明责任的概念，当间接事实和辅助事实真伪不明时，不适用证明责任，即在不能证明其存在时就假定或拟制该事实的不存在，从而承担不利的后果。[35]

但是，笔者认为，鉴于审查实践的特别需要，当网络证据的证明力取决于网页是否经过修改，即在网络证据"是否经过修改"成为必须解决的争议焦点时，或可将该问题作为案件裁判过程中一个相对独立和完整的子集，将网络证据的真伪假定为证明对象，即待证事实，参照举证责任分配和证明标准来帮助评判。

（2）证明责任分配适用之合理性分析。

通过举证责任分配和证明标准确定网络证据真实性之合理性可以从三个方面进行理解：

首先，任何事实，特别是当事人双方存在争议的、处于真伪不明状态的事实，都不可能跳过证明过程直接确认。同时，作为间接事实的文书真实性问题，亦可适用证明

---

[31] 参见张鹏、冯术杰："专利无效宣告案件中，网络证据的真实性和公开时间的认定"，载《证据学论坛》，法律出版社 2011 年版。

[32] 参见《最高人民法院司法解释小文库》编选组编：《行政诉讼证据司法解释及相关法律规范》，人民法院出版社 2002 年版，页 42。

[33] 同前注[31]。

[34] 笔者认为，这此处的案件事实或者说主要事实在新颖性创造性的场合应为案件中最终被采用的用于比对现有技术，在外观设计的场合应为最终被采用的用于比对的现有设计，而证据真实性的问题即使存在不同理解，仍限于广义的证据资格和证明力问题。

[35] 参见张卫平：《民事诉讼法》，法律出版社 2009 年版，页 204、212。

责任,即文书真实性㊱处于真伪不明的状态时,也同样存在由哪一方当事人加以证明,没有证明时,即假定文书的非真实性。㊲而事实上,辅助事实与间接事实之间往往并无严格的界限,辅助事实往往包含实体内容,当辅助事实直接关涉主要证据或唯一证据的证据能力或证明力时,应当采取严格证明,经双方当事人质证。㊳因此在网络证据真实性这一辅助事实的成立与否取决于"修改"事实成立与否的情况下,类比间接事实的例外情形,应当可以将其作为证明对象,通过分配证明责任和设定证明标准的方式对其真实性作出认定。

其次,从事实推定的角度加以分析,当请求人一方提交记载了相关技术信息的网页证明某现有技术或现有设计的成立及其内容时,根据一般经验和技术常识可以推定该网页记载信息为真实可靠的,可认为现有技术成立。但由于事实上的推定是建立在盖然性基础上的,如果对方当事人可提出充足的证据证明网页内容被修改的可能性极大从而该证据可靠性低,则之前推定的事实不再成立,该网络证据的实质真实性无法得到确认。

最后,从本质上说,证明力判断属于自由心证的基本内容,多数情况下要求裁判者按照良知、理性及经验法则进行判断,其中经验法则亦属于事实范畴。鉴于网络证据相对于传统证据形式所具有的特殊性,其内容真实可靠性以及某类信息遭到修改可能性高低的判断一定程度上要依赖于对相关互联网技术知识和运行规律的了解和熟悉,而上述内容可视作某种专门性的经验法则。通常认为,专门性的经验法则属于专门领域的特别经验,不为领域外的一般人所知悉或理解(例如各种互联网信息的性质及其形成、存储、传送与接收方式,各类网站的运行方式和管理模式等内容),因而提出相关主张的当事人需要对其进行证明。因此当事人主张和证明相关网页是否能够被任意修改的行为既可以看做对辅助事实的证明,亦可看做对互联网领域专门经验法则的证明,而裁判者亦根据其知悉的相关专门经验法则,结合证据作出判断。

(3)证明标准。

在将网络证据是否经过修改的问题作为专利确权案件裁判过程中一个独立子集的情况下,设定证明标准的现实意义在于:需要证明到何种程度方可被认为网页"经过了修改"或"未经修改"。

互联网技术专家往往认为,在穷尽一切技术手段的情况下,所有的信息都是可以被修改的,甚至可以不留任何痕迹地修改,但这只是从纯技术角度作出的极端论断。

㊱ 广义上讲,书证不仅包括打印、书写于纸张上的文字记录,照片、录音录像资料、记载于计算机磁盘等电子介质上的数据电文均可以归属于书证的范畴。参见奚晓明主编、最高人民法院民事诉讼法修改研究小组编著:《〈中华人民共和国民事诉讼法〉修改条文理解与适用》,人民法院出版社2012年版,页126。在本次民事诉讼法修改之前,理论界对于电子证据的定位存在争议,书证说亦是其中主要观点之一。

㊲ 参见张卫平:《民事诉讼法》,法律出版社2009年版,页212。

㊳ 参见江伟主编:《民事证据法学》,中国人民大学出版社2011年版,页117。

笔者认为,应从"两分法"的角度出发,认可大部分互联网信息所具有的安全和稳定性;至于证明标准,并不要求当事人必须证明至某一网络证据是否确实曾被修改或未被修改的程度(事实上也难以证明),而是应着重考虑该网络证据内容经过修改的可能性,即呈现在裁判者面前的网页内容在多大程度上是真实可靠的。

3. 经验法则或其他考虑因素

前文述及,专门领域的特殊经验法则作为证明对象,可通过当事人双方主张和举证进行证明。随着互联网技术和应用的广泛普及、网络证据在专利确权案件中的大量涌现、以及专利复审委员会和人民法院案件处理经验的不断积累,关于网络证据的特性以及互联网技术知识和运行规律等专门知识已逐渐从其出现伊始的专门科学领域的特殊经验法则向一般经验法则过渡,同时案件裁判者在运用上述专门经验法则时,也不再拘泥于仅通过当事人主张和证明的方式,而是参照日常生活经验、商业交易习惯等一般经验法则对互联网基本知识和运行规律等经验法则进行运用。

例如本文第二部分比较法研究中提到,许多国家的网络证据审核认定规则中都按照发布信息网站的运营主体性质来区分网站信息是否可靠,即对互联网运行规律等相关经验法则的总结和运用。

可见,经验法则的运用在网络证据真实性认定过程中具有重要作用,鉴于此本文对已为审查实践所接受的常用经验法则做一梳理。

(1) 网站概况。

通常,政府网站、学校和公立研究机构、规模较大信誉较高的商业网站、信誉较好的上市公司企业等主体负责运营的网站,由于公信力高、管理规范,所刊载信息被随意修改的可能性较低,因而具有较强的可靠性,证明力较高;而一些规模较小,信息的发布比较随意的行业网站或商业网站,网站运营者对网站上刊载信息的监管程度低,发布的信息被修改或删除的可能性大,因此证明力低。在目前的审查实践中,专利复审委员会在判断修改可能性时,网站的运营主体是也重要的考虑因素,这既是对他国审查经验的借鉴,同时也体现出对相关经验法则的运用。

除运营主体外,网站的运行模式和管理体制、网站服务器的管理方式等,对其发布信息的可靠性也具有影响,判断时可通过对具体情况的调查了解并结合证据进行判断。

(2) 利害关系。

基于无效案件的当事人属性,作为网络证据信息来源的网站与当事人之间是否存在利害关系也是判断证据真实性时需要考虑的重要因素,如果网站与当事人之间存在合作、管理、赞助等利害关系,则该证据的证明力低。

(3) 日志文件。

网站系统日志文件记载网站服务器上进行的所有操作,可通过调取网站系统日志的方法证明网络信息是否经过修改,对于一般当事人来说,能够对系统日志进行篡改的可能性微乎其微,因此日志文件的证明力极强,如果当事人提交网站日志文件,则该网络信息的真实性能够得到确认。但同时也应看到,日志文件的查询在技术上虽能够做到,但实现起来步骤相当繁琐,而且除了公安机关在相关案件中有权调取外,一般当事人很难获得,因此可操作性较低。

(4) 第三方证据。

第三方或者网络提供商提供的证据亦可作为考虑因素,例如知名电商淘宝网作为网络提供商,在产生纠纷时,可对阿里旺旺聊天记录中的信息提供云端校验,由专业技术人员对记录进行技术鉴定,数据如果遭到篡改均能够被发现。知名度较高的大型电商网站通常被认为是具有高的安全性,特别是能够与支付平台产生联系的相关信息,其可信度较高,以支付宝为例,其虽为电商企业,但拥有网上银行运营牌照,因此理论上讲,如果认可网上银行的安全性和信息真实性,则与支付信息相关联内容的真实性能够得到同样信任。

(5) 检索入口。

在验证网络证据的真实性以及公开性时,应通过有公信力的搜索引擎,如百度、谷歌等,搜索到的相关网页,其可靠性应比在浏览器窗口中直接键入某网址得到的网页的可靠性更高,因为直接键入的网址有可能属于孤立链接,通常是用于传递私密信息而点对点传播的,不能通过搜索引擎搜索到,一般认为不构成公开,信息真实性也无法保证。

4. 案例回顾

在案例二中,专利权人虽主张网页内容被修改,但并未提供充分证据,就网站情况而言,"中关村在线"和"新浪网"其均为国内知名度较高的网站,规模较大,管理规范,且没有证据证明其与请求人具有利害关系,因此,请求人擅自对网页内容进行修改的可能性较低。

而案例三中,"义乌小商品团购网站"属于一般商业网站,知名度低,同时专利权人提交了充分的证据证明该网站上的信息被修改的可能性极高,因此该网页中记载内容的真实性和可靠性较低。

五、结语

网络证据是伴随着互联网技术的发展应运而生的一类新型证据,随着互联网技术在全球的发展和普及,仅从专利授权确权的角度讲,网络证据已成为世界各国专利从业者都必须面对的共同课题。

目前我国尚未为以成文法的形式对网络证据真实性认定作出明确规定,审查实践中对于网络证据的形式真实性,一般借助对公证保全方式并通过对公证文书内容的核查进行确认;而实质真实性即证明力,则根据双方当事人提交证据的情况,结合相关经验法则进行综合判断。然而,由于明确规则指引的缺位,实践中遇到疑难或处于模糊地带的问题时,往往由于缺乏法律依据而难以达成明确和统一的结论,这种困境不仅存在于行政程序,也表现在行政与司法程序的衔接与协调之中。因此,需要建立符合我国专利审查(特别是专利确权案件审查)实践、形式合理、内容科学的网络证据审查标准和制度,为网络证据真实性判断提供明确的法律依据。

根据上文分析,笔者提出如下设想:在我国《民事诉讼法》确认了电子证据的法律地位的基础上,采用合理立法形式对网络证据的审核认定进行规制。立法形式可一定程度参照日韩,在上位法如专利法或其实施细则中对网络证据的法律地位予以确认并进行原则性规定,同时借鉴欧洲和美国的处理方式,在动态的审查指南或专利行政机关发布的其他规范性文件中对审查实践给予具体明确的指引;在实体内容方面,可参照欧洲专利局的做法,对网络证据的证据规则、举证责任等作出具体规定并且根据相关经验法则对各主要互联网公开形式的可靠性程度进行概括。以此方式取长补短,有机配合,逐步形成专利确权案件中,既满足行政机关的具体审查实践需要、同时有助于司法审查的参考和适用,促进行政程序和司法审查程序顺利衔接、保证实体判断连贯性和一致性的网络证据法律制度。

网络市场中的商标政策研究

刘 媛[*]

内容摘要：互联网深刻地改变着社会结构。市场经济中，网络市场呈现出比传统市场更为优良的自我调节机制。广泛的参与者，强大的网络外部性，商标作用增加，经营和侵权成本降低，市场失灵因素发生变化等都是它的突出特点。但是新的市场失灵仍然要求必要时政府进行干预，其中司法可以被纳入广义的政府干预之中。所以网络市场中的商标政策，应是"市场为主，政府为辅"，充分发挥商标的市场效率调节作用。

关键词：网络市场 网络商标 政府为辅

On Establishment of Trademarks on the Internet Policy

Abstract: The Internet has changed society structure deeply. In market economy, online market has better self-control mechanism comparing with the traditional market. Its characteristics include more participants, stronger network externality; more important role trademarks will play better externality, lower cost of business and infringement, and the changes of market failure. But new market failure still calls for the government intervention. Judicature can be included in it in a broad sense. So when establish the policy of trademarks on the internet, to let trademark's function of adjusting market's efficiency do better, we should agree that "market first, government second".

Key words: online trademarks; online market; online trademarks; govern-

---

[*] 西南政法大学博士研究生。

ment second

近年来,备受争议的网络商标纠纷不断涌现,标准不一的司法判决和学者们针锋相对的论述,使我们迷失在个案的繁杂纠缠中。商标在网络环境中表现出一系列新的利用方式,对传统商标制度造成了挑战。从本质上看,商标是市场交易的产物,回顾商标法的产生和演进,其与市场的进化几乎同步。基于此,一条研究网络商标政策的路径呈现出来,即一般市场造就了当前商标制度,与之相比的网络市场有诸多不同特点,我们就应当在变化了的市场环境中来探讨问题。从宏观上重新审视和考量网络环境中的商标政策,以期为网络参与人和裁判者提供一个明确的指引的同时,促进网络经济的发展和整个社会的进步。

一、网络市场概述

一种较为普遍的观点认为科学技术的发展对著作权和专利权制度的影响更大,商标制度受到挑战似乎小很多。现在,在网络域名和万维网出现后,科学技术对商标制度的影响改写了这样一种历史判断。①

网络市场是以互联网为平台发展起来的交易市场,通过网络完成全部交易或部分交易的市场。与传统市场交易相比,网络市场的特点如下:

(一)广泛的参与主体、增强的网络外部性增强

从 2000 年至 2011 年,全球互联网用户数量翻了 5.9 倍。② 全球互联网用户总数达 21 亿。③ 网络市场中参与度之高,跨越度之广,是传统市场所无法比拟的。网络的规模越大,网络外部性的作用就越明显。网络外部性是指,当消费同样产品的使用者的人数增加时,某一使用者消费该产品所获得的效用增量。④ 网络外部性并不是互联网专用的词汇,却在互联网上展现得淋漓精致,网络把传统市场中无法相互交流的个体联系在一起,庞大的网民群体不断增强着网络外部性的力量。网络外部性发生的变化为我们在网络环境下确定恰当的商标政策提供了理论思路。

根据网络外部性的理论,消费者的效用和收益取决于购买同样产品的其他人的数

---

① Robert P. Merges, *One Hundred Years of Solicitude*: *Intellectual Property Law*, *1900—2000*, 88 Calif. L. Rev. 2187, 2206 (2000).
② 互联网实验室:《2011 中国互联网生态报告》,〈http://www.chinalabs.com/html/jiaodiandaodu/20111207/41956.html〉,2013 年 6 月 1 日最后访问。
③ 中文互联网研究中心:"Pingdom:2011 年全球互联网产业发展状况报告",〈http://www.199it.com/archives/22641.html〉,2013 年 6 月 1 日最后访问。
④ Katz Michael L. and Shapiro Carl, *Network Externalities*, *Competition and Compatibility*, American Economic Review, 1985, pp.424—440. 转引自韩耀等:《网络经济学:基于新古典经济学框架的分析》,南京大学出版社 2006 年版,页 49。

量,如果这个数量不断增加,单个消费者所获得的收益就越大,他也就很难放弃现有的收益而转向其他的同类产品,由于增加的转移成本,这种放弃既可能是消费者主观上不想,也可能是客观上已经不能,如此消费者就被锁定(lock in)了。消费者在参与这类网络活动时往往产生一种路径依赖,即对网络商品的需求和放弃依赖于过去的消费者对该商品的购买决策。这种网络外部性在软件、网络游戏、第三方支付、社交平台等领域体现得最为突出。如果他人侵犯这类商标权,若不及时制止,一旦形成规模,恐怕侵权人还会"名正言顺"地分得商标权人市场的一杯羹,甚至得到用户的同情。如几年前发生"彩虹 QQ"案,"番茄花园"案,近来的网络游戏纠纷等,侵权方都已经掌握了相当数量的固定用户。网络外部性经过前期漫长的形成过程,有达到临界容量之后,带来效用爆炸性地增长。所以是否越过临界点,成为很多互联网公司收回前期投资和继续发展的关键。侵犯这类商标干扰了网络外部性的扩大,严重时使他们的前期的投资和积累功亏一篑,负面影响极大。

(二) 商标在网络市场中的作用增加

商标指示来源的功能在网络中发挥着比平常更重要的作用。互联网中的商标就像"路标",被包含在域名、链接、加框、关键词、字串中,指引着访问者,通过这些方式决定网上的信息流被导向或被引离某网站。而信息流具有经济价值,因为广告收入和网上销售直接或间接地依赖于网站的访问量。⑤ 可以说在互联网中,流量就是血液,哪里有流量,哪里就有财富。所以规范商标使用,就是在合理分配财富。

商标在网络市场中的作用增加,源于消费者网络购物行为的变化。大多数学者都赞同商标法是以保护消费者为中心的法律,那么,考量这种变化将有利于我们把握在网络环境下商标保护的力度和广度。

消费者的购买行为模式是:引起需要——寻找信息——评估方案——决定购买——购后感受。商标在各个环节都起到一定作用,区别只在于程度大小不同而已。在起初的"引起需要"中,除了实际生活真正所需以外,以商标为主要载体的商品广告也能唤起消费需求。同时随着某些商标已经演变成象征社会地位的符号,对这种商品的需要已经超越了物质需要,而是精神上满足感和成功感的需求。"需要"产生之后,消费者就开始寻找商品信息,此时商标起到了缩减搜索成本的作用,它们力求在众多竞争者中脱颖而出,指引消费者的选择行为。如果"引起需求"环节中精神需求占首要位置,消费者就直接根据商标的指引购买早就中意的商品。除了非某一品牌不买的人以外,大多数消费者随即根据搜寻到的信息对多种候选商品进行质量评估。但是在社会分工细化和复杂化的今天,消费者普遍不具有辨别商品质量的专业知识,尤其是对于那些技术含量较高的商品,无奈只有转向负载着商品声誉的商标。网络交易的非实

---

⑤ [美]伊恩·C.巴隆:《电子商务与互联网法(第 1 卷)》,张平等译,中国方正出版社 2005 年版,页10。

物性,致使消费者更加依赖商标,商标就此发挥起其质量保障功能。评估结束,消费者作出购买决定,购后感受成为下次购物的经验,同时通过BBS、社交网络、网络问答、购物网站等各种平台分享购后感受,把对商品的评价传播出去,又进一步影响潜在消费者的购买决策,同时也反馈给生产者。至此,一个购买行为就结束了,我们可以看到商标在其中起到了多么重要的作用。有人甚至提出商标已经成为一种安全符号,没有商标的商品无法给消费者带来安全感。由此可见,保护商标,尤其是保护网络环境中的商标权,对于无法切实掌握商品真实性状的消费者而言,意义是非常重大的。

(三)外部性增强、经营和侵权成本降低

由于复制、链接等技术应用的零成本,网络市场本身具有的外部性更显著。个人或企业可以轻松地享用他人商标带来的正外部性,如某知名平板电脑的配件提供商,几乎可以零成本地享有该品牌良好的商誉,大大节省了广告宣传费用。同时他人对商标使用产生的负外部性,也能很快地对商标权人产生不利影响,例如,搜索引擎服务商提供的竞价排名服务被商标的非权利人利用,导致商标权人的网站流量和产品销售量急剧下降。外部性增强使网络上侵犯他人商标的危害也随之扩大,网络侵权行为的危害,远远大于街头巷尾便利店的侵权影响。

网络市场经营成本降低,也意味着更低的侵权成本。目前网络上侵犯商标权形式多种多样、非常猖狂。抢注域名、竞价排名、复制、链接的方便,使侵权更加简单,甚至有侵权人只开个网站挂上并不存在的商标权人的产品,就开始招摇撞骗。他们还采用换马甲的形式,"打一枪换一炮",一旦有消费者投诉,就关闭网站另起炉灶。由于这些空壳网站几乎没有固定财产,权利人在诉讼中进行财产保全和财产执行时常常困难重重。侵权成本低与维权成本高形成鲜明对比,为了保证维权收益,权利人只得选取那些财力雄厚的大型互联网公司进行,使小规模的侵权更加肆无忌惮。

(四)市场失灵发生变化

导致市场失灵的因素有信息不对称、公共产品供给不足和垄断等,网络市场中,部分因素呈现变化或减弱趋势。

第一,信息不对称此消彼长。信息越透明,市场这只"看不见的手"的功能就发挥得越好。网络逐渐改变了市场的阶梯形结构,其扁平化的趋势令生产者与消费者更加贴近,网络经济中,不仅厂商和消费者占有信息的数量呈现出对称性趋势,而且信息流动方向也出现了对称性。⑥ 中间商的结构也随之发生变化,各方主体都可以直接对话。消费者与生产者的互动增加,形成正反馈效益。⑦ 一个真实的例子,某厂家生产的女式皮鞋时尚优质,在淘宝网上销售,但是白色鞋跟容易显脏,买家纷纷把该缺点向店铺反

---

⑥ 张静敏:《互联网络的经济学分析》,中国金融出版社2010年版,页67。

⑦ 正反馈是指受控对象对失控主体的反作用,是将有关系统实现状态的信息经过一定转换后输送回系统的输入端,以增强输入信号效应的过程,系统显示出明显的自增强特征。

映,厂家收到反馈后随即调整颜色,皮鞋更加畅销,市场运行更加有效,这样的事情每天都在发生。再如对于信息技术类产品,大多数商家还免费提供试用版、试玩版、体验版等,让消费者完全了解产品后再做购买决定,这种营销方式几乎消除了信息不对称的问题。有学者总结到:信息技术的发展,能够实现高水平的信息采集、加工、传输、储存和处理,且成本极低,这极大地降低了经济主体因信息不完全带来的经济决策风险,从整体上改进了市场对经济的调解效率。[8]

但是互联网中的信息分散性和虚拟性又带来了新的信息不对称形式。以搜索引擎为例,人们查找商品信息大多使用这种方式。用户输入一个关键词,搜索引擎就按照关键词到数据库中查找,并返回最合适的 web 链接。但 NEC 研究所与 Inktomi 公司的研究结果表明,目前在互联网上至少有 10 亿网页需要建立索引,而现有搜索引擎仅仅能对 5 亿网页建立索引,不是因为技术障碍,而是在线商家希望保护商品价格的隐私权。[9] 京东商城就曾抗议一淘比价网抓取其商品价格和用户评价。另外,互联网降低的主要是产品的数字属性方面的信息获得成本,对于非数字属性方面的信息始终无法企及传统市场。网络中消费者感知、辨别能力受限,信息的有限性,导致他们即使在购买时给予足够的注意也常常不能及时辨明商品。这使得假冒伪劣商品更加有机可乘,网络环境下商标侵权行为也更加猖獗。同时,虽然网络有消费者需要的大部分信息,但信息分散和杂乱无章又带来了新的问题。出于对网络市场的了解和掌握程度不同,不同消费者的搜寻成本也呈现不同,拥有足够多信息的消费者将购买到价格低廉的商品,反之则只能随机购买,这加剧了信息不对称带来的价格离散[10]和价格歧视[11]。

第二,公共产品供给增加。公共产品是指由集体消费,在消费和使用上都不具有竞争性和排他性的产品。[12] 传统市场里,要想获得产品使用报告、质量测试这类专业信息较为困难。在网络市场中,虚拟性的存在使真实有效的商品报告也一度成为一种稀缺的公共产品。随着市场的不断成熟,盈利模式不断创新,一些中间商成为这类公共产品的积极提供者。中间商们主动提供较为客观的商品信息,鼓励消费者反馈使用感受,借助向消费者提供专业的商品报告提高访问量,利用高访问量和商品展示功能来吸引广告投资,以此达到盈利。目前采用这种盈利模式的有大众点评网,太平洋女性网等众多网站。商品报告的信息进一步增加了市场的透明度,网络市场的失灵因素再

---

[8] 胡春:《网络经济学》,清华大学出版社、北京交通大学出版社 2010 年版,页 14。
[9] 同上注,页 64—65。
[10] 在完全竞争市场中,信息是充分透明的,如果产品完全同质,不同的销售者应该对相同的产品索取相同的价格。但由于获得信息需要耗费一定的成本,同种产品在市场上的价格就不同,这就是价格离散。价格离散在传统市场和网络市场都普遍存在。
[11] 价格歧视是指商品的提供者在想不同的消费者提供相同等级和质量的商品时,在消费者之间实行不同的销售价格或收费。
[12] 赵凌云:《经济学通论》,北京大学出版社 2007 年版,页 166。

一次减弱。另外,交易平台作为公共产品也不断被提供,早期主要是淘宝网,现在如当当网、京东网上商城等原 B2C 企业,也开放自己的平台引入其他经营者。

第三,垄断更加困难,但形成后不易被动摇。网络协议的开放性和网络的可接入性,使互联网无国界无约束地向所有人开放。网络市场准入的困难大大减低,尤其在以信息技术为商品形式的领域,几个创业者办个网站就可以开始营业。上文提到的充足的交易平台资源,再一次为中小企业甚至个人进入市场提供便利。充分的竞争使市场充满活力,消费者根据自己的需要进行多样化的个性选择,某个或几个生产者垄断市场更加困难。中小企业占据半壁江山的同时,在生产经营中也必将涉及更多的商标注册和使用。组成商标的资源本来就具有稀缺性,如果法律扩张性地保护商标权,权利人通过商标来控制市场,将会压缩他们的生存空间。若真如此,立法者就人为地制造另一种垄断,这与网络市场开放、自由的特质不相符。

另外,正如上文对网络外部性的分析,当消费者被锁定在某一商品中,极高的放弃成本使他们无法转向新的商品,一旦该商品的市场占有额达到较大比例,由此形成垄断就不易被动摇。就像腾讯 QQ,微软的 windows 系统一样,如雪球般越滚越大。

二、网络商标政策:市场调节的优越性

日本著名知识产权专家田村善之认为,在考虑市场、立法、行政、司法在决定程序上的作用分担上,有关效率性的问题,如果市场发挥着作用的话,交给市场就足够了。[13] 网络市场虽然是一种不同于传统市场,但仍具有市场的本质特征,市场机制依旧是其最基本的运行机制。

市场运行中,交易成本一直成为阻碍交易效率的因素。总体上互联网使交易成本大大降低,效率增加,它所营造的市场环境不断趋向该定理的条件。网络市场展现出比传统市场更加乐观的运行效率。

市场为主的一个理论基石就是技术中立原则,是指对当事人使用的技术和媒介同等对待,禁止限定特定的技术和媒介而歧视其他形式的技术和媒介。[14] 技术中立原则要求不能把特定技术作为法律规范的基础。在《免费文化》中,莱斯格提出了当前探讨网络问题的较为典型的技术中立思想。他认为,"为了应对那些瞬息万变的技术而急于制定出一个政策来,这实在是一个天大的错误……互联网目前正处于转型期,不应该对转型期间变化不定的技术加以管制。"[15] 不对其管制,自然是留给市场去决定。

除此之外,暂且不论对技术是否中立的质疑,技术中立原则并不是唯一理论基石。网络市场以其特有的运作优势奠定了"市场为主"的理论基础。近年来研究发现,网络

---

[13] 〔日〕田村善之:《日本现代知识产权法理论》,李扬等译,法律出版社 2010 年版,页 13。
[14] 齐爱民、徐亮:《电子商务法原理与实务》,武汉大学出版社 2009 年版,页 32。
[15] 〔美〕劳伦斯·莱斯格:《免费文化》,王师译,中信出版社 2009 年版,页 246—249。

市场与传统市场在运行机制上表现出了一种新的特点——网络机制。网络机制是通过经济网络系统内部的各要素互相作用从而达到均衡与协调的调节机制。网络系统中,各参与者之间并非零和博弈关系,而是一种正和博弈,这就使各参与者由追求各自目标最优转为追求整体目标最优。网络关系起到了与市场机制相似的协调和平衡的功能,使资源的配置得到进一步改善和优化,因此,网络机制被视为第三种经济调节机制。⑯ 这种网络机制造就了网络协同经济,有学者把网络协同经济称为除"看不见的手"和"看得见的手"之外的"第三只手"。⑰ 除了市场交易与价格关系,网络机制依赖更依赖社会关系的嵌入。无论是传统市场就孕育出的市场机制,还是网络市场特有的网络机制,动力都是来市场自身内部,笔者把这两种机制统称为网络市场的自我调节机制。例如,面对新的信息不对称和价格歧视,互联网上出现了由消费者自发组成的社区、论坛,相互分享购物经验,曝光自己购买到的假冒伪劣商品和钓鱼网站等信息,这在一定程度上提高了信息透明度,降低了混淆发生的可能性。前文提到的中间商自主提供公共产品,也都是网络机制内部有效调节的实例。

在网络中,商标作为一种商品资源仍然可以由市场机制调节,只是这个时候的供需定理改变了形态。如果商标权人向搜索、广告、交易平台、域名等投入的商标供给严重不足,这往往表现为没有把商标作为关键字向搜索引擎服务商进行竞价购买,网络广告投入有限,注重商品的实体店销售而忽略网络渠道,没有把商标注册为域名或者仅注册了一个域名,忽略了相似域名的注册。此时就产生了商标资源供不应求,供不应求造成的市场"短缺"导致侵占该商标的市场收益随之增大,利益的驱动使人们在无许可授权的情况下,向市场供给商标。反之,当商标权人向市场供给充足的商标资源时,将压缩他人违法供给商标的市场空间,商标侵权将一定程度减少。此外,由于搜索结果和域名具有唯一性,一旦被占据,权利人无法再向市场投入与此相同的供给,这将带来比传统市场的假冒产品更严重的后果,只有采取成本极高诉讼手段才能追回。因商标权人供给不足造成的纠纷案例比比皆是,搜索引擎中出现的无数与"绿岛风"、"大众搬场"案相类似的纠纷;奢侈品牌爱马仕几乎不进行网络销售,商标供给及其缺乏,网络上各种"正品""仿制"爱马仕泛滥成灾。

对于网络环境中的商标侵权问题,只要紧紧把握"商业使用"的确切概念,就会在一定程度上遏制商标权过分扩展的趋势。仍以搜索引擎服务商为例,在谷歌案中,欧洲法院确认了谷歌在搜索引擎服务中对关键词的使用不构成在交易过程中与商品或服务相关的使用,因而不属于商标使用,只有那些赞助广告商的使用才属于商标使用。谷歌提供的只是一种技术性、自动性和消性服务,扮演的完全是一种中立的角色,对其为提供搜索服务而短暂存储和传输的信息和数据毫不知情,也未施加任何控制,因而

---

⑯ 韩耀等:《网络经济学:基于新古典经济学框架的分析》,南京大学出版社 2006 年版,页 264—265。
⑰ 杨培芳:《网络协同经济学——第三只手的凸显》,经济科学出版社 2000 年版,页 1—16。

可以享有欧洲电子商务指令所规定的信息服务商的责任豁免。⑱ 随着竞价排名成为全球绝大多数搜索引擎服务商的盈利模式,搜索引擎的用户对搜索结果中呈现的广告和网页也提出强烈抗议和怀疑。为了留住用户,服务商们开始主动地进行区分显示或者颜色强调,市场有效性得到进一步增加。

虽然有人提出网络市场的效率并不完全高于传统市场,但更多的学者认为网络市场的不成熟造成了这种网络市场效率悖论,另外还有过高的物流、配送成本,消费者主观价值判断、价格歧视策略等原因,以上因素不过是网络经济发展过程中的暂时现象。⑲ "看不见的手"和"第三只手"共同发力,使市场自我运行的效率进一步提高。若无视市场的这种自我调节机制,而采用外力严厉的干预的手段,反而适得其反,阻止正处在上升期的国内网络产业,尤其是实力薄弱的中小企业。

三、网络商标政策:政府干预的辅助性

(一)政府干预的理论基础

市场需要政府的两种情况,其一是纠正市场失灵。其二是政府实施规制并维持对市场经济至关重要的制度,尤其是产权制度。

就市场失灵而言,传统市场里边际效益递减规律在网络市场里发生变化,其作用范围缩小,在经济活动中不再成为主导作用的规律,加之新的信息不对称、增强的网络外部性、广告主与受众之间实力差异等因素,新的市场失灵产生了,政府干预成为必须。科斯提出来一系列的理论来解决市场失灵,融合进了产权制度的思考,我们可以借此分析网络商标的规制放纵问题。

虽然网络商标交易和许可近年来也呈现出可喜态势,但是总体上离科斯定理一中假设的"交易费用为零"的条件还有一段距离。科斯定理二指出,如果交易成本不为零,产权的初始配置状况将会影响到资源的配置效率。既然产权配置如此重要,那么产权制度应寻求有利于增加社会总福利水平的权利分配。于是人们顺理成章地得出所谓的科斯定理三:当存在交易成本时,通过明确分配已界定权利所实现的福利改善可能优于通过交易实现的福利改善。这里暗含着这样一个前提,即政府拥有充分信息,能够无成本地界定产权而且认识到不同产权配置对社会总福利的影响,这样政府行为就取代私人行为从而节约了交易成本。⑳ 无论是定理二中的产权配置,还是定理三中政府分配,关键都是产权的确认和明晰。在互联网中,商标纠纷增长迅速,一方面因为网络市场和商标使用的繁荣,另一方面也反映出目前法律规则在商标权配置上还存在待完善的地方。也就是这块蛋糕逐渐变大,在促进它继续增大的同时我们必须

---

⑱ 李宗辉:"网络环境下商标侵权的类型及其规制",《中华商标》2011年第7期,页58。
⑲ 杨培芳,见前注⑰。
⑳ 杨德才:《新制度经济学》,南京大学出版社2007年版,页66—67。

公平地分蛋糕。

（二）具体领域的政府干预方式

商标在网络中的使用方式大多数是传统使用方式的演变，需要政府特别关注的是网络广告、服务商的第三人责任、言论自由与商标权关系等。在这些问题中，网络商标产权的边界不甚明了，造成低效率，也造成双方主体实力差异悬大、商标权扩展与产业促进、宪法权利与私权等矛盾。若不积极界定权利，不仅影响到产权对权利人的激励作用，也使他人有机可乘，无人经营的商标被肆意践踏，所有人都来争夺围绕着商标的利益，各种质量参差不齐商品标着相同或相似的商标，消费者难辨真假，放任过于自由，又会造成网络市场的混乱和无序，疯狂的自我生长后必将造成网络泡沫的破灭，造成对所有人都不利的结果。具体而言可做如下思考：

网络广告是商标使用的主要方式，也是纠纷频发的领域。网上广告具有传统广告无法比拟的优势。首先，网络的互动性吸引感兴趣的浏览者点击广告。其次，广告可以有针对性地接触潜在的消费者，如通过所浏览的内容瞄准听众；运用广告服务器技术，利用用户浏览器身份的唯一性，记录用户浏览过的网页，这些信息被有偿提供给网络广告工具和数据库，广告工具和数据库就根据用户的兴趣记录去调整被展示的广告内容。另外网络广告程序还能够自动统计、计算数据，向广告主提供有关受众对具体广告的反应的实时报告、概要报告，使广告主能够及时调整广告宣传策略。[21] 此外还有强行占据用户浏览页面的弹出广告。消费者在上网冲浪时不仅不断被广告干扰，甚至兴趣爱好、个人隐私被利用出卖还浑然不知。最后，网络交易的虚拟性使消费者识别能力受限，在现实交易中给予一定注意力可以避免的混淆，在网络上可能无力避免。各种网页眼花缭乱，标记、链接、跳转复杂难辨，侵权人利用网络技术可以轻而易举地屏蔽掉商品的某些信息，突出显示可以误导消费者的内容。与拥有如此强大势力且无孔不入的广告主相比，缺乏专业知识的消费者处于极其弱势的地位。因此，政府应加以有效规制，防止消费者将处于任人宰割的局面。

服务商的第三人责任是政府干预的重点和难点，也是学者研究的热点。在市场中，中间人起到沟通信息，减少买卖双方交易成本，促进交易达成的积极作用。在解决如何从互联网中海量的杂乱无章的信息搜寻到有用信息的过程中，中间人的角色尤为重要。以搜索引擎服务商为例，他们可以减少交易过程中的障碍，为他人提供专业化和交换的机会，并进而扩大了消费者的选择机会。[22] 再如各类型的成熟的平台提供商与活跃的第三人促进了网络的繁荣。对于网站所有者或经营者和服务提供者而言，除了要对自己行为和过失负直接责任外，平台的开放性使他们还要为那些不知道又无法

---

[21] 〔美〕马特斯尔斯·W. 斯达切尔：《网络广告：互联网上的不正当竞争和商标》，孙秋宁译，中国政法大学出版社2004年版，页303—305。

[22] 〔美〕保罗·海恩等：《经济学的思维方式》，马昕、陈宇译，世界图书出版社2008年版，页28。

控制的行为负责。这种责任承担的强度直接关系到信息网络产业的积极性和发展动力。法谚有云:"法律不强人所难",在信息发布更新速度如此之快,数量如此之大的情况下,服务商控制第三人的能力非常微弱。并且,因为商标的保护范围很难在诉讼之外确定,服务提供者和网站所有者可能尤其难易评估对第三方的侵权指控,部分出于这类原因,学者主张网络空对第三人侵权的责任范围相当狭窄。㉓ 若该产业因为严格的责任萎靡不振,网络经济也会随之低迷,最后受损害的是整个社会。同时,从另一方面来看,苛责服务商的第三人责任其实是对商标权扩张的支持。一种危险的观点认为,商标所有人应当捕获其标志所产生的全部社会价值。事实上,生产者能够从其成本中获得足够的回报,包括合理的利益,他应当给消费者剩余和社会福利留下足够的空间。当然,考虑网络外部性及外部性的影响,服务商也应当承担适度的注意义务。

在对以上两领域的商标使用行为进行把握时,法律应该严守混淆可能性的标准,仅是建立链接指向一个网站,在没有消费者混淆和不正当竞争等证据时,法律是不能加以苛责的。

此外,言论自由与商标也是政府干预必须谨慎考虑的问题,这关系到宪法权利与私权的冲突和协调。商标作为一种社会符号,既是言论的内容,也是社会交流的工具。同时,它也是商标权人耗费大量人力财力经营的无形财产。网络技术把人们的言论永久性地保存在网络之中,强大的外部性使包含有商标的言论可能影响到商誉,对商标权人的利益造成负面影响,所以干预是必须且旗帜鲜明的。放纵只会让言论自由权不断受到商标权人诉讼的挑战,失去原则性引导,法官对相同案件的不同判决,也会提高商标权人的诉讼成本,没有规则保障的市场将陷入无效率状态。

信息网络消除了政府与微观经济主体之间的信息沟通障碍,政府信息可以快速而不失真地传递,通过网络传递的经济手段有效性逐渐提高,从而使法律手段运用的空间减少。同时鉴于政府的有限理性,政策手段应当转而着眼于宏观层面,担任网络市场有效秩序的维护者。

四、司法机关的地位及网络商标政策历程回顾

司法机关是国家机构的一部分,其在裁判中必会或多或少地体现某一历史时期政府的政策倾向。但同时,由于司法机关在权力结构中具有相对独立性,在此有必要对其地位和网络商标发展中的影响做一个特别论述。

在本文语境中,从广义上司法机关的审判行为可以归纳为政府干预行为中。一方面,法律手段是政府干预社会生活的重要方式,而司法机关是践行法律的专门机关。另一方面,行政机构能够较为真实和及时地掌握社会经济状况,而司法机关的特殊性

㉓ 〔美〕伊恩·C.边隆,见前注⑤。

导致其无法及时了解这些信息,也无法给予正确回应,只有借助行政机构的政策指引,为经济产业发展在个案中作出导向性回应才成为可能。最高人民法院知识产权庭副庭长孔祥俊法官在其《裁判中的法律、政策与政治——以知识产权审判为例》一文中专门对该问题进行过深入论证。他认为,裁判不是唯法律适用的问题,还必须出乎法律之外,主要是受政策和政治的引导,翻译和内化政治与政策的需求。㉔ 这种裁判考虑政策、政策引导裁判的做法,也可以通过近几年来关于知识产权的司法解释和对数个重大案件的裁判结果中体现出来。

或许有人会认为,以上的情况只是中国独特的权力结构所致,并不具有普遍意义。由于美国对网络环境中的商标政策在全世界具有示范作用,我们可以通过分析美国网络商标政策的发展历程,和对网络商标案件的裁判变化进行回顾,从而证成本文观点。二十世纪九十年代,克林顿政府极力推行"国家信息基础设施(NII)"计划,开始全面建构互联网。NII计划中明确了政府行动的原则和目的,对政府的作用进行了详细描述,其中包括保护知识产权。计划强调在保证公众利益是,必须保证信息和娱乐产品的知识产权和版权不受侵犯。㉕ 政策投射到网络商标中,是在1995年网络完全走上了商业化的道路后,紧接着1996年的Toys "R" US, Inc. v. Akkaoui㉖案中,法官禁止被告使用涉案域名和词组,并撤销了域名的注册,该案确立了商标在网络中天然正当性,没有丝毫犹豫。2000年,互联网泡沫发生,网络公司纷纷倒闭,导致数万亿元的资金蒸发,加上911恐怖袭击等因素的影响,美国经济出现衰退。政府意识到网络公司是否存活主要靠网络效应,而链接、元标签、关键词搜索等对公司构建网络效应影响极大,为了重建对网络的投资信心,政府要加大保护网络商标的力度。在这段时期及其此后的案件中,司法裁判也逐渐严厉起来,商标权在网络中扩张。2000年 People for the Ethical Treatment of Animals, Inc. v. Doughney㉗案中,法官认为仅需阻止了用户获得和使用原告的产品/服务,或仅链接了他人的产品/服务,被告就构成"商业使用"。

随着网络发展为不仅是一种信息交流工具,更变成社会经济结构中的重要一环,并且深入私人生活领域,网络中利益冲突愈发激烈。一方面,以大公司为代表的商业利益集团极力游说政府进一步加强商标权保护,另一方面,知识分子和部分文化精英站在普通大众的立场,强烈呼吁限制网络商标权,以获取更多的言论自由空间。近年来,政府的干预政策也显示出了综合考虑。严酷的 SOPA(Stop Online Piracy Act)和 PIPA(Protect IP Act)法案虽然大受权利人欢迎,却由于受到来自互联网创立者们、知名

㉔ 孔祥俊:"裁判中的法律、政策与政治——以知识产权审判为例",载《人民司法》2008年第13期,页24。

㉕ 张三同编写:《穿越时空隧道:信息技术》,京华出版社1997年版,页68。

㉖ Toys "R" Us, Inc. v. Akkaoui., 40 U.S.P.Q. 2d (BNA) (N.D. Cal. 1996).

㉗ People for the Ethical Treatment of Animals v. Doughney, 263 F.3d 359 (4th Cir. 2001).

网站、普通公众的大力反对而不得不终止。这场论战中知识产权在网络中扩张受到强烈抵制。2011年 Habush v. Cannon[23]中,法官坚持一个永久性禁令可能会阻止未来广告的发展,从中可以看到他为维护技术发展所做的努力。类似的发展轨迹也出现在欧洲和其他国家与地区,在此不赘述。

经过以上对网络商标政策发展的历史回顾和分析,我们可以得出这样的结论,司法裁判在相当大的程度上是与政策相互呼应的,虽不能排除个别案件的特殊性,但是,在本文的语境中,法院的裁判行为可以从广义上被纳入政府干预行为之中。而市场的自主空间也逐渐被政府干预所挤压,造成商标权的扩张、公众利益受损和网络经济创新的困难。因此,政府更应该自我约束,不管是以政策的方式,还是判决的方式。

五、结语

"市场为主,政府为辅"的政策似乎是市场经济中老调重弹,但是对于网络市场中商标制度来说,具有全新的含义。随着网络市场的成熟,其展现出了比传统市场更加优良的自我调节机制,就要求我们用相应的方式尊重市场,而不是给予商标权人可以到处挥舞的大棒来破坏这种机制。但是若某些国外学者提出完全放任的方法也是不可取的。市场失灵的因素依旧存在,且网络技术已深入私人领域,商标使用关系到个人言论自由。需要政府在确定市场运转的产权基础,保障秩序和权利,同时约束自己。

---

[23] Habush v. Cannon, 09-CV-18149 (Wis. Cir. Ct. June 8, 2011).

追踪研究

云模式下的著作权集体管理

鲁 冰[*]

内容摘要：本文结合现今IT领域最具影响力的云服务模式,从著作权集体管理的组织模式入手,提出了基于云的竞争——垄断适当结合的整体组织模式,并阐述了管理组织的性质和特点,以期对著作权集体管理事业的发展有所启发。

关键词：著作权集体管理 数字化 云模式

Collective Management of Copyright in the Cloud Mode

Abstract: In this article, combined with the most influential cloud services model in the field of IT, analysed the organization model of copyright collective management. Put forward the cloud-based competition-monopoly proper combined overall organizational model, expounded the nature and features of the management organizations.

Key words: Collective Management of Copyright; Digital; Cloud model

前言

我国2005年3月开始施行的《著作权集体管理条例》第2条明确指出,著作权集体管理是指著作权集体管理组织经权利人授权,集中行使权利人的有关权利并以自己的名义进行的下列活动:与使用者订立著作权或者与著作权有关的权利许可使用合

---

[*] 山东社会科学院工程师。

同;向使用者收取使用费;向权利人转付使用费;进行涉及著作权或者与著作权有关的权利的诉讼、仲裁等。《条例》第3条指出,著作权集体管理组织是指为权利人的利益依法设立,根据权利人授权、对权利人的著作权或者与著作权有关的权利进行集体管理的社会团体。自19世纪中期至今,世界大多数国家均建立了著作权集体管理制度,各种类型的著作权集体管理组织和团体也相继成立。著作权集体管理对于平衡著作权相关各方利益、降低交易成本、提高授权效率、遏制各类侵权行为、促进作品的传播与推广等起到了十分重要的作用,甚至已经成为当下著作权法制建设不可或缺的重要组成部分。但是,著作权集体管理也不可能解决作品生命周期当中的所有问题,在不同的国家和地区存在着不同的组织模式、管理模式、运营模式等。这在某种范围内说明,现有著作权集体管理的局限性是切实广泛存在的。

随着 IT 技术和网络技术的发展,各种作品拥有了新的载体和传播媒介,以往的著作权管理与集体管理模式受到了巨大的冲击,作品最终用户对于作品使用的各类要求也有了不同程度的提高,部分国家和地区采取了电子或者网络著作权集体管理的模式来面对这一变化。有学者将"著作权集体管理的电子化"定义为著作权集体管理组织运用数字化技术、数据库、网络技术、新的数字版权保护技术和通信技术等将权利人的著作权信息(包括传统媒介中的著作权信息和网络中的著作权信息)进行搜集、整理、存储,并依据《著作权集体管理条例》依法保护著作权人的权利,实现向作品使用者提供权利信息查询和授权服务的一种工作方法。它是著作权集体管理组织为应对网络环境下著作权作品利用方式的变化而采用的一种新的著作权集体管理手段。[①] 当然,著作权集体管理的电子化和网络化也不是万能良药,著作权集体管理制度中一些固有的问题仅仅依靠简单的电子化和网络化是不能够完全解决的。本文将结合现今较为流行的 IT 技术和方法就著作权集体管理存在的几个问题作初步探讨。

一、云模式下的著作权集体管理组织的模式问题

（一）著作权集体管理制度简述

在不同的国家和地区,著作权集体管理制度的基本环节与核心内容均大致相似,但是在选择著作权集体管理组织模式方面却存在着较大差异。现今主流的著作权集体管理模式包括:竞争性模式与垄断性模式(根据部分国家的著作权集体管理制度要求和具体情况,垄断性模式又可分为绝对垄断与相对垄断两种,本文所说的垄断性模式是指相对垄断模式)两种。竞争性模式允许多个集体管理组织针对同一作品实施管理,权利人可以在众多管理组织中自由选择权利代理人,使用人根据自我需要自由选择相应管理团体提供的服务;垄断性模式则是指在一个特定国家或者地区范围内,同

[①] 陈金萍:"谈谈美国著作权集体管理的电子化",载《科技情报开发与经济》2008年第26期,页138。

一类作品的著作权只能通过唯一的集体管理组织进行管理,并由这个唯一的管理机构向使用者发放作品的一揽子许可以及提供相应服务。② 美国、加拿大等国家采用竞争性模式,西班牙、巴西等国家则采用垄断性模式,这两种模式孰优孰劣,一直是理论界热议的话题,而在具体实践操作过程中也很难评判哪一种模式可以更好地完成著作权集体管理的目标。为什么会存在两种模式并存的情况?这与不同国家和地区的政治、社会、经济、文化环境以及法制背景息息相关,还有一个重要原因就是还未曾找到一个更为合适、更有效率、合理可行的解决模式。

在中国,著作权集体管理事业刚刚起步。在《著作权集体管理条例》第 7 条第 2 款所规定的著作权集体管理组织设立条件中,第 2 项的内容是:"不与已经依法登记的著作权集体管理组织的业务范围交叉、重合"。这一规定也表明了我国的著作权集体管理组织具有垄断性质,也就是说对于特定权利只有一个著作权集体管理组织管理。但是《条例》对于"业务范围交叉、重合"没有详细的说明和解释,有时也会出现两个或者两个以上著作权集体管理组织就同一使用方式向同一使用者收取使用费的情况。近年来,中国音像著作权集体管理协会、中国文字著作权协会、中国摄影著作权协会、中国电影著作权协会、中国音乐著作权协会等著作权集体管理组织相继获得批准成立。根据《著作权集体管理条例》第 24 条的要求,"著作权集体管理组织应当建立权利信息查询系统,供权利人和使用者查询"。绝大多数著作权集体管理组织建立了自己的综合门户系统,以实现传统模式向数字化管理的转变。著作权集体管理的电子化过程的确为集体管理注入了新的活力,那么 IT 技术是否能在集体管理组织模式方面带来一些帮助呢?

(二)云模式下的著作权集体管理数字化平台及组织的模式探讨

云计算是 IT 行业近年来兴起的概念,它被誉为"革命性的计算模型",是网格计算、分布计算、并行计算等即有理论的延续,是一种利用 IT 基础设施及信息服务的全新的交付和应用模式,是通过网络以按需分配获得信息资源应用服务的实现方式。其愿景是以互联网为中心,提供安全、快速、便捷的数据存储和网络计算服务。围绕着云计算的内容,云技术、云应用、云平台、云管理、云服务、云存储、云安全等概念和模式相继出现,极大地丰富了云计算原有的内涵,数据、软件、平台、设施都已成为云计算的战略基础,而云计算的发展应用也取决于上述资源。常见的基于云的服务形式有三种:一是软件即服务,二是基础设施即服务,三是平台即服务。③ 在云服务方式下,最终用户不必再同以往一样准备繁琐的基础软硬件设施,而是通过网络直接在服务商提供的软硬件平台上搭建定制自己的各类资源、应用、环境系统。

云服务在基础设施、软件系统、运行平台三个方面创新了 IT 应用项目的建设运维

---

② 参见孙秀丽:"著作权集体管理制度的功能优势",载《黑河学刊》2012 年第 1 期,页 95。
③ 参见张建勋等:"云计算研究进展综述",载《计算机应用研究》2010 年第 2 期,页 429—433。

模式,从根本上解决了最终用户投资成本高、管理维护复杂、基础设施利用率低、整体架构不灵活等诸多关键问题,为推进整个社会各类实体信息化进程作出了巨大的贡献,那么著作权集体管理电子化进程能否依托云计算技术搭建综合管理平台以推动著作权集体管理组织模式向着更为科学合理的方向发展呢?本人认为答案是肯定的。对于竞争性模式的著作权集体管理组织,由于各组织之间独立、分散管理,极易出现行业内恶性竞争,组织之间界限不明、权利不清、重复管理、效率低下,最终用户服务支出较高等情况;而对于垄断性模式的著作权集体管理组织,由于其垄断地位、优势突出,极易出现权利滥用,服务价格不合理,服务歧视,管理机制不灵活,自身效率低下等情况。基于云的著作权集体管理数字化平台可以采纳 IaaS、SaaS、PaaS 的交付与使用模式,具体思维简图见图一。

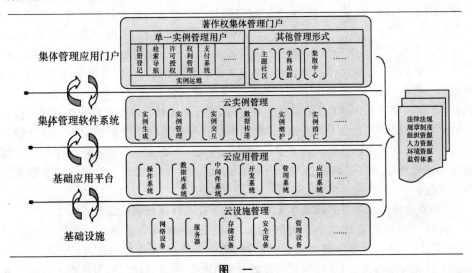

图 一

如图一所示,著作权集体管理数字化平台由基础设施、基础应用平台、集体管理软件系统(包含集体管理应用门户)三个基本部分组成,采用多实例、多租户模式,各类著作权管理组织可以使用统一的著作权集体管理数字化平台建立各自的著作权服务系统为著作权相关权利人提供相应服务,相关权利人根据各类著作权管理组织的服务内容、服务质量以及服务费用等因素自由决定管理组织的选择。数字化平台建设采取统一规划、统一设计、统一实施、统一管理的方式,特别是在需求分析、数据库设计、关键技术使用以及制度管理等几个方面,充分做到可行性、安全性、灵活性、扩展性和实用性。以依托云服务的数字化平台为基础的著作权集体管理包含竞争性和垄断性两种组织模式,竞争性组织以权利人的著作权及相关权利管理为主要业务内容,而垄断性组织则以数字化平台的综合规划、建设、运维、管理、监督为核心业务内容,从而形成竞争——垄断适当结合的整体组织模式。

竞争性著作权管理组织通过一个软件实例创建运行于著作权集体管理数字化平台的著作权集体管理门户系统,在技术上与平台进行信息交互、数据传送并接受平台的实例管理和维护。每个软件实例可以部署包含页面管理、注册登记、检索导航、认证系统、账户管理、著作权管理、许可授权系统、支付系统、财务管理、统计跟踪、安全策略定制、日志管理等等基本模块,具体的管理组织可以根据自己的发展策略定制和添加相应模块,以满足管理组织的业务需求。

二、云模式下的著作权集体管理组织的性质问题

著作权集体管理组织的性质对于组织的模式选择和建设有着极为重要的影响,不同性质的组织也决定了组织模式的基本性质。民间性团体、官方性组织机构、半官方性组织机构是著作权集体管理组织主要的三种类型,一般都是由各个国家和地区的相关法律予以规定。④ 我国《著作权法》和《著作权集体管理条例》规定著作权集体管理组织是非营利性的社会团体,由国务院著作权管理部门审批,依法享有著作权或者与著作权有关的权利的中国公民、法人或者其他组织,可以发起设立著作权集体管理组织。根据我国相关法律规定可以判断,我国的著作权集体管理组织性质为民间性团体。但是,根据我国中国音乐著作权协会等著作权集体管理组织的审批、建立和发展现状以及业务的排他性,可以简单判断出我国著作权集体管理组织的运营或多或少还是有官方力量的介入。

如果基于云的著作权集体管理数字化平台成为著作权集体管理不可或缺的工具,那么管理组织的性质则与数字化平台息息相关。以权利人的著作权及相关权利管理为主要业务内容的组织,其性质为民间组织,即符合《著作权集体管理条例》规定的一般性民间组织的基本要求,对其应适当减少管理组织设立的权利人的数量要求,去除"不与已经依法登记的著作权集体管理组织的业务范围交叉、重合"的设立条件,以促进更多的民间组织参与到这一层面的著作权集体管理事业中来。而以数字化平台的综合规划、建设、运维、管理、监督为核心业务内容的组织,其性质则为官方介入的民间组织,其应严格遵守《著作权集体管理条例》规定的设立要求,接受国家的监督与政府的干预——政府的职能主要以基础资源保障和监督为主,对于具体业务管理则倾向于社会化。同时,此类组织还要在规则制定、发展导向、基础服务保障、权利保障、价格定位等多个方面发挥主导作用,并对其他类别民间组织实施管理、监督的职责。此类组织的性质甚至可以是半官方机构或者官方机构,可以参与权利人的著作权及相关权利的管理和经营,与其他类别的民间组织形成竞争。同样的,官方介入的管理组织也是

---

④ 参见李潇雨、王宏:"对我国著作权集体管理模式的法理解析",载《华北电力大学学报(社会科学版)》,2011年第1期,页63。

延伸性著作权集体管理的唯一组织，特别是对于无权利人作品的相关权利的管理，某种层面上肩负着促进作品合法合理流通的责任。而对于官方介入的管理组织的监督职能则由国家有关管理职能部门、其他类别管理组织和著作权最终权利人三方共同承担，从组织准入、服务变更、管理运维、规章制度、财务运转、事务公开等多个方面，以会员大会的方式予以具体履行，并由理事会和监事会配合执行。

著作权本身是一种私有权利，私有权利应当由权利人自己主张，这似乎与著作权集体管理的现有规定有所矛盾。例如，《著作权集体管理条例》第20条规定，权利人与著作权集体管理组织订立著作权集体管理合同后，不得在合同约定期限内自己行使或者许可他人行使合同约定的由著作权集体管理组织行使的权利。但在实际操作中，权利人由于无法准确定位作品价值、无法掌握作品使用情况等种种原因，造成权利人实现个人的权利主张较为困难的局面。基于云的著作权集体管理数字化平台在技术上和管理上可以实现权利人个人著作权管理系统的搭建，或者以主题社区、学科站群、著作权集散中心等运维模式，为权利人自己主张权利提供综合性应用平台。对于主题社区、学科站群、集散中心的管理则是以数据审核、管理监督、后台维护等为主，权利人的著作权及相关权利管理（包括服务价格制定、服务项目制定等）则交由权利人自行实施。由于著作权个人管理不属于著作权集体管理的范畴，因此在此只是说明著作权个人管理可以在基于云的著作权集体管理数字化平台上予以实现，但个人不能作为著作权集体管理组织的一种。

三、云模式下的著作权集体管理数字化平台的特点分析

（一）合理的竞争性管理经营模式、灵活的个性化服务平台

多实例、多租户模式使得众多民间管理组织加入到著作权管理行业中来，形成良性竞争，避免了垄断性模式下的独大弊端，各个管理组织可以自行定制自己的服务页面、服务流程、服务项目、服务价格和竞争策略，吸引各类最终用户。由于采用统一高效的著作权集体管理平台，有效地预防了基础资源的重复建设现象发生。虽然存在多个著作权集体管理组织针对同一类作品进行管理经营，但由于采用统一的数据库管理应用平台，所有数据信息格式遵守一致的规范、元数据设计遵循一致的规划，只需在元数据中加入排他性的相关选项，即可避免多个管理组织就单一作品单一权利产生重复收费的现象，因此并不会增加版权的交易成本。著作权集体管理平台的权利托管系统模块以及管理组织服务评价机制可以帮助权利人方便地确定自己的著作权服务组织，无需花费大量的时间和精力。

（二）云模式下的著作权集体管理数字化平台审核、监督机制得到进一步的加强

官方介入的管理组织对于其他组织有一定的监督管理职能，因此必然形成对权利人基本信息、作品情况甚至管理经营活动的审核机制。对于著作权的相关基本信息需

经过管理组织和官方介入组织的二级审核,因此其信息的真实性、准确性将进一步提高,权利的归属也将进一步明确。对于管理经营活动的监管,将规范著作权市场,避免恶性竞争的发生,及时叫停不合理的服务内容和服务价格。同时,对于经营组织的建设性创意与元数据创新应及时采纳应用。

(三)云模式下的著作权集体管理数字化平台能够实现数据信息的无缝迁移,服务、管理和经营的迅速变更与接管

官方介入的管理组织参与权利人的著作权及相关权利的管理和经营,在某种意义上来说,也是一种权利保障的方式。因为其他管理组织由于种种原因无法继续自己的管理工作而遗留下的数据、信息与服务可以被顺利地接管,使权利人的相关利益得到最大限度的保证。数字化平台建设采取统一规划、统一设计、统一实施、统一管理的方式,元数据的统一、流程的模块化使得数据和信息的迁移十分便利。

(四)云模式下的著作权集体管理数字化平台所含基础数据种类更加丰富,应用价值更加广泛

著作权集体管理的电子化便于各类最终用户相关数据的采集和分析,例如周期性访问数量、分类使用统计、操作行为跟踪、用户忠诚度、用户关注度等数据项目均可以对著作权集体管理事业的发展起到一定的推进作用,这在其他类别IT项目中已是必不可少的重要模块。基于云的著作权集体管理数字化平台中除了针对最终用户的数据采集和分析外,可以增加对于普通类别管理经营组织的数据采集和分析,例如特色服务关注度、服务价格波动采集、特色元数据采集、用户满意度等数据项目。特别是针对普通类别组织的不同类别作品、不同方式服务的费用进行跟踪和统计,这对于著作权集体管理中的相关服务指导价格的确定和调整具有极高的参考价值。

四、云模式下的著作权集体管理组织的营利性问题

在英美法系国家,著作权集体管理组织的活动在法律上被视为商业行为,著作权被视为动产,通常情况下,依据公司法和竞争法予以规范,并受到反垄断法的制约,管理组织的建立和发展不会受到政府过多的干涉和干预。[5] 而在一些国家,著作权集体管理组织则被规定为非营利性组织,与保护著作权人基本权利及邻接权的公益性宗旨相对应,我国2001年修正后的《著作权法》第8条明确规定著作权集体管理组织是非营利性组织。

商业化管理组织可能会因为自身利益的追求而导致相关权利人的利益受到损害,而非营利性的管理组织则可能会因为缺少了利益因素而逐步失去为相关权利人谋求利益的动机。基于云的著作权集体管理数字化平台采用营利性管理组织与非营利性

---

[5] 参见张秀峰、沈玲、钟紫红:"中美著作权集体管理组织现状比较及对我国科技期刊版权保护的启示",载《中国科技期刊研究》2012年第1期,页15。

管理组织并存的模式,以权利人的著作权及相关权利管理为主要业务内容的组织可以以营利性管理组织为主要模式,也可以选择非营利性模式;而以数字化平台的综合规划、建设、运维、管理、监督为核心业务内容的组织则是非营利性管理组织。

对于非营利性组织管理运营的保障问题,我国《著作权集体管理条例》第28条明确规定,著作权集体管理组织可以从收取的使用费中提取一定比例作为管理费,用于维持其正常的业务活动。在具体实践中,管理费的收取办法、收取比例、分配方式等方面均存在诸多争议,这需要国务院著作权行政管理部门会同有关立法部门在《著作权法》、《著作权法实施条例》、《著作权集体管理条例》以及国务院制定的相关配套实施办法中制定更为科学、完善、合理,更具操作性和普遍性的收费细则。

五、云模式下的著作权集体管理数字化平台建设的可行性

(一)既有的著作权集体管理基础为数字化平台的建设提供了经验

1. 现行法规对于权利信息查询系统的要求

我国《著作权集体管理条例》第24条明确规定:"著作权集体管理组织应当建立权利信息查询系统,供权利人和使用者查询。权利信息查询系统应当包括著作权集体管理组织管理的权利种类和作品、录音录像制品等的名称、权利人姓名或者名称、授权管理的期限。未建立权利信息查询系统的,由国务院著作权管理部门责令限期改正。"该项内容对于促进著作权集体管理的数字化进程起到了基础性的推动作用。权利信息查询系统伴随着著作权集体管理组织的成长而发展,这对数字化平台的软件开发、数据库的设计、应用的管理提供了宝贵的经验。

2. 国内外著作权集体管理软件系统对于数字化平台建设的借鉴作用

中国的著作权集体管理组织并未停滞不前,多年来一直在进行着自己的数字化进程。例如中国音乐著作权协会与香港作曲家及作词家协会依据企业识别系统标准,联合开发的针对全球范围的音乐作品使用管理的 DIVA 数据库系统,其目标是将多方信息编码系统整合为一个可以共享的信息平台。⑥ 此外,中国文字著作权协会、中国音乐著作权协会、中国音像著作权集体管理协会等众多国内集体管理组织均建立了自己的门户网站,并在网站中提供了著作权基础数据的检索及查询、数字版权认证、法律法规指导、信息咨询服务等日趋完善、全面的产品。较之最初的权利信息查询系统,现有的著作权集体管理服务系统服务产品更加丰富,服务范围更加广阔,发展目标更加远大。

欧美日等发达地区和国家的著作权集体管理事业起步相对较早,其管理信息化程度也较高,美国的版权结算中心、法国的 SESMA 综合组织、日本的 eLicense 在线授权系统、德国音乐作品表演权与机械复制权集体管理协会的网络环境下的著作权交易平

---

⑥ 参见李潇雨、王宏:"对我国著作权集体管理模式的法理解析",载《华北电力大学学报(社会科学版)》2011年第1期,页67。

台都已建立并运营多年,在著作权集体管理的方面取得了良好的效果。发达国家的软件管理平台更加突出其社会价值和社会效益,其运营发展也与市场规律、政策法规、管理创新紧密结合、相辅相成。

不管是发达国家的管理系统还是中国本土的数据库系统,在长期的发展过程当中积累了众多的管理组织、商业开发、运行维护、技术应用等成熟的经验,其内容的全面性、应用的便捷性、结构的科学性均得到了充分的体现,这些对于云模式下的著作权集体管理数字化平台的建设有着极为重要的借鉴价值。

(二)科技发展对于数字化平台建设的推动作用

1. IT技术的飞速发展与广泛应用

以云技术为代表的新一代IT技术在降低成本、新技术应用、缩短部署周期、规避相关风险、市场规范、资源整合共享等诸多方面有着得天独厚的优势,其应用模式迅速扩展到包括CRM、ERP、OA、技术通讯、网络会议、门户网站、知识资源库、网络安全、联合计算、辅助设计、资源共享等在内的诸多行业领域。许多厂家已经具备非常成熟的云产品,例如:IBM的云计算产品、VMware的虚拟化产品、HP的云存储产品、360的云安全产品等均已被广泛应用,并接受了市场多年的检验,类似Salesforce、800app、阿里软件等各行各业的多实例多租户应用企业也层出不穷。与此同时,能够在高度分布、开放互联的网络环境中针对数字作品的创作、传播、交易、使用等全过程提供高效保护的著作权管理数字技术及工具日臻完善。IBM、VMware等企业的产品是数字化平台建设的基础设施层中必然要采用的技术成果,依靠它们能够实现管理软件系统与服务器、存储等底层硬件之间抽象层的建立,从而形成某种意义上的硬件设备平台无关性,消除物理硬件的限制,达到迅速应对数据中心需求不断变化的能力,提供可运行多种异构操作系统的功能,完成真正意义上的"基础设施云";Salesforce、800app等企业的产品则是不折不扣的多实例多租户模式在现实网络中的实践,其基本理论、基本技术、基本方法、基本管理与云模式下的著作权集体管理数字化平台相差无几,应用模块的引入、功能族类的继承、代码数据的重构将使得数字化平台开发建设的难度和复杂度大幅度降低、各类风险显著减少。

如今基于云及相关技术的综合性服务平台越来越多的出现在人们的视野当中,其主要功能是为党政机关、企事业单位提供不同层次的基础性云服务,例如中国联通"互联云"平台,广东电子研究院的云计算平台、山东省云计算中心等等。那么云模式下的著作权集体管理数字化平台完全可以采取服务购买、设备租用或者联合开发等合作模式来完成部分数字化平台的建设工作。

2. 科研工作的成果积累

关于著作权集体管理的研究涉及管理制度、管理模式、管理行为、管理组织等方方面面的内容。迄今为止,对于著作权集体管理的数字化建设、信息化与管理组织的关系、IT技术在著作权集体管理过程中的应用等方面的研究成果数量众多。例如：对于中国特色的著作权集体管理理论、产业化运作的著作权集体管理、先行先试模式、个人授权模式等问题的研究成果，先后以理论对策研究、可行性方案、系统构建等多种方式提出，这些成果值得在数字化平台建设过程中进行进一步深入的研究和科学的分析。

六、云模式下的著作权集体管理数字化平台的构建模式

云模式下的著作权集体管理数字化平台是投入较大、成本较高、周期较长的综合性创新工程，具有较强的社会效益，仅仅依靠单方面的力量难以形成持续性效益递增的效果，也难以充分发挥平台的全部潜力。因此，平台建设需要国家和政府的政策支持、财政投入以及基础服务供给。简言之，宜采用政府主导型模式来构建著作权集体管理数字化平台。

著作权集体管理能力水平的提高有赖于著作权集体管理模式的创新，云模式下的著作权集体管理数字化平台可以结合当下主流的IT技术，努力促成政府主导与社会力量参与的有机结合，为著作权集体管理事业提供基础性的公共服务。可以说，著作权集体管理数字化平台是国家基础设施服务体系的重要组成部分。

数字化平台是为著作权集体管理各个环节全过程提供的公共服务和公共产品，因此可以依托政府的力量整合资源完成建设、优化配置促进完善。政府作为代表公共利益的国家机器也有责任、有义务为著作权集体管理事业提供必要的资源服务，合理引导全社会的各方力量有效推动著作权集体管理事业的发展与成长，形成"政府扶持与投入、社会资源整合与参与、综合公共服务平台、管理创新、转型与发展、文化产业繁荣"的良性循环。在具体实践当中，政府可以通过政策保障、效能问责、量化考评、通报交流、多方参与等相关机制，实行多级监督、层级指挥、分级处理的工作模式，充分发挥政府在资源整合及优化配置方面的优势。

如果建设初期就将著作权集体管理数字化平台定位于纯粹的公共基础性服务设施，建设成为彻底的公益性平台，着眼于文化的繁荣，采取让利于民的基本方针，显然会在主体、运营、管理、服务、发展乃至作品等多个方面带来短期难以解决的现实问题。那么采用由政府主导与扶持，委托特定专业机构组织、建设与管理，参照一定市场规则运营的模式，则政策支持、资源整合、平台质量、运维与管理等多个方面工作均可以得到较为充分的保证，是比较适合现阶段著作权集体管理数字化平台的发展方式。

结语

著作权集体管理组织的根本任务是保护著作权人及相关权利人的合法利益，促进智力成果的充分交流和文化事业的繁荣发展，其发展的关键问题是如何处理好公共利益与经济利益的相互关系。基于云的著作权集体管理数字化平台的构想对于著作权集体管理事业的良性发展具有一定的启发作用,但还有诸如平台建设的具体规划和评估、基础资源的规划和筹备、各类管理组织的建立、经济利益的分配制度、许可授权的设计、监督机制的建设、复合型作品权利归属等许多现实问题尚待进一步的研究和探讨。

标准化中合理无歧视原则的法律性质初探

刘晓春[*]

内容摘要：标准化中的合理无歧视原则来源于产业实践，目前还没有清晰的法律地位。从专利法和反垄断法看，都没有直接与合理无歧视原则对应的规则。合理无歧视的法律性质应当界定为一种合同性质的义务，其特征包括自愿性、不可撤回性、对世性和内容的不确定性。合理无歧视原则对于推进标准制定能够发挥积极的作用，但是实践也要求它被赋予更加具体充实的含义。

关键词：合理无歧视　反垄断　标准化

Initial Observation on RAND Principle in Standardization

Abstract: RAND Principle in Standardization comes from the industry practice and has no clear legal status yet. There are no direct rules in both Patent Law and Anti-monopoly Law to regulate RAND. RAND's legal nature shall be defined as a contractual duty. It is voluntary, irrevocable, toward unspecific person and with uncertain content. RAND has positive function in facilitating standard setting process, but the practice also needs more specific content of this rule.

Key words: RAND; Anti-monopoly; Standardization

一、合理无歧视原则的来源与概念

合理无歧视的许可条件是信息技术产业标准化组织的专利政策所广泛采用的一

---

[*] 中国青年政治学院法律系讲师，法学博士。

个许可原则,它是一个典型的由产业实践发展演变出来的一个概念,而不是法律上明确规定的原则。到目前为止,也没有看到有国家的法律把合理无歧视这一概念引入法律规定之中,因此,也很难从成文的法律条文中直接找到对于合理无歧视的概念的解释。

　　从字面含义来看,合理无歧视原则的内容包括"合理"和"无歧视"这两个方面。而规定这一原则的标准化组织的专利政策,在突出这两方面的含义之后,也基本上没有对其更具体的内涵作出进一步的解释。比如,2007年颁布的ITU-T/ITU-R/ISO/IEC三大国际标准化组织共同专利政策中规定,对于技术提案中披露出来的专利技术,专利权人就其许可承诺可以有三种选择。第一,专利权人愿意与他人基于无歧视的原则,协商以合理的条件进行免费许可;第二,专利权人愿意与他人基于无歧视的原则,协商以合理的条件进行许可;第三,专利权人不愿意遵循上述两项的规定,在此种情形下,技术提案应当排除含有此类必要专利的技术内容。① 在美国国家标准化协会(ANSI)的专利政策范本中,将专利权人的合理无歧视许可承诺表述为:专利权人保证会向申请人以合理的条件提供一份许可,该许可应当确保不存在任何不公平的歧视。② 而更多的标准化组织的专利政策,直接将合理无歧视原则作为一个既定的概念使用,比如数字音视频编解码技术标准工作组(AVS)知识产权政策,就直接将专利权人的许可义务选项之一规定为"按照合理且非歧视性的条款(RAND)许可",而且也没有对于"合理且非歧视"作出进一步的解释。

　　在欧洲的标准化实践中,使用较多的概念是"公平合理无歧视(Fair, Reasonable and Nondiscriminatory, FRAND)"。由于无论是合理无歧视,还是公平合理无歧视,都尚未发展出一个广为接受的具体内涵,而"公平"的含义也较为宏观与抽象,较难在具体的许可环境中赋予具体的含义,因此,一般来说,合理无歧视和公平合理无歧视的使用和理解都是可以互换的。为了表述简便起见,本文采用"合理无歧视"的表述方式。

　　标准化组织一方面在其专利政策当中广泛采用合理无歧视原则,作为专利权人许可承诺的一个重要选项。另一方面,在合理无歧视具体内涵的解释方面,却三缄其口,惊人地保持一致。比如,欧洲电信标准协会(ETSI)在其政策性文件中特意强调,"任何成员对于公平、合理、无歧视条件所作出的解释都不代表ETSI的观点";"ETSI在任何时候都不负责判断事先所披露许可条件是否为公平、合理、无歧视"。③

---

　　① Common Patent Policy for ITU-T/ITU-R/ISO/IEC,〈http://www.itu.int/ITU-T/dbase/patent/patent-policy.html〉,2013年6月1日最后访问。

　　② Normative American National Standards Policies of ANSI, 3.1.1 Statement from patent holder,〈http://publicaa.ansi.org/sites/apdl/Documents/News%20and%20Publications/Links%20Within%20Stories/ANSI%20Patent%20Policy.doc〉,2013年6月1日最后访问。

　　③ Ex ante disclosures of licensing terms,〈http://www.etsi.org/WebSite/document/Legal/Exante_disclaimer.doc〉,2013年6月1日最后访问。

当然，技术标准化组织的主要目标在于制定出确保兼容性的技术标准，包括专利政策在内的知识产权政策并非标准化组织的"主业"，以技术专家为核心的工作组成员可能并没有完善合理无歧视概念的愿望，也没有这个兴趣。合理无歧视这一从标准化实践中诞生出来的概念，其完善和充实，很可能一方面需要借助法院、行政机关等国家权力机关的权威性解释，另一方面，也需要法律专家提出经过理性分析和逻辑论证的方案，在经过实践验证其可行性之后，再进入标准化组织的视野。这种从实践到理论再到实践的过程，恰恰能够体现业界和学界的良好互动。

二、合理无歧视原则的法律性质

要确定合理无歧视原则的法律性质，首先来看与这个问题密切相关的两个法律制度：专利法和反垄断法，观察合理无歧视原则在这两个法律当中的地位。与此同时，思考的一个问题是，如果没有标准化组织创设的合理无歧视这一原则，传统的法律规则是否可以很好地解决这一问题呢？

（一）专利法中与合理无歧视原则相关内容探讨

根据专利法的基本原则，专利权的核心就在于它是一种排他性的权利，专利权人可以依据此种排他性的权利确定许可条件，包括许可的价格。专利法对于专利权的限制仅限于几种有限的例外，并没有对于许可费的价格作出直接或者间接的规制。在传统的专利法领域，许可费的确定交由市场谈判去决定，而并没有就某些特殊的市场环境进行特殊的规定。唯一的例外应该是强制许可制度，在作出强制许可的决定后，政府相关部门涉及要制定合理的经济补偿标准，因此需要就许可费作出决定。我国现行《专利法》第57条规定："取得实施强制许可的单位或者个人应当付给专利权人合理的使用费，或者依照中华人民共和国参加的有关国际条约的规定处理使用费问题。付给使用费的，其数额由双方协商；双方不能达成协议的，由国务院专利行政部门裁决。"

但是，强制许可作为专利权的一项限制制度，受到多种严格的条件限制，在国际条约中，如 TRIPs，对其每一项条件的确定，都经历了艰苦卓绝的谈判过程。纵观强制许可的诸项前提条件，是否能够直接应用于标准化过程中专利权人实施许可的行为，并不能得出一个一目了然的结论。我们只能初步得出结论，只有在满足一系列严格条件的情况下，标准化中不当行使权利的专利权人才有可能受到专利法内部强制许可制度的规制。而除了强制许可制度，我国《专利法》并没有其他可以直接适用到这一领域的相应规则。

（二）反垄断法中与合理无歧视原则相关内容探讨

反垄断法的立法宗旨在于保障公平的市场竞争秩序，其实现机制是通过对于垄断行为的禁止和制裁来运作的。这与专利法以保护私权为中心的保护机制有很大的差异。由于标准化过程中，专利权人行使权利、进行专利许可的行为，是构成其整体经营行为的一部分,他们通过参与标准化活动、并凭借专利权的排他性权利,而获得更强的市场势力,这正是反垄断法关注的重要内容。

从反垄断法的规定来说,一般来说,对于价格的直接规制并非反垄断法常见的手段。比如,美国反垄断法的一个基本共识是,反垄断法并非一个价格管制法规,它更关注的还是经营者的反竞争性行为。如果一个经营者的垄断性地位并非通过违法行为而取得,那么其基于这一垄断性地位而谋求垄断性的高价,这一行为并不具有法律上的可责难性。④ 只有当能够证明经营者通过不正当的手段获取了垄断地位,此时,其谋取高价的行为才会成为反垄断法所关注的对象。

我国《反垄断法》第17条第1款规定了对于价格的反垄断审查:"禁止具有市场支配地位的经营者从事下列滥用市场支配地位的行为:(一)以不公平的高价销售商品或者以不公平的低价购买商品;"这一条的具体实施有很大的解释空间。从字面上看,与美国法的原则不同,我国的法律并不关心经营者的市场支配地位是如何获得的,只要具有市场支配地位,其行为就要受到审查。但是另一方面,所谓的高价和低价都必须是"不公平的"。这一"不公平"的标准恐怕颇难掌握。"不公平"指的是对谁不公平,结合"合理无歧视"原则来看,"不公平"与"不合理"之间是否又存在区别。"不公平"在被具体化之前,其适用也面临着很大的不确定性。

同样是我国《反垄断法》第17条第1款的第6项,禁止具有市场支配地位的经营者"没有正当理由,对条件相同的交易相对人在交易价格等交易条件上实行差别待遇"。这也可能可以成为适用于规制专利许可费条件的条款。

但是,对于标准化中的专利权人应用上述的反垄断法规则,并不是理所当然的。首先,专利权人需要满足"具有市场支配地位"这一前提,这并不是一个显而易见的证明过程。其次,《反垄断法》第55条对于知识产权和反垄断法的关系作出了一个表述:"经营者依照有关知识产权的法律、行政法规规定行使知识产权的行为,不适用本法;但是,经营者滥用知识产权,排除、限制竞争的行为,适用本法。"对于这一条的内容有不少争议,但是从字面上解释,我们至少可以总结出,一般的、正常的、知识产权法律法规所允许的知识产权行使行为,并不适用反垄断法。⑤ 只有当这些行为被确认为"滥用知识产权,排除、限制竞争"的时候,才能适用反垄断法的规定。

那么,对于标准化中的专利权人来说,按照其拥有的专利权,以及通过标准化而取得的一系列优势和地位,提出其许可的条件和费率,是一种在合法范围内的正常权利

---

④ Law Offices of Curtis V. Trinko, LLP, 540 U.S. 398. 6. (2004) ("To safeguard the incentive to innovate, the possession of monopoly power will not be found unlawful unless it is accompanied by an element of anticompetitive conduct").

⑤ 关于反垄断法第55条所界定的反垄断法与知识产权法的关系问题,同时涉及对于"知识产权滥用"这一概念的理解问题,对此学界已经作出了很多讨论,并且观点各异。典型者如王先林、郭禾、张伟君等的研究成果。

行使行为呢,还是构成知识产权滥用?如果要针对他们的许可行为来适用《反垄断法》第 17 条第 1 款第 1 项和第 6 项的规定,是只要符合第 17 条本身规定的要件就可以了呢,还是必须首先满足"滥用知识产权,排除、限制竞争"这个条件?这两个层次的条件的具体标准又存在什么差异呢?在解决这些问题之前,反垄断法规定的直接适用,恐怕很难轻易得出结论。

(三)合理无歧视原则的法律特征

从合理无歧视原则的含义来看,可以从专利法和反垄断法的相应规则中找到一些直接或者间接的渊源。合理的许可费,作为对于专利权人研发成本的一种补偿,和对其未来持续创新的一种激励,正是来源于专利法通过保护创新而激励创新的基本理念。"无歧视"的许可要求,对应了反垄断法中防止占有市场支配地位的竞争者从事不正当的差别交易的规则。但是另一方面,从专利法和反垄断法的规则来看,都没有直接与合理无歧视原则对应的规则,没有规则可以用来对其直接作出法律上的评价,当然也就没有对合理无歧视原则进行具体定义和解释的内容。

既然合理无歧视原则并不直接构成专利权人的一项法律上的义务,那么,在标准化过程中,专利权人对于标准化组织知识产权政策的接受,特别的,对于其中合理无歧视许可义务的承认和接受,就起到了为其创设义务的关键作用。在这个意义上,合理无歧视的法律性质应当界定为一种合同性质的义务⑥,但是在标准化的语境下,它又有不同于一般的合同义务的特点。概括起来,它具有以下特点:

第一,自愿性。缔约自由是产生合同义务的基本原则之一,也是私法自治的最重要内容。⑦ 专利权作为私权,合理无歧视的许可义务是对于私权的一种限制,因此应当由权利人自愿作出承诺。对于没有作出承诺的专利权人,并不能以合理无歧视原则对其进行要求和限制。当然,在特定的情况下,专利权人的特定行为满足了专利法和反垄断法规定的相关要件之后,即使专利权人没有作出合理无歧视的许可承诺,还是有可能导致类似法定义务的适用。但是,这与标准化组织专利政策中要求专利权人所做的合理无歧视许可承诺,在适用条件和内容上并不完全一致,因此,不能认为是合理无歧视这一合同义务向法定义务的转化。

第二,不可撤回性。契约自由中也包含了"变更和废弃的自由",亦即"当事人得于缔约后变更契约的内容"。⑧ 但是这一变更的自由指的是基于双方合意的决定。在标准化的决策过程中,如果专利权人单方就其许可承诺进行修改甚至撤回,势必会影响到成员和决策者对于整体技术方案的理性衡量和抉择,因此,包括合理无歧视在内

---

⑥ 张平:"技术标准中的专利权限制——兼评最高法院就实施标准中专利的行为是否构成侵权问题的函",载《电子知识产权》2009 年第 2 期,页 16。

⑦ 王泽鉴:《债法原理(一)》,中国政法大学出版社 2001 年版,页 73。

⑧ 同上注,页 74。

的许可承诺一旦作出,应当是不可撤回的,甚至这种承诺的效力应当延伸到专利权人退出标准制定组织之后。[9] 当然,如果专利权人能够证明其撤回在特定情况下不会对于标准制定产生不良影响,比如,在标准组织规定的可撤回期间撤回,或是在标准制定的实质性程序开展之前撤回或者修改,可以作为例外情形进行规定。

第三,对世性。合理无歧视承诺的对世性,指的是专利权人承担这一许可义务的相对人,不仅限于标准化组织的成员,亦即"合同"的相对方,而是与标准制定和实施可能相关的所有人,这些人包括未参与标准制定的竞争者,也包括所有潜在的标准实施者。

第四,内容的不确定性。合理无歧视作为专利权人的一种格式化的许可承诺,所涵盖的潜在的专利许可交易可能是无穷尽的,这些交易有可能通过交叉许可、专利池等节省交易成本的制度安排来实现,也有可能成为单独谈判的内容。因此,合理无歧视作为一个许可承诺,没有可能也没有必要事先就具备明确而具体的许可条件,应当留由当事人的谈判来完成。但是,另一方面,针对合理无歧视确立一些相对客观的衡量标准,消除专利许可中过度的不确定性,也成为标准化实践的内在要求。[10]

合理无歧视原则作为一种自愿性的义务,却带有一些与一般合同义务不同的重要特征。究其根本原则,正是在于标准化活动中成员之间的合意与一般的合同缔结行为有所不同,关键在于,标准化活动的结果,也就是标准的制定,其效力并非限于成员之间的相对性效力。在标准推向市场之后,根据标准的不同类型,会产生不同的影响力,但是通常来说,信息技术产业的标准,其影响范围都会超越参与制定的标准化组织成员,至少会影响到包括其上下游产品市场在内的直接和间接的客户,乃至最终的消费者。在某种意义上说,标准化的过程如同特定范围内的"立法"行为,只不过技术标准所对应的是技术性规范,而并非直接针对人们的行为规范。

三、合理无歧视原则的作用与不足

从上述对于合理无歧视原则法律性质的讨论,我们也可以总结出这一原则在标准化实践中的积极作用以及不足之处。

首先来看合理无歧视原则的总体作用。标准化过程会导致专利权人所处竞争地位的实质性变化,这已成为共识。在标准化过程之前,在正常的竞争市场上,大部分技术处于高度竞争状态,而专利权人凭借专利权所拥有的排他性权利,也是专利制度正常允许范围之内的正当权利,根据知识产权法的基本理论,是促进创新和激励发明创

---

[9] Lemley, Mark A., Intellectual Property Rights and Standard-Setting Organizations(April 2002). California Law Review, Vol. 90, p. 1889, 2002. Available at SSRN: 〈http://ssrn.com/abstract = 310122〉. 刘莉:"Rambus 诉 Infineon 公司案解析——知识产权拥有人退出标准制定与信息披露",载《WTO 经济导刊》2007 年第 8 期,页 88。

[10] 安佰生:"标准化条件下知识产权许可中的限制竞争问题","中国《反垄断法》与规制知识产权滥用行为专题研讨会"会议论文,2008 年 4 月 26—27 日。

造所必需的机制。

标准化过程本身是一个筛选和将技术方案从多元化向一元化发展的过程,从这个过程当中胜出的技术方案无疑会从中取得很多的优势,一方面,从商业的角度来说,这些技术被赋予更高的评价,也更容易获得社会的认可,从而获得更好的商业前途和市场前景。而另一方面,通过标准化,这些技术中所包含的专利权也将受到更加广泛的实施,专利权人的排他性的权利获得了向更广泛的主体进行行使的机会,这就导致专利权人作为竞争者所掌握的市场势力也进一步加强。在标准制定过程中,要求参与的专利权人作出合理无歧视进行许可的承诺,就是为了确保专利权人在获得标准实施过程中的市场势力之后,不会索要不合理的许可条件,或者凭借其市场势力进行歧视性定价,以致影响到标准的顺利实施。因此,从整体层面上来说,合理无歧视原则的作用在于,通过专利权人自愿的承诺,对其权利形成一种限制,来确保专利权的行使不会成为标准化的障碍。

具体来看,在标准化组织制定标准的过程中,合理无歧视原则的特点也对于推进标准制定能够发挥积极的作用。一方面,必要专利的专利权人在作出合理无歧视的许可承诺之后,标准化组织的成员就可以不必考虑"专利阻抑"的风险,专心就技术提案的技术性能进行讨论,而不必花过多的资源在专利许可条件的磋商上。这无疑有利于提高标准制定的效率。另一方面,对于专利权人而言,合理无歧视原则所包含的弹性内涵也不会施加过于苛刻的限制,专利权人不必在标准制定阶段就顾虑自己的利益无法得到保证。合理无歧视这样一个富有弹性而存在多种可能性的原则,在标准制定初期这样一个充满不确定性的阶段,为各方的利益安排找到了一个相对稳定的平衡点,从而有助于推动标准化活动更有效率地展开。

在标准制定完成之后的实施过程当中,标准技术方案所包含的必要专利的专利权人可以通过各种安排寻求其专利权的行使。在这个过程中,合理无歧视原则就成为一个实际的指导和限制,对专利权人的许可条件起到规范和约束作用,并且在纠纷发生的情况下,成为衡量许可条件是否有效的具有法律效力的标准。在国际标准化实践中,被许可人援引专利权人的合理无歧视承诺作为挑战许可条件的理由,已有先例。[①]

合理无歧视原则一旦成为诉讼或者行政程序中的众矢之的,它缺乏具体内涵这一特点就会给具体的法律适用带来困难,其不足之处也就暴露出来。标准制定过程中所搁置的许可条件问题,本意是由专利许可双方或者各方通过标准制定程序之外的自由谈判来解决,但是一旦此类协议无法自愿达成,而专利权人又掌握有相对优势的谈判地位,此时,标准的使用者需要的不再是一个柔弱无力的合理无歧视原则,它需要被赋予更加充实的含义,才能不辜负这一原则在标准化实践中创设之初被寄予的厚望。

---

① "诺基亚爱立信等向欧盟投诉高通涉嫌垄断",〈http://tech.sina.com.cn/t/2005-11-01/0956753227.shtml〉,2013年6月1日最后访问。

论商标和域名权利冲突的非诉讼纠纷解决模式

孙　那[*]

内容摘要：商标与域名的冲突问题随着互联网的不断发展而日渐凸显。一方面，在经济利益的驱动下，权利人希望通过他人在先建立起来的商誉为自己谋取经济利益，另一方面，商标与域名不同的注册登记体系也导致了两种权利可能发生冲突。在解决两种权利冲突的问题上，除了传统的诉讼解决方式之外，我们要积极寻求非诉讼模式来解决此类纠纷，以便分流案件，从而更加高效地解决此类纠纷。这对于当事人利益的维护和司法资源的节约都是有益的探索和尝试。

关键词：商标　域名　非诉讼纠纷解决模式

Alternative Dispute Resolution to Solve the Conflict between Trademark and Domain Name

Abstract: With the development of the Internet, the conflict between trademark and domain name become increasingly prominent. On one hand driven by economic interests, the righter hope that the goodwill built up by others can reap economic benefits for themselves; on the other hand, trademark and domain name have different registration system whichleads to the conflict. To solve the conflict between the two rights, besides to the traditional litigation solution, we should ac-

---

[*] 北京大学法学院博士研究生。

tively seek non-litigation mode to resolve such disputes in order to divert cases. This is beneficial for the maintenance of the interests of the righter or relevant parties and saving judicial resources.

Key words: Trademark; Domain name; ADR

随着互联网的不断发展,域名与商标这两种商业标识在区别商品来源,指示商品服务提供者方面的作用越来越重要。商品的生产经营者在苦心经营自身商业品牌的同时,也越来越多地运用互联网手段来扩大自身商标的品牌影响力,从而提高竞争力。我们通常所说的商标是指生产者或经营者为将自己的商品或服务与他人的商品或服务相区别,而使用在商品及其包装上或服务标记上的由文字、图形、字母、数字、三维标志和颜色组合,以及上述要素的组合所构成的一种可视性标志。根据《中华人民共和国商标法》第3条的规定,商标分为商品商标、服务商标、集体商标和证明商标。域名是指计算机主机在国际互联网上的数字地址的一种转换形式,其功能近似于电话号码或者门牌号码。互联网用户想要访问或浏览的网页的域名,互联网服务器通过一套域名解析机制,将用户与其要访问的网站的服务器数字地址连接起来。这样用户就可以浏览或访问该网站的网页。因此域名所标识的就是互联网的地址。从技术角度来讲,域名是互联网上的电子地址,是打开无数网站大门的钥匙,它在网络的构造中占有重要位置。从域名的特点来看,它具有唯一性,其目的在于保障在一台计算机上搜索的结果不发生重复。这种唯一性实质上使得域名在全世界具有排他效力,只要某一域名被注册,就在全球范围内排除了注册、使用相同域名的可能性。由于域名本身具有专有特性,每个域名与某个网站或者公司相联系,这就使得存在于虚拟世界的域名地址,有了标识现实中企业的作用。因此,国际上要求域名的使用必须经过申请注册。在注册登记程序上,一般采纳"先申请先注册原则"和"域名由申请人选择和负责原则"。①

一、商标与域名的权利冲突

随着互联网科技的迅速发展,产生了商标和域名的权利冲突。其类型主要是域名与他人合法注册的商标相同或者近似,足以使公众产生误认或者使消费者因此而产生了混淆。最高人民法院在《关于审理涉及计算机网络域名民事纠纷案件适用法律若干问题的解释》第4条第2项中对于"被告域名或者其主要部分构成对他人驰名商标的复制、模仿、翻译或者音译;或者与他人注册商标、字号、域名等相同或者近似,足以造成相关公众的误认"作为"构成侵权或者不正当竞争"的情形之一。同时最高人民法院在《关于审理商标民事纠纷案件适用法律若干问题的解释》第1条第3项中对于"将

---

① 刘映春:《电子商务法》,中央广播电视大学出版社2012年版,页215。

他人注册商标相同或者近似的文字注册为域名,并且通过使用该域名进行相关商品交易的电子商务,容易使相关公众产生误认的"行为归入到我国《商标法》第52条第5项中的商标行为中,不再涉及不正当竞争的问题。例如"南京雅致珠宝有限公司诉广州园艺珠宝企业有限公司通用网址纠纷及商标侵权纠纷案"②,以及微软公司的商标与商号"Microsoft"被他人故意注册为两个容易混淆的域名 http://www.misrosoft.com 和 http://www.microsOft.com③ 都是典型的涉及商标与域名之间权利冲突的案件。

目前常见的域名与商标的权利冲突一般有三类:第一类是域名抢注或恶意注册行为,一般是指行为人明知或应知其所申请注册的域名是他人享有权利的商标,仍然抢注在商标权人之前予以注册的行为。第二类是注册并使用与他人在先注册的商标相同或者近似的域名的行为。这种行为与前一种行为明显不同之处在于后者为了搭便车而注册了与他人在先的商标相同或者近似的域名。该行为不仅减弱了商标对于商品的标识作用而且也会因他人将产品用于不相关的商品之上而减弱商标的知名度,贬损了商标及其权利人的声誉。第三类是若干权利人就相同商标分别享有商标权,而其中一个权利人将与该商标相同的字符组合注册在某一顶级域名下的二级域名,导致其他商标权人无法在相同的顶级域名下注册使用其商标的情形。

二、商标与域名权利冲突的原因

(一) 经济利益的驱动是引发商标与域名冲突的根本原因

"从经济学的角度看,权利的冲突源于利益的冲突,因此权利就是法律所保护的利益,而利益的冲突源于资源的有限性和人欲望的无限性。"④企业之所以使用与别人相同或近似的商标作为自己的商业标识,无非是因为该商业标识拥有巨大的市场价值以及较高的公众知名度,在广告宣传、识别商品和服务等方面具有特殊的效益从而能为商品的经营者带来巨大的商业利益,才会将其作为自己的商业标识而使用,是一种"搭便车"的行为。而一个商标对于表示其品牌的企业而言,价值在于商标所传达或者体现的有关该企业品牌品质的信息,可能节约了消费者的搜寻成本。该品牌的品质声誉以及商标价值,有赖于企业在产品质量、服务、广告等方面的花费。一旦企业创立了这样的声誉,该企业就会获得较多的利润,因为重复购买以及口耳相传的推荐将提高销售量,而且因为消费者愿意为搜寻成本的节约和持续稳定品质的保证而付出一个较高的价格。对于那些抢注这些有一定知名度的厂商的域名者来说,他们可以节约建立其商业标识与消费者信赖之间联系的投入成本,从而可以获得更多的收益。正可谓"天

---

② 广东省高级人民法院(2004)粤高法民三终字第323号民事判决书。
③ 张玉瑞:《互联网上的知识产权——诉讼与法律》,人民法院出版社2000年版,页333。
④ 谭筱清:《知识产权权利冲突的理论与判解研究》,苏州大学出版社2004年版,页5。

下熙熙,皆为利兮;天下往往,皆为利往"⑤正是在经济利益的驱动下,行为人才会冒着涉诉的风险而使用他人注册的或者未注册的但具有经济价值的商标为自己谋利。

(二)商标与域名注册制度上的差异是商标与域名冲突的直接原因

域名的注册实行的是"先申请,先注册"的原则,如果有人已经把自己的商标注册为域名,那么他人就不能再注册相同的域名。而在实际操作层面上讲,域名的注册体系和商标的注册体系之间缺少有机的联系。商标的注册机构在商标注册时对商标要进行实质性审查,并且对于注册商标都要有自己的注册类别。而域名的注册通常是在申请注册时并不作实质性审查,而且域名具有全球的唯一性。除此之外,各国的商标法均要求商标注册人对于注册商标要持续使用以便维持其有效性,而域名的注册一般并不要求注册者使用域名,域名注册可以预先注册以待将来需要时使用。

三、非诉讼模式(ADR)在解决商标与域名权利冲突中的适用

公力性救济和社会性救济作为纠纷解决的不同方式,在不同的时代起到了不同的作用。但是,作为在20世纪80年代后期才不断成熟和发展起来的知识产权制度,其纠纷的解决方式主要是公力性救济。由于我国采用的是行政处理和司法保护相结合的方式。⑥ 行政救济在权利冲突的纠纷中占有举足轻重的作用,而仲裁等非诉讼方式在相关的权利冲突案件中较少被使用,并没有真正与诉讼案件分流从而达到减轻诉讼压力的目的。

非诉讼纠纷解决机制,又称为替代性纠纷解决机制(ADR),是英文"Alternative Dispute Resolution"的简写,它是在20世纪60年代以后从欧美司法实践中逐渐兴起和发展起来的,其致力于用诉讼以外的方式来解决纠纷。如今它已经慢慢变为以非传统方法解决法律纠纷的代名词。面对着诉讼爆炸危机,为了缓解法院诉讼的迟延和提高诉讼的效率,从而降低当事人的诉讼成本,各国纷纷构建出各具特色且适合本国发展模式的非诉讼纠纷解决模式。

(一)调解方式的适用

"裁判是一种很奢侈的纠纷解决方式,故欲让所有的民事纠纷都通过裁决来解决的想法是不现实的。如果忽视自主性解决方式向合理化方向发展的努力,那么形成纠纷解决的整体水平将会在低迷中徘徊。"⑦解决商标与域名的权利冲突并不是仅仅为了满足个人利益和否定他人利益,而是尽可能地使得社会资源得到最优化的配置,从而发挥其最大的社会价值。行为人完全可以在判断自己利益的基础上,通过契约的形式将一种权利转变为另一种利益,即权利通约规则。

---

⑤ 司马迁:《史记·货殖列传》,中国社会科学出版社2000年版,页87。
⑥ 王莲峰:《商业标识立法体系化研究》,北京大学出版社2009年版,页170。
⑦ 〔日〕小岛武司:《诉讼制度改革的法理和实证》,陈刚等译,法律出版社2001年版,页161。

在实践中,法院判决认定在后的商标或域名的使用侵犯了在先注册的商标专用权或域名权的前提下,判令被告停止使用时,有些学者认为⑧:被告经过长期的人力、物力和财力的投入,其产品或服务已经占有了一定的市场,商标的价值有了较大的增值。即便是与在先注册的商标存在相同或者近似的地方,但是被告在商标增值的过程中也付出了自己的努力,如果此时责令其停止使用,则使得原告在无形中获得了被告的商业价值,对于被告来说并不公平。这种裁判不符合公平正义的司法价值理念。

因此,在上述情况下,出现了在先的注册商标权利人或者域名持有人的利益与在后的付出较大投入者之间的利益冲突问题。所以,人民法院在处理该类知识产权案件的时候,既要考虑到对在先权利人的商业标识的权利保护,又要注意到被控侵权人对其商品的开发、宣传及各个方面的投入,在遵循保护在先权利的原则下,需要兼顾和平衡各方的利益,合理分配社会资源,实现社会的公平、正义。在上述情况出现的情形下,笔者建议在诉讼开始前由法院主持当事人进行调解,这是在处理商标与域名权利冲突案件中的优先选择。

1. 调解模式的理论基础

调解模式在法理上来源于权利通约理论。权利通约理论,又称权利转化,是指不同的权利发生冲突之后,当事人通过和解或在诉讼过程中由法院主持调解,采用某种救济措施,通常是经济补偿,互相约定将一种权利转化为另外一种权利,并加以比较和转换,以这样的方式平息纠纷。⑨苏力先生就曾将"秋菊打官司案"、"邱氏鼠药案"对权利通约理论进行过阐述,认为诸如肖像权、名誉权等人格权、人身权类型的精神权利都可以通过契约或者在法庭上转化为财产权利。⑩笔者认为,精神性权利是可以通约的,可以转化为财产性的赔偿和补偿。双方当事人在自愿协商的基础上,在不损害国家和社会公共利益的前提下,应当被认为是合法的。该理论可以兼顾各方当事人的利益以求达到利益的平衡,实现司法的公平与正义的价值理念。该理论对于处理商标和域名权利冲突案件也是可以适用的。

2. 调解理论的经济学分析

在商标与域名权利冲突的纠纷案件中的当事人,必须基于自己的利益选择诉讼或者非诉讼的方式保护自己的权益。知识产权有其固有的价值,知识产品的生产活动具有极低的边际成本。⑪知识产品的创造者往往需要付出较大的研发和维护等成本,而侵权人只是需要较少的成本就可以复制他人的知识产品从而获得利益。知识产权例

---

⑧ 刘春田:"在先权利与工业产权",载《法学前沿》2007年第1期。
⑨ 周林:《知识产权研究》第18卷,知识产权出版社2007年版,页256。
⑩ 今华:"权利冲突的制约、均衡和言论自由优先配置质疑",载《法学研究》2000年第3期。
⑪ 边际成本表示当产量增加一个单位时,总成本增加的数量。一般而言,随着产量的不断增加,总成本也会不断减少从而边际成本下降,也就是常说的规模效应。因此,边际成本用以判断产量的增减在经济上是否合算。

如商标和被仿冒的商标,边际成本非常低。如果没有法律的保护,那么侵权人就会因为不需要投入研发的成本就可以以极低的边际成本和价格来销售其侵权产品。而权利人则为了保持自己产品的市场份额而不得不以边际成本出售自己的产品而无法收回研发成本。因此,权利人为了保住自己的合法权利在发现侵权行为时必须考虑到诉讼收益和诉讼投入之间的比例,以及可获得的赔偿等因素。与此对应的是,侵权人在作出侵权的决定时,也必须充分理解纠纷中可能会承担的责任、潜在收益和潜在责任之间的关系以及基于侵权而使用权利人的商标和获得权利许可所需要支付的许可使用费之间的比较。

从法律的角度以调解的方式结束当事人的权利冲突有着其独特的优势。

3. 调解理论在解决商业标识权利冲突案件中的优势

"合则两利,分则两败",当事人是自己利益的最佳判断者,双方都会作出合理性的、对自己效用最大化的选择,从而达到资源配置的最优化。从理论上讲,当双方能够一起谈判并通过合作解决其争端时,无论法律的基本规则是什么,他们的行为都将是最有效率的。这个被称为实证的科斯定理的命题是对法律的经济分析中最为著名的论断之一。对于商标和域名的权利冲突的案件,与其只是责令已经投入巨大努力的在后使用人停止使用,不如将其转化为赔偿责任以及达成许可使用协议的方式。[12] 调解方式解决权利纠纷对当事人来说都是双赢的结局。这主要体现在以下几个方面:

调解可以使当事人全方面地解决纠纷,而不限于法律的特殊规则。由于可能受到实体法的规则限制,诉讼程序中所处理的纠纷局限于案件的事实和诉讼请求,因此可能忽视了更有利的解决方案。而调解具有灵活性和自决性,可以在双方当事人意思自由的情况下制定出对于双方都有利的、双赢的解决方案,这对于双方当事人利益的维护都是有利而无害的。正如学者 Fuller 所言:"调解使得当事人从规则的违反与接受中解脱出来,相反,相互的尊重、信任和理解的关系,使得当事人分摊损失成为可能。"[13]

调解可以使当事人自主创造出解决纠纷的程序。调解成为当事人之间观点交流进而形成双方都能接受的结果的协商性程序。调解是建立在当事人合意的基础之上的,更大限度地体现了当事人对自身利益的判断与分析。调解可以使得当事人自己进一步控制纠纷的处理结果,而不像法院的诉讼程序中,当事人并不能控制和预测诉讼的结果。较之法院的判决结果,调解结果使得双方当事人对结果的接受程度更高。即使是调解无法解决该纠纷中的全部问题,但是它使得当事人为了达到共同的调解目标而协力合作并逐个解决问题,从而全面解决纠纷。从这个意义上讲,有的学者认为,调

---

[12] 马特:"两个'老干妈'到底谁更辣——权利冲突的个案分析兼评'老干妈'不正当竞争案",载《判解研究》,人民法院出版社 2001 年第 3 期。

[13] Lon. L. Fuller, *Mediation*: *Its Forms and Functions*, 44 S. CAL. REV. 305, 325—26 (2001).

解的理论目标在于"纠纷管理而非纠纷解决"⑭。

更为重要的是,该类纠纷大多发生在商业竞争领域,商业交易的发生必然伴随着商业的竞争与合作。而大多数交易都需要在持续合作的企业之间完成。如果两个企业处于相互合作的位置,那么对于维护这种长期的合作伙伴关系,调解无疑是一种更优的选择。而花费大量的成本进行诉讼对于企业的长远发展是不明智的,也可能使得企业赢了官司,输了市场。正所谓"听断以法,而调处以情。法则泾渭不可不分,情则是非不妨稍借"⑮。

综上,在处理商标与域名的冲突案件中,首先要考虑的是就该案件在当事人双方之间进行调解,以分流案件的审批压力,节省司法资源,促成双方矛盾的化解和未来的合作。在此类案件中,可以通过一方当事人向另外一方当事人支付许可使用费的方式促成双方以调解进行结案。

(二)仲裁方式的适用

仲裁是当事人基于双方的合意,由中立的第三方作出一个最终对双方都具有约束力并且可以由法院予以强制执行的裁决的一种纠纷解决机制。其产生以后,由于其具有的效率性和便捷性等优势而发展迅速。

1. 商标与域名权利冲突案件的可仲裁性

以仲裁方式解决商业标识的侵权纠纷,主要理论上的障碍有两点:第一点是依据传统的理论,仲裁方式只适用于合同纠纷而不适用侵权纠纷。第二点是商标往往要通过行政机关的授权而取得。因此在使用仲裁方式解决会面临着仲裁裁决如何与行政程序进行衔接的问题。这两个问题的逻辑层次在于第一个是能否受理的问题,也即用仲裁方式解决商标与域名冲突的可行性问题。第二个是如何做的问题,在具有可行性的前提条件下,如何创新仲裁制度来适应商标与域名侵权纠纷的案件。有人认为侵权纠纷应该被排除在仲裁的范围之外,因为侵权行为的侵害对象包括了权利人的人身权,而人身权是排除在仲裁的范围之外的,因此侵权案件也就不应包括在仲裁的范围之内。⑯

我们首先来看此类案件中行为人的目的,行为人的目的在于行使商标权或者域名权,这与知识产权的合同行为,例如商标的许可转让,都属于对知识产权的使用行为,他们的区别在于行使的合法性不同。在一定条件下,这两种行为是可以相互转化的。从经济学角度分析,市场经济活动参与者都被认为是"理性人",以追求自身利益最大化为目标。当人们选择自己的行为方式的时候,必然要考虑到自己行为的成本与收益

---

⑭ Jay Folberg & Alsion Taylor, *Mediation: A Comprehensive Guide to Resolving Conflicts Without Litigation*, 44 S. CAL. REV. No.7 (2004).

⑮ 汪辉祖:"断案不如息案",载《学治臆说》上卷,人民教育出版社2000年版,页78。

⑯ 张建华:《仲裁新论》,中国法制出版社2002年版,页98。

之间的关系。如果当侵权行为可获得的经济效益大于合同行为,那么人们就会选择侵权行为,反之人们就会选择合同行为。因此我们可以推出知识产权的侵权行为与知识产权的合同行为具有相同的平等主体,侵权行为的发出者往往也就是潜在的合同主体。此时的侵权纠纷完全可以转化为商标与域名的许可合同纠纷。因此,发生此类纠纷的时候,可以通过让双方当事人达成仲裁协议为依据进行仲裁。

现代意义上的知识产权被普遍被认为是一种私法上的权利,是一种特殊的民事权利。当事人可以自由地对权利进行处分,只要这种处分行为不违反法律的规定也不损害社会的公共利益即可。[17] 因此,根据我国《仲裁法》第2条规定商业标识类的知识产权侵权案件完全可以适用仲裁的方式予以解决。[18] 而对于仲裁的结果当事人也可以要求仲裁庭作出有法律执行力的仲裁文书,请求法院予以执行。而不用等待行政机关的裁决,这样有利于当事人迅速便捷的解决权利纠纷。

2. 仲裁方式在处理商标与域名冲突中的国内外应用

从国内实践来看,2007年2月,中国大陆首个知识产权仲裁中心在厦门成立,其业务范围是与知识产权相关的合同及其他类型的知识产权纠纷。2007年4月,武汉仲裁委也成立了知识产权仲裁院,以中南财经政法大学的知识产权学院为依托,从而依靠高校的学术及科研力量推进对于知识产权的仲裁宣传和实践活动。[19] 之后,天津仲裁委也成立了知识产权工作站。此外,西安仲裁委与陕西省的知识产权局联合建立了知识产权的行政执法与仲裁相衔接的会商机制,目的在于为推行知识产权的保护和仲裁制度提供新的渠道。[20]

从国际层面上看,由于以往的知识产权国际公约缺乏有效的执行措施,1993年乌拉圭回合谈判最终达成并通过《与贸易有关的知识产权协议》(TRIPs),根据该协议知识产权的国际争端解决可以借助于世界贸易组织的争端解决机制包括仲裁方式予以解决,并且设立了专门的仲裁与调解中心,专门受理与知识产权有关案件。并且规定了78个仲裁条款以保证程序的严格公正,仲裁程序可以由一方当事人向WIPO申请启动,WIPO在收到申请后,向另一方当事人寻求意见,如果对方同意仲裁则进入仲裁程序,如果不同意的,则驳回申请,并告知其可向法院起诉。

(三) 域名争议解决的专有机制

1. ICANN 的解决机制

1998年,美国成立了互联网名址及数码分配公司(即 ICANN,Internet Corporation

---

[17] 郑成思:《知识产权论》,法律出版社2001年版,页3。
[18] 《仲裁法》第2条:"平等主体的公民、法人和其他组织之间发生的合同纠纷和其他财产权益纠纷,可以仲裁。"
[19] 付智勇:"论我国知识产权纠纷的仲裁",载《知识经济》2009年第5期。
[20] 宋新宇:"论知识产权侵权纠纷之可仲裁性",载《河南管理干部学院学报》2007年第5期。

for Assigned Names and Numbers),这是一个非营利的美国公司。美国商务部同意在两年内逐步向 ICANN 移交美国政府对互联网的管理权,并要求所有域名注册代理商要根据 ICANN 制定的《统一域名争端解决政策》,与域名注册人签订合同,同意域名争议提交 ICANN 确认的域名争端裁决机构裁决。

之后,世界知识产权组织(WIPO)为建立一种全新的域名争议解决机制做了大量研究工作,并于 1999 年 4 月提出了《WIPO 最终报告》。此份建议性报告促使 ICAN 建立了统一域名争议解决机制。1999 年 8 月 26 日,ICANN 公布了《统一域名争议解决政策》(Uniform Domain Name Dispute Resolution Policy,简称 UDRP)。其取代了原由 NSI 制定并执行的 NSI 规则。ICANN 通过 UDRP 为域名抢注类争议提供了一种准强制性争议解决程序;对于非域名抢注类争议,UDRP 第五条规定了应选择通过法院、仲裁或其他可适用的程序予以解决。[21]

1999 年 10 月 24 日,ICANN 又公布了《统一域名争议解决政策之规则》(Rules for Uniform Domain Name Dispute Resolution Policy),用以规定通过该政策解决域名争议的程序性问题。ICANN 先后指定了四家争议解决机构适用 UDRP 进行域名争议的解决,它们分别是 WIPO 仲裁调解中心、公共资源研究中心(Center for Public Resources Institute)、美国国家仲裁论坛(National Arbitration Forum)和亚洲域名争议解决中心(Asia Domain Name Dispute Resolution Center),其中亚洲域名争议解决中心又分设了北京、香港、首尔和吉隆坡四个秘书处,负责受理解决适用于 UDRP 的域名争议。

2. CNNIC 的解决机制

我国于 1997 年建立了中国互联网信息中心,是我国域名注册管理机构。2004 年我国颁布了《中国互联网域名管理办法》,CNNIC 配合该管理办法,参照 ICANN 的 UDRP,结合我国的相关法律、法规及政策规定,于 2006 年 3 月 17 日生效实施了《中国互联网络信息中心域名争议解决办法》(简称《解决办法》或 CNDRP)。该办法适用于因互联网域名的注册或者使用而引发的争议,限于由 CNNIC 负责管理和维护的 CN 域名和中文域名。为与《解决办法》配套,CNNIC 还制定了《中国互联网络信息中心域名争议解决办法程序规则》,之后该程序规则于 2007 年进行了相应修改,现行的程序规则是于 2007 年 10 月 8 日生效实施。经 CNNIC 授权,中国国际经济贸易仲裁委员会域名争议解决中心和香港国际仲裁中心作为域名争议解决机构,负责处理有关 CN 域名和中文域名的争议。

四、诉讼模式与非诉讼模式在解决商标与域名权利冲突案件中的比较

从商标和域名争议的案件解决问题上,我们提供给了双方当时人多种解决途径,

---

[21] 李昱:"ICANN 域名争议解决机制",华东政法大学 2010 年硕士学位论文,页 28。

各种解决模式有着其自身的利弊,如何权衡利弊,选择利于自身的解决模式,是每一方当事人都必须要作出的选择。根据经济学的"理性经济人"假设,所谓理性经济人,是指个人在一定约束条件下实现自己的效用最大化。就是说,人是在约束条件下追求利益最大话的动物。这种假设最早由英国经济学家亚当·斯密(Adam Smith)提出,他认为人的行为动机根源于经济诱因,人都要争取最大的经济利益,人的一切行为都是为了最大限度地满足自己的利益。② 由于双方当事人会根据自己的利益进行利益判断从而选择最有利于自身的方案,因此有必要对各种解决模式作出风险——收益分析:如图1-1从被侵权方角度对于不同纠纷解决机制作出的风险——收益分析:

	诉讼	调解	仲裁	UDRP 机制
收益	1. 获得全额赔偿的可能性 2. 获得律师费补偿的可能性 3. 强化知识产权的保护 4. 无形的收获 5. 判决的执行保障	1. 能对纠纷最终决定发表意见 2. 较低的成本 3. 与对方合作或许许可使用费 4. 降低无形的损失 5. 减少精神痛苦 6. 节省时间成本 7. 最终协议的保密性 8. 促进未来合作的可能性	1. 双方可以自由选择仲裁地 2. 获得全额赔偿的可能性 3. 诉讼与仲裁的选择唯一性,节省时间成本 4. 仲裁协议的执行保障	1. 域名注册人强制参与性 2. 不排斥法院的管辖 3. 在线管理模式,节约时间成本 4. 裁决具有执行保障 5. 可以解决跨国的争议,有效规避了法律的适用和管辖的冲突
风险	1. 败诉的可能性 2. 耗时时间长、程序冗长 3. 精神痛苦 4. 不能对最终判决发表意见 5. 高昂的诉讼成本 6. 破坏未来合作的可能性	1. 缺少判决结果的强制性 2. 许可使用费比判决赔偿数额低 3. 调解中的陈述不能作为控告当事人在民事诉讼中的证据使用的可能性	1. 放弃诉讼的可能性 2. 对最终结果的服从 3. 破坏未来合作的可能性	1. 裁决结果仅限于域名自身状态的变化,不能就损害赔偿问题进行处理。 2. 当事人可以同时向法院提起诉讼,故意拖延程序的进行

如图1-2从侵权方的角度作出的风险——收益分析:

---

② 〔美〕威廉·M.兰德斯、理查德·A.波斯纳:《知识产权法的经济结构》,金海军译,北京大学出版社2005年版,页515。

	诉讼	调解	仲裁	UDRP 机制
收益	1. 赢得诉讼并免费获得使用的可能性 2. 降低商标或域名的价值或者使得商标或域名归于无效 3. 判决不构成侵权	1. 继续使用该商标或域名权利的可能性 2. 可以对纠纷的最终决定发表意见 3. 较低的成本 4. 减少无形的损失 5. 耗时较少 6. 减少精神痛苦 7. 促进未来的长期合作 8. 协议的许可使用费可能低于法院的判决结果	1. 放弃诉讼的可能性 2. 可以选择有利于自身的仲裁机构 3. 对侵权赔偿数额可以与对方商定 4. 诉讼与仲裁的选择唯一性, 节省时间成本 5. 仲裁协议的执行保障	1. 域名注册人强制参与性 2. 不排斥法院的管辖 3. 在线管理模式, 节约时间成本 4. 裁决具有执行保障 5. 可以解决跨国的争议, 有效规避了法律的适用和管辖的冲突
风险	1. 巨额赔偿的可能性 2. 高昂的诉讼成本 3. 失去使用该商标或域名权利的可能性 4. 精神痛苦 5. 持久审判、程序冗长 6. 不能对最终判决发表意见 7. 破坏当事人之间未来合作的可能性	1. 丧失合理使用的可能 2. 失去使得商标或域名归于无效的机会 3. 协议的许可使用费可能超过法院判决的赔偿数额	1. 放弃诉讼的可能性 2. 对最终结果的服从 3. 破坏未来合作的可能性	1. 裁决结果仅限于域名自身状态的变化, 不能就损害赔偿问题进行处理。 2. 当事人可以同时向法院提起诉讼, 故意拖延程序的进行

域名与商标的权利冲突案件本质上是一种侵权纠纷, 而运用几种非诉讼模式解决该类案件有其方便、快捷等许多优势, 但是每个案件都有其特殊之处, 如何选择适合当事人的纠纷解决机制, 是需要在作出风险——收益分析的基础上进行的。任何一种纠纷解决机制都有其优势与弊端, 我们法律所能做的就是为当事人双方提供尽可能多而有效的权利救济模式, 从而让当事人在出现权利纠纷的时候能在最短的时间内以最有利于自己的方式解决纠纷。

五、域名争议解决的国际最新发展情况

对于如何解决域名争议, 是互联网域名系统的国际新发展过程中最为重要的话题之一, 也为探索处理域名与商标权利冲突案件提供了思考空间。

（一）ICANN 新通用顶级域名计划的介绍

2008年6月，ICANN 正式通过了将不限制数量地接受新通用顶级域名申请的决议。在 ICANN 接受新通用顶级域名申请截止日期届满之后，将公布所有收到的申请，并接受有关权利人对公布的申请的异议，在异议阶段，ICANN 将通过其指定的机构管理异议程序的请求、答辩、审理等程序。如果异议不成立，则新通用顶级域名的申请将获得授权并投入使用；如果异议成立，则新通用顶级域名的申请将不能获得授权。可以预见，通过 ICANN 新通用顶级域名计划的推行，将有一系列新的通用顶级域名加入到现有的通用顶级域名中，从而扩大通用顶级域名的数量。

鉴于域名的绝对唯一性和商标的地域性和排他性，引入新通用顶级域名，特别是国际顶级域名，可以在一定程度上缓解不同商品类型或权利法域下近似商标的商标权人注册域名时的冲突，真正建立起一套与国际商标法系统相匹配的级别和地域划分较为明晰的域名注册体系。但这要求对现有的域名系统进行大范围的整合和清理，必将带来巨大的冲击。联合国教科文组织所规定的各民族都有使用自己语言文字的权利来支持域多语言的国际化顶级域名。引入多语言的顶级域名这一重大变革必然给现有的互联网域名系统带来重大冲击，顶级域名的扩张有可能变得不可控制，域名系统有可能出现混乱。最为重要的是，无限增加的域名组合给域名抢注者也提供了新的抢注机会，商标权人将可能陷入更加繁重的域名维权工作。因此，在权衡新通用顶级域名可能会带来的更多域名抢注问题时，从务实的角度出发，也许将不同语言文字引入到顶级域名系统中并不是最好的办法，也可以通过例如编码技术在内的各种网络技术来实现国际顶级域名的某些作用。

（二）新通用顶级域名计划的法律应对

虽然国际社会对是否引入新通用顶级域名、引入多少新通用顶级域名等问题还存有争议，但互联网域名系统的发展现状是，ICANN 已经通过了引入新通用顶级域名的计划，新顶级域名的申请也于2012年4月左右结束。如何应对新顶级域名给商标权人带来的权利影响，如何运用现有国际机制来应对潜在的域名抢注问题的爆发，是否需要引入新的法律程序来确保新通用顶级域名不会造成对商标权的巨大冲击，都是新通用顶级域名将带来的法律问题。ICANN 在听取了来自多个法律体系的各界意见，对这一系列法律问题进行了多次讨论后，最后设计了一套由授权前程序和授权后程序组成的权利保护机制，以此来审查新通用顶级域名的申请。该权利保护机制包括了域名投入注册之前的异议程序机制，授权后争议解决程序[23]与 UDRP 程序并存，简单的域名纠纷的统一快速停用机制，以及用以统一储存商标信息的商标信息交换机构，旨在更加快速地解决事实问题和法律问题。在 ICANN 的新顶级域名计划中，WIPO 参与了所

---

[23] 参见 ICANN：新 gTLD《申请人指南》，第五部分，⟨http://newgtlds.icann.org/en/applicants/agb⟩，2013年6月1日最后访问。

有政策讨论。在最后形成的权利保护机制中，WIPO 也将作为唯一的负责提供法律权利异议程序的服务商，参与到新顶级域名计划授权前的程序中。法律权利异议程序是授权前的异议程序之一。在这种新程序中，WIPO 将根据 ICANN 的新顶级域名争端解决程序和 WIPO 新顶级域名争端解决规则来管理新顶级域名申请授权前的法律权利异议程序案件，对可能侵犯商标权人权利的新顶级域名申请予以裁决。这一异议程序随着新通用顶级域名申请受理的结束，很快就会投入到实践中去。与域名最初出现时的"先申请及不审查"原则不同，新通用顶级域名的申请将经过授权前异议程序，可以预见授权前异议程序将为权利人，特别是商标权利人，提供一个阻止因新通用顶级域名的投入而产生的系统性恶意域名抢注问题。

然而，一旦新通用顶级域名经过授权前异议程序投入使用后，商标权人依然将面临其商标在不同的新通用顶级域名下被恶意抢注问题。[24] 虽然我们还无法预计将有多少新通用顶级域名最后投入到使用中，但可以预见的是商标权人将面临更多的恶意抢注，也将承担更重的维权任务。ICANN 所设计的授权后权利保护机制包括 UDRP 程序与统一快速停用机制。引入统一快速停用机制的目的在于控制可能爆发的恶意抢注问题，缩短的程序时间和更加简化的认定标准，将事实问题清楚的简单域名争议锁定为"停用"状态。可以看出，统一快速停用机制只是为权利人提供了一种暂时的强制措施，而并不能如 UDRP 程序带来撤销或转让争议域名的法律救济。统一快速停用机制是与 UDRP 程序共存的，但又有显著区别的程序。WIPO 基于其多年的域名争议解决的实践经验，对统一快速停用机制究竟能起到对 UDRP 程序的补充作用、还是对 UDRP 程序的重复累赘安排尚持观望态度。[25]

（三）小结

ICANN 新通用顶级域名计划是互联网发展新时代的现实要求。虽然通过该计划的实施最后将引入多少新通用顶级域名还不能确定，但可以预见这一计划将给统一域名争议解决程序带来新的挑战。这种挑战不仅是域名抢注案件数量上的新挑战，还包括对 UDRP 程序中的实体标准以及程序规则的新冲击。同时，商标权人如何利用新通用顶级域名来更好地保护和提升其商标在互联网上的声誉，商标权人如何利用 ICANN 的授权前和授权后机制来应对可能层出不穷的域名抢注问题，都是新通用顶级域名计划带来的挑战。从目前看来，统一域名争议解决程序有着丰富的法律实践，是唯一可能应对这些挑战的机制。统一域名争议解决程序对新通用顶级域名的新问题的解决效果如何，将有待实践的考验。

---

[24] 关于 WIPO 提供的法律权利异议程序的更多信息，参见 WIPO 官方网站，http://www.wipo.int/amc/en/domains/lro/#1a，2013 年 6 月 1 日最后访问。

[25] 参见 WIPO 官方网站："WIPO Observations on New gTLD Dispute Resolution Mechanisms"，http://www.wipo.int/amc/en/domains/newgtld/#4e，2013 年 6 月 1 日最后访问。

信息窗口

网络环境下消费者数据的隐私保护
——在全球数字经济背景下保护隐私和促进创新的政策框架*

周 辉 孟兆平 敖重淼 冯源译
程宁校[**]

2012 年 2 月 23 日

个人的隐私权应受尊重。自合众国诞生之日起,我们使人民的房屋和私人文件不受非法侵扰。与此同时,我们建立了使人民能够参与全国范围内商业和政治活动的邮政系统。不久后,国会通过立法将侵犯邮件中隐私信息的行为认定为犯罪。之后,我们将隐私保护扩展到例如电话、电脑等新型通讯方式,及至电子邮件。

Brandeis 大法官曾将隐私权界定为"不受打扰的权利",但是我们也知道,隐私的内涵不限于独处和私密。只有保护其免受个人信息滥用的滋扰,美国公民才能自由地从事商业活动、参与政治活动或者寻求医疗帮助。这是我们以法律手段保护金融和医疗信息隐私以及保护消费者个人信息免受不公平和欺骗性利用的原因。这亦是最高法院保护匿名政治言论——无论是早期共和党人散发的宣传册还是今天的博客——的原因。

在今天这个互联网、万维网和智能电话的时代,隐私显得无比重要。在过去的十年里,互联网使得全球范围内的直接民主获得重生,也带来了商业和创新的爆炸性增长,为未来创造了大量的工作机会。大量的创新来自对个人信息的创造性利用。因

---

* 本报告为由美国总统贝拉克·侯赛因·奥巴马签署的工作报告,在中文翻译稿正式发表时有删节,并基于篇幅的考量删除原英文报告中的脚注。
** 译者:周辉,北京大学法学院博士研究生;孟兆平,北京理工大学法学院讲师,法学博士;敖重淼,北京大学法学院 2013 届本科生;冯源,北京大学法学院法律硕士研究生。校对:程宁,北京大学法学院法律硕士研究生。

此,在我们当下的时代和新技术应用中,坚守我们一直以来奉行的永恒的隐私价值是我们义不容辞的责任。

我很乐意将这份新的《消费者隐私权利法案》(Consumer Privacy Bill of Rights)作为信息时代的隐私权保护方案呈现给大家。本法案所保护的隐私权为消费者提供了明确的指引,即消费者对个人信息将怎样被别人利用可抱怎样的期待;也为利用个人数据的企业设定了明确的预期。我呼吁这些企业立即与隐私权保护团体、消费者保护执法机构和其他执法机构一起行动起来,将法案落实为可操作的行为准则。我的政府将努力实施法案中规定的原则,并将与国会致力于制定相应的法律以落实这些原则。《消费者隐私权利法案》的诞生使得世界有了一个对隐私权进行强有力保护和持续促进信息技术创新的动态模型。

需要明确的是,尽管我们现在生活在一个个人信息分享变得更加自由的世界,但我们绝不能得出隐私权已经过时的结论。保障隐私权益自始就是我们民主价值的核心,我们比过往任何时候都需要这么做。

贝拉克·侯赛因·奥巴马

前言

信任对于维持网络技术给美国和世界其他国家带来的社会经济效益至关重要。正是基于消费者对互联网企业公平和负责任地处理个人信息的信任,消费者才选择在互联网上展示他们的活力、参与政治活动、建立和发展网上友情和从事商业活动。互联网的全球互联性意味着,一个个体的创意可以迅速地转化为数以亿计的消费者日常所需的产品或者服务。美国的企业在发展网络技术方面处于领先地位,美国也借由此获取了巨大的收益——就业的增长和经济的发展。只有美国企业能够获取并维持全球市场上消费者的信任,我们才能继续保有这一领域的领导地位。

在网络技术环境下,保护隐私对于维系消费者的信任十分重要。当消费者提交个人信息时——无论是开放社交网络中存在的信息抑或在交易行为中包含的敏感个人信息,消费者对互联网企业都有着合理期待,希望企业能够以与信息存在的情境相适应的方式使用这些信息。许多企业做到了,但有些并没有做到。无论是消费者还是企业都不清楚这一商业领域中的基本规则体系。因此,对于现在的消费者而言,判断某个互联网企业的隐私政策是否值得信任是一件困难的事情。

事实上,美国既有的消费者数据隐私保护是强有力的,包括基本的隐私价值、普通法保护、消费者保护法令、联邦贸易委员会(FTC)的执法行动以及由一系列广泛利益相关者参与的政策制定过程。这一框架在促进了基于互联网的社会和经济创新的同时,也推动了政府、公民社会、产业界和学术机构对有关如何在网络社会中保护隐私权的广泛讨论。但是,现有框架缺少两方面的内容:明确的商业环境中隐私权保护基本原则政策;所有利益相关方针对技术和商业模式发展所带来的数字隐私问题提出的解决方案。

为了解决这些问题,我们提出了网络环境下的消费者隐私保护框架。这一框架的核心是《消费者隐私权利法案》,该法案吸纳了世所公认的隐私权保护原则,并将之与持续发展变化的互联网环境相结合。我们已经呼吁国会通过制定相关立法,将《消费者隐私权利法案》中的相关内容应用于现有联邦数据隐私法未能涉及的商业领域。我们将会召集包括有关企业、隐私和消费者保护团体、国际伙伴、司法部、联邦刑事和民事执法机构以及学术机构在内的利益相关方展开研究和讨论,并将共同起草实施该《消费者隐私权利法案》的行为准则。当以上的行为准则被 FTC 管辖的企业公开确认采用后,这些行为准则将由 FTC 依法监督实施。我们将会努力让我们与国际伙伴间各自的隐私政策框架更加协调。这将会为消费提供更加一致的保护,也会降低相关企业合规的成本。

当然,这一框架仅仅只是一个开始。从今开始,我们将会与包括私营部门在内的利益相关者一起努力,以落实《消费者隐私权利法案》。联邦政府也会与国会一起努力将这一灵活性的、概括性的原则落实为法律。我们已经准备好了,将会为延续消费者的信任和促进创新做好相关组织工作。

综述

维系消费者对于推动数字经济发展的技术和企业的信任,离不开对消费者数据隐私的强有力的保护。美国现有的法律政策框架已经有效解决了网络社会中日益凸显的某些隐私问题,但为了维系消费者的信任,其他保护措施仍然非常必要。本政策框架将会在提供保护与促进创新之间取得平衡。

本政策框架由四核心部分构成:《消费者隐私权利法案》、《消费者隐私权利法案》在商业领域适用中的多方参与程序、有效的执法,以及增强与国际伙伴隐私框架的协作。

- 《消费者隐私权利法案》

本政策框架提出了《消费者隐私权利法案》。在联邦政府看来,这为消费者提供了明确的保护基准,也为有关企业提供了更多的确定性。联邦政府将支持各利益相关方落实《消费者隐私权利法案》的有关行为准则,并将与国会一起努力将有关权利写入法律。《消费者隐私权利法案》将会把公认的信息公平利用原则(Fair Information Practice Principles, FIPPs)适用到今天互联互通的世界中。具体而言,法案规定如下:

——个人控制(Individual Control):消费者有权控制企业对个人信息的收集和使用。

——透明度(Transparency):消费者有权无障碍理解和获取有关隐私及其安全保障的信息。

——情境一致(Respect for Context):消费者有权期望企业收集、利用和公开个人信息的方式与其提供信息时的情境协调一致。

——安全(Security):消费者有权享受数据得到安全和负责任的处理。

——接入权与准确性(Access and Accuracy):个人数据有误时,在与数据敏感性与数据错误可能对消费者带来不利影响的风险性相适应的情况下,消费者有权获取及更正以可用格式存在的个人数据。

——收集控制(Focused Collection):消费者有权合理限制企业对个人信息的收集和保存。

——问责制(Accountability):消费者有权将个人信息交予采取适当措施的企业进行处理,以确保企业遵守本法案的有关规则。①

《消费者隐私权利法案》规定的基本原则为企业执行相关规定保留了自由裁量空间。这一灵活性将有利于推动创新。灵活性将鼓励企业根据消费者和其他利益相关者提供的信息,解决对于客户和使用者最为重要的隐私争议,而不是要求他们遵循僵化的、单一的规定,这将有利于隐私权的有效保护。

……

■ 构建制定可操作的行为准则的多方参与程序

……

■ 加强 FTC 执法

……

■ 推动全球合作

……

I. 引言:以美国消费者隐私政策框架为基础

互联网已经成为美国和全世界的经济和社会生活必不可少的一部分。网络技术为人们发表言论、从事社交、进行商务交易和参与政治活动提供了几乎无穷的方式。网络技术也推动了创新,造就了新型商业模式,为消费者和企业在世界范围内获取信息、产品和服务提供了便利。

大量的数据信息、不再昂贵的处理能力、日益复杂的分析技术为我们日益网络化的社会提供了创新动力。政治组织和公职竞选人利用公民分享的个人信息以及政治偏好开展有针对性的政治活动。记者以及每个网民可以利用社交网络中的信息报道

---

① 译校者注:美国《消费者隐私权利法案》所提出的七大政策缩略语为译者根据前后文翻译而成。正式发表时将英文附于译文之后,供读者对译文准确性批评指正之用。

和跟踪世界范围内由网民发现的有新闻价值的信息。数据信息在政府制止身份信息盗窃和保障公共安全方面起到了关键作用。网络运营商利用通信网络上的信息可识别出包括诸如光纤电缆损坏、电力故障和恶意入侵等在内的各类突发事件。此外，个人数据信息也开拓了新的广告市场，而这正是为消费者提供免费在线服务和内容信息服务的基础。

加强对美国境内消费者隐私信息的保护是美国政府优先考虑的一项重要国策。美国人向来珍视隐私权益，期望政府部门和私营部门主体采取措施保障其免受侵害。对隐私权提供强有力的保护，对维系消费者的信任也十分重要。信任正是电子商务和创新的原动力。信任意味着企业和技术体系应当满足我们有关隐私、安全和可靠的要求。此外，美国在消费者数据隐私政策领域的领导地位，也有利于在我们和国际伙伴之间建立更加灵活的、可以促进创新的隐私政策模型。

……

现有的消费者数据隐私政策框架有效地应对了数字时代消费者数据隐私相关问题的挑战。现有的政策框架包括产业界的实践、FTC执法和一个由首席隐私官与其他相关职业人士组成的团体——他们研究隐私实践以适应技术和商业模式的变化，并推动企业内部重视隐私文化的形成。但是，由于大多数联邦数据隐私立法仅适用于特定的领域，比如医疗、教育、通信和金融服务或者儿童在线数据收集，网上个人数据信息并不受联邦立法的宽泛保护。政府相信，在这个人人有权使用网络技术、企业可以通过多种途径收集和利用个人数据信息的数字环境下，利用一定手段弥补现有政策框架的不足，将更加有效地回应公众对隐私权保护的担忧。然而，除非既有的适用于特定领域的联邦立法针对网络技术设定了不合适的标准，我们并不建议去修改它们。相反，我们支持立法机关对既有的政策框架进行增补，将现有法令中确立的保护标准拓展至既有的联邦立法尚未覆盖的领域。

……

美国作为世界互联网创新的引导者，有义务和意愿通过建立具有前瞻性的隐私政策典范来培养创新意识，保护公民的基本隐私权。政府提出的消费者信息隐私政策框架为实现这些目标指明了道路。而目标的实现有赖于以下四个关键因素：

- 一个规定个人权利和与个人信息有关的企业义务的《消费者隐私权利法案》。这些消费者权利是以美国建立的、得到世界范围内承认的FIPPs为基础的，在不断发展的互联网时代中通过新的方式不断被表述和适用着。
- 可切实执行的行为准则。通过多方利益主体参与机制的方式来达成共识，明确在具体商业环境下消费者隐私权利法案所应包含的内容。
- FTC的执法能力。FTC应利用其职权打击、禁止不公平的和欺骗性的行为，切实保护消费者隐私权。

■ 通过美国消费者数据隐私政策框架与别国的相应政策框架之间的相互承认,促进国际交流。同时通过多方利益主体参与机制促进行为规范的发展,以行政联合执法的方式减少互联网领域内对信息自由流动的阻碍。

《网络环境下的消费者数据隐私保护》是在联邦商务部互联网政策专门小组于2010年提交的报告《网络经济中的商业数据隐私与创新——一个动态的政策框架》（又名《隐私与创新意识绿皮书》）的建议下制定的。……

II. 对《消费者隐私权利法案》的界定

加强消费者数据隐私保护,提升创新意识,有赖于全面、可实施和灵活的隐私保护措施。美国在于19世纪70年代率先提出FIPPs,随后这些原则成为被世界采纳的隐私保护的基础。美国将FIPPs引入到不同部门的隐私保护法律中,也适用于联邦部门机构采集的个人数据的保护中。FIPPs也成为多个国际数据隐私保护框架的基础。尽管企业采集、保存和分析个人数据的能力有了大幅度的提升,这些原则仍为消费者数据隐私保护提供了持续、坚实的基础。

在当今环境中,互联网产业对个人数据的处理已经远比FIPPs刚提出时更为去中心化和普遍,《消费者隐私权利法案》则正是将FIPPs适用于这一环境中的结果。大型的企业和政府部门机构为相对静态的数据库收集数据已经不是典型的数据收集和处理形态了。这个世界已经是动态变化和多元的了。企业出于更多元的目的而收集更多的个人数据。消费者通过社交网络和个人博客等方式积极地交流个人数据。对个人数据的再利用在促进创新的同时,也为保护隐私提出了更多难题。我们所要面对的核心问题是如何在满足消费者对隐私保护的期望的同时为企业提供持续进行创新变革所需的法律确定性。

为了应付这一挑战,《消费者隐私权利法案》在两方面发展了FIPPs。第一,《消费者隐私权利法案》确认了一系列消费者权利,这些权利使消费者能够对企业将如何处理其个人信息有明确的预期。《消费者隐私权利法案》同时规定消费者在参与日渐网络化的社会活动中对保护他们的隐私负有特定的义务。第二,《消费者隐私权利法案》通过强调FIPPs的具体适用环境的方式对上述原则进行了重述。适用环境的核心要素包括消费者通过使用企业的产品或服务所能实现的目标;企业事实上所提供的服务;企业提供服务时所必须依赖的个人数据交换,以及企业的客户是否包括儿童与青少年。……

《消费者隐私权利法案》通过规定消费者拥有相关权利的方式实现上述目标:

■ 个人控制
■ 透明度
■ 情境一致

- 安全
- 接入权与准确性
- 收集控制
- 问责制

《消费者隐私权利法案》适用于对个人数据的商业使用。其中,个人数据指的是可与任何特定个人联系起来的数据,包括数据的集合。个人数据同时也包括可以联系到特定电脑或者其他设备的信息。例如,智能手机或者家庭电脑中用于建立使用记录的识别符将被视为个人数据。将商业主体收集、使用和公开的有关消费者的不同种类的信息都纳入调整轨道需要一定的灵活性,而以上对个人数据的定义为这一灵活性要求提供了可能。

......

1. 个人控制

消费者有权控制企业对个人数据的收集和使用行为。企业应为消费者提供适当的控制个人数据收集、使用和公开的手段。企业应为消费者控制权的实现提供便利条件,该便利条件包括向消费者提供其收集、使用或公开个人数据的规模、范围、敏感度,以及个人数据实际用途的敏感度。企业应为消费者提供清楚而简洁的选择,在适当的时间、通过适当的方式呈现给消费者,使消费者能够对个人数据的收集、使用和公开作出充分的考虑和选择。企业应该提供给消费者以同样简便的方式撤销或限制这种同意。

个人控制原则有两个方面。在收集数据时,企业应就数据的分享、收集、使用和公开为消费者提供选择,这些选择须与数据的数量、范围和敏感度相匹配。例如,企业可以获得大量的个人互联网使用历史数据,如搜索记录、页面访问以及社交网络使用情况等,这些数据使得企业能够建立用户互联网使用行为的档案。这些档案有可能数量大且范围广,而且其中可能包含有敏感信息,如个人的健康信息和金融信息。在此情况下,企业必须提供一个简单、有效的选择机制,且这种选择机制能够实现对于个人数据使用和公开的精细控制。与之相对,企业如未收集能够与个人相联系的信息,则可以相应限制提供给消费者的选择。

在任何情况下,面向消费者的企业都应赋予消费者选择权,使其有权控制企业收集何种个人数据,而无论该企业是否自己使用数据或者将相关数据向第三方公开。当面向消费者的企业与直接获取消费者个人数据的第三方企业(如在线广告)签订合同时,他们应尽勤勉调查的义务,详询与之交易的第三方企业将如何使用个人数据以及第三方企业是否赋予消费者就个人数据的收集、使用和公开以适当的选择权。政府同样鼓励面向消费者的企业做忠实的管理人,妥善管理他们和他们的商业伙伴所收集的个人数据。面向消费者的企业应通过建立在消费者看来简单、稳定和可拓展的机制对消费者的选择权予以尊重和保护。

　　第三方同样应赋予消费者以选择权,该选择权应与所收集个人数据的数量、范围和敏感程度相匹配。近几年关于第三方个人数据采集的争论的热点是在线行为广告——收集有关消费者网络兴趣爱好的信息并向其发送目标广告。这种广告模式依赖于能跨网站定位特定消费者个人(或至少是他们的网络设备)的广告网络。当个人信息通过特定的标识符组织起来后,相关数据将提供个人互联网使用的全景。这些数据使广告商可以从个人对互联网的使用中推测出其喜好,进而锁定特定的广告和对象。目标广告一般来讲比纯文本广告更有价值和效率,同时也为很多免费的在线内容与服务提供了收益。然而,消费者和隐私倡导者都认为目标广告行为有可能侵犯了他们对隐私权的预期(expectations of privacy)。

　　我们认为对第三方(如网站)所采集数据进行最终的利用确实对消费者的隐私权益造成影响。也正因如此,个人数据的用途将有助于确定消费者选择权的适当范围。例如,企业对个人数据的使用仅限于统计消费者使用服务的情况,不会对消费者的隐私权益造成重大影响,因此可能无需赋予消费者选择是否阻止数据收集的权利。即使为了一些其他的用途而收集和存储一些个人数据,企业也不必然需要使消费者享有一系列有关数据收集的复杂的选择权。而在在线广告的情况下,确认特定广告递送和避免消费者多次重复看到同样的广告是需要采集一些个人数据的。但是当采集的数据仅基于统计的目的,这时相关数据不会形成一个广泛的且长期存在的个人档案,那么企业也不需要赋予消费者以宽泛的选择权。

　　科技创新有助于我们拓展用户控制的范围。面向消费者的互联网企业普遍为消费者提供详尽的隐私设置选项,此举使消费者对企业收集消费者个人数据的行为有了更大的控制能力。此外,诸如"反追踪"机制等强化隐私权保护的技术同样使用户有更大的自主权决定第三方如何使用以及能否得到个人数据。例如,在FTC的倡导下,在线广告产业界以FIPPs为基础制定了相关行业自治规则。在相关规则的指引下,在线广告商使用统一的网页界面提醒消费者第三方广告商的存在并向消费者提供广告网络的信息。除以上外,在线广告上还采取了选择退出机制,此举允许消费者选择拒绝接受单个广告网络递送的目标广告。包括浏览器供应商、软件制造商和标准设定组织在内的其他参与者正在发展"反追踪"机制,这一机制使得消费者能够选择是否允许第三方获取其个人数据。所有这些机制对于隐私权的保护都是有积极意义的。然而,他们需要进一步发展来保证易用性,同时需要在考虑公共安全的基础上实现与个人数据创新利用上的平衡。同时,相关机制还需要为消费者提供清晰的指引,使其明晰限制个人数据收集可能存在的利弊。

　　如果第三方与消费者的直接接触变得更少,消费者就对第三方的数据收集行为的控制就变得较为困难。例如,数据代理企业(data brokers)通过多种渠道收集消费者的个人数据却无需与消费者有任何直接接触。这些企业很难设计出有效机制保证消费者的选择权,因为消费者根本不知道这些第三方的存在。此外,有些数据代理企业收集法庭记录、新闻评论、财产登记记录以及其他公共数据。收集和使用公共数据的行为虽受言论自由和媒体自由的保护,但必须与公民个人数据的透明度原则实现平衡。在透明度原则下,公民个人有权知悉数据是如何被收集、使用和传播的,同时有权接入和更正相关的数据。

除数据代理企业外,实践中还存在一些特殊类型的企业,这些企业在收集个人数据时与消费者没有直接的接触,或者虽然企业有面向消费者的行为,但是消费者却无法合理感知企业的存在。我们认为数据代理企业和特殊类型的企业应以创新方式为消费者提供有效的控制个人数据的方法。如果提供个人控制是不可行的,这些企业应确保实施《消费者权利法案》里其他原则性规定为消费者提供充分的隐私权保护。企业可以在法案其他原则的执行上采取更为积极的态度,如充分、公开地向消费者阐明企业在个人数据商业性使用中的作用来执行透明度原则,或者在信息被收集之后依据接入权和准确性原则、问责制原则为消费者提供适当的使用控制权,以弥补其与消费者直接接触的不足。

个人控制的另外一个方面是消费者责任。在越来越多的情况中,诸如在线社交网络,对个人数据的使用是从个人对隐私设定的选择以及决定与其他人分享个人数据开始的。在这种情形下,消费者应评估选择可能造成的后果并为此承担责任。对初始分享行为的控制是至关重要的。……

……个人控制原则包括消费者可撤销其对企业控制个人数据的授权。企业应提供与获得消费者同意相同的方式,使消费者能够撤销相关的授权。例如,如果消费者通过在电脑上的一个简单行为即可授权,他们应该能够以一个相似的方式撤销授权。

消费者的撤销权在实践层面存在三个限制。第一,撤销权存在的前提是消费者与企业之间存在持续的关系。这种关系可能是微乎其微的,例如消费者仅为了一笔交易开设了账户;亦可能是非常紧密的,例如持续多年的金融交易。在企业获取的数据可直接与个人身份相联系的情况下,企业必须采取行使有效的手段使消费者撤销权得以确切实现。与之相反,如果企业不能将数据与个人身份相联系,那么消费者就不可撤销授权。第二,尊重消费者撤销权的义务仅及于企业实际控制的数据。第三,个人控制原则并不要求网络企业对在《消费者隐私权法案》实施之前收集的个人数据提供授权撤销,除非他们在收集信息的时候提供了这样的承诺。

2. 透明度

消费者有权无障碍理解和获取有关隐私及其安全保障的信息。在最有利于使消费者理解隐私风险和实施个人控制的时间和地点,企业应当提供清楚地说明如下:收集个人数据的种类;收集个人数据的原因;所收集的个人数据的用途;在何种条件下删除数据或者删除数据中消费者的身份信息;是否与第三方分享个人数据以及分享的目的。

……

企业依据与消费者之间的交易关系获取个人数据,则较之符合该情境的使用行为,企业应更为及时地公开与上述情境不相匹配的个人数据使用行为。较之现阶段许多对所有可能的个人数据使用行为一律给予相同重视的通知行为,区分不同的使用行为而给予隐私通知将使消费者更好地了解他们未预料到的对个人数据的使用。……

同时,企业所采取的通知形式应使消费者能够在获取企业服务时所使用的设备上进行阅读。应该注意到,移动设备的小屏幕使得阅读完整的隐私通知是不可行的。因此企业应据此将诸如小显示屏幕和专属于移动设备的隐私风险等移动设备的特点作为要素考虑在内,尽力以合理方式为移动设备消费者提供相应信息。

最后,不与消费者直接接触的企业——如上述的数据代理企业——应详尽地告知消费者其收集、使用及公开个人数据的情况。由于没有与消费者的直接接触,这些企业需要在自己的网站或其他公众可以进入的地点公开以上信息。……

3. 情境一致

消费者有权期望企业收集、利用和披露个人信息的方式与其提供信息时的情境协调一致。除非法律另有规定,企业应该使使用、公开个人数据的目的与他们和消费者的关系以及消费者原本公开数据的情境相符,并以实现这些目的为限使用、公开这些数据。企业为其他目的而使用、公开个人数据的,他们应该在收集数据的时候,以明显且消费者容易作出相应反应的方式,通过突出显示的"透明度与个人选择"公开这些其他目的。如果在收集个人数据之后企业决定以与个人数据当初公开的情境不相符的方式使用或公开这些数据,他们必须提供突出显示的"透明度与个人选择"。最后,与企业直接接触的消费者的年龄及其对相关技术的熟悉程度都是构成这一情境的重要因素。企业应该以与消费者年龄和成熟程度相适应的方式遵守"情境一致"这一原则。特别地,《消费者隐私权利法案》的所有原则都要求对从儿童和青年处获得的个人数据应该给予比从成人处获得的更大的保护。

……"情境一致"原则衍生于在 FIPPs 中反复提到的两项具体原则,包括:第一,目的特定,即指企业应在收集数据时明确目的的;第二,使用限制,即企业应以实现特定目的的为限使用个人数据。

"情境一致"原则在两方面上继承了上述两项具体原则。首先,"情境一致"原则为企业作出个人数据使用的决策规定了实质标准。一般来说,企业应该以实现与消费者公开个人数据的情境相符合的目的为限使用个人数据。其次,"情境一致"原则除强调消费者公开数据的时候消费者与企业之间关系的重要性,亦同样承认这一关系可能发生收集数据时无法预料的变化。适应情境变化对数据进行新的利用是创新的源泉,并将给消费者带来福利。但是,企业必须在对个人数据进行再使用时提供相应的透明度和个人选择,相关要求应严格于数据收集之时。

《消费者隐私权利法案》要求的"情境一致"原则使企业在运营过程中具有了一定的灵活性,但同时也要求他们审慎地考虑如下情境:消费者基于企业提供的商品或服务对数据用途的可能理解;企业对自身在传递个人数据中扮演角色的阐释;对消费者态度和理解的调查以及消费者的反馈。情境有助于确定哪些个人数据的用途最有可能引起消费者对隐私方面的关注。企业与消费者的关系应该引导企业决定哪些个人数据用途应在隐私通知最明显地方显示。例如,在线零售商需要公开消费者的姓名和家庭住址以使运输商完成订单。这样的公开明显是来源于消费者与零售商之间的直接关系的。零售商无需以明显的方式通知这种用途(但是他们应该在完整的隐私保护通知中作出公开)。企业可以从消费者下订单的行为以及对产品运输过程的一般理解中推知消费者同意公开相关数据。

……

消费者的经验丰富程度也是情境的重要组成部分。对儿童和青少年消费者的隐私利益应给予较之成年人更全面的保护。儿童的隐私权极易受到侵犯。现今,《儿童在线隐私保护法案》(COPPA)和FTC的实施条例要求企业在向儿童直接提供在线服务或在明知自儿童处收集个人数据时必须征得家长的明示同意。直接针对儿童的在线服务必须符合相同的标准。政府希望与多方利益主体交流和探讨《消费者隐私权利法案》更严格的适用是否有利于保护儿童隐私,例如即使企业在收集个人数据时征得家长同意,亦不得建立儿童个人档案。

与企业和消费者之间关系相关的条款是情境的另一个关键构成部分。在线广告的发展有助于服务的创新,并且使消费者能够免费使用在线服务和应用。"情境一致"原则并不排斥以在线广告为基础而发展起来的商业模式。但是,"情境一致"原则要求企业认识到基于不同个人数据而产生的商业模式所可能引起的隐私风险各有其特点。企业在获得消费者的个人数据时应告知消费者可获得何种商品或服务。从事在线广告业务的企业应避免收集、使用或者公开对消费者可能造成显著不利影响的就业、信用、保险资格或其他类似数据。收集敏感信息与创造商业收益、为消费者提供相关而合适的广告的初衷是不符的。这样的行为也与"情境一致"原则所提倡的负责任的数据管理要求不符。

……

4. 安全

消费者有权享受数据得到安全和负责任的处理。企业应结合自身在个人数据领域的实践评估隐私和安全风险,同时必须采取合理的安全措施以防范可能出现的风险,如数据丢失;数据非法获取、使用、损坏或修改;数据的不当公开。

......

5. 接入权与准确性

个人数据有误时,在与数据敏感性与数据错误可能对消费者带来不利影响的风险性相适应的情况下,消费者有权获取及更正以可用格式存在的个人数据。企业应采取合理措施确保其保存的是准确的个人数据。企业应就其收集的个人数据为消费者提供合理的接入权限,并为消费者提供合理的途径和方式使其能够请求更正、删除个人数据或限制错误个人数据的使用。公司在利用个人数据时对接入权和准确性原则的解释必须与表达自由和媒体自由两原则协调一致。公司在决定采用何种措施保证数据准确性以及保障消费者就个人数据提出接入、更正、删除或限制用途请求的权利时,其必须考量个人数据的规模、范围和敏感程度,以及对相关个人数据的使用可能对消费者造成的财产、身体或其他实质损害。

......

6. 收集控制

消费者有权合理限制企业对个人信息的收集和保存。企业收集个人数据应以他们足以实现"情境一致"原则所允许的特定目标为限。除非法律另有规定,企业在不再需要个人数据后应以安全方式删除个人数据或清除个人数据中的身份信息。

"收集控制"原则要求企业应根据其实现特定目的所需确定其收集何种数据。例如,虚拟游戏企业收集每个用户移动设备的特定识别码的目的在于为用户提供保存功能,在作出收集数据决定时,企业应考量其是否必须使用移动设备的识别码或是否可用其他相对不容易与用户相联系的识别码予以替代。......

广范围的数据收集对于一些依赖知名度和社交互联性的网络服务与应用来说可能是至关重要的。搜索引擎就是一个例子。搜索引擎整合关于互联网的内容和结构的详细信息。消费者理解且依赖搜索引擎来收集广范围的数据并进一步用于诸多用途。搜索引擎同样也记录搜索请求来改善他们的服务。搜索引擎可以以与"收集控制"原则相符的方式收集包括个人数据在内的数据,只要他们收集个人数据的目的是清楚的且他们在实现这些目的后不再保留个人数据。

7. 问责制

消费者有权将个人信息交予采取适当措施的企业进行处理,以确保企业遵守本法案。企业应就遵守法案的相关原则对执法机关和消费者负责,也应要求其雇员遵守这些原则。为了达到这一目的,企业应对其雇员进行培训以使其在合规的情况下利用个人数据,并定期据此对绩效进行评估。如合适,企业应进行全面的审计监督。除非相关法律另有规定,企业如将个人数据向第三方公开,至少应确保接收这些数据的企业承担遵守法案原则的合同义务。

隐私保护有赖于企业对消费者和相关的消费者数据隐私执法机构负责。然而,

"问责制"原则并不局限于外部责任,而是包括了其他方式,如防止隐私义务的渎职及其救济方式。能展示自己能兑现隐私保护承诺的企业必然有强有力的手段来维系并增强消费者的信心。企业自身的评估在这一过程中的重要性不可估量。适当的评估技术可以是一个自我评估而无需是完整审查,但必须包括所涉及的信息的规模、复杂程度、企业的商业性质以及信息的敏感程度。……

Ⅲ.《消费者隐私权利法案》的实施:通过多方利益主体参与机制制定可执行的行为准则

……

Ⅳ. 以 FTC 的执法经验为基础

……

Ⅴ. 推动国际协作

互联网是美国企业的发展跨越了国境。也正因此,跨境数据流动成为国内和国际贸易的重要组成部分。各国隐私权法的差异构成了企业跨境个人数据传输的障碍。要求企业在进行数据传输时同时遵守不同法域的隐私权法是繁苛的负担,这是因为不同法域之间的法律标准可能不同,企业甚至在从事一些日常运营活动时都需要获得多个行政许可。

围绕个体用户展开的服务面临更大的合规挑战,这是因为他们处理的数据流动更为复杂和多变。更为复杂的是云计算系统的普及。这一全球范围内分布的架构能够为消费者和政府提供低成本且新颖的服务,它同时也使消费者和企业可以将个人数据传输给世界各地的接收方。消费者数据隐私框架不仅需便利现存科技和商业模式的发展,更应能适应可能出现的其他商业模式。

尽管各国政府可以采用不同的方式来应对这些挑战,但各国政府应在隐私营部门相互协作以推动数字经济的持续发展。我们相信针对新一代的数据使用和传输的可变的多方利益主体参与机制可以增强隐私营部门的相互协作。美国致力于与国际合作伙伴通力合作,通过相互承认、以多方利益主体参与机制制定行为准则以及共同合作执法等方式,增强隐私权法律方面的相互协作。美国同样致力于将更多的国际上其他类似的利益主体纳入到多方利益主体参与机制中来,在日渐显现的隐私权问题上达成全球化的一致意见。

A. 相互承认

商业数据隐私框架的相互承认是实现切实有效的全球数据保护的一种方式。相互承认的基础是各方就隐私权和个人数据保护的基本价值取得一致意见。应以以下两个原则确定特定隐私框架已满足相互承认的条件:有效的执法措施和企业问责制的相关机制。

当企业隐私保护的法律要求相似的情况下,相互承认意味着各方均可依法要求企业履行义务。因此,根据公开的政策进行的切实有效的执法,是建立相互协作的关键。执法的机构和制度因国家而不同,而美国认为执法手段是多样化的。美国主要依赖于FTC依个案而定的、禁止不公平或欺诈性行为的执法活动。这一方法有助于在私营部门发展个人数据利用的规则。

在相互承认的语境下,问责制是指企业一个企业能够表明其实施了可执行的与隐私相关政策和程序(无论是自愿采纳还是法定义务要求采纳的)。问责制度包括自我评估、外部评估以及审计。我们提倡利益主体共同合作确定制定行为准则时全世界能普遍接受的问责机制。

旨在促进国家相互承认的例子是亚太经贸合作组织(APEC)下的《跨境隐私规则体系》(CBPR)中确立的自愿机制,该机制是基于APEC隐私框架建立并包含了APEC成员经济体共同承认的隐私原则。在这些原则上建立的行为准则可以加快APEC范围内企业经营需遵守的数据隐私政策和行为的统一。一经实施,APEC的CBPR体系就会要求利益相关的申请人表达意愿同意遵守以APEC隐私框架为基础的CBPR一系列程序要求。此外,申请人在这一过程中作出的承诺,除了是自愿的以外还必须是在其自身经济体以内法律规则下可执行的。成功的CBPR验证可以让参与的企业向消费者证明他们是可被问责的而且符合严格而国际承认的标准,从而有利于在APEC地区内传输个人数据。

在欧洲,《欧盟指令95/46/EC》(通常被称为《欧盟数据保护指令》)第27条对关于个人数据的处理及其自由流动进行了规定,并鼓励制定行为准则从而有利于法律的执行。与本框架倡导的由各个产业制定行为准则一样,《数据保护指令》认识到实施一般性隐私原则的行为准则根据相关产业的需要在细节上会有所不同。我们致力于与欧盟级别的组织及其成员国家通力合作,在相互承认隐私保护的基础上制定行为准则。

美国、欧盟与瑞士三方共同制定的安全港规则体系是国际协作在跨大西洋数据流动中发挥重要作用的早期例子。美国、欧盟和瑞士通过在制定该体系问题上的谈判达成共识,保护个人数据的同时确保企业可以在不破坏其全球商业经营方式的情况传输个人数据。这些规则体系允许企业以自我认证的方式保证其遵守《欧盟数据保护指令》的法定要求。超过2700个参与安全港规则体系的企业可以从欧盟向美国传输个人数据。因而,安全港规则体系有效减少了个人数据传输的障碍,从而促进贸易和经济发展。

B. 多方参与程序和行为准则制定中的国际角色

在构建促进创新和保护消费者为目标的全球化的规则体系中,多方利益主体参与机制协商过程具有便捷、灵活以及分散化的特征，这些特征使这种机制较之传统的政府规制有着一定的优越性。多方利益主体共同制定的行为准则，与现有的、在相互承认基础上制定的规则体系一起，大大减轻了企业的合规负担。

尽管安全港规则体系已经确认可以促进跨大西洋贸易，他们并非是美国所有实体隐私保护的完美解决方案。FTC不调整的产业领域，诸如金融服务、电信公共承包商以及保险等，并不在安全港规则体系内。这些产业领域内的企业们希望构建一个更有利于跨大西洋数据传输的商业环境。

为成功制定安全港规则体系，我们将通过联邦和州的商务部发展其他可促进信息自由流动以及应对隐私保护挑战的机制——比如共同制定行为准则，以此促进不同法域之间相互承认。我们希望将国际上的多方利益主体囊括到参与机制中来。反映大西洋两岸就重要、紧急隐私问题上一致态度的行为准则终将进一步完善安全港规则体系。

C. 执法合作

要实现在数据保护问题上的国际协作，必须兼顾相互承认和紧密的执法合作。这样的合作，无论是双边还是多边的，都是各信息保护管理机关分享信息所必需的。

在立法的支持下，FTC有更大的职权与其他国家的类似机构相合作，共同创建"国际隐私执法网络"（GPEN）。GPEN旨在进一步强化隐私保护执法的优先性，分享实践经验，并支持联合执法行动。联邦贸易委员将参与包括OECD、APEC、泛太平洋隐私管理论坛以及国际数据保护和隐私部长级会议等。美国政府在GPEN、OECD、APEC以及其他组织中的工作是促进国际隐私调查与执法方面的合作。基于此，以互联网为基础的服务遍及全球不同法域，各法域如仍坚守孤立的国内数据隐私法律规则将是低效且不明智的举动。

VI. 消费者数据隐私立法

我们将敦促国会以《消费者隐私权利法案》为基准进行隐私立法。国会应在全部商业领域制定隐私保护规则以覆盖目前并未被联邦数据隐私立法涉及的领域，此举将有利于促进数字经济领域的信任体系建设。……

A. 将《消费者隐私权利法案》制定为成文法

国会应依照《消费者隐私权利法案》立法保护消费者免受权利侵害。立法应为消费者提供明确的权利保护，并为快速发展的个人数据市场提供有序发展路径。法律应赋予FTC和州检察院直接执法的权力。法律应较之《消费者隐私权利法案》更具体详细地阐明其项下的企业的义务。……

与此同时，消费者数据隐私立法应该避免如下情形：

- 为遵守现有法律确定的隐私原则的企业制定重复性的或过于繁苛的法律要求。

■ 规定与特定技术相关的方式遵守法律义务。

■ 一般性地排除新的商业模式,这种商业模式是与《消费者隐私权利法案》相符但包含一些立法时并未预料到的个人数据问题。

■ 改变现有的执法机构获取边境检查、调查犯罪或其他违法行为,或者保护公共安全和国家安全所需信息的法律或行政规定。

■ 减损执法机构侦查、起诉犯罪行为以及维护公共安全的能力。

■ 改变现有的适用于政府信息使用的法律、行政规章或政策,或者在立法中规定纯商业、消费者导向以外的隐私事项。

B. 授予 FTC 直接执法权

我们敦促国会立法授予 FTC 以执法权,使其全面执行《消费者隐私权利法案》。……

在技术和商业实践迅猛发展的领域内,国会已经选择指定灵活的标准而不是根据通过立法时现有的技术和实践来调整立法。……在数据隐私营部门,FTC 已经根据《FTC 法》第五章"对不公平或欺诈行为的禁止"进行执法。政府机构指南、司法解释以及产业实践的结合为相关法案中的语词进行解释,这些解释有助于消费者和企业在确定其行为是否符合法律规定时有了更大的确定性。

我们敦促国会在消费者数据隐私立法上遵循一套共同、相似的原则。原则性的法规十分重要,其为企业提供营业的范围限制、为消费者提供一系列连贯的期望以及为 FTC 提供更清晰而透明的执法基础。……

C. 通过"安全港"规则提供法律确定性

我们支持授予 FTC 以职权,使其能够为执行行为准则的企业提供更大的确定性。以下两个立法框架将有助实现上述目标:

第一,FTC 有权就行为准则是否违反《消费者隐私权利法案》进行审查。国会应要求 FTC 在合理的期间内(如 180 日)对提交的准则进行审查,并就相关准则公开征求公众意见。FTC 审查的职权将限缩至批准或拒绝多方利益主体参与机制中协商一致确立的准则。与此同时,法案应规定一个对已准许准则的审核期来确保这些准则可以根据技术和市场的变化充分保护消费者的隐私。多方利益主体参与机制制定行为准则所留下的历史记录——尤其是当参与者就其中的条款达成一致意见的时候——有利于引导 FTC 正确判断该行为准则是否能充分实施《消费者隐私权利法案》。正因为联邦贸易委员对该行为准则的判断可能会影响到企业对作为多方利益主体参与机制成果的行为准则的采纳程度,我们应使 FTC 的审查程序每一步都向所有利益主体开放。然而,这些具体规定需要有法律上的约束力。相应地,我们建议国会授予 FTC 根据《行政程序法案》制定相关规则的权力,建立一套公平而透明的机制来审查和核准行为准则。

第二,赋予 FTC 为遵守经 FTC 审核与许可的行为准则的企业提供"安全港"的权力,即给予相关企业免于执行《消费者隐私权利法案》立法文本的豁免。拒绝采纳行为准则或者选择采纳不经过 FTC 审核行为准则的企业则需遵守依据《消费者隐私权利法案》所制定法律的一般义务。

D. 在消费者隐私权利保护方面平衡联邦和州的作用

在现有联邦数据隐私法规未涉及的领域,实施《消费者隐私权利法案》的联邦立法应确立统一标准以保护消费者数据隐私。联邦统一的消费者隐私规则将有助于为企业提供确定性以及为消费者提供一致的保护。这些规则在指定是需要考量执法活动对相关信息的需求。此外,联邦统一的标准对于维持政府通过多方利益主体参与机制产生的积极性是至关重要的。如果各州通过立法赋予更严格的法律义务要求,利益主体参与多方利益主体参与机制的积极性和企业遵守行为准则的积极性就会被削弱。因此,我们建,在《消费者隐私权利法案》成为正式法律后,国会应在州法与相关法律不相符时规定联邦法优先于州法。我们同时建议国会为采纳和遵守由 FTC 审核通过的行为准则的企业就州法的执法提供避风港。

我们在框架内建议采取的措施同时维持了联邦各州在政策制定和执法两个层面的重要作用。各州在多方利益主体参与机制应发挥建设性的作用。我们同时支持各州总检察官应被赋予执行《消费者隐私权利法案》的权力。总的来说,这些制度将会使各州采用具体的方式应对消费者数据隐私问题,而同时保证联邦范围内政策的一致性。我们将会与国会、各州、私营部门以及其他利益主体一道确定各州是否可在特定领域立法规制且相关立法不致破坏政府在消费者数据隐私保护中所寻求的联邦统一性。例如,可以允许各州在与各州规制密切相关的领域中立法适用《消费者隐私权利法案》,诸如零售电力传输。

E. 保留现有联邦数据隐私立法中的有效条款

消费者数据隐私立法应使现有针对特定产业领域的联邦数据保护法律继续有效,尽可能减少立法的重复,如此方能使消费者能清晰理解他们能得到的保护以及谁在执行这些保护。然而,当现有的联邦立法不能满足这些需要的时候,我们将敦促国会从有利消费者和企业的角度出发考虑在消费者数据隐私营部门应如何立法简化现有的法律要求。

一般来说,特定产业领域的联邦数据隐私法律是根据相关产业领域内个人数据使用的敏感性和通行的实践针对性规定法律义务的。例如,HIPAA 和《HIPAA 隐私和安全规则体系》规制由医疗服务提供者、保险公司以及健康信息交换中心实施的个人健康信息收集、使用和公开行为。

HIPAA 允许个人医疗信息的默认用途,如果这些用途是在医疗情境下是必须或通行的,诸如在两个医疗服务提供者之间公开个人医疗信息从而为病人提供医疗服务。

联邦数据隐私法律在教育、信用报告、金融服务以及儿童个人数据收集领域的适用也有类似针对性的法律要求。

1. 避免重复法律负担的条件下提供全面的隐私保护

为了避免制造重复的合规负担,如企业经营行为属于现有联邦隐私法律规制的范围且符合相关法律要求,我们认为应免除这些企业遵守消费者数据隐私立法的义务。然而,如企业的经营行为并不属于现有隐私法律调整的范围,国会应就这些事项立法。免除企业遵守消费者数据隐私立法的一种代替性的办法可以允许这些规则在例外情况下被取消。例如,《金融服务现代化法案》(GLB)要求金融机构对非公开的个人信息采取特定的隐私和安全预防措施。如果 GLB 调整范围下的机构就 GLB 调整范围以外的个人数据也被免除遵守基础消费者数据隐私法律的话,那这些基础法律的有效性就会被大大削弱。

2. 修订规定有不一致或费解法律义务的法律

……

F. 为数据安全侵入通知设定联邦标准

在特定领域的安全侵入方面,我们呼吁就企业通知消费者某类型个人数据的非法公开设定联邦标准。有关安全侵入通知(security breach notification)的法律将有效增强敏感个人数据的保护。这些法律将要求公司在某些情况下向消费者公开个人数据被非法数据接收方获取。通知将有助于消费者维护自身免受身份冒认的风险。它同样为企业提供激励来建立更好的数据安全系统以防后患。SBN 模式也在全球范围内被承认是一个以可行性为导向、能有效保护消费者的法律要求。

……

VII. 联邦政府在促进个人隐私权利保护方面的领导作用

在消费者数据隐私的其他领域,我们正在延续在公共和私人领域数据隐私保护的领导地位。相关历史是从早期电算化的数据处理开始的。1973 年,隶属于医疗、教育与和社会福利署(HEW)的个人数据自动化系统咨询委员会提交了一份名为"个人数据、电脑与公民权利"的报告。这个里程碑式的报告里包含了 FIPPs 的早期版本,为我们提出《消费者隐私权利法案》奠定了基础。

……

A. 提供新型服务

与私营部门一样,联邦政府机构在提供公共服务时同样面对数据隐私问题。为退役军人提供医疗服务就存在一系列棘手的隐私问题。退役军人事务局(VA)通过超过 1400 家遍布全国的医疗机构为 830 万注册退役军人提供医疗服务。为了有效而低成本地管理如此规模的医疗服务,VA 一直在医疗服务系统中应用信息技术。保护退役军人的医疗信息隐私对于这一尝试的成功至关重要。

VA新近启动了一项旨在证明对个人信息及其安全保护的关注可以为提供医疗服务带来重大进步的计划。VA将隐私及其安全保护纳入"My Healthevet Personal Health Record"。该系统提供的信息可使退伍军人从医疗机构处得到更好的服务,同时为退伍军人提供其他互联网工具使其成为健康服务中的积极参与者。"VA蓝色按钮"服务使退伍军人可安全地下载"My Healthevet Personal Health Record"中所载记录的电子复制件。

政府如何在其他领域时隐私保护成为可能

■ 将隐私保护纳入网络安全计划。为了使网络环境更具安全性,从而为商业企业提供生产力、创新和政策支持,保护隐私成为政府的优先选择。在国家标准和技术局(NIST)的支持下,"网络空间可信身份国家战略"鼓励商业领域的企业共同参与寻找更标准化、安全和增强隐私保护的方式对个人在网络中的身份进行认证。

■ 增强信贷市场的透明度。在确定消费信贷的条款时,我们应确保隐私保护与个人数据利用的发展保持同步。联邦储备委员会联合FTC发布了一项规则,该项规则要求债权人在根据信用报告决定给予消费者的贷款条件劣于其他消费者时,其应通知消费者。该项规则通知赋予"按风险定价"(risk-based pricing)的消费者获取免费信用报告的权利,以使消费者可校验债权人使用的信息是否准确。

■ 这一规则同样让被通知消费者有权免费得到一份信誉报告从而能够检查债权人使用的信息是否准确。

B. 通过有效执法保护隐私

FTC以其享有的民事执法权查处企业违反委员会规则的行为以及不公平或欺诈性的商业实践。自2009年以来,FTC对企业所实施的下列行为采取执法行动:未采取合理措施保护敏感个人和医疗信息;声称遵守美国—欧盟或美国—瑞士安全港协议但实际上未遵守或任由相关认证失效;对追踪软件的使用作出错误说明。FTC同时对网络认证提供商、社交媒体企业及其他声称保护身份信息企业的欺诈行为提起刑事诉讼。与此同时,FTC还根据《电信营销规则》、《COPPA规则》、《公平信用报告法案》以及《GLB防护规则》提起刑事诉讼。

我们亦认真采取执法行动保护隐私权。联邦政府机构运用其法定职权对侵犯隐私权的人采取执法行动。例如,司法部(DOJ)积极对与身份盗窃的案件提起刑事诉讼,此类案件中个人数据的误用行为对受害人的个人生活和经济造成严重侵害。仅在2010年,联邦司法部下属的美国检察官办公室就起诉了近1300个与身份盗窃相关的案件,并在2012财政年度内提起了近700件案件。司法部在联邦调查局、国土安全局(DHS)以及特勤局、移民与海关局等其他机关的协助下积极对通过入侵电脑获取了个人数据(或其他信息)的个人提起刑事诉讼。总体而言,以上举措对保护个人数据的秘密性以及身份盗窃或其他与非法使用个人数据有关犯罪行为的受害人利益起到了重要作用。

C. 隐私权保护指南

联邦政府机构同样致力于制定在私营部门有广泛适用性的数据隐私指南。例如，卫生和福利署(HHS)公布了相关指南，该指南分析了个人识别性信息安全漏洞的若干基本问题。在2009年，卫生和福利署民权办公室发布了确认医疗信息是否安全的指南，相关信息在安全的情况下将免除安全漏洞通知要求，指南中同时具体规定了使被保护的医疗信息无法使用、无法读取或无法解码的技术或方法。在2010年，民权办公室又发布了关于根据"HIPAA安全规则"进行风险分析的指南。民权办公室计划发布与"HIPAA隐私规则"中的"最小必要性"标准和根据"HIPAA隐私规则"的医疗信息的去除身份特征相关的指南。

联邦政府机构也就如何更有效地适用现有隐私保护措施提供指引。在2009年，八个联邦政府机构发布了一个标准隐私通知模板，此模板供金融机构选择用于向消费者发出符合GLB要求的通知。

虽然这一标准模板并非法定要求，但企业使用标准模板能够使其受"GLB隐私规则"安全港的保护。政府机构进行了广泛的消费者调查和测试才制定了这一标准模板，以确保消费者易于了解金融机构如何处理个人信息以及比较不同金融机构的信息共享实践。

其他重要的隐私权行政指南

■ 提升公众隐私和数据安全意识。国土安全局正开展全联邦范围内的名为"Stop. Think. Connect"的活动，该活动的目的在于提示公众加强网络安全的必要性，以及为公众提供提升网络安全的实用技巧。与此同时，FTC也发布指南就消费者和企业在下列情形下可采取的措施作出规定，如儿童在线隐私保护、将医疗身份盗窃风险性降至最低以及防止敏感信息在使用点对点文件分享程序时丢失。

■ 针对新技术适用隐私原则。政府认为依据本政策框架制定的一般消费者数据隐私保护原则亦可适用于特定的、新出现的情境。"智能电网"是一个最好的例子，智能电网将信息技术与传统电网融合，使得电网传输更有效率，更适应清洁能源的发展，因此成为新的工作和创新的来源。在过去两年中，能源部、联邦标准与技术局与利益主体一同致力于研究智能电网技术可能引发的隐私权问题。这些工作在政府的"21世纪电网政策框架：安全能源未来成为可能"的报告中得到体现，报告建议各州以FIPPs作为依据保护"智能电网"运行过程中产生的能源使用数据。

D. 将隐私权保护融入联邦机构体系之中

最后，联邦政府机构在将隐私保护纳入到自身建制和运行中、建设可问责机构方面也走在前头。……例如，国家税务局和国土安全部率先使用的隐私影响评估方法

（PIAs），该方法为新的信息系统中可能出现的隐私风险问题提供系统性评估，并依据2002年的《电子政府法案》在某些情况下必须为联邦政府机构所使用。在之前努力的基础上，我们已经将PIAs的使用拓展到社交媒体领域。PIAs最初产生于联邦政府隐私保护的实践，并已经在私营部门和欧盟得到广泛的应用。……

VIII. 结论

美国致力于保护隐私。这是人格尊严的一部分，也是公民参与民主社会的一个方面。隐私保护对信息经济的发展起到越来越重要的作用。强有力的消费者数据隐私保护将进一步增强信任，而信任是网络技术在经济、社会和政治领域全面应用不可或缺的因素。网络技术收集、使用和公开的个人数据促进了创新并创造了显著社会效益。我们要继续保证网络技术产生的效益，同时也必须确保消费者数据隐私政策能够更好地反映公民的隐私价值以及促进互联网和其他网络技术领域信任体系建设。

本政策框架提供了实现上述目标的途径。《消费者隐私权利法案》应成为美国消费者数据隐私立法的基础。我们将与国会一道实现相关法案，但同时也会与私营部门的利益主体一道在立法缺位的情况下采纳并实施《消费者隐私权利法案》。为了鼓励各方采纳法案，商务部将召集多方利益主体参与机制来鼓励制定可执行的、针对特定情境的行为准则。美国政府将与国际合作伙伴一起提高各自消费者数据隐私框架的协作性。联邦政府机构将继续制定创新的保护隐私权的方案和指南，并通过执行现有的法律保护消费者隐私。

……

IX. 附录A：消费者隐私权利法案

《消费者隐私权利法案》适用于个人数据。个人数据指的是可与任何特定个人联系起来的数据，包括数据的集合。个人数据同时也包括可以联系到特定电脑或者其他设备的信息。

我们敦促国会采纳《消费者隐私权利法案》中制定的原则。在国会立法孩子前，我们将以法案中的原则为基础通过多方利益主体参与机制制定FTC可执行的行为准则。《消费者隐私权利法案》、行为准则以及强有力的执法将增加美国消费者数据隐私框架与其他国际伙伴相应框架之间的协作性。

1. 个人控制

消费者有权控制企业对个人数据的收集和使用行为。企业应为消费者提供适当的控制个人数据收集、使用和公开的手段。企业应为消费者控制权的实现提供便利条件，该便利条件包括向消费者提供其收集、使用或公开个人数据的规模、范围、敏感度，以及个人数据实际用途的敏感度。企业应为消费者提供清楚而简洁的选择，在适当的时间、通过适当的方式呈现给消费者,使消费者能够对个人数据的收集、使用和公开作出充分的考虑和选择。企业应该提供给消费者以同样简便的方式撤销或限制这种同意。

2. 透明度

消费者有权无障碍理解和获取有关隐私及其安全保障的信息。在最有利于使消费者理解隐私风险和实施个人控制的时间和地点,企业应当提供清楚地说明如下:收集个人数据的种类;收集个人数据的原因;所收集的个人数据的用途;在何种条件下删除数据或者删除数据中消费者的身份信息;是否与第三方分享个人数据以及分享的目的。

3. 情境一致

消费者有权期望企业收集、利用和公开个人信息的方式与其提供信息时的情境协调一致。除非法律另有规定,企业应该使使用、公开个人数据的目的与他们和消费者的关系以及消费者原本公开数据的情境相符,并以实现这些目的为限使用、公开这些数据。企业为其他目的而使用、公开个人数据的,他们应该在收集数据的时候,以明显且消费者容易作出相应反应的方式,通过突出显示的"透明度与个人选择"公开这些其他目的。如果在收集个人数据之后企业决定以与个人数据当初公开的情境不相符的方式使用或公开这些数据,他们必须提供突出显示的"透明度与个人选择"。最后,与企业直接接触的消费者的年龄及其对相关技术的熟悉程度都是构成这一情境的重要因素。企业应该以与消费者年龄和成熟程度相适应的方式遵守"情境一致"这一原则。特别地,《消费者隐私权利法案》的所有原则都要求对从儿童和青年处获得的个人数据应该给予比从成人处获得的更大的保护。

4. 安全

消费者有权享受数据得到安全和负责任的处理。企业应结合自身在个人数据领域的实践评估隐私和安全风险,同时必须采取合理的安全措施以防范可能出现的风险,如数据丢失;数据非法获取、使用、损坏或修改;数据的不当公开。

5. 接入权与准确性

个人数据有误时,在与数据敏感性与数据错误可能对消费者带来不利影响的风险性相适应的情况下,消费者有权获取及更正以可用格式存在的个人数据。企业应采取合理措施确保其保存的是准确的个人数据。企业应就其收集的个人数据为消费者提供合理的接入权限,并为消费者提供合理的途径和方式使其能够请求更正、删除个人数据或限制错误个人数据的使用。公司在利用个人数据时对接入权和准确性原则的解释必须与表达自由和媒体自由两原则协调一致。公司在决定采用何种措施保证数据准确性以及保障消费者就个人数据提出接入、更正、删除或限制用途请求的权利时,其必须考量个人数据的规模、范围和敏感程度,以及对相关个人数据的使用可能对消费者造成的财产、身体或其他实质损害。

6. 收集控制

消费者有权合理限制企业对个人信息的收集和保存。企业收集个人数据应以他们足以实现"情境一致"原则所允许的特定目标为限。除非法律另有规定,企业在不再需要个人数据后应以安全方式删除个人数据或清除个人数据中的身份信息。

7. 问责制

消费者有权将个人信息交予采取适当措施的企业进行处理,以确保企业遵守本法案。企业应就遵守法案的相关原则对执法机关和消费者负责,也应要求其雇员遵守这些原则。为了达到这一目的,企业应对其雇员进行培训以使其在合规的情况下利用个人数据,并定期据此对绩效进行评估。如合适,企业应进行全面的审计监督。除非相关法律另有规定,企业如将个人数据向第三方公开,至少应确保接收这些数据的企业承担遵守法案原则的合同义务。

X. 附录 B:《消费隐私权利法案》与其他 FIPPs(FIPPs) 规定的比较

《消费者隐私权利法案》	OECD 隐私指南	DHS 隐私政策	APEC 原则
个人控制:消费者有权控制企业对个人信息的收集和使用。	使用限制原则:个人数据不应被公开……除非"得到数据所有人的同意或者基于法律的规定"。	个人参与原则:各类组织应将个人纳入到使用 PII(即身份定位信息)的过程当中,同时,在切实可行的程度内,就收集、使用、发布以及占有 PII 得到个人的授权。	当事人自主原则:在条件允许的情况下,个人应就个人数据的收集、使用和公开享有自主选择的权利,选择权利由清楚明白、易懂、可查阅和可负担的机制予以保障。
透明度:消费者有权无障碍理解和获取有关隐私及其安全保障的信息。	公开性原则:有公开的个人数据发展、实践和管理的一般政策措施。	透明度原则:各类组织应是透明的,并通知个人有关收集、使用、发布和占有 PII 的相关消息。	通知原则:个人信息控制者应提供清楚且容易取得的隐私实践和政策的声明……

(续表)

《消费者隐私权利法案》	OECD 隐私指南	DHS 隐私政策	APEC 原则
情境一致:消费者有权期望企业收集、利用和公开个人信息的方式与其提供信息时的情境协调一致。	目的特定原则:决定个人数据收集的时间应不晚于数据开始收集的时间。数据的后续使用行为须限于实现预定的目的或者与预定目的不相冲突之处。如使用目的变更,则数据的使用限于变更时明确指定的情形。	目的特定原则:各类组织应具体说明允许收集 PII 的授权,和具体说明使用 PII 欲达到的目的。	通知原则:应采取合理的措施确保个人在其个人数据被收集前或收集时已知悉隐私保护政策。
	使用限制原则:不得公开个人数据,不得将个人数据用于与《隐私指南》第 9 章规定不符的目的,但数据主体同意或法律授权的除外。	使用限制原则:各类组织应仅为实现通知中所提到的目的而使用 PII。分享 PII 应与收集 PII 的目的相适应。	个人信息使用原则:收集到的个人信息仅限于与收集目的一致或相关的范围内,但有下列情况,不在此限:取得当事人本人的同意;为提供当事人所要求的产品或服务所必须;法律另有规定。
安全:消费者有权享受数据得到安全和负责任的处理。	安全防范原则:必须采取合理的安全措施保证个人数据的安全,防止诸如丢失、未经授权的访问、毁坏、使用、修改或公开的风险。	安全原则:各类组织应(在所有媒体中)通过适当的安全防范保护 PII 免受诸如丢失、非法获取或使用、破坏、修改或非法公开等危险。	安全防范原则:个人信息控制者以合适的防护方式应该保护个人信息,使相关信息免受诸如丢失、非法获取、非法毁坏、使用、更改或公开以及其他不当使用等的危险。

（续表）

《消费者隐私权利法案》	OECD 隐私指南	DHS 隐私政策	APEC 原则
接入权与准确性：个人数据有误时，在与数据敏感性与数据错误可能对消费者带来不利影响的风险性相适应的情况下，消费者有权获取及更正以可用格式存在的个人数据。	个人参与原则：个人享有如下权利：(1)有权从数据控制人或其他人处得到数据控制人是否保存其个人数据的确证；(2)有权在合理期间内得到数据控制人持有相关数据的通知。数据控制人可要求个人支付一定的费用，但不可过多；通知需采取合理且容易被个人理解的方式；(3)如数据控制人拒绝根据前两款提出的请求，有权知悉理由和提出异议；(4)有权就相关数据提出异议；异议成立的情况下，有权对相关数据进行删除、修改、补充或修改。 数据质量原则：个人数据应与使用的目的相关，并应在实现这些目的所需要的程度范围内保持真实、完整和及时更新。	数据质量与完整性原则：各类组织应在切实可行的程度范围内确保 PII 是准确、相关、及时和完整的。	接入与更正原则：个人享有如下权利：(1)有权从数据控制人处得到数据控制人是否保存其个人数据的确证；(2)在提供身份证明的情况下，有权在合理期间内得到数据控制人持有相关数据的通知。数据控制人可要求个人支付一定的费用，但不可过多；通知需采取合理且容易被个人理解的方式；(3)有权就相关数据的准确性提出异议；异议成立的情况下，有权对相关数据进行删除、修改、补充或修改。 个人信息完整原则：个人信息应在其使用目的所必须的程度范围内是准确、完整并及时更新的。 预防伤害原则：在承认个人对隐私的合法期待利益的情况下，应设计个人信息保护的方法来预防对这些信息的不当使用。

（续表）

《消费者隐私权利法案》	OECD 隐私指南	DHS 隐私政策	APEC 原则
收集控制：消费者有权合理限制企业对个人信息的收集和保存。	收集限制原则：应对个人数据或其他类似数据的收集进行限制，限制应采取合法和合理的措施，并且在必要时应通知数据所有者并征得其同意。	数据最小化原则：各类组织应仅收集与实现具体规定的目的所直接相关而必要的PII，并指在需要完成具体规定的目的的必要时间内保留PII。	收集限制原则：个人信息的收集应该限制在与收集目的相关的信息，且这些信息应以合法且公平的方式被收集，在合适的情况下对相关的个人进行通知并征求同意。
问责制：消费者有权将个人信息交予采取适当措施的企业进行处理，以确保企业遵守本法案的有关规则。	问责制原则：数据控制者应就遵守实现上述原则的标准可被问责。	问责制和审计原则：各类组织该就遵守这些原则可被问责、为使用PII的所有雇员和承包商提供培训以及监督对PII的实际使用，从而凸显对这些原则以及所有相关的隐私保护要求的遵守。	问责制原则：个人信息控制者应该就遵守实现上述原则的标准可被问责。当个人信息将被传输到其他个人或组织的时候，无论是国内还是国际，个人信息控制者都应从该个人处取得授权或者尽职执行并采取合理措施确保接收的个人或组织会以符合这些原则的方式保护这些个人信息。

垃圾邮件防止法之探讨[*]

曾胜珍[**]

内容摘要：因特网的发展与便利形成现代社会中不可或缺的存在，电子邮件的便利跨越时空的限制，使得人与人之间的联系紧密维护，然而垃圾邮件（Junk E-mails）却同时造成使用人相当的困扰，不但增加层层过滤信件的时间，也引发部分正常信件经过封锁名单（Block Lists）及垃圾邮件清除器（Spam Filters）的使用，反而被归类到垃圾邮件的分类。本文建议应考虑垃圾邮件发信人查缉不易与变换位置迅速的缺点，参考美国经验并检视美国法规制度与实务判决等方面，再衡量既有法制解决此类问题将面临的困难与障碍，从而提出设立新法的建议与内容，希冀能为垃圾邮件防止法提供省思与依据。

关键词：垃圾邮件 封锁名单 垃圾清除器 网络服务提供服务器业者 因特网法

An Analysis of the Draft of Protection in Spam E-mails and Filters

Abstract: Modern people use e-mail to connect a majority of life, even business, including customer and vendor communication, marketing, and filing official documents. The most recent development, mass electronic mailing-known in the computer industry vernacular as "spam"—allows businesses to contact millions of

---

[*] 有关台湾地区法律制定与修正的资料，在此感谢岭东科技大学财经法律研究所王东山同学的协助。
[**] 岭东科技大学财经法律研究所专任教授兼所长，广东外语外贸大学法学院客座教授。

potential customers, large numbers of them can be extremely inconvenient, with almost no cost per message. When we discover that our most recent e-mails were not delivered to recipients by using a major Internet Service Provider ("ISP"), because we were recently listed on an automated block list as a sender of unwanted bulk commercial e-mail ("spam"). The most efficient approach for a sender improperly included on a block list or a spam filter is to request removal directly from that list or filter. The paper will provide the suggestions of proposed amendments in the future legislature.

Key words: Junk E-mails; Block Lists; Spam Filters; Internet Service Providers; Internet Law

一、前言

因特网形成人类生活形态的新革命,尤其是电子邮件账户的设计,跨越国际与时效的限制,人与人之间的书信来往不但实时而且免费,对于以书面联系的商旅或学术人士,达到无远弗届的效果,然而,有此类收发信件习惯的你我,必定对于垃圾邮件(Junk E-mails)造成的困扰深恶痛绝,不但增加层层过滤信件的时间,也引发部分正常信件经过封锁名单(Block Lists)及垃圾邮件清除器(Spam Filters)的使用,反而被归类到垃圾邮件的分类中①;根据数据统计,垃圾电子邮件于 2001 年约占全球电子邮件总量的 7%,但至 2011 年已占全球电子邮件总数比例之 71%,尽管有垃圾邮件过滤机制,仍有将近 1/5 的垃圾邮件送进企业的电子邮件信箱里。②

此外,目前台湾地区法制也是处于模糊阶段,相较于传统犯罪行为的追查与执行,垃圾邮件发信人又增加了查缉不易与变换位置迅速的缺点,如果要以既定的法规加以处罚,会增加更多限制与障碍,商业诉讼并不能为不当封锁名单的行为提供良方,考虑上述种种问题后,再加上衡量台湾既有法制解决此类问题,将面临的困难与障碍之探讨,本文以下将依序说明美国既有法制与实务判决,希冀能为垃圾邮件防止法提供省思与依据。

二、美国既有法制之介绍

参考美国经验并检视美国法规制度,以《通讯端正法》、《千禧年著作权法》、《垃圾

---

① 本文作者自身即有多次经验,如果发件人的名称不够详细或是从商业网站寄发,都有可能被丢置到垃圾信件中,因此作者也养成随时检查垃圾邮件文件夹的习惯。

② "T 客邦,2011 年因特网有什么惊人发展,58 个简单数字告诉你",〈http://www.techbang.com.tw/posts/8190-2011-development-from-the-internet-73-simple-number-tells-you〉,2013 年 6 月 1 日最后访问。

邮件管制法》等为基础对台湾设立新法的相关"立法"之评析,提出建议与内容。

(一)《通讯端正法》

《通讯端正法》(the Communications Decency Act, CDA)[③]后来成为1996年美国《电信法》的一部分。[④] 该法限制网络使用人创造与寄送数据的内容,从而鼓励正常净化的使用以维护网络发展,规范如下行为:任何参与网络系统服务的网络服务提供业者或使用人,不会因为他人散布数据而被视为与有责任,同时对于出于善意移除任何涉及猥亵、淫荡的、侮辱性或骚扰的文件或档案上传也免责,亦即此法乃在阻绝网络色情污染,保障网络服务提供人与使用人的清净空间,与防堵垃圾邮件有异曲同工之妙。

(二)《电子千禧著作权法》

1998年美国制定《电子千禧著作权法》(the Digital Millennium Copyright Act, DMCA)[⑤],内容有关反规避条文之定义及罚则,如规避DRM系统以取得著作物[⑥],追踪装置以获得使用途径进行规避[⑦]及追踪破解DRM在复制及分配文件限制[⑧],DMCA规范使著作权人增加对著作保障之权利[⑨],DMCA[⑩]第512(a)款至(d)款规范网络服务提供者(Internet Service Providers,简称ISPs)的免责形态,和前述通讯端正法不同乃在于,网络环境中赋予网络ISPs业者"避风港"[⑪],使著作权人得通知网络服务提供者移除网络流通之侵权数据,而网络服务提供者若遵循法律所定之程序,亦得就用户侵害著作权及制版权之行为,主张不负损害赔偿责任。ISPs业者则需要举证证明已尽力维护其防范措施,才能主张上述之免责规定。

(三)《垃圾邮件管制法》

防治垃圾邮件的立法遭遇以下困境:其一,对跨国案件无法可管,其二,多数的小型公司或事业单位运作系统,无法如同大型企业有完整的法律部门予以协助控管,因此出现莫衷一是的做法[⑫],垃圾邮件常以虚伪的主旨伪装成正常邮件,吸引收信人的开

---

③ See 47 U.S.C. s 230(b) (2006).
④ Telecommunications Act of 1996, Pub. L. No.104—104, 110 Stat. 56.
⑤ Pub. L. No. 105—304, 112 Stat. 2860 (1998).
⑥ § 1201(a)(1)(A).
⑦ § 1201(2).
⑧ § 1201(b)(2)(B).
⑨ DMCA内容有对于侵害行为刑罚规定,增加著作权人求偿渠道及可能性。
⑩ 17 U.S.C. § 512 (2000).
⑪ 通称为避风港(safe habor)条款,DMCA § 512(a)—(d),如 a. 暂时性的电子网通讯,使用人单纯分享信息的情形;b. 储存系统,使用人居间或短暂的储存系统数据及工作;c. 由用户控制的系统或网络储存的信息,当使用人操作系统,ISPs为善意第三人,完全不知情使用人从事侵害著作权的行为,且未因此行为获取任何利益,一旦获悉,立即终止及移除上述危害著作权之数据;d. 标示数据位置的工具,ISP使用信息位置工具的免责情形,如使用目录、指引、网络链接、关键词等。
⑫ Jonathan I. Ezor, Busting Blocks: Revisiting 47 U.S.C. § 230 to Address the Lack of Effective Legal Recourse for Wrongful Inclusion in Spam Filters, 17 Rich. J. L. &Tech. 16 (2010).

启与阅读,如果只是宣传其中夹带的商业讯息或广告,至多只有花费收信人的时间,但最可怕的结果是夹带病毒,对收信人的计算机系统造成攻击和摧毁⑬,为了解决此项问题,美国除了各州立法并于2003年由联邦制订法规——全称为《不请自来之色情暨营销滥送管制法》,简称《垃圾邮件管制法》(Controlling the Assault of Non-Solicited Pornography and Marketing Act, CAN-SPAM Act of 2003)⑭,包含传送商业电子邮件的相关规范。

这项法案也规定了散布垃圾邮件者与使用垃圾邮件推销产品之公司的违法罚则,并赋予收件者要求电子邮件发件人停止寄发垃圾邮件的权利。此法的规范对象主要涵盖用于广告或推销商业产品或服务的电子邮件,包括网站上的内容,而条文中规范所谓"交易或维持现有关系之讯息"(transactional or relationship message)⑮,乃指有助于以协议之交易或针对现有商业关系之客户提供更新信息的电子邮件,这种邮件不得包含不实或误导性的路径信息⑯,垃圾邮件管制法共有13条条文,此法对于大量寄送垃圾邮件,并符合本法要件的行为模式才能予以规范,而在要件之外的行为就无法防治,因而也造成了相当数量的避法行为⑰,此法是最贴近防治垃圾邮件的立法。

(四)小结

以下就前述《通讯端正法》、《电子千禧著作权法》及《垃圾邮件管制法》在适用上的区别进行分析。台湾地区草案为顺应专门立法规范趋势,以参考美国2003年《垃圾邮件管制法》为主,原因是《通讯端正法》规范的范围较窄,而且《通讯端正法》的立法目的是阻绝网络色情污染,保障网络服务提供人与使用人免除遭受不洁邮件的侵犯;《电子千禧著作权法》立法目的则为保障著作权人权益,避免违法的剽窃与复制,并与世界知识产权组织(the World Intellectual Property Organization,简称WIPO)规范的著作权条约(Copyright Treaty)精神一致,DMCA规定中的罚金高达美金50万元或科或并科5年以下有期徒刑⑱,连续犯罚金提高至100万美元,最高刑期提高至10年。

《垃圾邮件管制法》为台湾此次草案的主要参考对象,该法主管机关为美国联邦贸

---

⑬ Bob Sullivan, New Virus Spread through Burst of Spam, MSNBC, Aug. 9, 2004,〈http://www.msnbc.msn.com/id/5652313〉, last visited:2011/6/18。

⑭ Controlling the Assault of Non-Solicited Pornography and Marketing Act of 2003, Pub. L. No. 108—187, 117 Stat. 2699, 15 U.S.C. §§7701—7713 (Supp. 2004)。另参考:"美国参议院通过反垃圾法",CNET新闻专记:Declan McCullagh, Nov. 26, 2003,〈http://www.metamuse.net/2003_11_01_archive.html〉,2013年6月1日最后访问。

⑮ 15 U.S.C. §§7702。

⑯ 电子邮件营销的秘诀,支持中心 Microsoft Office,〈http://office.microsoft.com/zh-hk/help/HA001218944.aspx〉,2013年6月1日最后访问。

⑰ Michael P. Jungman, You've Got Libel: How the CAN-SPAM Act Delivers Defamation Liability to Spam-Fighters and Why the First Amendment Should Delete the Problem, 58 Emory L. J. 1023 (2009)。

⑱ 17 U.S.C. §1204(a)(1) (2000)。

易委员会(Federal Trade Commission,以下简称"FTC"),美国法赋予主管机关广泛多样之具体权限,"FTC"得透过司法部向法院诉请滥发者给付民事罚款或请求法院发出禁制令,"FTC"亦得自行发出停止命令(cease and desist orders)及请求法院发出暂时处分(temporary restraining order)、暂时禁制令(preliminary injunction)甚至永久禁制令(permanent injunction)。与台湾主管机关依草案第3条为"国家通讯传播委员会"大相径庭,但就定义与其他规范多采取《垃圾邮件管制法》的内容。

三、美国实务

观察美国实务发展趋势,防治垃圾邮件面临几项限制,首先,考虑立法政策,是否有法律可以规范如新闻稿中出现赞助商的名称,如将此类邮件皆归类为垃圾邮件则范围太过广泛。因此,首先定义何谓垃圾邮件就考验着立法者的智慧。其次,电子邮件往往涉及跨州及跨国界的地域问题,因此当无法取得相同标准的规制时,如何使当事人出庭与执行其资产,又形成另一种执法的障碍,加上网络散布人的身份难以追查,变动身份和地址简易而迅速使得查缉行动进行更加不易;再者,使用者往往使用名单封锁(block listing)与垃圾邮件过滤(spam filters)方式封锁垃圾邮件,经由网络及电子商务邮件使用的广泛散播,网络社会必须思考是否成效已彰。

(一)发展趋势

Jay Hormel 为美国肉罐头制造商,他将其制造的一种添加香料的肉罐头(spiced pork and ham),透过命名比赛称为 SPAM[19],spam 一词会成为垃圾邮件的代名词,最早与由一部英国喜剧团(Monty Python)演出的"爱吃肉罐头的维京人"(Spam-loving Vikings)有关,该剧中饰演妻子的角色在餐厅用餐时,并不想吃 SPAM 肉罐头,但侍者不断提供与 SPAM 肉罐头有关的菜单[20],周围的人高声称颂 SPAM 肉罐头达 120 次,从此,SPAM 一词成为"重复、毫无益处、喧宾夺主、令人厌烦邮件的代名词"[21]。另一说则是 SPAM 是指同步刊登广告(Simultaneously Posted Advertising Message)的缩写。而那些大量寄发 SPAM 的人就被称为 SPAMMER。SPAM,指的就是那些未经你的同意,就大量寄到你的信箱中的邮件。其内容多半为一些夸大的广告,像是各式产品的 DM、服饰、药品、色情、直销、交友讯息、补习班或是赚大钱……。近年来更有些 SPAM 在内容中直接夹

---

[19] "SPAM 罐头外形见 SPAM.COM",〈http://www.spam.com/〉,2013 年 6 月 1 日最后访问;"云端运算安全趋势 Blog 部落格",〈http://domynews.blog.ithome.com.tw/trackbacks/1252/107460〉,2013 年 6 月 1 日最后访问。

[20] Supra note 17, Michael P. at 1018.

[21] "云端运算安全趋势 Blog 部落格",〈http://domynews.blog.ithome.com.tw/trackbacks/1252/107460〉,2013 年 6 月 1 日最后访问。

带恶意软件(Malware)或是恶意软件的连结又或是一些钓鱼诈骗的网址链接。[22]

1994年4月13日,一对移民律师夫妻档Laurence Canter和Martha Siegel以"Green Card Spam"为标题展开垃圾邮件的开端[23],使用者往往使用名单封锁与垃圾邮件过滤方式封锁垃圾邮件,封锁名单乃针对最恶质的垃圾邮件散布人作出名单,警示一般大众封锁其寄发的信件,最早由Paul Vixie's所做的名单开始(称为Real-time Blackhole List)[24],他同时也经营着一个预防邮件滥用系统(the Mail Abuse Prevention System, MAPS),由此开始的系统进展至ISPs业者以连结服务器的方式,借由更新封锁名单的方式预先过滤垃圾邮件发件人[25],其后有数个封锁名单由非营利组织主动维护[26],如英国的Spamhaus计划,或Julian Haight's SpamCop也是最早由义工协助,再转售给营利性的电子邮件保全公司[27],如Symantec厂商提供和封锁名单兼容的软件出售,包括ISP业者管理私人邮件的服务器或是远距分享服务应用的服务器模式(application service provider, ASP)[28],攻击恶客往往使用称为字典式攻击的技术(dictionary attacks)[29],锁定以数字与字母串联的所有电子邮件地址组合,再寄发数量庞大的商业垃圾邮件,而邮件封锁名单的技术则是在收到任何一封类似邮件时,马上将发件人信息加入邮件封锁名单中。

另一种方法是根据寄发邮件的服务器,接收邮件时即选择拒绝接收或直接跳过不予接收,无意间散布的公开邮件会形成发布垃圾邮件的温床,散布者经常使用此种方法隐藏不受欢迎的邮件来源[30],而最易造成困扰的还有以开放转发或匿名转发(Open-

---

[22] 吕宗翰:"企业的Anti-SPAM大作战(上)",载《网络信息杂志》,2009年7月11日,〈http://news.networkmagazine.com.tw/forum/eray/2009/07/11/13529/〉,2013年6月1日最后访问。

[23] Ray Everett-Church 当时为美国移民律师协会(American Immigration Lawyers Association, AILA)的信息专家(Information Specialist),帮该协会厘清与整理美国政府的移民政策和讯息,当时参与处理此事。Ray Everett-Church:"The Spam That Started It All, Wired, Apr. 13, 1999" available at〈http://www.wired.com/politics/law/news/1999/04/19098〉, last visited:2011/6/20

[24] See Robert McMillan:"What Will Stop Spam? Paul Vixie Hopes His Realtime Blackhole List Will at Least Be a Start, SUNWORLD (Dec. 1997)",〈http://sunsite.uakom.sk/sunworldonline/swol-12-1997/swol-12-vixie.html〉, last visited:2011/4/7 介绍 Paul Vixie 此人在捍卫其网络使用权上对垃圾邮件所做的种种努力。

[25] Id.

[26] See About Spamhaus:"SPAMHAUS",〈http://www.spamhaus.org/〉, last visited:2011/4/8.

[27] See SpamCop FAQ:"What is SpamCop's History? SPAMCOP.NET",〈http://www.spamcop.net/fomserve/cache/109.html〉, last visited:2011/4/8.

[28] Symantec Brightmail AntiSpam:"Advanced Antispam and Email Security Solution for the Enterprise, SYMANTEC",〈http://eval.veritas.com/mktginfo/enterprise/fact_sheets/ent-factsheet_brightmail_antispam_6.0_08-2004.en-us.pdf〉, last visited:2011/4/11.

[29] See Dictionary Attack Spam:"ONLYMYEMAIL ANTI-SPAM BLOG",〈http://blog.onlymyemail.com/dictionary-attack-spam/〉, last visited:2011/4/13.

[30] See Joseph Neubauer:"Fortify Your Email Transport-Part 2, MICROSOFT (June 21, 2002)",〈http://technet.microsoft.com/en-us/library/cc750375.aspx〉, last visited:2011/4/13.

Relay)方式寄发邮件的做法,即邮件服务器忽略邮件发送者或接受者的是否是系统所设定的用户,对所有的邮件一律开放进行转发的功能。[31] 针对此种现象,目前做法是在系统内安装过滤程序或使用服务器直接排除垃圾信件,如 SORBS 公司(The Spam and Open Relay Blocking System, SORBS)[32]的产品及提供的服务。除此之外,很多的广告信若不是用 open relay 的邮件服务器发信,而使用独特的广告信发信软件配合拨接 ADSL 动态 IP,甚至使用邮件本身的漏洞由主机自行发信给内部账户;而对外部邮件也有系统可以加装防阻功能[33],如不对外开放的服务器若允许其中之一的用户寄发垃圾邮件,即使是偶发事件也有可能使得所有用户,包括服务器本身都被加入封锁名单,造成极大不便。

（二）相关判决

2006 年 *Omega World Travel, Inc. v. Mummagraphics, Inc.*[34]案中,Mark Mumma 经营 Mummagraphics 公司,一家网络服务器业者公司(Internet service provider, ISP),有关网页、域名注册、网页商标设计等服务,在历经垃圾邮件的干扰后,他建立了一个网站称为"控告垃圾邮件寄发人"(Sue a Spammer)[35],公告所有寄发垃圾邮件给他的公司及个人名单,同时控告所有未经其同意擅自寄发垃圾邮件的当事人。2004 年 12 月 29 日 Mumma 收到 Omega World Travel(Omega)公司寄发的电子广告信,随即和 Omega 公司联系并经其公司职员保证绝不再寄发邮件给 Mumma,至 2005 年 1 月 27 日 Mumma 却继续收到 Omega 的广告信,Mumma 在其网站上将 Omega 放入即将控诉名单(NEXT IN LINE TO BE SUED)。

在 Mumma 控告 Omega 前,Omega 先采取行动控告 Mumma,指称 Omega 公司及职员为寄发垃圾邮件人(spammers),构成毁谤(defamation)[36],而 Mumma 则反控 Omega 公司违反俄克拉荷马州(Oklahoma)的反垃圾邮件法[37]与联邦的《垃圾邮件管制法》(CAN-SPAM)[38],第四巡回法院于 2006 年的判决结果认为 Omega 公司寄给 Mumma 的

---

[31] 若邮件服务器开放此功能,则称此种邮件服务器是 Open-Relay,"Open mail relay",⟨http://en.wikipedia.org/wiki/Open_mail_relay⟩, last visited：2011/4/15.

[32] SORBS："The Spam and Open Relay Blocking System",⟨http://www.sorbs.net⟩, last visited：2011/4/15.

[33] See XBL Advisory："Exploits Block List, SPAMHAUS",⟨http://www.spamhaus.org/XBL⟩, last visited：2011/4/15.

[34] Omega World Travel, Inc. v. Mummagraphics, Inc., 469 F.3d 348, 352 (4th Cir. 2006).

[35] "SUEaSpammer.com, Home Page (2009)",⟨http://web.archive.org/web/20050205152641/⟩;⟨http://www.sueaspammer.com⟩, last visited：2011/6/15.

[36] Supra note 17, Michael P. at 1015.

[37] Okla. Stat. tit. 15, §776.1(A)(3) (2005).

[38] 15 U.S.C. §§7701—7713 (2006).

信件并不构成侵害 CAN-SPAM 法,在之后的诉讼中㊴ Mumma 被认定涉嫌毁谤,并须支付给 Omega 公司美金 250 万元作为损害赔偿,在弗吉尼亚州东区地方法院,Leonie Brinkema 法官裁定不仅在网站上散布他人是寄发垃圾邮件人违法,指控他人侵害 CAN-SPAM 法亦构成毁谤;然而时至今日,当时 CAN-SPAM 法内容是否有模糊不清或定义不明之处,随着时间的验证及垃圾邮件造成的困扰,同样的案件事实可能会有不同的解读结果。

(三) 评论

《美国宪法第一修正案》保障人民的表达自由,但以网络活动盛行甚而多数人"以网维生"的今日,垃圾邮件所制造的困扰与窒碍,非当时立法背景可以想象,现今垃圾邮件所造成的庞大数量,借助价廉快速的数字传媒,成为收信人极大的噩梦,要花费极大的代价与时间删除及清理。垃圾邮件常以虚伪的主旨伪装成正常邮件,吸引收信人的开启与阅读,如果只是宣传其中夹带的商业讯息或广告,至多只有花费收信人的时间,但最可怕的结果是夹带病毒,对收信人的计算机系统造成攻击和摧毁㊵。垃圾邮件收件人必须承受垃圾邮件的成本,以传统方式宣传的一方必须付费买下广播电视或报章杂志的广告,然而电子邮件占据的使用人的网络空间,因此垃圾邮件发送人无异形成对收件人的干扰与侵权㊶,影响收件人必须过滤与删除的时间,阻挡正常信件被读取的机会,更甚而造成收件人在读取信件时的不安与焦虑感。

无论是电话营销或邮件寄发都需至少耗费成千上万的预算,而电子邮件的寄送恰好可以避免这类成本㊷,而且恰如其反地,垃圾邮件的成本转嫁到收件者身上,收件者必须花费时间将邮件分类与过滤,科技方法对于封锁垃圾邮件确有实际可行的做法,如强制商业广告邮件前皆加上"ADV"㊸字样,如此使网络服务器业者、公司、收件人可轻易辨识,目前垃圾邮件发送人以假编拼字或嵌进信件内容的做法,蒙骗过滤器使其无法读取或进行删除,垃圾邮件虽然节省大笔广告经费。然而即使未经过过滤器的删除,给收件人造成负面印象,亦即收信人可能没有任何思考立刻删除,同时也会形成被服务器业者、科技部门、垃圾信过滤器、抵制垃圾信组织、垃圾信名单、收信人贴上"垃

㊴ *Omega World Travel, Inc. v. Mummagraphics, Inc.*, No. 1:05cv122 (E.D. Va. Apr. 27, 2007).

㊵ *Supra* note 13.

㊶ Jeremiah Kelmen, *E-Nuisance: Unsolicited Bulk E-mail at the Boundaries of Common Law Property Rights*, 78 S. Cal. L. Rev. 363, 387—89 (2004).

㊷ Larry Riggs: "Special Report: Costs: Telemarketing, Direct, Mar. 15, 2001", at ⟨http://www.direct-mag.com/mag/marketing_special_report_costs_3⟩, last visited: 2011/10/3; Lily Zhang, *The CAN-SPAM Act: An Insufficient Response to the Growing Spam Problem*, 20 Berkeley Tech. L. J. 304 (2005).

㊸ Jeffrey D. Sullivan & Michael B. de Leeuw, Spam After CAN-SPAM: How Inconsistent Thinking Has Made a Hash out of Unsolicited Commercial E-Mail Policy, 20 Santa Clara Computer & High Tech. L. J. 887, 896 (2004).

圾信"的标签化。㊹但指称他人为垃圾邮件发送人也意味着被起诉的可能性,在 Mumma 案中抵制垃圾信件的个人或相关组织,可能面对的是大型企业及其高价聘请的律师团严阵以待的代价。

四、对相关立法之评析与建议

亚洲近邻诸如日、韩、新加坡、中国大陆等亦于近年纷纷实行立法管制。鉴于台湾地区网络通讯发达、信息科技先进,自电子商务兴盛以来,即已饱受商业电子邮件泛滥之苦。然台湾地区在规制方面仍停滞不前,非但影响广大网络用户权益,对台湾地区网络环境健全发展之公益需求亦有所戕害,本文依台湾地区现况及目前研拟之《滥发商业电子邮件管理条例》草案内容提出以下建议,希冀对解决未来草案实施的障碍有所贡献。

(一) 台湾现况

台湾"立法院"于 2000 年 5 月曾提出第一份草案版本,名为"电子广告邮件管理条例"。唯当时时机未臻成熟,相关条例旋即搁置。而后,"台湾经建会法协中心"委托太颖国际法律事务所研究,并在 2003 年年底将研究成果提交"行政院 NICI㊺小组"。其后由"NCC 筹备处"主导,并得"交通部电信总局"之协助,召开多次工作会,邀请各方代表与专家学者等共同讨论,以研拟政策内容并形成草案初稿。2004 年 6 月"NCC 筹备处"正式将"滥发商业电子邮件管理条例草案"函请"交通部"转"行政院"审议,其间,"交通部"并陆续召开三次项目会议进行审查,"NCC 筹备处"复再邀请学者专家及各界人士召开三次会议进行讨论。随即于 2004 年 10 月"交通部"将"滥发商业电子邮件管理条例草案"函请"行政院"审议。目前研拟之"滥发商业电子邮件管理条例"草案,已经台湾"行政院"审查完毕,将于"立法院"新会期开议时,函送"立法院"审议;尚待台湾"立法院"三读通过后,本条例才会生效施行。㊻

(二) 立法建议

本文由商业电子邮件之发送流程,依次介绍发送前阶行为、行为规范、商业电子邮件至达后三阶段所适用之草案内容,并提出立法建议。

1. "垃圾邮件"之定义

一般而言,对"垃圾邮件"之定义分为两类。

㊹ *Supra note* 17, Michael P. at 1051(2009).

㊺ 过去台湾在信息通信推动上有"行政院国家信息通信基本建设项目推动小组(简称 NII 小组)"、"行政院信息发展推动小组(简称院资推小组)"及"行政院产业自动化及电子化推动小组(简称 iAeB 小组)"等三小组。为提升整体性推动相关业务效率,三小组合并,并经"行政院"通过,将合并后之名称改为"行政院国家信息通信发展推动小组",英文名称为"Information and Communications Initiative Committee"(简称 NICI 小组)。

㊻ "立院退回《滥发商业电子邮件条例》",〈http://www.ithome.com.tw/itadm/article.php?c=54515〉,2013 年 6 月 1 日最后访问。

其一,定义"垃圾邮件"为:在未受请求成未经同意下寄送商业广告邮件,简称为"未经许可的商业电子邮件"或"不请自来的商业电子邮件"(Unsolicited commercial E-mail,UCE)。此定义认为,垃圾邮件的特点是企业者将广告成本移转到网络服务业者与个人,强调当涉及商业目的时,无须证明所寄送的邮件是否已达一定数量。此外,标明"商业"性质即可与政治或宗教讯息相区别。

其二,在未受请求或未经同意下,以高频率方式,在短时间内,向数量庞大之人寄送电子邮件,简称为"未经许可的大量邮件"或"不请自来的大量邮件"(Unsolicited Bulk Mail,UBE)。此种定义认为,电子邮件内容(不管是否是商业性)与它所造成的损害无关,关键非成本由寄送者转嫁到接收者,而是接收者、传递讯息的网络服务业者,在不自愿下承担损失。因而寄送者的动机在法律上并不重要。

第一种定义强调电子邮件与商业交易、社会结构的关联性,第二种则以强调计算机安全为主。

本文建议定义为"限于商业电子邮件之滥发电子邮件",要件包括:

(1)以营销商品或服务为主要目的之电子邮件。

(2)规范对象限于e-mail,不包括行动、简讯。

(3)非既存交易相关信息,也就是不包含:

a.缔结经发信人、收信人双方同意之契约所需联系者。

b.提供收信人所需商品或服务之保证、召回、回收或安全信息者。

c.通知收信人交易期限、权利义务变更或继续性契约关系之进行状况等重要交易信息者。

d.依据发信人、收信人双方同意之交易条件,提供商品或服务,及其后续之更新者。

2. 赋予主管机关可实施调查之具体依据

台湾草案采民事特别法之立法理念,希冀透过民事损害赔偿制度填补收信人之损害,且为节省行政人力与公务资源,对此种私权争执尽量不以行政手段介入,以避免拖垮行政效能,因此,草案并未赋予主管机关调查权限。台湾"行政程序法"第36条以下虽规定行政机关得调查事实证据,然仅适用于行政机关作出行政处分或其他行政行为之情形,若依目前草案"民事特别法"之设计,并无适用余地,此种立法考虑与美国法赋予主管机关广泛多样之具体权限,大相径庭。

与美国法相较,在建构"通讯传播基本法"中,亦未如同"TCACT"般赋予调查权或其他权限,故该法并无主管机关可实施调查之具体依据。草案中明定主管机关得实行之行政行为形式,但台湾"行政程序法"仅为重要原则性规定,当行政机关欲取得所需信息,仍须仰赖相关人民之自愿配合,若人民不愿配合,则须有其实体作用法之规定为依据,即主管机关处理具体个案时,由于并无制裁效果之规定(无罚则担保其实现),仍无法有效取得作成行政行为所需信息,就滥发商业电子邮件事件而言,结论并无不同,因此,本文建议主管机关应积极规范作用法上之依据。

3. 应规范发送电邮之前阶行为

台湾草案就发送电邮之前阶行为并无任何规范,本文以为,由于目前"计算机处理个人资料保护法"正进行修改,或许草案欲将电子邮件地址搜集行为由其规范之故,然现今搜集、买卖电子邮件地址现象严重、各种工具程序、软件不断推陈出新,滥发技术亦不断演进,且基于管制商业电子邮件之"立法整体性",允宜将其订入条文,以利适用,美国《垃圾邮件管制法》相关规定可资参照,此与台湾法案内容亦不致产生冲突,本文以为至少应将字典式攻击、电子邮件搜集等行为纳入管制。

参考美国相关立法《垃圾邮件管制法》(CAN-SPAM ACT)将滥发电邮之前阶行为,包括字典攻击(dictionary attacks)、搜集电子邮件地址(address harvesting)、自动注册取得大量电子邮件地址、未获授权入侵他人计算机、冒用身份注册电邮地址、网络账号或域名大量发信、冒用 IP 地址大量发信等行为一并纳入规范,除可强化执法效果,亦符合管制商业电子邮件立法之整体性。

本文建议台湾地区宜参考美国法"字典式攻击"定义与构成要件之规定,再酌予调整,至于加重赔偿之法律效果,为求管制成效,且与台湾民事法律制度亦不冲突,亦可考虑继受。其次,美国法亦严禁电子邮件地址搜集行为,明定若"电子邮件地址系以自动化方式从网站或私营之在线服务取得,且该网站或私营在线服务之管理者已声明其所维护之任何电子邮件地址绝不供他人发送电子邮件之用"[47]者,其构成要件包括"自动化方式"、"违反他人同意"、"从因特网上取得"等三项,并则明定法院得加重该滥行搜集电子邮件地址者之赔偿额度,鉴于电子邮件地址为邮件发送之必备前提,透过自动化方式搜集电子邮件地址更予以滥发行为极大助力,建议台湾应继受此一禁止规定,至其法律效果则应配合其他条文内容酌情调整。

4. 垃圾邮件规制的基本模式选择

目前各国管制"商业电子邮件"之立法例可概分为"OPT-OUT"(选择退出)及"OPT-IN"(选择进入)两种制度,除欧盟所属国及澳洲等实行 OPT-IN 制外,美国等多个国家则采 OPT-OUT 机制,鉴于"OPT-OUT"立法例系允许发信人在收信人同意前得寄送商业电子邮件,待收信人明确表示拒绝接收后续来信时,始不得再行发送,此制度较不利于收信人,为保障收信人权益及兼顾发信人商业言论自由,以利电子商务发展,

---

[47] 详见 CAN-SPAM ACTSec.5(b)(1)(ii) "the electronic mail address of the recipient was obtained using an automated means from an Internet website or proprietary online service operated by another person, and such website or online service included, at the time the address was obtained, a notice stating that the operator of such website or online service will not give, sell, or otherwise transfer addresses maintained by such website or online service to any other party for the purposes of initiating, or enabling others to initiate, electronic mail messages".

台湾援用折衷欧陆 OPT-IN 及美国 OPT-OUT 机制，将商业电子邮件发信机制定为"默示拒绝"机制，赋予发信人得进行"一次"合法商业电子邮件营销行为，经实施首次商业电子邮件发送行为后，若收信人未明示愿意继续接收者，发信人不得再行发送商业电子邮件，并应于商业电子邮件中载明"默示拒绝"机制意旨，便于强调收信人对后续来信得采"默示拒绝"，除可确保收信人权益外，尚得敦促发信人注重营销质量及商业形象。草案主要所要保护的法益为：

（1）不受干扰与遭受经济或非经济损害的危险。

a. 由于垃圾邮件并非收信人所要求或愿意收受，收信人应该有选择是否收取或选择收取何种信息之权利。

b. 因此本条例将个人此种信息自主选择与不受他人干扰之权利具体化，而赋予个别收信人有权决定是否收取商业电子邮件，将决定权全权交由个别消费者自主决定（OPT-OUT 政策）。

c. 此外这种信件之大量干扰，造成个人使用电子邮件上之不便，且进一步造成机会成本的损失（时间的浪费等）。

（2）相关业者财产权的侵害。

此一问题的根源主要来自于因特网电子邮件发送上，私人成本不等与社会成本，导致有经济学上所谓的"外部性"问题发生。大量垃圾邮件的发送，将此一外部性成本，不当地转嫁相关业者（少部分则转嫁给个别收件人），如过滤机制将损耗 ISP 业者额外资源，如计算机运算能力、数据储存空间等，间接也增加业者购买设备、带宽之压力等。

（3）整体社会资源的无益损耗。

根据统计多数垃圾邮件内容为收信人所不欲收取之信息，而此类信息大量的传输，无疑是造成网络资源的消耗，与广大公众无益成本的花费。除了占用网络空间，影响传输速率外（特别是在中小型的 ISP 业者或电子邮件服务提供商，更为显著），更进一步地花费在防堵、过滤、追踪 Spammer 上的成本耗费更是难以估计。

从保障消费者财产权和隐私权的角度，采取用 OPT-IN 的方式为营销，以回避标示主旨栏的规定更为有利，唯此涉及立法者在衡量消费者和 ISP 业者以及主管机关等各方利益后所作出之决定立法方向。故整体而言，强制足以辨识其为商业电子邮件之标示虽其主要目的乃赋予消费者一个方便的工具，然对于打击诈欺性的垃圾邮件亦具有补强作用，不能轻易忽视其功用。营销业者与 ISP 业者宣称强制标示主旨栏之规定，会造成合法营销业者因为邮件被隔离而蒙受巨额损失。本文以为消费者目前已有诸多过滤邮件之工具，则在"主旨栏强制标示"亦属某种过滤标准，以"商业"、"广告"字样为准，删除这些消费者不想要看之邮件，如此而言营销业者同样面临相同的损失。然而若无"主旨栏强制标示"，则消费者将缺少了一样防范合法营销业者之防火墙，盖不论是合法或非法之营销邮件,消费者均有拒看之权利,只要是消费者不想看到的,其应有选择删除之权利。

  权衡消费权利与商业需求二者之间的取舍,避免因过度限制而抑制了网络世界的发展,但不能因此而剥夺了消费者之权利。将台湾商业电子邮件发信机制定为"默示拒绝"机制,赋予发信人得进行"一次"合法商业电子邮件营销行为,经实施首次商业电子邮件发送行为后,若收信人未明示愿意继续接收者,发信人不得再行发送商业电子邮件,并应于商业电子邮件中载明"默示拒绝"机制意旨,便于强调收信人对后续来信得采"默示拒绝",除可确保收信人权益外,尚得敦促发信人注重营销质量及商业形象。

英国《数字经济法案》综述

张亚菲[*]

内容摘要：为了应对信息时代的挑战,促进英国经济的复苏与发展,英国政府于 2008 年启动了"数字英国计划",随后于 2009 年 11 月颁布了《数字经济法案》,从而拉开了建设"数字英国"的序幕。《数字经济法案》共 48 条,主要涉及网络著作权侵权的治理、增加电子出版物的公共借阅权、更改域名注册规则、广播电视管理规则的修改,以及视频游戏的管理等问题。该法案一经颁布,便引起英国全国范围内的巨大争议和广泛讨论,尤其是有关网络著作权侵权的规定遭到各方的质疑。但《数字经济法案》毕竟标志着英国在保护网络著作权、促进信息化发展的道路上迈出了积极的一步,为其他国家发展数字经济提供了宝贵的借鉴经验。

关键词：英国　数字经济法案　网络著作权保护　网络服务提供商　公共借阅权

Review of the UK Digital Economy Act

Abstract: For the purpose of confronting the challenges from the Information Age, as well as promoting the recovery and development of the economy, in 2008, the British government launched "Digital Britain Plan", followed by the promulgation of the "Digital Economy Act 2010" in November, 2009. The act contained 48 articles, covering a wide range of aspects including protecting online copyright, public lending right for digital publications, regulations for domain name register,

---

[*] 北京大学法学院本科生。

and regulations for radio, TV and video games, etc. Great dispute flooded the country as soon as the act went public, among which the articles addressing online copyright protection were caught in the harshest criticism. However, the "Digital Economy Act" is a milestone that marks that Britain has taken a brave step forward to protecting online copyright and promoting informatization, which is a valuable experience for other countries to learn from.

Key words: UK; Digital Economy Act (DEA); online copyright; ISP; public lending right

一、法案的形成背景

21世纪,人类进入信息时代,数字技术迅猛发展,渗透到国家经济政治文化和人们生活的各个方面,成为世界各国生产生活的重要依托。但与此同时,网络基础设施不健全、网络安全、网络侵权泛滥等问题也日益突出,制约着信息化的进一步发展。信息化相对领先的英国对此已有深刻认识,为了打造长远的数字竞争力,巩固在知识经济中的世界领导地位[①];同时也为了尽早摆脱经济危机的困扰,促进经济复苏,为英国未来经济发展提供坚实的工具基础[②],英国政府于2008年秋启动"数字英国计划",随后筹备和颁布了《数字经济法案》,拉开了建设"数字英国"的序幕。

2008年10月,"数字英国"战略项目由英国商业、企业和管制改革部(BERR)与文化媒体和体育部(DCMS)正式启动。[③] 2009年1月,《数字英国中期报告》发布,并向社会各界征求意见。[④] 2009年6月,英国商业、创新和技能部(BIS)与DCMS联合发布《数字英国报告》(Digital Britain Report),描绘了数字英国宏伟远景,涵盖了详尽的实施计划,提出了减少网络著作权侵权、改善著作权许可方式、设立电子书籍的公共借阅权等具体的改革目标。[⑤] 当月,时任首相的布朗签署了《建设英国未来》计划(Building Britain's Future),其中提到2020年建设成覆盖全国的高速宽带网络,确保网络产业具

---

① 参见科技部:"《数字英国》描绘未来英国通讯业蓝图",〈http://www.most.gov.cn/gnwkjdt/200811/t20081107_64919.htm〉,2013年6月1日最后访问。

② 参见郭林:"英国公布'数字英国'计划",〈http://www.gmw.cn/01gmrb/2009-06/19/content_936958.htm〉,2013年6月1日最后访问。

③ 参见赵媛:"'数字不列颠':拯救英国经济尚需时日",〈http://www.cnii.com.cn/20080623/ca528056.htm〉,2013年6月1日最后访问。

④ See BBC: "UK's digital action plan unveiled",〈http://news.bbc.co.uk/2/hi/technology/7858183.stm〉, last visited: December 16, 2012.

⑤ 参见中国科技情报网:"数字英国执行计划",〈http://www.chinainfo.gov.cn/GlobalTech/ArticlesView.aspx?aid=6236〉,2013年6月1日最后访问。

有世界领先水平,为英国经济发展提供现代化基础设施。⑥ 2009年8月,BIS与DCMS联合发布了《数字英国实施计划》(Digital Britain Implementation Plan),包括20个项目,每个项目都由政府主管成立专门项目组进行具体实施工作,其中唯一一个立法项目,即《数字经济法案》。⑦

2009年11月,英国政府向国会提交了《数字经济法案草案》(Digital Economy Bill),2010年3月,获得了上议院的通过。⑧ 2010年4月7日,英国政府在保守党的帮助下,仅仅经过两个小时的辩论就完成了在下议院的第三次审议,通过了《数字经济法案》。4月8日,该法案获得了女王的批准,一部分条款正式生效,《数字经济法案》生效。⑨ 6月8日,除少数部分条款外,该法案大部分条款生效。⑩

二、法案的主要内容

《数字经济法案》共48条,包括了下列11个方面的内容:(1)通信办公室(Office of Communications)的职能(第1、2条)、(2)网络著作权侵权(第3—18条)、(3)域名注册管理权(第19—21条)、(4)第四频道电视公司(Channel Four Television Corporation,简称"C4C")的职能(第22、23条)、(5)独立电视服务(第24—29条)、(6)独立广播服务(第30—36条)、(7)广播电视管理规则(第37条)、(8)电磁波使用管理规则(第38、39条)、(9)视频游戏的有关规定(第40、41条)、(10)侵犯著作权和表演者权的处罚规则(第42条)以及(11)关于电子出版物公共借阅权的规则(第43条),还有附则(第44—48条)。⑪ 按照内容类别的不同分述如下:

(一)著作权保护

1. 网络著作权侵权

有关网络著作权的部分是《数字经济法案》中最备受争议的部分。

在该部分中,本法案首先规定了互联网服务提供商(ISP)应承担的初始义务:通知义务和报告义务。通知义务是指著作权人在发现侵权后的1个月内可以向ISP发出包含被指侵权用户的IP地址和"明显侵权"证据的侵权报告。接到符合要求的著作权侵

---

⑥ 参见刘彦青:"英国布朗首相:2020年英国将普及超快宽带连接",〈http://news.ccidnet.com/art/1032/20100323/2018159_1.html〉,2013年6月1日最后访问。

⑦ 参见康彦荣:"英国走向数字化未来",载《世界电信》2010年第4期,页37。

⑧ See BBC: "Lord Pass Controversial Internet Piracy Bill",〈http://news.bbc.co.uk/2/hi/uk_news/politics/8569750.stm〉, last visited: December 15, 2012.

⑨ See Charles Arthur: "Digital economy bill rushed through wash-up in late night session",〈http://www.guardian.co.uk/technology/2010/apr/08/digital-economy-bill-passes-third-reading〉, last visited: December 15, 2012.

⑩ See "Digital Economy Act 2010", Article 47 (1) (2), April 8, 2012.

⑪ Digital Economy Act 2010, Article 1—48.

权报告的 ISP,应当在接到报告之日起 1 个月内就该报告向被指侵权用户发出通知。报告义务是指著作权人可根据初始义务法令要求网络服务提供者向申请人出具侵权清单,包含侵权者的相关信息,但这些信息不足以认定其身份。通信办公室负责批准初始义务法令和向国务卿报告著作权网络侵权状况。⑫

为了充分保障著作权人的合法权益,该法案还引入了"三振法",即限制接入互联网的技术义务,具体的操作程序为:如果上述初始义务不足以制止著作权侵权,国务大臣有权要求 ISP 履行"技术义务"。技术义务包括:限制被指控侵权用户的网速、阻止该用户获得特定资料,甚至可以断网或以其他方式限制该用户的网络连接。ISP 采取技术措施的程序需要由通信办公室制定。⑬

为了平衡各方利益,该法还赋予被指控侵权人申诉的权利。第 13 条规定:当被指控侵权用户认为著作权人发出侵权报告中的"明显侵权"并不构成对著作权的侵犯,或者报告中未提供被指控用户的 IP 地址,可以向独立于网络服务提供者、著作权人和通信办公室的裁决者提出申诉。一旦裁决者作出对被指控侵权用户有利的裁决,著作权人或者网络服务提供者应当对其遭受的不利影响作出经济赔偿,并承担用户在申诉中支出的合理费用。⑭

如果 ISP 没有履行初始的通知和报告义务,或者技术义务,就将面临最高额达 25 万英镑的罚款,而且,若国务大臣认为有必要,可以发布决议提高罚款数额。⑮

2. 侵犯著作权和表演者权的处罚规则

本部分是对 1988 年《著作权、设计和专利法》(Copyright, Designs and Patents Act 1988)的修正。本法案将制造、销售侵权作品的刑事责任及有关侵权责任罚金提高至 5 万英镑⑯,对著作权侵权加重了打击力度,体现出英国政府对著作权人合法权益保护的高度重视。

3. 关于电子出版物公共借阅权的规则

本部分修改了 1979 年的《公共借阅法》(Public Lending Right Act 1979)和 1988 年的《著作权、设计和专利法》,将公共借阅的范围扩大到有声读物、电子出版物;明确了在公共借阅权的范畴内,出借图书、复制或分发有声读物或电子书不构成著作权侵权;同时对非纸质类作品的借阅严格限制条件,即仅限于馆内使用,不得通过电子通讯方式从馆外获取电子作品。⑰

---

⑫ Digital Economy Act 2010, Article 3—8.
⑬ Digital Economy Act 2010, Article 9—12.
⑭ Digital Economy Act 2010, Article 13.
⑮ Digital Economy Act 2010, Article 14.
⑯ Digital Economy Act 2010, Article 42.
⑰ Digital Economy Act 2010, Article 43.

(二) 政府部门网络权力的分配

1. 通信办公室的职能

本部分补充了 2003 年《电信法》(Communications Act 2003),增加了通信办公室的职责。第 1、2 条规定:要求通信办公室每三年向国务大臣报告英国电子通讯网络、服务基础设施和业务发展情况、域名注册使用情况及媒体有关内容的发展情况,并将报告内容公之于众。⑱

2. 域名注册规则

本部分也是对 2003 年《电信法》的修改,新增了国务大臣的域名管理权。

第 19 条规定:当国务大臣查明具有资质的网络域名注册机构出现严重问题时,国务大臣可以介入域名管理。与域名注册机构有关的问题是指域名注册机构或其工作人员、最终用户有不公平或不当使用域名行为,或者域名注册机构未按有关规定处理域名申诉。严重的问题是指上述行为可能对电子通信网络和服务的名声或运行造成不良影响,或者侵犯消费者或英国相关公众的利益。

国务大臣介入域名管理的权力包括:委派域名注册机构的管理人员;向法院提出申请,要求对域名注册机构的章程进行审查。⑲

(三) 广播电视、视频管理

1. 第四频道电视公司的职能

本部分也是对 2003 年《电信法》的补充,扩展了 C4C 的职能:负责参与制作高质量、宽领域的相关媒体作品,以满足多元化社会的品位和需求;参与制作在全国范围内放映的高质量电影;广播和发布上述作品和电影;参与制作新闻时事相关媒体内容;参与制作符合青年人口味的媒体作品;广播和发布反映英国文化活动的题材电影等。同时对其职能扩张设置监管措施:C4C 必须制定执行上述职能所依据的媒体内容政策,通信办公室也有义务对 C4C 的媒体内容义务出具监督报告。⑳

2. 独立电视服务

该部分对 1990 年《广播法》(Broadcasting Act 1990) 和 2003 年《电信法》修改了现有及续办后的第三频道许可证(Channel 3 licence)适用的地域范围、第三频道、第五频道和公共图文电视许可证的初步有效期限,增加了通信办公室对公共图文电视服务报告义务,以及对盖尔语广播节目进行了重新规定。㉑ 作出这些修改的目的是为了保证各地区电视台保持本民族特色的同时,也有打进全国性市场的公平机会,让独立融资

---

⑱ Digital Economy Act 2010, Article 1—2.
⑲ Digital Economy Act 2010, Article 19—21.
⑳ Digital Economy Act 2010, Article 22—23.
㉑ Digital Economy Act 2010, Article 24—29.

新闻联合会(IFNC)能够顺利发展起来。㉒

3. 独立广播服务

该部分对 1990 年《广播法》进行补充修改,为了促进电视信号从模拟信号的全面转变,授予国务大臣制定数字转换(digital switchover)截止日期的权力,同时为了保证数字转换目标的实现,通信办公室可根据情况调整广播许可证的有效期。该部分还修改了未来国家广播许可证的续办政策、重新规定了地方广播服务的内容和风格、多路传输广播服务的频率和许可证的地域适用范围以及续办规则。㉓

4. 广播电视管理规则

该部分对 2003 年《电信法》进行了修改,授予国务大臣改变针对第三和第五频道的公共服务条款的权力。㉔

5. 电磁波使用管理规则

该部分是对 2006 年《无线电信法》(Wireless Telegraphy Act 2006)的修改,规定了无线电信许可证的收费、实施程序等相关问题。㉕

6. 视频游戏的有关规定

该部分对 1984 年《视频录像法》(Video Recordings Act 1984)进行了修改,增加了视频游戏的管理规定。法案明确了与视频游戏相关的法律概念;对视频游戏的内容进行了分级规制,以给儿童和青少年提供充分的保护;指定机构管理视频游戏,负责视频游戏的分级等工作。㉖

三、各界对法案的评价

(一)《数字经济法案》引起巨大争议

《数字经济法案》从审议到颁布,引起了英国社会各界广泛的讨论和巨大的争议,英国成千上万的消费者、人权组织、行业协会、网络巨头以及学者、政府官员都参与到这场全国性的辩论中。

其中争议最大的应属对网络著作权侵权的治理部分,虽然该法案的立法目的是出于加强对网络著作权的保护、为网络的健康发展提供良好的法律平台的美好愿望,但该部分一经公布便引起了各方的强烈反对。

7 月上旬,英国两个最大的 ISP 英国电信 BT 与 TalkTalk 共同向英国高等法院提起诉讼,要求其对《数字经济法案》进行司法审查。它们认为该法案构成对人权的侵犯,

---

㉒ 康彦荣,见前注⑦,页 39。
㉓ Digital Economy Act 2010, Article 30—36.
㉔ Digital Economy Act 2010, Article 37,注释 21。
㉕ Digital Economy Act 2010, Article 38—39.
㉖ Digital Economy Act 2010, Article 40—41.

将大型互联网服务提供商置于不利境地。它们还认为该法案不符合相关欧盟法规的要求,例如欧盟《隐私与电子通讯指令》与《电子商务指令》,后者规定互联网服务提供商不必为其用户的行为承担责任。[27]

除了 ISP 之外,其他利益相关者也发出的反对的声音。针对法案中用户必须为其通过免费无线网络服务而得到的内容负责的规定,英国图书馆和大学抗议,这一规定将使他们成为非法无线网络用户。[28] 与此同时,以谷歌、雅虎为首的网络巨头也对法案第 17 条发起攻击,该条款赋予了国务、企业及规章制度改革事务大臣任意修改著作权和专利法的权利,在其对国务、企业及规章制度改革事务大臣 Lord Mandelson 的信函中上述公司写道该条款会严重阻碍技术创新、增加不必要的成本、扰乱市场秩序。[29]

此外,政府内部也不乏质疑之声。保守党和自由民主党同样反对第 17 条赋予国务、企业及规章制度改革事务大臣修改著作权法的空前权力。[30] 英国国会议员则对法案的通过程序提出了质疑,有议员认为,《数字经济法案》是在匆忙中推动通过的,没有经过适当监督。在上议院马拉松式的众议院《数字经济法案》辩论中,若干成员提出了强烈的批评建议,并表示出现了一个来自版权所有者的"异常强大的院外游说力量"推动该法案迅速成为法律。[31]

就连本次法案最大的保护对象和受益人著作权人自身也对法案有诸多不满。由于法案规定著作权人将要承担阻止版权侵权者所支付的费用,音乐与电影产业的版权人将会支付追踪网络盗版费用的四分之三,ISP 则需支付剩余的四分之一,加重了他们的负担,著作权人也加入了反对《数字经济法案》阵营。[32]

一些民间权利组织从更加广泛和深刻的角度对《数字经济法案》进行了批评。如开放权利集团(Open Rights Group)等组织认为,《数字经济法案》对网上侵犯著作权的处理可能侵犯了用户的隐私;该法对使用网络空间、代理服务器和解码技术等手段阻碍 IP 地址查明等情况缺乏考虑,技术上的前瞻性较差;通信办公室和网络服务提供者在履行该法下的义务时发生的成本过高;总体而言,该法在执行中产生的收益很难超过必要的成本;这种安排很可能只给那些能够支付得起成本的实力强大的著作权人带

---

[27] 卢宝锋:"'三振法案'国际进展",载《电子知识产权》2012 年第 1 期,页 43。

[28] See BBC:"Universities protest against government wi-fi plans",〈http://news.bbc.co.uk/2/hi/technology/8543142.stm〉, last visited: December 16, 2012.

[29] See Patrick Foster:"Digital Economy Bill to Be Watered Down",〈http://www.thetimes.co.uk/tto/business/industries/media/article2179717.ece〉, last visited: December 16, 2012.

[30] Id.

[31] See Bobbie Johnson:"Lords angered over three strikes rule for filesharers",〈http://www.guardian.co.uk/technology/2010/mar/02/digital-economy-puttnam〉, last visited: December 16, 2012.

[32] See BBC:"Rights-holders bear brunt of costs of chasing pirates", available at:〈http://www.bbc.co.uk/news/technology-11297033〉, last visited: December 16, 2012.

来好处;由于该法使咖啡店、图书馆和大学等提供无线网络服务的机构,可能会因其客户在上网时的非法行为而承担责任,所以将给相关服务行业带来不利影响。㉝

也有学者指出法案可能会制约个人在网络上使用版权作品表达自我的能力,进而导致对"符号学上的民主(semiotic democracy)"的限制。㉞ 除了侵犯言论自由的主张,还有学者表示法案规定的断网措施违反了"无罪推定"的原则。根据《数字经济法案》规定,如果接到 ISP 的侵权通知后,侵权者没有及时删除侵权内容,那么国务大臣可以要求 ISP 对其采取限制访问甚至断网的措施,缺乏充足的侵权认定程序,实际上是进行了"有罪推定"。此外,还涉及违反"三权分立"原则,发出断网指令的是国务大臣,属于行政部门,"而由行政机构对公民作出具有刑事司法性质的断网处罚,不仅从程序上严重侵犯了公民的正当刑事权利,而且显然违反了'三权分立'的宪法原则"。㉟

迫于上述各界强烈反对声的压力,英国政府也于 2011 年 2 月 1 日宣布将重新审查《数字经济法案》,主要审查对象是断网措施的规定。㊱

(二)争议中的支持声音

尽管《数字经济法案》承受了众多非议,但是其积极的一面还是得到了来自各方的肯定。

英国唱片业协会(British Phonographic Industry)、电影协会(Motion Picture Association)、软件反盗版联盟(Federation Against Software Theft)等行业组织和英国商业创新与技术部等支持者认为:数字经济法中的措施可以减少网上著作权侵权的发生,预计可以给相关产业带来每年两亿英镑的收益;该法中针对网上著作权侵权的措施公平而给力,不但可以保障著作权相关产业的发展空间,也可以保障网上合法内容的继续丰富和发展,使消费者受益;该法可以激励网络创新,保障创新产业的工作和事业,从而促进经济的发展;该法的实施还会使法院只处理重复侵权或者持续侵权的案件,减少当事人的讼累和公共资源的耗费,从而有利于整个社会福利的增加。㊲

英国作者授权及收费协会(Authors' Licensing & Collecting Society)对法案确立电子出版物的公共借阅权给予了肯定,该社团称非常高兴看到《数字经济法案》对这一问题

㉝ See Benjamin Farrand:"The Digital Economy Act 2010-A Cause for Celebration, or a Cause for Concern?"E. I. P. R. 2010, 32(10),536—541. 转引自姚洪军:"英国数字经济法治理网上著作权侵权的尝试",载《知识产权》2011 年第 9 期,页 92—93。

㉞ See James G. H. Griffin, "The effect of the Digital Economy Act 2010 upon 'semiotic democracy'", International Review of Law, Computers & Technology, Vol. 24, No. 3, November 2010, pp. 251—262.

㉟ 参见李政等:"反盗版'三振法'能否中国化?",载《科技创新与知识产权》2012 年第 3 期,页 78。

㊱ See BBC:"Government to rethink Digital Economy Act's web blocks",〈http://www.bbc.co.uk/news/technology-12334205〉, last visited:December 16, 2012.

㊲ Sam De Silva & Faye Weedon, The Digital Economy Act 2010:Past, Present and a Future "in Limbo", C. T. L. R. 2011,17(3), 55—62. 转引自姚洪军:"英国数字经济法治理网上著作权侵权的尝试",载《知识产权》2011 年第 9 期,页 93。

有了涉及,同时表示政府给予公共借阅的补贴对该服务的发展是极为重要的。㊳ 事实上,由于电子出版物的租借没有得到主要出版社的支持和响应,因此电子出版物的公共借阅的发展道路还有很长的路要走㊴,而法案为其提供了法律基础。

四、法案对我国规制网络传播行为的借鉴意义

尽管社会各界对《数字经济法案》褒贬不一,甚至在英国掀起了气势高涨的反对浪潮,但是这次英国走在世界的前列,面对棘手的网络著作权侵权问题,积极立法作出回应,其积极性是值得肯定的。《数字经济法案》用 1/3 的条款建立了著作权网络保护的法律和管制框架,引入了断网等技术手段来确保著作权的保护,体现了对著作权人合法权益的重视,展示了严厉打击网络著作权侵权行为、坚决捍卫知识产权的决心。从而有利于减轻著作权人对盗版行为的顾虑,保证著作权人获得应有的版税和报酬,鼓励青年作者和社会底层的作者从事创作。同时其保护网络著作权的制度设计也对我国有积极的借鉴意义。

（一）关注个人隐私权的保护

《数字经济法案》对个人隐私权的保护是值得提倡的。《法案》在规定 ISP 有义务向著作权人提供侵权者信息的同时,强调 ISP 披露的信息必须不足以确定该用户的身份,如果著作权人需要获取侵权用户的身份信息,需要向法院提出申请。对于涉嫌侵权的人都给予充分的隐私权空间,保护其身份不被任意跟踪,这体现了西方社会对个人人权的充分尊重;而要获得涉嫌侵权人的身份信息只能向法院申请的规定,是将个人身份信息的公开与否交给第三方处理,体现了程序正义。这种制度设计在最大程度上保护个人隐私权,又为捕获侵权人提供了公正的方式,对于我国有很大的启示。

我国的《信息网络传播权保护条例》第 13 条规定:"著作权行政管理部门为了查处侵犯信息网络传播权的行为,可以要求网络服务提供者提供涉嫌侵权的服务对象的姓名（名称）、联系方式、网络地址等资料",而且第 16 条也规定,服务对象向网络服务提供者提交未侵权书面说明中应当包含"服务对象的姓名（名称）、联系方式和地址",这些信息都足以确定涉嫌侵权者的身份,使得网络服务提供者和著作权行政管理部门能够轻易获得涉嫌侵权人的具体身份信息,虽然更有利于权利人的起诉,但是这也使网民的一举一动都处于著作权人的掌控下,可能会造成权利人和使用者的对抗力悬殊的局面,也可能引发侵犯隐私权的问题。

㊳ See "Digital Economy Act—Extension to the Public Lending Right is a Triumph for Authors", PR Newswire Europe Including UK Disclose, Apr 14, 2010, available at: 〈http://search.proquest.com/docview/467188213〉, last visited: December 10, 2012.

㊴ 参见尹天笑:"英国出版社对电子书租借不合作",载《出版参考》2012 年第 27 期,页 43。

（二）引入中立第三方解决侵权争端

除了注重对隐私权的保护，《数字经济法案》还有一个对我国有借鉴意义的制度设计。《数字经济法案》引入了中立的第三方来处理侵权争端——平时网络服务提供者只对权利人负有初始义务，即通知义务和报告义务，在初始义务不能充分保护著作权时，由处于中立角度的第三方国务大臣来启动技术义务，如限制或断网，而这些技术义务的实施需要经过严格的程序。此外，《法案》还赋予被指控人提出异议的权利，而处理异议的是独立于网络服务提供者、著作权人和通信办公室的裁决者。

而我国在这方面的制度设计由于缺乏中立的第三方出面调解，使得保护权利的程序过于摇摆不定，缺乏效率和公正性：我国《信息网络传播权保护条例》第14条到第17条规定，权利人认为网络服务提供者所提供的作品、表演、录音录像制品侵犯其信息网络传播权，可向该网络服务提供者提交书面通知，要求其删除该作品、表演、录音录像制品，或者断开相关链接；而网络服务提供者收到权利人通知书之后，应当立即删除涉嫌侵权的作品或断开有关连接，同时通知有关服务对象；而服务对象认为其提供的作品、表演、录音录像制品未侵犯他人权利的，可以向网络服务提供者提交书面说明，要求恢复被删除的作品、表演、录音录像制品或者相关链接；而网络服务提供者接到服务对象的书面说明后，应当立即恢复提供的作品或链接。可以看出，这种制度设计是想给ISP减轻判断负担，但实际上ISP在接到权利人的书面通知就删除涉嫌侵权的内容、断开链接，在接到服务对象的异议说明后即恢复内容和链接，可以想象ISP每天要处理海量的通知说明，不停地删除、恢复。即使不需要判断，光是简单执行权利人和服务对象的要求本身就非常费时费力。另外，由于没有基本的判断，ISP单纯的删除、恢复动作没有任何实质意义，侵权争端还是要权利人与服务对象双方到法院去解决。因此，我国制度设计的问题在于在没有解决侵权问题的前提下，平白无故地增加了ISP的负担。

因此，我国可以适当借鉴英国《数字经济法案》的经验，在涉及采取严格的技术措施，尤其是异议的处理时，交给国家机关，尤其是法院等中立的第三方来裁决，在充分发挥国家机器调解作用的同时，不干扰市场的正常运行，促进效率与公正的共同实现。

（三）维权成本的分担

《数字经济法案》对打击网络著作权侵权的成本分担作出了安排，要求著作权人和ISP共同分担成本，这种制度安排避免了ISP承担过多的经济负担，从某种角度上来讲，著作权人维权承担维权成本也符合"私法自治"的民法理论基础，平衡了各方的利益，从而具有一定合理性和可行性[40]，但同时也会给资本实力较小的作者带来较重的负

---

[40] 参见姚洪军："英国数字经济法治理网上著作权侵权的尝试"，载《知识产权》2011年第9期，页94—95。

担。而我国没有明确规定规制侵权成本的分担,就目前来看,一般是由 ISP 承担主要的工作负担,这对资本实力较小的著作权人来说可能是好事,但同时也会存在 ISP 负担过重的问题。因此如何安排好维权成本分担,达到公平和效率的统一,是英国和我国均需要进一步探讨的问题。

案例收藏夹

论著作权中的默示许可
——从"方正诉宝洁"案说起

吴雨豪*

内容摘要：本文以"方正诉宝洁倩体字案"二审法官的裁判思路的梳理切入口，对著作权中的默示许可的规范依据和法律地位进行相关界定，得出默示许可是一种特殊的许可使用权而非利益平衡的工具的结论。遵循这一思路，笔者在文章的第三部分梳理了国内外默示许可的立法和司法实践。并在第四部分对"方正诉宝洁案"中二审法院的裁判思路做了简要评析，认为当中存在默示许可和权利限制两者的混淆，既违背了默示许可的法律特征，也未尊重当事人的意思自治。最后，笔者对默示许可在互联网环境下解决著作权授权困难的作用提出了一些思考。

关键词：默示许可　著作权　意思表示　权利限制

Implied License in Copyright:
Commenting on "Founder v. P&G"

Abstract: After clarifying judge's special referee ideas in "Founder v. P&G on the copyright of Qian characters", this article analyses legal basis and systematic position of Copyright Implied license, and concludes that implied license is still a kind of "license" or "authorization" rather than a tool of balancing interests. Based on this conclusion, in the third part, the article comments on the legislative

---

* 北京大学 2013 届本科生(元培学院法学方向)。

and judicial practice of implied license home and abroad, then evaluates the referee ideas in "Founder v. P&G", holding that in this case, the judge confuses "implied license" with "limitation of a right", thus not only violates the true legal feature of implied license but also fails to respect "party autonomy". Finally, the author reflects on how far implied license can solve the problems of copyright authorization in Internet circumstances.

Key words: Implied license; Copyright; Declaration of will; Limitation of a right

"方正诉宝洁案倩体字案"在业界和学界都具有一定的知名度,案件的一审和二审虽然得出了相同的裁判结果,但是裁判理由却大相径庭。其中二审法院引入默示许可的概念,进而驳回原告诉讼请求的裁判思路使案件当事人双方都始料未及。那么,究竟何为默示许可,其在著作权纠纷中的适用是否具有规范依据,其主要的作用是对当事人意思的推定,抑或是权利的限制? 本文将通过对这些问题的法理分析,从而探讨默示许可的适用余地,最终对"方正诉宝洁案倩体字案"中的裁判思路发布见解。

一、"方正诉宝洁倩体字案"案情及裁判思路梳理

2009 年 11 月,方正公司以在北京家乐福中关村广场店公证购买的广州宝洁生产的产品的外包装上大量使用的方正倩体字侵犯其著作权为由,将广州宝洁、北京家乐福诉至海淀区法院。

方正公司认为,1998 年 9 月方正公司就与字体设计师齐立签订协议,约定方正公司独家取得倩体字稿的著作权。并且在字库首次发表后,方正公司也申请了著作权登记。因此方正公司对该字库字体和其中的每个单字均享有著作权。而宝洁公司未经许可,共在 24 款产品中使用倩体"飘柔"二字,侵犯了方正公司倩体字库和单字的美术作品著作权,并且其在主观上存在过错。家乐福公司销售使用侵权字体的产品,亦应承担侵权责任。因此,方正公司提出判令宝洁公司停止使用并销毁所有带有倩体"飘柔"二字的产品并赔偿经济损失 50 万元的诉讼请求。

而宝洁公司辩称,汉字是公共领域,不是著作权的保护对象。涉案字体是在已有汉字的字体基础上加入一定设计风格和特征的演绎作品,因此需要证明字库中的每一个字具有独特的艺术表现和特征,才能获得著作权保护,而倩体字与公有领域的字差异微小,难以构成著作权意义上的美术作品,因此方正公司尚不足以对字库中的每个汉字享有美术作品的著作权。而字库的制作过程使字体设计原件成为能够被电子设备处理、显示和打印的字体复制件,在计算机等电子设备的环境下,表现为字体编码和能够被识别的屏显或印刷字体,前者形成的权利应依托于计算机软件的著作权,后者如与原

字体设计没有差异,不能构成新的演绎作品。因而方正公司的诉讼请求不能成立。

一审法院基于对"字库"和"单字"的区分以及汉字的工具性强于审美性的特征认为,方正倩体字库具有独创性,其符合我国著作权法规定的美术作品的要求,可以进行整体性保护。但字库中的单字由于需要整体风格的统一,其难以到达版权法意义上的独创性的高度。因而不能作为美术作品进行保护。另一方面,真正对方正倩体字进行利用的是设计公司而非宝洁公司。由此,宝洁公司使用方正字库中的单字的行为不构成侵权。①

方正公司不服并提起上诉,然而二审法院却并未延续一审法院的思路,其回避了"字库中的具体单字是否构成作品"这一业界最为关心、争议最大的问题,而是引入了"默示许可"的概念,以尝试对此问题进行解决。

二审法院从《中华人民共和国著作权法》第48条第1项规定,未经著作权人许可,复制、发行他人作品的,该行为构成对著作权人复制权、发行权的侵犯入手,认为如果认定方正公司的侵权行为成立,需要满足四个要件,分别是:(1)涉案"飘柔"二字构成作品;(2)上诉人系涉案"飘柔"二字的著作权人;(3)被上诉人实施的行为属于对涉案"飘柔"二字的复制、发行行为;(4)被上诉人实施的复制、发行行为未获得上诉人的许可,这一许可行为既包括明示许可,也包括默示许可。反过来,如果这四个要件中有一个要件不满足,则宝洁公司的侵权行为就不能成立。

基于上述对侵权行为构成要件的剖析,法官认为,先不必讨论"单字是否构成作品的问题",而可以先讨论宝洁公司使用倩体字的行为是否经过方正公司的许可,一旦法院有理由相信被告的使用行为是基于著作权人的许可,侵权行为就自始不可能成立。

而在本案中,法官就认定在宝洁公司使用行为系经过方正公司的默示许可,其论证的思路又可分为以下几个层次:

首先法官阐述道,如果购买者基于购买行为而对该知识产权客体的特定的权利行使方式产生合理期待,如不实施这一合理期待的行为,将会导致这一购买行为对于购买者不具有任何价值或不具有实质价值,则此种情况下,对该载体的购买行为即可视为购买者同时取得了对该客体行使该知识产权的默示许可。

延续上述合理期待产生默示许可的论证思路,法官将其引证到汉字字库这类知识产权的载体,法官认为汉字字库产品的本质使用功能在于通过计算机软件程序对相应数据进行调用以最终形成具体表现形式的汉字,并将其提供给使用者。因此,调用其中具体单字在电脑屏幕中显示的行为属于购买者合理期待的使用行为,应视为经过权利人的默示许可。

同时,法官将字库软件的使用行为的界定并未止步于"调用具体单字在屏幕中显示"。基于汉字字库产品系"以实用工具功能为主,以审美功能为辅"的特性,法官进

---

① 北京市海淀区人民法院(2008)海民初字第27047号民事判决书。

一步认为,在产品权利人无明确、合理且有效限制的情况下,购买者对屏幕上显示的具体单字进行后续使用的行为属于购买者合理期待的使用行为,应视为经过权利人的默示许可。后续使用的行为既包括非商业性的使用行为,亦包括商业性的使用行为。在商业性使用行为中则既包括购买者在其内部范围内使用字库中具体单字的行为,亦包括购买者将其使用结果进行后续再利用的行为。

法官在论述完这一部分之后又特意强调,如果字库产品的权利人对购买者的后续利用行为进行了明确合理的限制,且购买者已接受这一限制,则应认定相应后续使用行为不属于购买者合理期待的使用行为。但是,这一限制必须是合理的限制,既不应损害购买者的正当利益,亦不能排除购买者的主要权利。而对于何种限制属于合理的限制,法官又对其进行了细化,法官认为,依据购买者的性质将产品划分为个人版与企业版,以区分商业性使用与非商业性使用行为通常应视为合理的限制。除此之外的其他限制内容是否合理则应视具体情况而定。但原则上应考虑汉字具有的工具性这一特点,并兼顾汉字使用方式及使用范围的广泛性,不得通过限制条款对购买者或社会公众的使用行为及利益造成不合理的影响。

由此可见,法官通过上述对字库产品的默示许可的一般论述,形成了一个层层递进的逻辑思路:通过字库产品工具性的特征,认定字库的购买者对字库中字体除在屏幕显示之外的后续使用存在合理期待,基于这种合理期待,进而认定方正公司对字库中字的使用存在着默示许可。这种默示许可虽然可以用权利人的限制加以排除,但是这种限制必须是明确且合理的。由此,法院在合理期待已经显然存在之后,仅需通过论证权利人不存在限制或者限制不明确且合理,就可以论证默示许可的当然存在。

在本案中,法官认为,虽然方正公司仅许可使用者对字库中具体单字进行"屏幕显示"和"打印输出",对其他著作权均作保留。但是这一限制并非是明确且合理的。理由在于:其一,由于方正公司并未在购买时向购买者明示限制条款,购买者是在不知晓的情况下实施购买行为,因此也并未接受上述限制条款,上述条款也就无约束力。其二,在方正公司并未将涉案倩体字库产品区分为个人版与企业版销售的情况下,这一销售模式足以使商业性购买者合理认为上诉人未对其商业性使用具体单字的行为予以禁止,如果禁止其实施上述行为,或要求其客户在后续使用其设计成果时仍要取得上诉人许可,则该产品将不具有实质价值,亦不会实现购买者合理预期的利益。鉴于此,法官认为限制条款排除了购买者的主要权利,不属于合理的限制条款。

基于这一原始结论,法官最终推导出了:由于不存在明确、合理的限制,合理期待产生的默示许可自始存在,故无论涉案倩体字库中的"飘柔"二字是否构成美术作品,被宝洁公司实施的行为均不可能构成侵犯著作权的行为。②

---

② 北京市第一中级人民法院(2011)一中民终字第 5969 号民事判决书。

由此可见,二审法院虽然与一审法院得出了相同的裁判结果,但是其论证的思路可谓完全另辟蹊径,其对默示许可的引入和运用令原被告都始料未及,并引起了业界的广泛评论。那么,针对默示许可这一在著作权法中相对新兴的概念,对其的运用在我国是否存在有规范依据,其在国内外著作权保护过程中是如何得到运用,以及,本案法官对默示许可的适用是否恰当。笔者将在下文对这些问题展开论述。

二、默示许可的法理展开及法律地位

(一)默示许可的法理展开

默示许可,顾名思义,指是权利人采用默示的方式作出许可的意思表示。因此,对于"默示许可"的界定可以从默示和许可两方面展开。

1. 默示

默示并非知识产权法上特有的概念,其作为合同法中民事法律行为之意思表示的方式被大陆法系国家所普遍接受,其指行为人以使人推知的方式间接表示其内在意思表意形式。默示表示又可以分为意思实现和特定沉默两种形式:意思实现是指行为人以某种表明法律意图的行为间接表示其内在意思的默示。而特定沉默是指行为人以不作为或者有特定意义的沉默间接表示其内在意思的沉默,只有在法律规定或者当事人有约定的情况下,才能将特定沉默是为默示。③

从德国民法学家对默示的论述中可知,其存在以下核心特征:(1)默示包括任何非明示的表示行为。它主要是指可推断的行为,不过真正的沉默也包括其中,只要存在相应的表示惯例即可。④ (2)默示只发生在特定的情形。在通常情况下,沉默、纯粹的不作为,不能实现行为人旨在使法律后果发生效力的意思,但是在有些情况中,沉默能"说话",即谁在此种情况下中沉默,即消极地不作为,正是表明他想使某种法律后果发生效力。⑤

从对默示许可中默示的法理展开可知:一方面,默示终究还是一种表示,无论是行为人用意思实现的行为还是用特定沉默作为默示的形式,在认定默示的过程中都必须有特定的依据,这种依据可以是行为人的行为,也可以是现存的表示惯例。另一方面,默示的适用应该加以限制,其只发生在特定的情形,而不能将之无限扩张造成滥用的后果。

我国《民法通则》第 56 条规定:"民事法律行为可以采用书面形式、口头形式或者其他形式。法律规定用特定形式的,应当依照法律规定。"《合同法》第 10 条第 1 款规定:"当事人订立合同,有书面形式、口头形式和其他形式。"《最高人民法院关于适用

---

③ 杨立新:《民法总论》,高等教育出版社 2007 年版,页 194。
④ 参见〔德〕迪特尔·施瓦布:《民法导论》,郑冲译,法律出版社 2006 年版,页 353。
⑤ 参见〔德〕卡尔·拉伦茨:《德国民法通论》,王晓晔等译,法律出版社 2003 年版,页 485。

《中华人民共和国合同法〉若干问题的解释(二)》第 2 条对"其他形式"进行了界定:"当事人未以书面形式或者口头形式订立合同,但从双方从事的民事行为能够推定双方有订立合同意愿的,人民法院可以认定是以合同法第十条第一款中的'其他形式'订立的合同。但法律另有规定的除外。"当中的"从双方从事的民事行为推定双方有订立合同意愿"就属于默示中的意思实现。

从上述的法理通说和我国实在法律规范可以得出,默示作为双方当事人订立合同的方式之一,已经被我国的民事法律所承认。

2. 许可

默示许可中的许可是指许可使用,具体而言,其指著作权人通过许可使用合同授权他人在某个地域范围内以某种方式利用其作品的制度。许可使用的标的是著作财产权中的一项或几项,而不涉及著作权中的人身权。⑥

我国《著作权法》第 24 条规定:"使用他人作品应当同著作权人订立许可使用合同,本法规定可以不经许可的除外。"《中华人民共和国著作权法实施条例》第 23 条规定:"使用他人作品应当同著作权人订立许可使用合同,许可使用的权利是专有使用权的,应当采取书面形式,但是报社、期刊社刊登作品除外。"

由此,我国对著作权的许可使用以订立合同为必要,但是这种合同规定为非要式合同,仅有在许可使用的客体为专有使用权,合同需采用书面形式。

(二)默示许可的界定及其法律地位

基于上述对"默示"和"许可"两者的法理展开,可以很自然地对著作权的默示许可作出界定,所谓默示许可是指在著作权授权许可使用过程中,被许可人并未获得著作权人的明确授权,而是通过著作权人的行为推定该授权成立的著作权许可方式。

结合对我国现存法律规范的整理,可以明确默示许可在我国具有存在的依据,同时也存在相应的限制。具体而言,一方面,著作权法的规范要求著作权的许可使用需要订立合同,而合同法明确了订立合同可以采用默示的形式,由此以默示的方式订立著作权许可使用合同的理应得到承认。而另一方面,由于我国规定对于专有使用权的许可使用必须采用书面的形式,从而默示的意思表示在著作权许可中受到限制,仅能够适用于非专有权的许可使用。

英美法体系中的相关规定和判例能够为默示许可的界定提供借鉴作用。美国《版权法》第 204 条规定:"版权转让、分许可以及独占性授权必须以书面形式进行。"⑦但是非独占性授权许可则不包括在版权转让的范围中,非独占性的授权许可可以以口头

---

⑥ 吴汉东主编:《知识产权法学》,北京大学出版社 2011 年版,页 104。

⑦ 17 U.S.C §204"(a) A transfer of copyright ownership, other than by operation of law, is not valid unless an instrument of conveyance, or a note or memorandum of the transfer, is in writing and signed by the owner of the rights conveyed or such owner's duly authorized agent."

方式进行,甚至可以以默示方式进行。⑧《版权法》中首个有关默示许可的案例是 Effects Associates., Inc. v. Cohen 一案。⑨ 在该案中,法官引用了《版权法》中的权威著作《尼莫论版权》,对"默示许可"作出了如下论断:"非独占性许可可以通过口头协议达成,甚至可以从合同中推断出来。"这一判决为上诉法院所确认,成为美国《版权法》中最早的关于默示许可的判例。⑩

由此,英美法体系的默示许可制度与我国的现存规范是相当契合的,如果综合运用我国《合同法》第 10 条、《著作权法》第 24 条和《著作权实施条例》第 23 条完全可以得出与 Effects Associates., Inc. v. Cohen 案中一样的论断。

在明晰了默示许可的规范依据和范围界定之后,还需要探讨的一个问题是其在整个著作权保护体系中处于何种地位。

部分学者认为默示许可和合理使用、法定许可一起构成对著作权的限制。甚至有学者将《著作权法》第 23 条、第 32 条和第 39 条作为我国以法律形式对默示许可的规定,理由在于其一方面规定了不经著作权人许可,而另一方面又肯定了作者声明保留权利者除外。⑪ 笔者认为,这种理解是值得商榷的,原因在于上述条文是以不经著作权人许可为原则,以作者声明保留为例外。而默示许可的前提条件是必须存在著作权权利人的许可,只是这种因为可以用推定的方式而有别于一般的明示许可,但无论如何这种推定都无法违背原权利人的真实意思而独立存在。换言之,默示许可仍然属于著作权人许可使用权的一种,只有当著作权人产生特定的意思表示,其他人才能拥有权利。正如有的学者所言,默示许可是一种自我限制。⑫ 虽然两者均可以声明的方式改变原有法律规则的适用,但法定许可或者合理使用是从意思自治的角度将不需许可的使用变更为明示许可,而默示许可中的声明则是将本来可以从"沉默"中推定的许可变更为明示许可。所以从本质上看,无权利保留的法定许可、合理使用与默示许可是两种不同的法律制度。因此上述条文的仅指法定许可,与默示许可不存在关联。

明确默示许可的法律地位意义重大,因为如果将默示许可视为一种权利限制,法

---

⑧ 17 U.S.C § 101 "A'transfer of copyright ownership' is an assignment, mortgage, exclusive license, or any other conveyance, alienation, or hypothecation of a copyright or of any of the exclusive rights comprised in a copyright, whether or not it is limited in time or place of effect, but not including a nonexclusive license."

⑨ 在该案中,原告是一个恐怖电影特效镜头的创作者,指控被告电影制片人侵犯版权,而电影制片人主张自己没有侵权,理由是得到了原告的默示许可。法院最后支持了被告的主张,认为原告虽然没有明示许可给被告电影制作人使用他创作的电影特效镜头,但是原告在合作的过程中已经默示地许可给了电影制作人这一权利,因为如果原告不许可给被告的话,一旦电影投入发行,被告就会侵犯原告的版权,而这是原告所明知的。如果原告没有授权给被告的话,那么两者之间的这场合作就将毫无价值。参见张今、陈倩婷:"论著作权默示许可使用的立法实践",载《法学杂志》2012 年第 2 期,页 71—76。

⑩ 张今、陈倩婷:"论著作权默示许可使用的立法实践",载《法学杂志》2012 年第 2 期,页 71—76。

⑪ 李慧:"浅议网络时代著作权默示许可制度",载《湘潮(下半月)》2011 年第 4 期,页 53—55。

⑫ 赵莉:"质疑网络版权中默示许可的法律地位",载《电子知识产权》2003 年 12 期,页 21—24。

官就可以比照法定许可和合理使用,绕过著作权人的真实意思而作出裁定,最终结果是默示许可的扩张适用,从而侵犯著作权人的权利。而仅有将默示许可界定为一种自我限制,法官才能在一开始的裁判推理中就尊重当事人的意思自治。

(三) 小结

综上所述,著作权中的非专有性的使用权的默示许可在我国的现有法律体系中存在完整的规范依据。但是,默示许可仍然属于著作权人的许可使用权之范畴,而非对权利的限制,因此尊重当事人的意思自治仍是默示许可的重要前提。

三、默示许可适用的既有实践

(一) 默示许可在我国的立法实践

这里所指的默示许可的立法实践并非指其规范依据,而是指默示许可作为一种法理在具体操作性立法中的体现。

2006年由国务院颁布实施的《信息网络传播权保护条例》首次规定了在向农村地区免费提供特定作品时,著作权人无异议视为同意使用作品,这被学者公认为属于著作权默示许可使用的立法规定。《信息网络传播权保护条例》第9条规定:"为了扶助贫困地区,网络服务提供者可向农村地区免费提供已发表的种植养殖、防病治病、防灾减灾等与扶助贫困有关的作品和适应基本文化需求的作品。网络服务提供者应提前30日公告拟提供的作品及其作者、拟支付报酬的标准,满30日著作权人无异议的,即视为同意网络服务提供者提供该作品。"

笔者认为,该条款就确立了默示许可的原则。原因在于:一方面,该条款中"满30日著作权人无异议的,即视为同意网络服务提供者提供该作品。"就属于通过著作权人的特定行为推定其意思表示,从而推定授权成立的许可方式,尤其是"视为同意"的表述使之明显区别于合理使用和法定许可等对著作权本身的限制。另一方面,网络服务商提供作品的权利本身也不属于专有使用权,不必要适用书面合同,因而这种规定不与《著作权实施条例》第23条相冲突。

(二) 从两个案例分析默示许可的扩张与限制

从前文所述的 Effects Associates., Inc. v. Cohen 之后,"默示许可"成为版权侵权诉讼中被告的抗辩理由之一,许多版权侵权者都主张得到了版权人的"默示许可",包括闻名一时的"A&M 唱片公司诉 Napster"案。在该案中,Napster 主张原告以 MP3 文件在因特网上传的方式给予了默示许可,但是这一抗辩理由没有得到法院的支持。法院认为默示许可只适用于"应他人的要求创作了品,将其移交给使用人,并有意让使用人复制和发行该作品的情况"。[13]

---

[13] 张今、陈倩婷,见前注⑩,页71—76。

后面的一些案件也均表明在美国的司法实践中曾对默示许可在著作权的适用采取非常谨慎的态度。例如美国法院曾认为,适用默示许可需满足三个条件:(1)作品是因为使用人的本身要求而创作的;(2)著作权利人答应使用人,并且专门创作了作品;(3)作者本身存在意愿让使用人复制发行其作品。⑭ 由此可以看出,这三个条件实际上严格限定了默示适用的许可,尤其是第三个要件"作者本身存在意愿让使用人复制发行其作品"具有让"默示许可"流于形式的倾向。

　　而在2004年的Field v. Google案⑮中,默示许可的适用范围得以扩大。在以往的默示许可判例中,一般都要求作品是专门为使用者而创作,或者作者与使用者之间存在长期的合同关系,并且作者有明显的意愿允许使用者使用该作品。而在该案中,法官适用默示许可的条件被简化为"明知使用"且"保持沉默"。更重要的是,美国法院就此通过判例确认了搜索引擎对网页的"复制"使用行为适用"默示许可",由此将互联网上的搜索显示过程中的"复制"行为合法化,即除非网页的使用者主动通过加入元标记的方式排除搜索引擎的搜索,否则就将视为许可搜索引擎的复制行为。⑯

　　美国法院的在该案中的判决是顺应网络时代的潮流的,由于网络的开放性和自由性,如果延续原来对默示许可的严格适用其将会加剧知识产权的封闭性,从而损害社会公共利益。因为,互联网的一个基本事实就是访问网站无需授权,而访问网站的过程就是一个复制的过程,因此如果互联网上的每一个复制行为都需要得到权利人的明示许可,网络运行所耗费的资源将相当庞大。因而,法院认为,如果通过一般认知认定著作权人明知自己的权利会被使用,并且保持沉默,就可以推定其当时的行为是一种"默示许可"。

---

　　⑭ John Sieman, Using the Implied License to Inject Common Sense into Digital Copyright [J]. North Carolina Law Review, 2007, 85:907.

　　⑮ 2004年4月,美国一位作家Field向内华达州联邦地区法院起诉Google公司未经其许可,对其个人网站上的作品进行了复制,并且在Google搜索页面上显示,这一行为侵犯了其版权。法院经过审理认为,Google的搜索复制行为并不构成侵权,因为作者的行为构成了对Google的"默示许可"。由于互联网上的网页数以亿计,因此搜索引擎不可能对其一一进行著作权的确认、标记,联系作者获得授权,因此Google采取了"摒弃"(out-put)机制,网站可以使用"元标记"排除搜索引擎的搜索。法院采纳了Google方面的网络技术专家证词,认为在网页中加入元标记(meta-tages)来排除搜索引擎的搜索是一种互联网业内广为人知的标准措施,Field也表示他知晓这一事实,并且仍然选择在网页中不加入元标记,这表示他允许Google的复制行为,这种明知作品被使用却仍然保持沉默的行为构成了对Google的默示许可。Field v. Google, Inc., 412 F. Supp. 2d 1106 (D. Nev. 2006).

　　⑯ 张今、陈倩婷,见前注⑩,页71—76。

然而,同样是在数字版权的问题上,"Google 数字图书馆案"⑰上 Google 关于"默示许可"的请求却并未得到支持。2008 年 10 月 28 日,在经历了三年漫长的诉讼程序之后,Google 最终选择与出版商、作者达成和解协议,并且 Google 提出的建议是由 Google 出资 1.25 亿美元建立"图书版权档案"也最终被法院驳回。⑱

事实上,笔者认为,虽然 Google 数字图书馆案的最终处理结果可能偏离社会福利最大化的目标,但是其是具有法理依据的,理由如下:

一方面,纵使网络环境下放宽对默示许可的适用范围,但是默示许可终究是一种许可,其本质上与"先授权,后使用"的知识产权法规则并不矛盾。换言之,法院还是需要有充分的证据来推定著作权人当时具有授权的意思。在 Field v. Google 案中,法院基于的是一般认知,认为在网络时代下,"搜索引擎中使用元标记来避免网页被搜索到"的做法已经成为搜索引擎行业的通行做法,这是互联网行业所熟知并且接受的规则。进而,对于一个存在于互联网空间中的著作权人,如果其未作出明确的相反行为,可以推定其具有授权的意思。但是在图书出版领域,任何对版权作品的使用,只要不是构成版权法上的合理使用,都必须得到版权人的许可,不存在任何"默示许可"的先例,因此在不存在先例的前提下,推定著作权人会许可使用其作品,就显然缺乏合理性。

另一方面,Google 数字图书馆的建成比搜索引擎多了一个重要的环节——Google 数字图书馆拟搜索的对象是存在纸质图书,若想对其进行搜索,必须先经过对纸质图书的扫描和数字化的过程,这一过程将不可避免地构成对版权作品的"复制",这在现行的版权法中是由著作权所有人严格控制的行为。⑲ 因此,如果法院肯定"默示许可"显然与既有的著作权法形成强烈的冲突。

(三) 小结

综合上述对默示许可在中美两国的适用可以得出,中美两国都部分采纳了默示许可的制度。其中我国《信息网络传播权保护条例》中对默示许可的适用更多的是出于公益之目的。

美国的两个案例较好地体现了现阶段默示许可的发展趋势。一方面,网络时代的

---

⑰ 2004 年底,Google 向全世界宣布,它将对世界上最大的五个图书馆收藏的书籍进行扫描和数字化,从而建立用户对图书的搜索功能。为了解决版权的问题,Google 求助于"默示许可",提出了"舍弃"(opt-put)策略,即出版商可以向 Google 提供一份不想被扫描的书籍清单,这样 Google 就会跳过这些书籍。但是出版商们并不同意 Google 的"舍弃"策略,他们认为 Google 这一做法是将防止侵权的责任转嫁到了版权人身上。2005 年 9 月 20 日,美国作家协会和美国出版商协会等在纽约州的联邦地区法院提起诉讼,指控 Google 的图书馆计划侵犯他们的版权,要求 Google 为其侵权行为支付赔偿,并请求法院禁止 Google 的复制行为。参见张今、陈倩婷:"论著作权默示许可使用的立法实践",载《法学杂志》2012 年第 2 期,页 71—76。

⑱ 吕炳斌:"反思著作权法:从 Google 数字图书馆说起",载《图书馆杂志》2007 年第 5 期,页 3—6。

⑲ 张今、陈倩婷,见前注⑩,页 71—76。

自由性和开放性要求默示许可的范围得以扩大,只要能够有充分的理由推定著作权人当时存在授权的意思,就应该承认默示许可的存在。而另一方面,默示许可的又必须符合著作权法"先授权、后使用"的一般原理以及在推定的过程中必须符合社会的一般认知,否则就会把默示许可异化为一个单纯限制著作权人权利的制度。

四、评析"方正诉宝洁案"中对默示许可的适用

通过上述对默示许可的规范依据、法律地位以及国内外实践经验的介绍,笔者将回归到本文开头引入的"方正诉宝洁案"的评析,即本案以"默示许可"作为裁判依据是否合理。

二审法院裁判的整个逻辑基本可以梳理为两大块:

首先,由于知识产权的购买者有权以合理期待的方式行使该载体上承载的知识产权,上述行为应视为经过权利人的默示许可——法官接下来论证这种合理期待包括在电脑屏幕中的显示和后续适用,进而得出字库的著作权人如果没有进行明确、合理且有效的限制的情况下,著作权人对这两种行为都存在默示许可。

其次,权利人可以对后续使用行为进行限制,但是这种限制必须是明确、合理、有效的限制,不得对购买者或者社会公众造成不合理的影响。而在本案中虽然存在限制条款,但是其一方面并未被相对人所知,另一方面条款本身不合理,因而这种限制不具有效力。[20]

笔者认为,法官的论证缺乏合理性,理由如下:

其一,合理期待能否作为于默示许可的依据本身值得商榷。上文已经论述,默示许可的核心要件是以著作权人本身的行为来推定其内心真实的意思表示。换言之,默示许可判定中意思表示的核心应该是著作权人而非使用人,如果论证的思路仅简单为"使用者有合理期待,著作权人就应该默示许可"显然有悖常理。

当然,这里的合理期待的作用可以理解为类似于 Field v. Google 案中论证搜索引擎行业的通行做法的作用,即因为消费者普遍存在合理期待而成为一种社会共识,就有理由推定著作权人是明知的,进而其实行的特定行为或者表示沉默就会产生授权的结果,从而肯定默示许可的存在。换言之,如果要使用合理期待,也必须将最终论证的归宿定位在著作权人是否明知上,进而探讨推定意思表示的合理性。然而法院在判决书中并未遵循这个思路加以论证。

其二,法官所称的"权利人对后续使用可以进行限制,但是这种限制必须是明确、合理、有效"的论证缺乏依据。

最为根本的是对这种限制的法律属性应该如何理解?在笔者看来,这种限制之所

---

[20] 北京市第一中级人民法院(2011)一中民终字第5969号民事判决书。

以能够击破"默示许可",就在于一旦当事人当时存在明显的对后续适用的限制,就意味着其对"推定的意思表示"做了相反的意思表示。那么此时就应该尊重其明示的意思表示而非推定的意思表示。

值得一说的是,此与 Field v. Google 案中 Field 否定自己当时的默示许可而得不到法院的支持不同,在 Field v. Google 案中,法院推定了 Field 当时具有授权的意思表示,并且 Field 在当时并未击破这种意思表示。因此,尽管其后续声称自己否定默示许可,根据"禁反言"的原则其主张无法得到法院支持,而本案不同,本案中方正公司的"不能用于后续商业活动"的声明在特定行为之时就存在,其完全应该作为用于判断当事人当时的意思的依据。

延续上述思路,民法的意思表示的构成要件为主观要素,包括行为意思、表示意思和效果意思;客观要素,指外在的表示行为。由此,从来没有一种民法理论要求意思表示本身必须符合相对方的合理预期才得以有效。由此,法院仅从这种意思表示使得产品对其将不具有实质价值,该购买行为亦不会实现购买者合理预期的利益,进而排除了该限制的适用显然有悖法理。

事实上,法院之所以会要求权利人的限制必须要明确、合理的根本原因是其没有意识到该限制作为判定权利人的意思表示进而击破"默示许可"的功能,而是把它作为了一种双方当事人的普通合同条款。在"默示许可"的判定过程中,著作权人的对许可作出限制的这一行为的作用不同于一般的合同条款,因为只要表明了著作权人不具有授权的意思,就阻断"以一定的行为判定意思表示"的推断,进而对于该项权利的默示许可就自始无法存在。

而在本案中,方正公司已经在事前非常明确地表达了仅许可使用者对字库中具体单字进行"屏幕显示"和"打印输出",对其他著作权均作保留。从中完全可以认定其对用字库中的字体进行商业活动的行为不予授权,这是一种明示的禁止。对于这种明示的禁止,法官在裁判时应该尊重当事人的意思自治,而不能就以一个不明确或不合理将之排除,进而违背当事人本来意愿作出默示许可的认定。

其三,法院在论证"默示许可"的过程中反复提到了利益平衡理论,这也与默示许可本身的法律地位相背离。上文已经提到,默示许可并不是对权利的限制,而是权利人许可适用权利的一种特殊方式。其存在还是必须以尊重当事人当时的意思表示为前提的。对于权利的许可,许可就是许可,不许可就是不许可,在当事人已经有明确的表示的情况下,私法自治的原则要求遵循的当事人本来的意愿。因此,在这个过程中不明显存在所谓的损失一方利益而维护社会利益的考虑,法官反复强调利益平衡,实则还是遵循着把默示许可与合理使用法定许可一样作为著作权限制的思路。

五、余论:默示许可对于解决互联网环境下著作权授权困难的作用之探讨

随着数字技术下网络环境的迅猛发展,默示许可成了网络版权下的新名词。因为默示许可的确立符合网络服务的技术特征和发展要求。搜索引擎通过利用能够自动收集网页的"网络蜘蛛"程序,自动访问网络进行信息搜索,然后建立网页索引数据库进行分析,最后根据用户的要求由页面生成系统将搜索结果反馈给用户。可以发现,整个过程是由程序自动生成,并没有人为进行编辑、加工。这种技术上的中立保证了网络搜索服务适用默示许可制度的正当性。再者,搜索引擎所面对的是拥有数以百亿计网页的浩瀚网络,如果要求其都获得权利人的明示授权无异于痴人说梦。况且网络搜索服务存在的价值就是用户能够方便、快捷、廉价地检索到所需的信息。如果网络上遍布是雷区,网络搜索服务动辄得咎,即使技术上能实现,也必将导致检索速度降低、搜索范围减少、费用增高。[21]

因此,默示许可在网络搜索服务过程中的存在具有相当的合理性和必要性。首先,网络搜索的一般原理已经成为社会大众所共识,因此完全可以将权利人在网络上上传作品且未做禁止的意思表示推定为是一种对网络搜索服务商特定使用的默示许可。其次这种默示许可的承认将为网络搜索服务在法律上扫除大片"盲区",使搜索服务商免于不断陷入侵权诉讼的纠葛,也保证了公众获取信息的畅通性。最后,基于网络搜索服务的默示许可也并非会削弱网络环境下著作权人的利益。因为默示许可终是一种推定的许可,而非对权利的限制。只要权利人作出相反的意思表示,例如在网页中加入元标记,对搜索服务商进行删除的通知,就可以击破这种默示许可,进而保障自身的利益。这也是为什么在 Field v. Google 案中,法官创制了基于搜索引擎的默示许可的原因。

但是,纵使默示许可在互联网尤其是在网络搜索服务中能够部分解决授权困难的问题,但是无论从默示许可本身的法理依据和法律地位,还是出于保护权利人利益的考虑,对于默示许可的适用都应该严格限制。

一方面,上文反复强调默示许可的核心还是对权利人授权意思的一种推定而非对权利本身的限制。因此,在对默示许可的认定过程中,不应当绕过权利人本身的意思,而将其异化成一种利益平衡的工具。即使在互联网环境下,如果对于这种权利的使用并非是行业所熟知因而没有充分理由推定权利人明知自己不做相反的意思表示就视为授权的情况下,就不能认定权利人存在这样的默示许可。Google 图书馆案中法官就反复强调了这一理念。

另一方面,默示许可的适用本身存在的边界。上文已经提及,我国《著作权法》规定:对于著作权中专有使用权的许可必须采取书面的形式,因此,对于专有使用权不能适用默示许可。其次,虽然上文论证了在网络搜索服务领域可以全方位引入默示许可制度,但是对于互联网中的其他权利许可,默示许可的适用需要慎重,我国《信息网络

---

[21] 冯刚:"涉及搜索引擎的侵犯著作权纠纷研究",载王振清主编:《知识产权法理与判决研究》,人民法院出版社 2005 年版,页 240。

传播权保护条例》第2条明确规定:除法律、行政法规另有规定的外,任何组织或者个人将他人的作品、表演、录音录像制品通过信息网络向公众提供,应当取得权利人许可,并支付报酬。由此可见,对于互联网中大量存在的文字作品、图形作品、数据库作品、计算机软件和视听作品等,不能因为其传播载体的特殊性而放松其保护,一般来说,仍应该以明示许可和事前许可为原则。

编者手记

中国的互联网立法如何走得更远?
——传媒法视野下的思考

颜晶晶*

引子:《全国人大常委会关于加强网络信息保护的决定》之问世

过去的 2012 年,互联网立法是个贯穿全年的热点。

去年 3 月,《全国人大常委会工作报告》发布,"完善网络法律制度,发展健康向上的网络文化,维护公共利益和国家信息安全"被列为 2012 年立法工作重点之一。在 2012 年行将过去,众人望穿秋水之际,《全国人大常委会关于加强网络信息保护的决定》(下称《决定》)于 12 月 28 日火速通过。《决定》共 12 个条款,以法律形式保护公民个人及法人信息安全。它确立了网络身份管理制度,明确规定网络服务提供者的义务和责任,并赋予政府主管部门必要的监管手段。① "决定"是全国人大作出的具有法律性质的规范性文件的一种,一般在尚不具备形成系统规范的法律条文时制定,主要用于对某种急需立法规制的事项作出针对性规定,特点是"短、平、快",在司法实践中可以作为法律依据直接引用。

《决定》的施行,其积极作用值得肯定:它有助于遏制目前公民手机号码、电邮地址、房产信息、机动车信息、学籍信息等个人信息被随意贩卖的互联网江湖乱象,填补了我国个人信息保护的立法空白。但对于下述两点,各方争议颇多:

一是《决定》第 6 条所规定的"网络实名制"②:"网络服务提供者为用户办理网站接入服务,办理固定电话、移动电话等入网手续,或者为用户提供信息发布服务,应当

---

* 北京大学法学院博士研究生。
① "全国人大及其常委会 2012 年立法回眸",〈http://theory.gmw.cn/2013-03/08/content_6938761.htm〉,2013 年 3 月 31 日最后访问。
② 对于"网络实名制",官方的表述为"网络身份管理制度",同上。

在与用户签订协议或者确认提供服务时,要求用户提供真实身份信息。"该规定的焦点在于,"为用户提供信息发布服务"被列入网络实名制的适用范围。这意味着:今后互联网用户利用论坛、博客、微博等信息平台发布信息,必须采用后台实名注册。在此之前,微博用户用真实身份信息注册试点工作自 2011 年 12 月起即已展开;其后,国务院又于 2012 年 6 月发布了《互联网信息服务管理办法(修订草案征求意见稿)》,拟将微博实名制扩展至论坛、博客等。互联网兴起之初,是以虚拟性和匿名为特征的。"在互联网上,没有人知道你是一条狗。"(On the Internet, nobody knows you're a dog.)——这句话原为 1993 年《纽约客》(New Yorker)杂志上一幅漫画的标题,而后成为富有标志意义的互联网标签。如今,不少声音都表现着同一关切:随着网络实名制的实施,互联网的虚拟色彩是否会逐渐淡化?

二是《决定》的出台速度。在公民个人信息泄露泛滥成灾、信息安全岌岌可危的当下,尽管对于出台一部个人信息保护方面的法律,众人翘首以盼已久,但《决定》落地之迅速,仍让人颇感意外。与其他提交全国人大常委会审议的立法草案不同,该《决定》的审议过程严格保密,不仅未向公众征集意见,而且仅审议一次便表决通过。而此前提交全国人大常委会审议的法律草案,一般要经历二审或三审。③ 由于缺乏立法互动,业界人士对于《决定》条款线条过于粗放、网络服务提供者在立法过程中未能充分表达诉求等问题有所微词。

虽然不能简单断言一部法律的质量与其立法时间成正比,但应当承认,立法犹如酿酒,是需要时间沉淀的。而互联网日新月异、动态变化的特征与立法自身固有的滞后性似乎构成了悖论。这引人深思:互联网立法如何找准其在整个法律体系中的坐标,实现自身法律规范的系统性以及与其他法律制度的协调性,更好地平衡立法的及时性与前瞻性,从容地走得更远?

回首:中国互联网与互联网立法发展之路

要寻求上述问题的答案,不妨先就互联网及互联网立法在中国的发展历程进行梳理。

中国的互联网从无到有,发展堪称飞速。在中国互联网大事记上,如下几个时间节点值得铭记:1987 年 9 月 20 日 22 点 55 分,钱天白教授通过国际互联网向德国发出中国第一封电子邮件——《越过长城,通向世界》;1990 年 11 月 28 日,钱教授代表中国在国际互联网域名分配管理中心首次注册了中国的顶级域名 CN,中国的网络从此有了自己的身份标识;1994 年 4 月 20 日,中国实现与互联网的全功能连接,被国际上正式承认为有互联网的国家;1996 年 1 月,中国互联网全国骨干网建成并正式开通,开始

---

③ "网络信息保护立法通过 推出'网络实名制'",〈http://china.caixin.com/2012-12-28/100478183.html〉,2013 年 3 月 31 日最后访问。

提供服务……④此后,互联网在中国的发展驶上了快车道。

彼时,与互联网的飞速发展相伴而生的,是层出不穷的新型法律问题:计算机信息网络安全、网络著作权纠纷、域名争议、网络犯罪……在这一背景下,中国的互联网立法蹒跚起步。如果以1994年2月18日颁布并施行的《中华人民共和国计算机信息系统安全保护条例》为起点,中国的互联网立法明年即将年满二十载。对于中国早期的互联网立法,有学者概括为"多'办法'而无'法'",意指行政法规和部门规章繁多,但缺乏地位和效力在这两者之上的法律。

回顾2000年前后中国的立法进程,不难发现,在这一时期,互联网在中国的广泛普及恰与中国法制的全面推进并行:1995年,《担保法》颁布;1996年,《刑事诉讼法》修订、《行政处罚法》颁布;1997年,《刑法》修订;1999年,《宪法》修订、《合同法》颁布;2000年,《立法法》颁布;2001年,中国加入WTO,一批法律法规的修订启动……从这一角度观察即可看出:在20世纪90年代中期至世纪之交,中国立法工作的重心是基本法律制度的建立与完善;制定全面、系统的互联网法律的时机亦尚未成熟。

时至今日,互联网已成为人们生活不可或缺的重要部分。根据中国互联网络信息中心于2013年1月15日发布的第31次《中国互联网络发展状况统计报告》(下称《报告》),截至2012年12月底,中国网民规模达到5.64亿,全年新增网民5090万人,互联网普及率为42.1%,较2011年底提升3.8%。

与中国互联网的跨越式发展一并出现的,是与互联网有关的规范性文件的井喷式增长。北大互联网法律中心的统计数据显示:截至2012年5月底,在中国的互联网领域,共有专门法律2部、相关法律21部、行政法规51部、部门规章843部、司法解释43部。⑤与早期相比,目前中国的互联网立法虽然数量增长可观,但立法层次仍然较低,仍是以行政法规和部门规章为主。《全国人大常委会关于加强网络信息保护的决定》颁布之后,中国互联网方面的专门法律数量达到了3部——另外两部分别为2000年12月28日通过的《全国人大常委会关于维护互联网安全的决定》和2004年8月28日颁布的《电子签名法》。但不论从调整的广度抑或深度而言,这3部法律远不足以解决当前复杂的互联网法律问题。

由此产生的尴尬局面是:一方面,即使是专门从事法律工作的法官、律师和学者也难以准确地说出互联网领域全部法律法规的数量、名称及其内容;另一方面,在纷繁芜杂的规定中,一些互联网法律问题又无可以适用的条款,面临"无法可依"的窘境。在当下与互联网有关的诸多社会问题和法律问题中,网络实名制、个人数据保护、网络信息安全、电子商务的规制等话题广受关注。对于互联网立法的必要性,共识业已形成:

---

④ "钱天白 中国上网第一人",⟨http://www.china.com.cn/aboutchina/zhuanti/zg365/2009-11/28/content_18959648.htm⟩,2013年3月31日最后访问。

⑤ 参见"2012年第一届北京大学——斯坦福大学互联网法律与公共政策研讨会"会议资料第67页。

线上的虚拟世界与线下的现实世界一样,需要一个公平、透明的法律环境;提升互联网立法的层次、颁布互联网法律的时机已经成熟。可以认为,《全国人大常委会关于加强网络信息保护的决定》的出台已拉开未来一段时间内中国互联网法律相继登台的序幕。

审视:互联网立法的双重背景——新旧媒体融合与三网融合

互联网不仅是以"技术工具"的角色为人们上网"冲浪"提供入口,其影响力还通过所传输的内容反映在文化传媒领域。

在互联网产生之前,传统意义上的"媒体"是指报刊、广播和电视。互联网的产生打破了这一传统格局。1998年5月,时任联合国秘书长安南在联合国新闻委员会上提出,在加强传统的文字和声像传播手段的同时,应利用最先进的第四媒体——互联网(Internet)。"第四媒体"的概念因此得以正式提出。近年来,得益于互联网与无线通信技术的融合,移动互联网(Mobile Internet)风生水起,被称为"第五媒体"的手机媒体渐风靡全球。据上文提及的《中国互联网络发展状况统计报告》,2012年中国手机网民数量为4.2亿,年增长率达18.1%,远超网民整体增幅;网民中使用手机上网的比例由69.3%上升至74.5%,其第一大上网终端的地位稳固。与"传统媒体"相对应,在新技术的支撑下出现的上述媒体形态被称为"新媒体"(又称"数字媒体")。

除了"新媒体"以外,"自媒体"的概念也应运而生。在web 2.0时代,网络用户的身份由"读者"升级为"作者"、"读者"身份兼具,网络的交互性得到了全方位挖掘。网络世界中,人人皆可能成为记者,每个博客、微博均可能成为通讯社。《报告》显示,截至2012年12月底,中国微博用户规模已发展至3.09亿,手机微博用户规模2.02亿。——这距被称为"微博元年"的2010年仅3年时间。"自媒体"是一把双刃剑:一方面,由于强大的舆论力量和社会效应,微博等"自媒体"成为公民参与社会管理的重要平台;另一方面,网络谣言的滋生、个人隐私的侵犯对网络信息安全和社会和谐稳定产生了不良影响。

与互联网愈发鲜明的传媒色彩形成反差的,是中国新闻出版法和广播电视法的长期缺位。新闻出版法方面,《新闻法》早在20世纪80年代就已提上立法议程,但几经波折至今悬而未立,中国因此被外界称为"没有《新闻法》的新闻超级大国";同样,中国的《出版法》至今难产,《出版管理条例》自2001年颁布以来,一直担纲出版领域法律位阶最高的规范性法律文件。广播电视立法方面,中国尚未制定《广播电视法》,国务院于1997年颁行的《广播电视管理条例》实施逾十五年仍未经修订。原国家广电总局曾于2003年启动《广播电视传输保障法》⑥的起草工作,草案于2005年上报国务院后,

---

⑥ 该法的立法目为维护国家安全和广播电视传输秩序,规范广播电视传输活动,保障公众收听收看广播电视节目的权利。

从 2006 年至 2012 年,年年纳入国务院年度立法工作计划⑦,但迟迟未有新进展。

值得注意的是,互联网并非仅是自成一体地发展,其发展轨迹已融入电信网、广播电视网、互联网"三网融合"的进程。2001 年,"十五计划纲要"首次明确提出"三网融合"的概念;2010 年初,国务院下发《推进三网融合的总体方案》;2012 年 11 月,国务院下文同意组建中国广播电视网络有限公司,由财政部出资,广电总局负责组建和代管,注册资本 45 亿元,"三网融合"再迈出实质性的一步。"三网融合"实施之后,手机、电视、电脑等用户终端均可接入更为广阔的信息通信网络。

"三网融合"的趋势决定了:互联网立法必然与广播电视立法和电信立法有所互动,而非孤立地进行。如上文所述,中国互联网立法和广播电视立法的通病为:行政法规繁多,缺乏一部具有决定意义的法律。电信立法亦是如此。中国的《电信法》自1980 年开始起草,迄今已 33 年。这部法律曾于 2008 年被列入十一届全国人大常委会立法规划,但至 2013 年 3 月此届常委会任期届满,该法仍然"难产"。

思考:传媒法——互联网法的上位概念?

互联网并非法外之地,它是现实世界的延伸。但是,互联网立法应当如何定位?

根据目前国内学界的通说,"互联网法"是调整互联网应用过程中产生的各类社会关系的法律规范的总称。它既包含公法规范,又包括私法规范。在立法方式上,它可以修订现行法律,也可以制定新法。修订现行法律的方式可以避免法律数量的无谓倍增,但不利于人们形成对于互联网法律规范的系统了解——《刑法》、《著作权法》近年来就互联网法律问题所作的修订即属此类;制定新法的方式有利于互联网法律规范的系统化,但立法成本较大——《全国人大常委会关于维护互联网安全的决定》、《电子签名法》、《全国人大常委会关于加强网络信息保护的决定》以及正在起草中的《电子商务法》即为此例。制定新法可以是单行立法,也可以是制定法典。目前,我国的互联网立法采取的是前者。

那么,"互联网法"是隶属于某一法律部门,抑或自己构成一个法律部门?对此问题,大陆法系的代表性国家——德国的观点或许可以提供借鉴:在德国法中,广义上的"互联网法"仅是与互联网有关的法律法规的总称,并非严格意义上的法律部门;但由于互联网是媒体的一种,故狭义上的"互联网法"是隶属于"传媒法"这一法律部门的。具体而言,德国法中的"传媒法"涵盖新闻出版法、广播电视法、电影法、电信媒体法(即"互联网法")和电信法等。在内容上,传媒法与宪法、行政法、刑法等部门法中的一些内容有所交叉,与知识产权法中的著作权法、商标法联系紧密。传统的传媒法属于公法,但随着新媒体的发展,其公法与私法交融的特点日益彰显。

---

⑦ 截至 2013 年 3 月 31 日,《国务院 2013 年立法工作计划》尚未发布。

从传媒法的视角放眼域外法律制度先进的国家,其互联网立法的发展轨迹和新近动向或许具有参考价值:

从发展轨迹来看,这些国家在互联网产生之前普遍制定了较为成熟的新闻出版法和广播电视法。世界上第一部成文新闻法是瑞典于1776年生效的《出版自由法》。如今,法国、俄罗斯、德国、丹麦、芬兰、挪威等国均有专门的新闻法或媒体法。⑧ 澳大利亚、日本、英国、加拿大等国亦颁布了广播电视方面的法律。对于传统媒体的立法经验为这些国家的新媒体立法提供了宝贵借鉴。

新近动向显示:网络的融合和用户终端的融合在这些国家催生了相关法律的融合。例如,德国的广播电视事务原先由《统一德国广播电视州际协议》⑨调整;2007年3月,由于互联网的普及,该《州际协议》纳入了对于"电信媒体"(Telemedien)⑩的规定,更名为《广播电视与电信媒体州际协议》(RStV)。又如,韩国2008年2月29日起开始施行的《互联网多媒体广播电视产业法》第1条开宗明义地指出:"在广播电视与通信相互渗透的环境下,本法旨在对利用网络多媒体等技术手段的广播电视产业的经营进行规范……"

概言之,中国互联网立法的大背景有二:一是传媒立法"先天不足"与新旧媒体融合之态势形成对比;二是互联网立法、新闻出版立法、广播电视立法、电信立法并行发展与"三网融合"的潮流构成反差。在笔者看来,在传媒法语境下,中国的互联网立法至少应当考虑两点:一是新旧媒体立法的协调,二是新旧媒体立法的融合。前者主要是指作为"新媒体"的互联网与作为"传统媒体"的纸质媒体和广播电视在法律规制上的区别与平衡;后者是指对新旧媒体的相关法律规定进行梳理和整合。

与此相关,今年两会期间国务院机构变动释放出的信号值得关注:

3月10日,备受关注的《国务院机构改革和职能转变方案》披露国务院将组建"国家新闻出版广播电影电视总局",不再保留国家广播电影电视总局、国家新闻出版总署。消息一出,新机构又长又拗口的名称受到众多批评,当时即有建议其更名"国家传媒总局"的呼声。但由于报刊、广播和电视等传统媒体以外的新媒体——互联网和移动互联网主要隶属工信部管理,"传媒总局"名不副实,所以这一建议并未被采纳,新机构最终定名为"国家新闻出版广电总局"。这一机构变动意味着我国在统筹媒体管理、

---

⑧ 展江:"以新闻立法调整国家——媒体关系",〈http://magazine.caijing.com.cn/2013-01-14/112430716.html〉,2013年3月31日最后访问。

⑨ "州际协议"(Staatsvertrag)是德国各联邦州之间就州职权范围内的事务所签署的法律文件。根据德国《基本法》第70条,广播电视法的立法权限在各联邦州。该州际协议被视为德国的"广播电视法"。

⑩ "电信媒体"在德国法中是指所有电子信息与通讯服务,但完全通过电信网络传输信号的电信服务、受电信支持的服务、广播电视除外。据此,在德国除了网络电视和纯粹的网络电话以外,几乎所有互联网服务均可归入"电信媒体"这一概念之下,包括网店、在线拍卖、搜索引擎、电子邮件、信息服务、播客(Podcast)、聊天室、BBS、门户网站、个人网站等。

促进传媒产业融合方面迈出了重要一步。在当前中国部门立法的背景下,原国家广电总局与新闻出版总署的合并让人期待传媒立法领域条块分割、部门封锁的现状有望改变,纸媒与视听媒体的立法规制有望得到协调——这对于未来新旧媒体的法律协调具有积极意义。

在德国传媒法和知识产权法领域,一本名为《多媒体与法律》(Multimedia und Recht,缩写 MMR)的法学期刊颇具影响力。这本期刊创刊于 1998 年,彼时互联网正蓬勃兴起。建刊十五年来,该刊专注于互联网、广播电视、电信、知识产权、数据保护等领域的法律问题研究。2008 年,在该刊创刊十周年之际,著名的传媒法学者 Thomas Hoeren 教授曾撰文庆贺。文中提到:"过去的十年已经显示,当初将'多媒体'(Multimedia)作为上位概念是明智的。"[11]的确,时间已经初步证明,将互联网法纳入传媒法这一法律部门,并使其与新闻出版法、广播电视法、电信法等法律形成良好互动,具有法律体系上的合理性。

对于法制的完善和法学的发展,法学期刊是忠实的记录者之一。《多媒体与法律》之于德国传媒法,《网络法律评论》之于中国互联网法,二者有着相似的使命。《网评》创刊于 2001 年,迄今已 12 年。十二年的时光轮回,《网评》与中国的互联网立法一起成长;在中国传媒法的未来发展之路上,相信依然有它一如既往的陪伴。

这个郁郁葱葱的五月,北大知识产权学院迎来了她的二十岁生日。激情与梦想点亮生日的红烛,照亮未来的征程。谨借此文,祝愿她永远青春洋溢!

---

[11] Thomas Hoeren, 10 Jahre MMR-eine subjektive Rückschau, MMR 2008, 6.

引 征 体 例*

一、一般规定

1. 注释为脚注,每篇文章的全部注释编号连续排列。文中及页下脚注均用圈码,通常应在句中标点之内,句末标点之外。
2. 正文引文超过150字者,应缩格并变换字体排版。
3. 文献的信息顺序:作者、文献名、卷次(如有)、出版者、出版时间及版次、页码。
4. 定期出版物的信息顺序:作者、文章名、出版物名称、年份及卷次、页码。
5. 报纸的信息顺序:作者、文章名、报纸名称、日期、版别。
6. 译作的信息顺序:国籍(外加六角括号)、作者、文献名、译者、出版者、出版时间及版次、页码。
7. 网上资料的信息顺序:作者、文章名、网址(外加尖括号)、最后访问日期。
8. 引用学术集刊时,应首先注明特定文章作者,然后依次为文章名、收入该文之文集编者名、文集名、出版者、出版时间及版次、页码。
9. 引用之作品,书、刊物、报纸及法律文件,用书名号;文章篇名用引号。
10. 页码使用"页 N"或"页 N—N"。
11. 编辑或整理之作品,编者名之后加注"主编"或"整理"字样。
12. 同一文献两次或两次以上引用,第二次引用时,若紧接第一次引用注文,所引非同页,注"同上注,页 N";所引为同页,则径注"同上"。若第二次与第一次引用之间有其他注释,则在作者名之后,注明"作者姓名,见前注 N,页 N"。
13. 作者为两人或更多的文献,在第一次引用时应显示全部作者,第二次引用时可只注第一作者,但其名后应加"等"字。
14. 非引用原文者,注释前加"参见";非引自原始出处者,注释前加"转引自"。
15. 引用古籍的,参照有关专业部门发布之规范;引用外文的,遵循该语种的通常注释习惯。
16. 引用中国台湾、香港、澳门地区出版或发行的文献,可在出版或发行机构前加注地区名。
17. 原则上不引用未公开出版物。

---

* 本体例参考《中外法学》引证体例,并在其基础上增删而成。

二、引用例证

1. 著作

梁慧星:《民法总论》,法律出版社 2001 年版,页 101—102。

再次引用,如中间无间隔所引不同页:同上注,页 65。

如中间无间隔所引同页:同上。

如中间有间隔:梁慧星,见前注①,页 78—80。

李双元、徐国建主编:《国际民商新秩序的理论构建》,武汉大学出版社 2003 年版,页 75。

2. 定期出版物

苏号朋:"论信用权",载《法律科学》1995 年第 2 期,页 12。

3. 报纸

梁慧星:"医疗损害赔偿案件的法律适用",载《人民法院报》2005 年 7 月 13 日,第 5 版。

4. 译作

〔美〕亚历山大·米克尔约翰:《表达自由的法律限度》,侯健译,贵州人民出版社 2003 年版,页 1。

5. 网上资料

李扬:"技术措施权及其反思",〈http://www.chinalawedu.com/news/2004_10/8/1803452391.htm〉,2010 年 7 月 23 日最后访问。

6. 学术集刊

尹田:"论动产善意取得的理论基础及相关问题",载梁慧星主编:《民商法论丛》(第 29 卷),法律出版社 2004 年版,页 206—207。

7. 港台文献

胡鸿烈、钟期业:《香港的婚姻与继承法》,香港南天书业公司 1957 年版,页 115。

《网络法律评论》征稿启事

《网络法律评论》(以下简称"《评论》")第十八卷征稿工作正全面展开。诚挚欢迎众多网络法律研习者加入到我们行列中来!

《评论》由北京大学知识产权学院和北京大学互联网法律中心联合主办,是以研究网络法律为内容的专业学术刊物,它秉承北大"学术自由、兼容并包"之学术传统,融批判的精神于学术争鸣之中。尤其欢迎有强烈现实意义,资料搜集全面翔实,或有实证调查材料佐证之佳文,并且欢迎针对国内外典型案例的分析评论以及对基本理论问题有独到思考的文章。

《评论》经过以往各卷的经验积累,逐渐形成了有自己特色的栏目,也得到了各方的肯定。这些栏目主要有:专题链接、学术 BBS、追踪研究、信息窗口、案例收藏夹等。

一、《评论》由北京大学知识产权学院与北京大学互联网法律中心主办,并由互联网法律中心张平教授担任主编。

二、《评论》对来稿字数不作要求,只有学术水准和学术规范的要求。关于引注体例请参照《评论》中对引证体例之要求。

三、为进一步提高编辑工作现代化水平,我刊编辑部自 2013 年 7 月开始启用网络采编办公平台(http://wlfp.cbpt.cnki.net)。请作者注册在线提交论文。通过在线系统,作者可以方便地查询审稿进度并能与编辑部交流。

来稿恕不退还,请自留备份,自投稿之日起三个月内未收到稿件处理通知,请自行处理。

来稿请加上英文标题、中英文摘要、关键词,并请写明作者真实姓名、任职单位和有效联系方法。

四、《评论》自创办之初即支付作者稿酬。为扩大学术交流渠道,《评论》编辑部有权以非专有方式向第三人授予已刊作品电子出版权、信息网络传播权和数字化汇编权、复制权。如作者不同意授予上述权利之部分或全部,请在来稿前声明保留。

作品刊登后,《评论》编辑部有权在互联网法律中心网站(www.pkunetlaw.cn)发布作品的电子版。如作者不同意授予上述权利,请在来稿前声明保留。

五、每一篇来稿都受欢迎,并获一视同仁的尊重。《网络法律评论》编辑部将与每位投稿者联系,以负责的态度进行沟通。来稿一经刊用,即付稿酬。

六、本卷征稿要求

预计第18卷将在2014年8月出版。根据需要,编委会拟从两个方面进行征稿:

1. 专题征稿

网络环境下的不正当竞争问题研究

2. 其他征稿

该部分的稿件,主题不限,可以是任何涉及网络的法律问题。诸如刑法、行政法、税法、诉讼法、国际法等各个领域。

这些稿件主要纳入学术BBS、追踪研究、信息窗口、案例收藏夹等。

欢迎踊跃投稿!

《网络法律评论》编委会
二〇一三年六月

Call for Papers

Internet Law Review is a scholarly monographic series focused on the research of internet laws. It is sponsored by School of Intellectual Property, Peking University, and Institute for Internet Law, Peking University, edited by Professor Zhang Ping.

We are now preparing for the forthcoming issue of the Review, Volume 18, and prospective authors with new ideas, comprehensive and sound research methods and theories, and great creativity, are invited to submit your articles. Also, we strongly welcome excellent papers with high practicality and supported by detailed examples, and critical review papers to comment and analyze typical cases in China and abroad.

Internet Law Review adheres to internet laws research, and is positioned to be open, mutual, and efficient. Hence, some articles in the Review will be compiled in the electronic form published on the website of the Institute for Internet Law, Peking University. Authors who intend to reserve the above right or other digital rights, are required to declare in advance.

Manuscripts should now be submitted electronically (in Word) to netlawrev@pku.edu.cn, or typewritten and mailed to the Board of Editors. Manuscripts will not be returned to the authors. Please keep copies for your own needs. Furthermore, your submitted papers should have a title, an abstract, key words and corresponding English translation. Footnotes and bibliographic citations should follow the rules of quotation; the author's name, address, and affiliation (if any) should appear on a separate cover page.

Last but not least, we would like to notify you that the turn around time of deliberating your submitted papers and informing you of our decisions is about 3 months. Authors will be paid as soon as your papers are accepted.

Address: Board of Editors, Internet Law Review, Law School, Peking University
Post Code: 100871
E-mail: netlawrev@pku.edu.cn